Hintergründe & Infos

Malta – Valletta und Umgebung (1)

Malta – Der Südosten (2)

Malta – Der Westen (3)

Malta – Der Norden (4)

Comino und Gozo (5)

Kleiner Wanderführer

UNTERWEGS MIT MICHAEL BUSSMANN

Die maltesischen Inseln sind eine Welt für sich, ein eigener kleiner Kosmos, sonnenverwöhnt zwischen Afrika und Europa gelegen. Ihre Bewohner verbinden das fröhlich-unbeschwerte Temperament des Südens mit der zuvorkommend-höflichen Lebensart der Briten.

Araber, Engländer, Italiener – alle möglichen Völker haben sich auf Malta verewigt und die Insel zu einem spannenden Tohuwabohu der Kulturen werden lassen. Umspült von einem türkisblauen Meer erheben sich steinzeitliche Kultbauten, mittelalterliche Befestigungsanlagen, Kirchen und Paläste aus der Zeit des Johanniterordens – Zeugen einer 6000-jährigen Geschichte. Und alles lässt sich spielend erkunden, ohne dass das Wörtchen Stress über die Lippen kommt. Wo sonst kann man den Vormittag im Liegestuhl am Strand vertrödeln, zum Lunch hinüber in die Hauptstadt fahren und am Nachmittag prähistorische Tempel bewundern? Oder besser den ganzen Tag nur ausspannen und am Abend ins Theater gehen? Und dafür am nächsten Tag eine Wanderung unternehmen? Auf Malta dauert die längste Busfahrt 75 Minuten, auf Gozo nicht einmal halb so lang. Auf dem Archipel liegen die Attraktionen keine Tages- oder Flugreisen auseinander. Wer nur ein begrenztes Zeitbudget hat, kann auf den maltesischen Inseln mehr erleben als anderswo. In diesem Sinne ein herzliches Merħba – willkommen auf Malta!

Text und Recherche: Michael Bussmann **Lektorat:** Angela Nitsche, Dagmar Tränkle (Überarbeitung) **Redaktion und Layout:** Heike Wurthmann **Karten:** Michaela Nitzsche, Gábor Sztrecska, Calos Borrell, Judit Ladik **Fotos:** s. S. 288 **Grafik S.10/11:** Johannes Blendinger **Covergestaltung:** Karl Serwotka **Covermotive** oben: Azure Window, Gozo – Fotolia© Leonid Tit, unten: „In den Gassen Vallettas" – Michael Bussmann gegenüberliegende Seite: „In der Altstadt von Victoria" – Michael Bussmann

6. KOMPLETT ÜBERARBEITETE UND AKTUALISIERTE AUFLAGE 2013

MALTA

MICHAEL BUSSMANN

Malta – Die Vorschau 12

Malta – Hintergründe & Infos 16

Die Inseln, die Menschen und das Meer 18

Geschichte 24

Anreise 31
Mit dem Flugzeug 31	Über den Land- und Seeweg 33

Unterwegs auf den Inseln 34
Mit dem Auto, Motorrad oder Scooter 34	Mit Helikopter oder Wasserflugzeug 37
Mit dem Bus 35	Weitere Verkehrsmittel 37
Fähren zwischen den Inseln 36	Organisierte Touren 38

Übernachten 40

Essen und Trinken 42
Die maltesische Küche 42	Getränke 45

Wissenswertes von A bis Z 46
Ärztliche Versorgung 46	Medien 55
Baden 47	Museen und Ausgrabungsstätten 55
Behindertengerechtes Reisen 48	Polizei 56
Diplomatische Vertretungen 48	Post 56
Einkaufen 48	Reisepapiere 57
Feiertage und Festas 49	Schwule und Lesben 57
Frauen 52	Sport 57
Geld, Preise und Geldwechsel 52	Sprachschulen 61
Haustiere 52	Strom und Steckdosen 61
Information 52	Telefonieren 61
Internetzugang 54	Wellness 62
Klima und Reisezeiten 54	Zeit 62
Kriminalität 55	Zollbestimmungen 62

Malta – Reiseziele   64

Insel Malta   66

Inner and Outer Harbour   66

Valletta   67

Die Kirchen Vallettas 78	Das Nationalmuseum der Schönen Künste 90
Der Großmeisterpalast 83	Fort St. Elmo/War Museum 91
Die Auberges 86	Die Gärten Vallettas 92
Das Archäologisches Museum 87	Weitere Sehenswürdigkeiten 94
Das Manoel-Theater 87	Floriana – die Vorstadt Vallettas 95
Die Nationalbibliothek 89	

Rund um Valletta   98

San Ġiljan/St. Julian's und Paċeville 98	Paola und Tarxien 118
Sliema 105	Die prähistorischen Tempel von Ħal Tarxien 119
Manoel Island 113	Das Hypogäum von Ħal Saflieni 121
Ta'Xbiex 113	Cottonera – The Three Cities 123
Ħamrun und Santa Venera 114	Senglea (ehem. L-Isla) 125
Birkirkara 115	Vittoriosa (ehem. Birgu) 126
Die Three Villages 115	Cospicua (ehem. Bormla) 134
Qormi 118	Kalkara 134
Marsa 118	

Der Südosten   136

Żabbar 136	Qrendi 149
Marsaskala 138	Blue Grotto 150
Żejtun 141	Tempelanlagen von Ħaġar Qim und Mnajdra 151
Marsaxlokk 141	Insel Filfla 155
Birżebbuġa 146	
Żurrieq 148	

Der Westen   156

Rabat 156	Żebbuġ 175
Mdina 163	Siġġiewi 176
Verdala Palace und die Buskett Gardens 172	Dingli Cliffs/Dingli 178
Clapham Junction und Għar il-Kbir Ahr-ilkbir 173	Fomm ir-Riħ Bay 179

Der Norden _____ 180

St. Paul's Bay	180	Golden Bay und Għajn Tuffieħa Bay	198
Naxxar	191	Mellieħa und die Mellieħa Bay	199
Mosta	192	Anchor Bay mit Popeye Village	205
Ta'Qali	193	Marfa Ridge und Ċirkewwa	206

Insel Comino _____ 210

Insel Gozo _____ 214

Victoria _____ 216

Der Nordosten _____ 227

Marsalforn	227	Ramla Bay	238
Żebbuġ	232	Nadur	239
Xagħra	232	Qala und Umgebung	241
Ġgantija-Tempel	235		

Der Süden _____ 242

Mġarr	242	Sannat	245
Xewkija	244	Xlendi	246
Mġarr Ix-Xini	244		

Der Westen _____ 249

Dwejra Bay	249	Għarb	252
San Lawrenz	250		

Kleiner Wanderführer für Malta 256

Wanderung 1	Von Ħaġar Qim zu den Dingli Cliffs	257
Wanderung 2	Von Rabat durch den einsamen Westen Maltas bis zur Golden Bay	260
Wanderung 3	Von den Buskett Gardens durch das Girgenti-Tal nach Siġġiewi	263
Wanderung 4	Vorbei an den St. Paul's Islands	265
Wanderung 5	Von der St. Paul's Bay in die Golden Bay	266
Wanderung 6	Die Dwejra Lines Dueyra Leins	268
Wanderung 7	Von der Mellieħa Bay nach Ċirkewwa	269
Wanderung 8	Rund um Comino	271
Wanderung 9	Rund um den Leuchtturm	272
Wanderung 10	Von Xagħra über die Mistra Rocks nach Nadur	276
Wanderung 11	Von Mġarr nach Xlendi	277
Wanderung 12	Zur Bucht von Dwejra	280

Alles im Kasten

Der Johanniterorden – von seinen Anfängen bis zur Gegenwart	27
Gestrandet in einem ungewollten Land	30
Wenn beim Blinken der Scheibenwischer angeht – was Sie beim Fahren auf Malta wissen sollten!	34
Triq it-Torri und Tower Road – zwei Namen, eine Straße	39
Tipps zur Standortwahl	40
Die Entartung einer langen Tradition – Vogeljagd als Zeitvertreib	53
Das Wunder von Ta'Qali …	57
In Pferde und Trabrennen vernarrt	58
Maltasounds – zwischen Arien und Elektrobeats	63
Valletta – Erste Orientierung und Highlights	69
Der Aufbau des Johanniterordens auf Malta	79
Caravaggio	82
Ferdinand von Hompesch, der letzte Großmeister Vallettas	85
Der „Darm" – das alte Rotlichtviertel	88
Mattia Preti – der bedeutendste Maler des Ordens	90
Der Fall von Fort St. Elmo	92
Valletta Waterfront	97
Beirut, Zypern, Rom – Malta als Verwandlungskünstlerin	135
Luzzus	145
Maltas Universalbaustoff – Globigerinenkalkstein	154
Jedes Land hat einen großen Dichter – Malta hat Dun Karm	171
Mnarja – das beliebteste Volksfest der Malteser	173
Cart-Ruts – das Rätsel um Maltas Kratzer	174
Antonio Sciortino – ein Bildhauer mit Profil	175
Der Schiffbruch des Paulus	182
Die Malteser Hochzeitsvillen	183
Abraham Ben Samuel Abulafia – der Messias, der Comino besuchte	212
Farmhouses – Häuser zum Träumen	221
Hardrock-Politiker Patrick Grima	223
Die Festa zu Mariä Himmelfahrt	224
Gozo – welche Insel des Odysseus?	236
Die Narren von Nadur	240

Kartenverweis

Valetta				Umschlag vorne
Malta/Gozo				Umschlag hinten
Clapham Junction	175	Marsaskala		139
Hal Tarxien	119	Mdina		165
Marsalforn	229	Mellieħa		191

Mnajdra	153		Tempel von Ġgantija	237
Rabat	159		Tempel von Ħaġar Qim	151
Senglea	127		Three Cities – Übersicht	123
Sliema	108/109		Valletta – Großraum	71
San Ġiljan und Paċeville	101		Victoria/Rabat	218/219
St. John's Co-Cathedral	81		Victoria/Zitadelle	225
St. Paul's Bay	1184/185		Vittoriosa	129

Zeichenerklärung für die Karten und Pläne

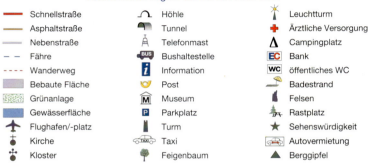

Vielen Dank! Ein besonderer Dank gilt Gabriele Tröger für die Mitarbeit bei der Aktualisierung dieses Buchs. Des Weiteren bedanken wir uns bei Stefanie Schröder Public Relations, bei Air Malta und bei der Malta Tourism Authority, insbesondere bei Dominic Micallef. Auch Michael Merciecea aus Valletta möchten wir für seine vielen persönlichen Tipps danken. Und nicht zu vergessen sind all die Leser, die uns Tipps und Anregungen gaben, ganz besonders geht diesbezüglich ein herzliches Dankeschön an: Charlotte und Daniel von Hauff, Henning Eifler (Oldenburg), Andrea Jánky und Gavril Veres (Regensburg), Jens Kahrmann, Jean und Rupert Reiter, Birgit Elben, Steffi Komrovski und Christoph Wetzel, Margrit Suter (CH-Zürich), Tamara Wössner, Ruth Jesse, Rita-Maria Gallina (CH-St. Gallen), Sabine Schwochow, Manfred Wilms, Christopher Schmidt, Joachim Christian, Sibylla Hrosch (Hamburg), Carina Artmann, Gregor Kronenberger, Jürgen Eschmeier (Köln), Bettina Spengler (Hamburg), Petra Fries, Dorothea Reber, Ralf Nestmeyer (Nürnberg), Manfred Mingler, Angelika Haas (A-Leoben), Christoph Liebl, Philippe Juillot (A-St. Andrä-Wördern), Carla Dörr (Wittnau), Dirk Sembritzki, Guntram Schröbler (Hamburg), Klaudia Jachnik (Düsseldorf), Nicole und Stefan Zenger (Teublitz), Ellen Müller, Klaus Malinowsky, Heike Wurthmann, Helena Rezacova, Christopher Schmidt und Miriam, Ortwin Rave (Koblenz), Christian Paulsen (DK) und Rudolf Barth.

 Mit dem grünen Blatt haben unsere Autoren Betriebe hervorgehoben, die sich bemühen, regionalen und nachhaltig erzeugten Produkten den Vorzug zu geben.

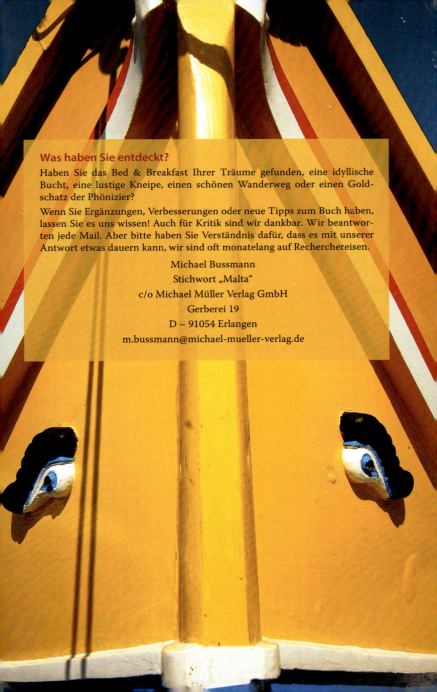

Was haben Sie entdeckt?

Haben Sie das Bed & Breakfast Ihrer Träume gefunden, eine idyllische Bucht, eine lustige Kneipe, einen schönen Wanderweg oder einen Goldschatz der Phönizier?

Wenn Sie Ergänzungen, Verbesserungen oder neue Tipps zum Buch haben, lassen Sie es uns wissen! Auch für Kritik sind wir dankbar. Wir beantworten jede Mail. Aber bitte haben Sie Verständnis dafür, dass es mit unserer Antwort etwas dauern kann, wir sind oft monatelang auf Recherchereisen.

Michael Bussmann
Stichwort „Malta"
c/o Michael Müller Verlag GmbH
Gerberei 19
D – 91054 Erlangen
m.bussmann@michael-mueller-verlag.de

Wohin auf Malta?

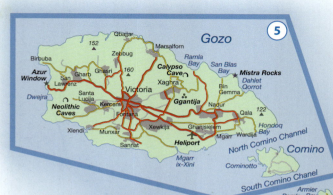

⑤ Comino → S. 210, **Gozo** → S. 214

Das ruhige Pendant zum quirligen Malta. Gozo, die Nachbarinsel, lädt zum Entspannen ein. Außerdem dem Hauptort Victoria mit seiner mächtigen Zitadelle nur urige Dörfer. An der Küste verträumte Buchten und pittoreske Felsstrände neben vergessenen Salinen. Die Unterwasserwelt davor ein Eldorado für Taucher. Und das kleine Comino nebenan, fast unbewohnt, lockt mit der Blue Lagoon, einem türkisblauen Traum.

④ Malta – der Westen → S.156

Mdina, die alte Hauptstadt, thront ehrwürdig und erhaben auf einem Felsplateau. Das Städtchen ist ein wahres Schmuckkästchen mit engen Gassen zwischen prächtigen Fassaden. Und vor den Stadttoren, im heutigen Rabat, Katakomben aus vergangenen Zeiten. Mit einladenden Badeplätzen ist der Westen Maltas nicht gesegnet – Klippen säumen die Küste. Spektakulär dafür die Ausblicke über die Dingli Cliffs.

③ Malta – der Norden → S. 180

Ein befestigter Höhenzug trennt den Norden Maltas vom Rest der Insel. Der Norden ist verhältnismäßig dünn besiedelt und lädt zu ausgedehnten Wanderungen ein. Zugleich besitzt der Norden beliebte Sandstrände, wie die Golden Bay, die Mellieħa Bay oder die Paradise Bay. Dazu mit der St. Paul's Bay den touristischen Hot Spot des Archipels. Und mit Popeye Village in der Anchor Bay ein kleines Kuriosum.

① Valletta und Umgebung → S. 66

Valletta – UNESCO-Welterbe und wunderschön. Eine Festungsstadt, die von Herren für Herren gebaut wurde. Hinter Bastionen verstecken sich Paläste, Kirchen, Museen und Auberges. Drumherum nur Häfen, und an die Häfen wiederum grenzen alte und neue Städte – die gesamte Region um Valletta entpuppt sich als eine Metropole mit vielen Gesichtern.

② Malta – Der Südosten → S. 136

An der zerklüfteten Küste des Südostens liegt das Fischerstädtchen Marsaxlokk – beste Adresse für Fisch und Meeresfrüchte. Zum Baden laden überwiegend Felsstrände ein. Dazu kann man die imposanten Tempelanlagen von Ħaġar Qim und Mnajdra besichtigen. Die in allen Blautönen funkelnde Blue Grotto ist nur per Boot zu erreichen.

Malta: Die Vorschau

Welche Insel darf's denn sein?

Malta, Gozo, Comino – drei Inseln mit drei Gesichtern. Malta ist die größte des Archipels, gefolgt von Gozo und Comino. Maltas Antlitz spiegelt die wechselvolle Vergangenheit wider und setzt die Inseltrends von morgen. Malta ist quirlig und abwechslungsreich, rund um Valletta, die bezaubernde UNESCO-Welterbestadt, zudem dicht bebaut. Wählt man ein Hotel in der Inner- oder Outer-Harbour-Region, gleicht die Maltareise eher einem Städtetrip. Ausflüge und Touren zu verwunschenen Orten oder Buchten lassen sich aber spielend unternehmen. Gozo hingegen präsentiert sich als der ruhige Gegenpart, eine Insel, auf die es v. a. Wanderer, Taucher und Ruhe suchende zieht. Ein wenig Gewusel herrscht dort höchstens am Vormittag in Victoria, dem charmanten Inselhauptort mit seiner mächtigen Zitadelle. Comino wiederum zeigt sich dem Besucher kahl und voller Einsamkeit. Auf Comino gibt es nur ein einziges Hotel. Und sonst nichts. Comino ist die Adresse für alle, denen Buch und Liegestuhl genügen.

Kleine Inseln, großartige Szenerien

Der maltesische Archipel ist zu klein, als dass spektakuläre Landschaften darauf Platz hätten – keine Berge oder Wüsten, keine großen Täler oder rauschenden Wälder. Stattdessen: karstiges Land, von Mauern umgebene Felder, kleinere und größere Ortschaften. Reizlos sind die Inseln dennoch nicht. Jeder, der einmal im Frühjahr oder Herbst auf grünen Wiesen unter einem imposanten Himmel die Klippen entlanggewandert ist, während unten die Brandung rauscht und in der Ferne das tiefblaue Meer den Horizont küsst, wird dem zustimmen. Die im Buch vorgeschlagenen Wandertouren führen zu den landschaftlichen High-

„Drei Inseln mit drei Gesichtern"

lights, wie z. B. den imposanten Dingli Cliffs oder durch die Mistra Rocks, einer schwer zugänglichen Wunderwelt aus gigantischen Felsbrocken und verwilderten Gärten. Im Sommer dagegen, wenn die Sonne alles ausgedörrt hat, gehen die Meinungen auseinander: Malta-Fans werden dann die Inseln im Abendlicht beschreiben, wenn ein goldener Zauber über allem liegt, andere haben nur drei Worte für sie übrig: staubig, diesig und eintönig. Aber keine Sorge: Wer keine Monate auf den Inseln verbringt, den wird der Mangel an landschaftlicher Abwechslung kaum stören.

6000 Jahre Geschichte und kein Ende

Maltas lange und kurzweilige Geschichte hat großartige Monumente hinterlassen. Das kulturelle Erbe ist überwältigend. Die Tempelanlagen, die auf dem Archipel freigelegt wurden, gehören zu den ältesten freistehenden Bauten der Welt. Die faszinierendsten sind Tarxien, Ħaġar Qim, Mnajdra und Ġgantija. Geradezu spektakulär ist der Besuch des Hypogäums, einer unterirdischen Kultstätte. Bevor man sich zu den Tempeln aufmacht, sollte man im Archäologischen Museum von Valletta vorbeischauen, das anschaulich über die Ruinenstätten informiert. Hinzu kommen prähistorische Schleifspurenfelder, punische Gräber, römische Ausgrabungen und die Hinterlassenschaften des Johanniterordens: mächtige Befestigungswälle, dahinter Städte mit Kirchen, Kathedralen und Palästen. Und auch die Moderne hält Einzug: Jüngst schuf Renzo Piano das neue Parlamentsgebäude.

Malta zergeht auf der Zunge

Auch Maltas Küche spiegelt den Einfluss der verschiedenen Kulturen wider. Und da viele Gerichte das Getier aus

Malta: Die Vorschau

dem Meer vor der Tür als Grundlage haben, erwartet Sie ein kulinarisches Potpourri, das Fish & Chips genauso kennt wie Octopus Stew oder Spaghetti Rizzi – Spaghetti mit Seeigelfleisch. Freuen Sie sich zudem auf Kaninchen in feiner Weinsoße oder auf Ravioli mit herzhaftem Ziegenkäse. Exzellente Restaurants gibt es viele, und jedes Jahr werden es mehr – unter den jungen Kreativköchen ist es en vogue, die gute alte Hausmannskost mit pfiffigen modernen Konzepten zu verfeinern und zeitgemäß aufzupeppen. Wer sich vor Ort mit himmlisch süßer Tomatenpaste, gepfeffertem Käse und fruchtigem Inselwein eindeckt, behält seinen Urlaub auch zu Hause noch länger auf der Zunge … L-ikla t-tajba, guten Appetit!

Ein Katzensprung zum nächsten Beach

Über 180 km Küstenlänge bieten die Inseln, das kristallklare Wasser ist das sauberste des gesamten Mittelmeers – ein Eldorado für Taucher und Schnorchler. Sandstrände sind jedoch rar und in der Hochsaison vielerorts überlaufen. Das gilt insbesondere für die bekanntesten wie die Mellieħa und die Golden Bay auf Malta, die Ramla Bay auf Gozo und ganz besonders für Cominos Blue Lagoon, den traumhaft türkisfarbenen Bade-Hotspot des Archipels. Dennoch findet man auf allen Inseln auch idyllische Buchten. Einer der Hits unter Maltas Felsstränden ist Peter's Pool, eine enge, tief eingeschnittene Bucht, umgeben von glatten Felsplatten. Wer gerne weicher liegt, fährt zu den weitestgehend unverbauten Stränden Ġnejna und Għajn Tuffieħa Bay im Westen Maltas oder in die von Klippen umrahmte Sandbucht Paradise Bay im Norden der Insel. Tipp für Gozo: die San Blas Bay, ein kleiner goldbrauner Sandstrand zwischen üppiger Vegetation und tiefblauem Meer – eine Idylle.

„Malta zergeht auf der Zunge"

Wilde Partys, urige Festas

In Paċeville, das mit St. Julian's (San Ġiljan) zusammengewachsen ist, wummert es an allen Ecken und Enden. Man hat die Wahl zwischen Schrammelrock, Techno, Latin, live oder vom Plattenteller, im vernebelten Inneren genauso wie draußen unterm Sternenhimmel. In rekordverdächtigen Highheels tanzen die jungen Inselschönen hier bis zum Morgengrauen. Auf Gozo heizt jedes Sommerwochenende der Club La Grotta so richtig ein, auch die großen Namen der DJ-Szene stehen dort hin und wieder hinter den Turntables. Ansonsten geht es auf den Inseln und insbesondere in den Dörfern eher gemächlich zu – wenn nicht gerade Festa ist: Jede Pfarrgemeinde veranstaltet ein feuchtfröhliches Patronatsfest mit Böllerschüssen, Straßenpartys und Prozessionen. Der Besuch ist ein Muss, und das abschließende Feuerwerk auf dem Dorfplatz ein von keinem TÜV geprüfter pyrotechnischer Wahnsinn.

Und wohin mit den Kids?

Um Ihnen eine stressfreie Zeit und Ihren Kindern einen unvergesslichen Urlaub zu bescheren, buchen Sie am besten ein Farmhaus oder ein Apartment mit Pool. Glauben Sie mir, das funktioniert immer. Die Alternative zum Burgenbau an den kinderfreundlichen Sandstränden ist der **Splash & Fun-Park** im Norden Maltas, wo man sich einen ganzen Tag lang den Hintern wundrutschen kann. Gute Familienausflugsziele sind zudem das **Popeye Village**, der **Birdpark Malta** und der **Playmobil Fun Park**. Auch Bootstouren machen Kinder froh – und Erwachsene ebenso. Dabei ist es ganz egal, ob man die Küste entlangschippert oder eine romantische Wassertaxi-Abendtour durch den Grand Harbour unternimmt. Weitere Tipps gibt es auf www.kidsmalta.com.

Nicht aus dem Fotoalbum von Mama – Eisverkauf auf Gozo

Hintergründe & Infos

Die Inseln, die Menschen und das Meer	→ 18	Unterwegs auf den Inseln	→ 34
Geschichte	→ 24	Übernachten	→ 40
Anreise	→ 31	Essen und Trinken	→ 42
		Wissenswertes von A bis Z	→ 46

Comino – Baden in der Blue Lagoon

Die Inseln, die Menschen und das Meer

Geografie: Die maltesischen Inseln – Malta, Gozo, Comino und mehrere kleine, aus dem Meer ragende, unbewohnte Felsen – liegen im Herzen des Mittelmeers, nur etwa 90 km südlich von Sizilien und ca. 230 km von der nordafrikanischen Küste entfernt. Zusammen besitzen die Inseln eine Fläche von 316 km^2 (Malta 246 km^2, Gozo 67 km^2 und Comino 2,7 km^2), d. h., sie passen ungefähr achtmal in das Großherzogtum Luxemburg. Malta ist vom südöstlichsten bis zum nordwestlichsten Punkt 27 km lang, die größte Breite zwischen der Südwest- und Nordostküste beträgt 14 km. Gozo misst in der Länge 14,5 km, und in der Breite 7,2 km. Für Comino lauten die Daten 1,7 km bzw. 2,4 km. Die Positionsdaten der Hauptstadt Valletta sind 35°53' nördliche Breite und 14°32' östliche Länge. Obwohl sich die Inseln in einer Erdbebenzone befinden und der Ätna auf Sizilien die Vermutung nahe legt, dass sie vulkanischen Ursprungs sind, stellen sie in Wirklichkeit den Rest einer Festlandmasse dar, die bis zum Ende des Tertiärs Europa mit Afrika verband. Die Inseln bestehen aus sedimentärem Kalkstein mit Ablagerungen von Grünsand und blauem Ton. Unter der obersten harten Kalksteinschicht verbirgt sich der gelbe Globigerinenkalk, ein Muschelkalk der seit dem Neolithikum als Baumaterial dient und noch heute abgebaut wird (→ Kasten, S. 154).

Die Inseln sind relativ eben. Im ganzen steigen sie leicht von Nordost nach Südwest an, wo sie über weite Abschnitte als Steilküste zum Meer abbrechen. Die höchste Erhebung liegt bei 257 m. Es gibt keine Flüsse. Wo die Inseln nicht bebaut oder asphaltiert sind, ist der Boden größtenteils mit einer dünnen und humusarmen, z. T.

jedoch fruchtbaren Schicht bedeckt, die mangels Baumwuchs stark erosionsgefährdet ist. Aus diesem Grund überziehen schützende Steinwälle die Inseln kreuz und quer.

Bevölkerung: Malta hat hinter Singapur, dem Fürstentum Monaco, Bahrain und den Malediven die fünfthöchste Bevölkerungsdichte der Welt. Auf einen Quadratkilometer kommen 1316 Einwohner (in Deutschland gerade mal 229!). Andererseits ist man im EU-Vergleich Schlusslicht, was die gesamte Bevölkerungszahl angeht. So wundert es nicht, dass der Beitritt Islands zur EU auf Malta mit Freude ersehnt wird – die rote Laterne könnte man dann weiterreichen. Auf den Inseln leben insgesamt rund 416.000 Menschen (auf Malta 385.000, auf Gozo 31.000, auf Comino 4). Die Zahl der Malteser in Übersee, in Kanada, Australien und den USA ist noch einmal so hoch. Insbesondere nach dem Zweiten Weltkrieg kam es zu großen Auswanderungswellen. Nicht wenige Emigranten wurden reich und berühmt (und als Mafiosi polizeilich gesucht). Heute, in wirtschaftlich besseren Zeiten, wandern nur noch wenige Malteser aus, die Zahl der Heimkehrer ist erheblich höher. Auch immer mehr Ausländer verlegen ihren Wohnsitz auf die Inseln (mittlerweile knapp über 20.000), zudem beantragen immer mehr Flüchtlinge Asyl (Malta hat die höchste Zahl an Asylsuchenden im Vergleich zur Gesamtbevölkerung in Europa). Das Durchschnittsalter der Malteser beträgt 23,7 Jahre (Deutschland: 31,2). Die Malteser sind freundlich und hilfsbereit, Aufdringlichkeit ist ein Fremdwort.

Städte: Größte Stadt auf Malta ist Birkirkara mit rund 21.500 Einwohnern, auf Gozo Victoria mit 6200 Einwohnern. Insgesamt gibt es 16 Städte, die mehr als 10.000 Einwohner zählen, die Hauptstadt Valletta (5700 Einwohner) gehört nicht dazu.

Sprache: Die Landessprache heißt *Malti*, die zweite Amtssprache ist Englisch. Malti ist ein arabischer Dialekt und die einzige semitische Sprache, die in lateinischen Buchstaben geschrieben wird. In ihr finden sich zudem Lehnwörter aus dem Italienischen, Englischen, Französischen und dem Spanischen. Die Sprache spiegelt in gewisser Hinsicht die Geschichte der Insel wider, alle Eroberer und Besatzer haben ihren Einfluss hinterlassen. Zugleich ist Malti aber auch Ausdruck für die Verbundenheit der Malteser mit ihrem Flecken Erde – trotz jahrhundertelanger Fremdherrschaft geriet sie nie in Vergessenheit. Seit 2004 ist Malti gar offizielle EU-Sprache. Dass heute das Gros der Malteser auch Englisch spricht, ist das Resultat 160-jähriger britischer Präsenz auf den Inseln, die Anfang des 19. Jh. begann. Dass viele Malteser zudem des Italienischen mächtig sind, einer Sprache, die einst nur der Oberschicht vorbehalten war, rührt von der Nähe zu Sizilien her. Auf dem Archipel lassen sich die Programme des italienischen Fernsehens problemlos empfangen; verschiedene Serien und Fußballübertragungen erfreuen sich großer Beliebtheit. Deutsch sprechen nur wenige Maltester, immerhin gibt es jedoch seit 2008 die Möglichkeit, an der Universität von Malta Germanistik zu studieren.

Das maltesische Alphabet soll erstmals von den Ordensrittern im 16. Jh. niedergeschrieben worden sein; daher die lateinische Schrift. Es hat 29 Buchstaben, davon fünf Vokale und 24 Konsonanten. Eigentümlich sind die mit einem Punkt versehenen Buchstaben ċ, ġ und ż und das durchgestrichene h, ħ. Ein y gibt es im maltesischen Alphabet nicht. Um die im Buch erwähnten maltesischen Ortsnamen korrekt aussprechen zu können, ist deren Aussprache mit angegeben. Hinweise zur Aussprache und ein paar Wörter Malti finden Sie in der hinteren Umschlagklappe des Buches.

Religion: 98 % der Malteser sind Katholiken und beten zu *Allah* (!), wie Gott im Maltesischen genannt wird. Unter den restlichen 2 % findet sich eine größere jüdische

Minderheit. Ausdruck des Glaubens sind die angeblich exakt 365 Kirchen auf den Inseln, genauso viele wie das Jahr Tage hat. Auf dem Katholizismus basieren auch die meisten Sitten, Gebräuche und Feste. Die katholische Kirche mischt sich nur selten in die Politik ein, ihr gesellschaftlicher Einfluss ist dennoch groß. Drei Viertel der jungen Malteser gehen noch regelmäßig beichten. Erst seit 2011 gibt es die Möglichkeit, sich scheiden zu lassen. Abtreibung ist verboten.

Politik: Malta ist eine parlamentarische Demokratie nach englischem Vorbild. Staatsoberhaupt ist der Präsident, seit 2009 der Sozialdemokrat George Abela, der für fünf Jahre gewählt wird und dessen Aufgaben auf repräsentative Funktionen beschränkt sind. Die Exekutive liegt beim Parlament, das aus einer Kammer besteht und spätestens alle fünf Jahre neu gewählt werden muss. Ins Parlament zogen, bedingt durch das Mehrheitswahlrecht, bislang stets nur zwei Parteien ein: die konservativ-christdemokratische *Partit Nazzjonalista* (Nationalist Party, kurz PN) und die *Partit Laburista* (Labour Party, kurz MLP), die der Sozialistischen Internationalen angehört. Beide Parteien polarisieren, die Wahlausgänge (Wahlbeteiligung bei über 90 %) sind oft äußerst knapp. Während der letzten Legislaturperiode (2008–2013) hatte die MLP 34 Sitze und die PN 35, wobei die PN mit Lawrence Gonzi den Premierminister stellte. Die Arbeiterpartei hat ihre Wählerklientel überwiegend im Süden Maltas, in Marsa, Birżebbuġa und in den Three Cities, wo es durch Werften und Industriebetriebe seit jeher eine große Arbeiterschicht gibt. Die christlich-konservativen Wähler findet man eher im Norden der Insel. Daher rührt auch eine gewisse Rivalität zwischen Nord- und Südmaltesern, zumal sich die im Norden gerne als die „gebildeteren" und „vornehmeren Malteser" bezeichnen. Die *Alternattiva Demokratika*, Maltas Grüne, und die *Azzjoni Nazzjonali*, die als rechte Partei von der illegalen Einwanderung profitiert, hatten es, zumindest bis zum Zeitpunkt der Drucklegung, noch nicht ins Parlament geschafft.

In der Außenpolitik besitzt Malta einen Neutralitätsstatus und etabliert sich aufgrund seiner guten Beziehungen zu den nordafrikanischen Ländern mehr und mehr als

Der Gozitaner George Cassar, auch Mr. Goldman genannt

Dingli – Kleinstadt im Südwesten Maltas

Mittler zwischen den nördlichen und südlichen Mittelmeeranrainern. Seit 2007 ist Malta Sitz der Mittelmeerparlamentsversammlung, seit 2009 gibt es in Malta ein Verbindungsbüro zwischen der Europäischen Union und den arabischen Staaten.

Wirtschaft: Auch wirtschaftspolitisch will Malta zukünftig verstärkt als Brückenkopf zwischen Nordafrika und Europa fungieren und strebt eine Rolle als Banken-, Handels- und Dienstleistungszentrum im Mittelmeerraum an. Rund 250 Hedge-Fonds haben schon heute in Malta ihren Sitz.

Zu den wichtigsten Wirtschaftsbereichen gehören bislang der Tourismus, an dem rund 25 % aller Arbeitsplätze direkt oder indirekt hängen, und der Immobiliensektor, der 16 % des BIP ausmacht. Die Textilindustrie Maltas, die einst Jeans für *Levis*, *Wrangler*, *H & M*, *GAP*, *Lee* und andere fertigte, ist heute nur noch ein Schatten ihrer selbst, die Jobs sind nach Osteuropa abgewandert. Dafür gelang es durch eine vorteilhafte Gesetzgebung, Unternehmen der internationalen Pharma-, Elektro- und IT-Branche sowie Online-Wettbüros anzulocken. Letztgenannte steuern bereits 8 % zum BIP bei, über 500 Wettfirmen sind registriert. Auch hat Malta das größte Schiffsregister in Europa und einen florierenden Freihafen. Der größte Arbeitgeber ist der Staat, mehr als ein Viertel aller erwerbstätigen Malteser sind bei ihm angestellt. Das Wirtschaftswachstum schwankte in den letzten Jahren im Durchschnitt zwischen 1 und 5 %, die Inflationsrate zwischen 2 und 4 %, die Arbeitslosenquote zwischen 5 und 8 %. In keinem anderen Land der EU ist übrigens die Frauenerwerbsquote (43,6 %) so niedrig wie auf Malta. Das BIP beträgt rund 83 % des EU-Durchschnitts (im Vergleich: Deutschland 120 %), das Bruttodurchschnittsjahreseinkommen wurde für 2011 mit 16.750 € angegeben. Die führenden Außenhandelspartner sind Italien, Frankreich, Großbritannien und Deutschland. Auf Malta gibt es rund 70 deutsche Firmen bzw. Niederlassungen mit annähernd 3500 Beschäftigten, zu den bekanntesten gehören u. a. die Lufthansa (Flugzeugwartung) und der Playmobil-Hersteller Brandstätter (→ S. 148).

Bildung: An der Universität von Malta (www.um.edu.mt) sind rund 10.000 Studenten eingeschrieben, darunter 750 ausländische aus 80 Nationen. Ein neuer, großer *BioMalta*-Campus soll bis 2014 hinzukommen, um Malta als Standort für die Pharmaindustrie weiter zu stärken. Malta hat aber auch die höchste Schulabbrecherquote in der EU.

Tourismus: Rund 1,4 Mio. Touristen, darunter ca. 135.000 Deutsche, besuchen jährlich die maltesischen Inseln und verweilen im Durchschnitt neun Tage auf dem Archipel. Hinzu kommen jährlich rund 600.000 Tagesgäste in Form von Kreuzfahrttouristen. Die Gesamtzahl der Hotels sank von 232 (2000) auf 138 (2012). Der Aderlass betraf vorwiegend einfache Häuser, im gleichen Zeitraum stieg jedoch die Zahl der Vier- und Fünf-Sterne-Hotels. Weg vom Billig- und hin zum Qualitätstourismus lautet die Devise.

EU-Förderung: Entsprechend der Haushaltsplanung der EU-Kommission für den Zeitraum 2007–2013 wird bzw. wurde Malta zum Nettoempfänger von rund 500 Mio. Euro, für den Zeitraum 2014–2020 wird mit einem ähnlichen Betrag gerechnet. Die Gelder sind zum einen für Straßenbau- und Umweltprojekte eingeplant, zum anderen für den Ausbau der Energie- und Wasserversorgung (s. u.). Die Strom- und Wasserkosten (Aufbereitung durch Meerwasserentsalzungsanlagen) sind auf Malta extrem hoch, weshalb die Klimaanlage in manchen Hotelzimmern über einen eigenen Stromzähler läuft und separat abgerechnet wird. Ein Kabelanschluss an das europäische Energieversorgungsnetz über Sizilien wird daher ebenfalls angestrebt.

Umweltprobleme: Die meisten Umweltprobleme resultieren aus der hohen Bevölkerungsdichte und dem seit Jahren wachsenden Wohlstand. An oberster Stelle steht die Müllbeseitigungsproblematik. So weiß man weder, wo man auf den kleinen Inseln den ganzen Verpackungs- und Industriemüll beseitigen soll, noch wohin mit den ausrangierten Fahrzeugen. Und die Zukunft verspricht nichts Gutes, be-

Am Salzwassersee auf Gozo

denkt man allein, dass heute bereits über 300.000 Fahrzeuge angemeldet sind – pro Einwohner prozentual mehr als in Deutschland. Viele Fahrzeuge sind älteren Baujahrs, einer der Gründe, weshalb die Feinstaubbelastung mancherorts extrem hoch ist. Da sich zudem immer mehr Malteser Zweit- und Drittwohnungen leisten, verschwinden auch immer mehr Grünstreifen. In großen Flächenstaaten würde man den damit verbundenen Umweltproblemen kaum Beachtung schenken, die Folgen für das kleine Malta sind jedoch enorm. Hier hat selbst die übertriebene Jagdfreude (→ Kasten, S. 53) gravierende Auswirkungen. Das Blei, das aus den Kugeln ins Grundwasser sickert, führt bei den Maltesern zu einer dreifach höheren Bleikonzentration im Blut als bei anderen Europäern. Immerhin gibt es mangels Chemie- oder Schwerindustrie keine bedrohlich rauchenden Schornsteine und mangels Wald auch kein Waldsterben. Mit EU-Geldern wurde 2011 eine der modernsten Kläranlagen im Mittelmeerraum geschaffen, die 80 % des Abwassers reinigt. Abfallverwertungsanlagen und Projekte zur Förderung der Solar- und Windenergie sollen folgen.

Fauna: Die Tierwelt ist alles andere als artenreich – es dominieren Hunde und wilde Katzen. Gelegentlich begegnet man Wiesel, Igeln, Mäusen und Ratten. Auf Comino, wo die Jagd verboten ist, sieht man noch Kaninchen – als Lieblingsgericht der Malteser sind sie auf Malta und Gozo in freier Wildbahn nahezu verschwunden. Auffällig sind Eidechsen und Geckos, weniger Chamäleons, die im 19. Jh. aus Afrika eingeschleppt wurden.

Die Schlangen auf den Inseln sind allesamt ungiftig. Es gibt Skorpione, deren Stich nicht tödlich ist, aber eine ärztliche Behandlung erfordert. Der Nationalvogel ist die Blaumerle, ein Verwandter unserer Drossel. Heimische Vögel hat es ansonsten nur wenige, da es an Nistplätzen mangelt.

Nur unter Wasser findet man einen großen Tier- und Pflanzenreichtum. Wer hinab in die Tiefe steigt, kann Seebarben, Knurrhähne, Meeraale, Rochen, Papageien- und Skorpionfische, die seltenen Petersfische und die heute im Mittelmeer ebenfalls nur noch selten anzutreffenden Meeresbarsche entdecken, dazu Korallen in allen Farben. Im Winter sieht man nahe der Küste mit Glück auch Delfine, Thunfische und Bonitos.

Flora: Auch die Flora zeichnet sich auf den ersten Blick nur durch eine bescheidene Vielfalt aus. Wälder gibt es auf Malta keine mehr. Schon die Phönizier begannen sie für den Schiffsbau zu roden, mit den Römern waren sie verschwunden. Die wenigen Bäume, die man heute auf Malta sieht, gehören i. d. R. zu Parkanlagen oder Plantagen. Es sind meist Zitrusbäume, Johannisbrotbäume, Feigen- und Olivenbäume, Akazien, Palmen, dazu der wegen seines schnellen Wachstums geschätzte Eukalyptus, die Mittelmeereiche und die Aleppokiefer. Regierung, Umweltorganisationen und Privatpersonen haben in den letzten Jahren verschiedene Aufforstungsprojekte gestartet, auch die EU schießt dazu Mittel bei. Doch Bäume wachsen langsam, und es wird noch Jahrzehnte dauern, bis der Erfolg in den Himmel zeigt.

Die heimischen Pflanzen und Sträucher sind überwiegend Zwiebelgewächse, die die Trockenperioden besser überstehen können. Nach den ersten Regenschauern verwandeln wilde Margeriten, gelb-, rot- und blau blühender Klee, Disteln, Mohn und kleine Wildblumen, darunter auch Orchideen, die Inseln in ein buntes Farbenmeer. An Kräutern findet man u. a. Anis, Pfefferminze und wilden Thymian. Eine schöne Seite zur Blumen- und Kräutervielfalt der Inseln ist www.maltawildplants.com (engl.).

So frei in der Natur stehend werden Sie den Tempelkomplex von Ħaġar Qim nicht mehr erleben – seit 2009 befindet er sich unter einem Schutzdach

Geschichte

Jungsteinzeit – 6000/5000 v. Chr.: Man geht davon aus, dass die ersten Bewohner der maltesischen Inseln auf Flößen von der nahe gelegenen Küste Siziliens übersetzten – ein damals waghalsiges Unternehmen. Mit dabei hatten sie Haustiere, Saatgut, Töpferwaren und Werkzeuge. Der zu dieser Zeit noch bewaldete Archipel bot gute Voraussetzungen für die Jagd, den Ackerbau und den Fischfang. Bereits im 5. Jt. v. Chr. entstanden die ersten größeren Siedlungen, als Wohnräume nutzte man Höhlen. Bestattungen fanden bereits in Schachtgräbern statt. Der Megalithbau entwickelte sich.

Kupferzeit – ab ca. 3750 v. Chr.: Neue Ankömmlinge aus Sizilien führten Obsidian ein, vulkanisches Gesteinsglas von der Insel Lipari. Es eignete sich zur Herstellung von scharfen Messern, Äxten und Pfeilspitzen, wodurch die Jagd effektiver und die täglichen Arbeiten erleichtert wurden. Man nimmt an, dass den Menschen deshalb mehr Zeit blieb, sich dem Tempelbau zu widmen. Es entstanden u. a. die Tempelanlagen von Skorba, Ta'Ħaġrat, Ġgantija, Tarxien und das Hypogäum. Vermutlich kannten die Erbauer dem Namen der Zeit entsprechend bereits das Kupfer; Kupfer wurde bei den Ausgrabungsstätten jedoch nie entdeckt.

Bronzezeit – ab ca. 2500 v. Chr.: Die große Zeit der maltesischen Frühgeschichte fand ihr Ende – die meisten Tempelanlagen wurden aufgegeben, neue nicht mehr erbaut. Grabbeigaben lassen auch darauf schließen, dass die Kulturen der Bronzezeit in handwerklicher und künstlerischer Hinsicht mit denen der Kupferzeit nicht konkurrieren konnten. Warum, ist der Wissenschaft ein Rätsel. Auch sind die architektonischen Zeugnisse dieser Epoche, Fliehburgen, Rundbauten und Dolmen (Grabkammern), anspruchsloser und mit denen der Kupferzeit nicht vergleichbar.

Die Kulturen der Bronzezeit waren kriegerischer, ihre Waffen dem Namen entsprechend aus Bronze. Die sog. *Cart-Ruts* (→ Kasten, S. 174) sind die wahrscheinlich interessanteste Hinterlassenschaft aus der Bronzezeit. Man findet sie auf Gozo und Malta.

Eisenzeit – ab ca. 1000 v. Chr.: Archäologische Funde aus der Eisenzeit machte man nur in der Siedlung Bahrija im Nordwesten Maltas. Man geht davon aus, dass die Kulturen, die Eisenwaren nach Malta brachten, friedlich mit den bereits dort siedelnden Menschen zusammenlebten. Viel jedoch weiß man über diesen Zeitabschnitt nicht.

Die Phönizier – ab ca. 800 v. Chr.: Wahrscheinlich geht der Name Malta auf die Phönizier zurück. Das phönizische Wort *Malat* steht für Hafen oder Zuflucht, und auf ihren Handelsreisen gen Westen nutzten sie die Inseln zum Schutz vor Sturm oder Piratenüberfällen. Es gibt jedoch auch Hinweise darauf, dass ihr Name für Malta *Onan* war. Wie dem auch sei, den Phöniziern dienten die Inseln lediglich als unbefestigter Stützpunkt. Sie waren Kaufleute und Seefahrer ohne Reichsgründungsgedanken. Dennoch bauten sie mehrere Tempel auf der Insel, und es ist anzunehmen, dass viele Phönizier hier eine neue Heimat fanden.

Der Einfluss Karthagos – ab ca. 550 v. Chr.: Für mehr als drei Jahrhunderte wurden die Inseln Teil des Punischen Reiches. Die Hauptstadt war anfangs Marsaxlokk, später Mdina und Rabat. Den Inseln maß Karthago v. a. strategische Bedeutung beim Ausbau seines Handelsreiches im östlichen Mittelmeer zu, insbesondere der Handel mit den Griechen wurde über *Malat* abgewickelt. Der wachsende Reichtum machte die Inseln immer mehr zu einem begehrten Ziel für Piraten. Im 1. Punischen Krieg (257 v. Chr.) plünderten und verwüsteten die Römer die maltesischen Inseln, im 2. Punischen Krieg ging Karthagos Außenposten an die Römer verloren.

Die römische Blütezeit – ab 218 v. Chr.: Unter den Römern wurde Malta Teil der Provinz Sizilien. Als wichtiger Stützpunkt im Mittelmeerraum erlebten die Inseln eine blühende Epoche. Alte Tempel wurden umbenannt, neue gebaut, Straßen angelegt und Festigungswälle errichtet, um sich vor Piraten zu schützen. Über Jahrhunderte herrschten Ruhe und Wohlstand auf den Inseln. Sie waren fest eingebettet im Römischen Reich, fernab politischer und militärischer Brennpunkte und so für die Schreiber der damaligen Zeit ohne großes Interesse. Aus diesem Grund ist nur wenig die römische Epoche auf Malta bekannt. Man vermutet, dass die maltesischen Inseln nach der Teilung des Römischen Reiches Ende des 4. Jh. zu Byzanz gehörten, kirchlich jedoch weiterhin an Rom orientiert waren.

An die Römer erinnern heute nur wenige, größtenteils unbedeutende Ausgrabungsstätten. Ein Ereignis aus der römischen Blütezeit prägte jedoch die Inseln bis in die Gegenwart: der Schiffbruch des Apostels Paulus im Jahr 60 n. Chr. (→ Kasten, S. 182). Während seines angeblich dreimonatigen Aufenthalts verkündete er das Christentum, sein Name ist wie kaum ein anderer mit Malta verbunden.

Die Araber – ab 870: Mehr als zwei Jahrhunderte waren die Araber die Herrscher über die maltesischen Inseln. Als der Archipel in ihren Besitz fiel, waren sie bereits die Herren über große Teile Spaniens, Südfrankreich, Süditalien und Sizilien. Der Anteil der Christen soll sich unter der muslimischen Herrschaft auf etwa ein Drittel der Bevölkerung reduziert haben. Die Araber führten Baumwolle und Zitrusfrüchte ein; die Holzerker, die noch heute die Fassaden vieler Häuser und ganzer Straßenzüge prägen, sind ebenfalls ein Erbe des Orients.

Die Normannen – ab 1090: Unter Graf Roger von Hauteville, der bereits Sizilien von den Arabern erobert hatte, erlebte auch Malta wieder eine Herrschaft im Zeichen des Kreuzes. Eine Verfolgung wegen Rasse oder Religion musste dennoch niemand befürchten. Christen, Juden und Muslime lebten friedlich nebeneinander. Aus dem Wappen der Familie Hauteville sollen auch die Farben der maltesischen Flagge hervorgegangen sein. 1127 übernahm Roger II., Sohn des Grafen Roger, die Inseln und gliederte sie dem neu gegründeten Königreich Sizilien an. Der letzte normannische König hinterließ jedoch keinen männlichen Thronnachfolger – Malta stand eine traurige, wechselhafte Zukunft bevor.

Staufer, Anjou, Aragonesen und Kastilier – ab 1194: Bis zum Eintreffen des Ritterordens wurde Malta unter den europäischen Königshäusern durchgereicht. 1194 fielen die Inseln durch Heirat Konstanzes, der Enkelin Rogers II., mit Heinrich VI. den Staufern in die Hände. Unter Friedrich II. wurden die Muslime 1249 aus dem Reich vertrieben. Nachdem Konradin, der letzte Staufer und Sohn von König Konrad VI., beim Versuch, sein süditalienisches Erbe anzutreten, hingerichtet wurde, ging Malta 1266 an das Haus Anjou über. Dessen Intermezzo beendete die Sizilianische Vesper von 1282, der Aufstand der Bürger Palermos. Für die nächsten anderthalb Jahrhunderte gehörten die Inseln den Aragonesen. Unter ihnen entstand die *Università*, eine lokale Selbstverwaltung. Als die Königreiche Kastilien und Aragon durch Heirat zusammenfielen, kam für die Malteser eine Zeit, in der sie unter der Ausbeutung von Lehnherren zu leiden hatten. Die Bevölkerung verarmte, was zu Aufständen führte. 1428 brachte die Università das Geld auf, um die Inseln von der Belehnung für immer freizukaufen. Die Zuversicht auf eine Besserung der Lebensbedingungen währte indes nicht lange: 1429 überfiel ein Heer von 18.000 Mauren die Inseln, deren Bevölkerungszahl noch weit darunter lag. Über 3000 Bürger wurden angeblich versklavt, sämtlicher Besitz wurde geplündert. Es war der erste große Überfall, dem bis zur Ankunft der Ritter etliche folgten.

Malta unter den Rittern des Johanniterordens – ab 1530: Am 23. März 1530 verlieh Kaiser Karl V. Malta und die dazugehörigen Inseln dem Johanniterorden (→ Kasten). Als symbolische Lehensleistung hatte der Großmeister des Ordens jedes Jahr an Allerheiligen dem König von Sizilien einen Falken zu übergeben – die stoffliche Grundlage für den Bogart-Film *The Maltese Falcon*. Die Ritter wählten Birgu, das heutige Vittoriosa, zur Hauptstadt. 1551 erstürmte der türkische Pirat Sinan Pascha die Insel Gozo und nahm fast deren gesamte Bevölkerung als Sklaven mit. 1565, 14 Jahre später, erfolgte der Angriff der Osmanen auf Malta. Als die *Große Belagerung* (The Great Siege) ging deren gescheiterter Versuch, Birgu einzunehmen, in die Geschichte ein (→ Der Fall von Fort St. Elmo, S. 92 und Geschichte der Cottonera, S. 124). Danach ließ man, um dem Rang und der Bedeutung des Ordens gerecht zu werden, die Festungsstadt Valletta bauen. Malta entwickelte sich daraufhin zu einem blühenden Gemeinwesen. Der Großteil aller kulturhistorischen Sehenswürdigkeiten, denen man heute begegnet, stammt aus der Ordenszeit. Bis zum Ende der Ritterherrschaft 1798 wurde Malta nur noch einmal schwer getroffen, doch nicht in kriegerischer Auseinandersetzung: Der Ausbruch der Pest 1675 forderte 8569 Todesopfer.

Napoleon und die Franzosen – ab 1798: Am 9. Juni 1798 erschien die Flotte Napoleons mit 54.000 Mann am Horizont – das Ziel der Reise war Ägypten, Malta lag nur auf der Strecke. Nach geringem Widerstand wurden die Inseln kurzerhand besetzt, der Orden kapitulierte, die angeblich uneinnehmbaren Festungen Vallettas

Der Johanniterorden – von seinen Anfängen bis zur Gegenwart

Von den großen Ritterorden, die aus den Kreuzzügen hervorgingen, überlebte nur einer. Heute nennt er sich *Souveräner Militär- und Hospitaller-Orden des Heiligen Johannes von Jerusalem, Rhódos und Malta* (www.orderofmalta.int).

Seine Gründungsgeschichte beginnt vor einem Jahrtausend. Damals finanzierten Kaufleute aus Amalfi, das zu jener Zeit eine Seemacht mit dem Wappen eines achtspitzigen Kreuzes war, ein kleines Hospital für arme und kranke Pilger in Jerusalem. Dieses Hospital, das man Johannes dem Täufer weihte, gilt als der Ursprung des Ordens. 1113 nahm Papst Paschalis II. die Pflegebruderschaft unter seinen Schutz, und mit seiner Unterstützung entstanden entlang der Pilgerrouten nach Jerusalem weitere Hospitäler. Zudem übertrug er dem Orden die Verantwortung für die Sicherheit der Pilger. Diese zunächst nebensächliche Aufgabe rückte bald in den Vordergrund, das Ordensbanner mit dem weißen Kreuz entwickelte sich zum Schrecken der Heere der Sarazenen, den heutigen Arabern. Nachdem Richard Löwenherz 1191 Akko (im heutigen Israel) erobert hatte, wurde die Stadt für knapp 100 Jahre Sitz des Ordens. Sultan Kahlil konnte jedoch die Ritter vertreiben, und der Orden suchte vorübergehend Zuflucht auf Zypern. Kurz darauf gelang es den Johannitern, auf Rhódos Fuß zu fassen, wo sie eine gewaltige Flotte aufbauten, islamische Kauffahrtschiffe plünderten und zweihundert Jahre lang den Osmanen trotzten. Sie begründeten einen souveränen Ritterstaat, der durch die Auflösung des Templerordens zusätzlich an Macht gewann (zum Aufbau des Johanniterordens → Kasten, S. 79).

Im Juni 1522 stürmte Süleyman I. Rhódos, nach einer sechsmonatigen Belagerung gaben die Ritter auf und flüchteten nach Kreta. 1530 bot Kaiser Karl V. den Rittern Malta und Tripolis als Sitz an. Der Orden ließ sich auf Malta nieder. Neue Kaperfahrten brachten Geld und Sklaven. Man hoffte, sich hier rüsten zu können, um Rhódos zurückzuerobern, ein Ziel, das erst Jahre später mit dem Bau von Valletta aufgegeben wurde. Auf Malta erlebte der Orden schließlich seine größte Blütezeit, die Piraterie war ein einträgliches Geschäft.

Als Napoleon 1798 den Orden von Malta vertrieb, zogen die Ritter zurück in ihre Heimatländer; der Orden stand kurz vor der Auflösung. 1803 holte der Papst die Insignien des Ordens nach Rom, wo er noch heute auf dem Aventin in der *Villa del Priorato di Malta* seinen Sitz hat. Schließlich besann man sich wieder auf den alten Geist der Hospitaller, eröffnete Krankenhäuser und widmete sich karitativen und sozialen Aufgaben. Heute ist der Orden in über 120 Ländern tätig. Und da der Orden noch immer über diplomatische Privilegien und akkreditierte Gesandte im Ausland verfügt, wird die *Villa del Priorato di Malta* gerne als der kleinste Staat der Welt bezeichnet. Hier prägt der Orden auch eigene Münzen (1 *Scudo* = 12 *Tari* = 240 *Grani*), die man so gut wie nirgendwo ausgeben kann, und druckt Briefmarken, deren Frankierung immerhin 52 Nationen akzeptieren. Die Botschaft des Ordens auf Malta befindet sich im St. John's Cavalier.

wurden nie auf die Probe gestellt. Die Johanniter mussten innerhalb von drei Tagen die Insel mit leeren Händen verlassen, die Franzosen schafften alles davon, was nicht niet- und nagelfest war. Kurz darauf war auch Napoleon wieder verschwunden, nur eine 4000 Mann starke Truppe sollte die Inseln zwei Jahre verwalten und die ihnen nicht gerade wohl gesonnenen Malteser im Zaum halten. Die Meldung von Nelsons Sieg über die französische Flotte bei Abukir löste schließlich einen spontanen Aufruhr aus, der in einen Untergrundkampf überging, der wiederum die Franzosen dazu zwang, sich in den Festungen am Großen Hafen zu verschanzen. Die Malteser ersuchten die Engländer um Unterstützung, und Admiral Nelson reagierte. Er entsandte Sir Alexander Ball mit 1500 britischen Soldaten. Ball übernahm das Kommando der Aufständischen, die durch portugiesische Soldaten ergänzt wurden. Im Spätsommer 1800 erreichte er durch eine Blockade des Großen Hafens die Kapitulation der Franzosen. Ein neuer Abschnitt in der Geschichte Maltas war eingeläutet, ein Abschnitt mit britischer Präsenz auf dem Archipel. Sir Alexander Ball übertrug man das zivile und militärische Kommando – einen Gouverneur wollte man noch nicht ernennen, denn das internationale diplomatische Parkett war verstimmt, und der Orden verlangte die Rückgabe Maltas. So wurde erst 1813 der erste britische Gouverneur ernannt: Sir Thomas Maitland.

Die englische Kolonialherrschaft – ab 1814: Durch den Vertrag von Paris wurde Malta offiziell als englische Kronkolonie anerkannt. Die Inseln wurden Hauptflottenstützpunkt der Royal Navy, Werften und Hafenanlagen wurden ausgebaut, 1848 entstand das erste Trockendock. Durch die Eröffnung des Suez-Kanals 1869 wurde Malta zudem ein bedeutender Hafen auf dem Weg britischer Handelsschiffe nach Indien. Im Ersten Weltkrieg dienten die Inseln wie bereits im Krim-Krieg den Engländern als strategischer Stützpunkt, wo Schiffe repariert und Verletzte versorgt wurden. Den militärischen Nutzen der Inseln wusste das Empire zu schätzen, das Volk darauf vergaß man. Es litt bittere Not. Am 7. Juni 1919 kam es zu einem Aufstand, der blutig niedergeschlagen wurde. Nicht nur Straßennamen erinnern an jenen Tag, den „Sette Giugno", zum Gedenken an die Toten ist der 7. Juni heute auch gesetzlicher Feiertag. Weitere Unruhen führten 1921 zu einer neuen Verfassung, bei der den Maltesern innenpolitische Verantwortung übertragen wurde; die Außenpolitik blieb jedoch beim Gouverneur. Eine zweite *Große Belagerung* erlebten die Inseln im Zweiten Weltkrieg. 1941 begannen die Luft- und Seeangriffe der Achsenmächte (Deutschland/Italien), 1942 war Malta mehr oder weniger isoliert. Am

Im Grand Harbour noch vorzufinden: Dgħajsas, die klassischen Wassertaxis

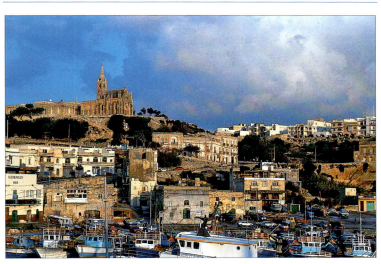

Mġarr: Gozos Hafen zur Welt

15. April desselben Jahres erhielt das maltesische Volk für seine Tapferkeit das englische Georgskreuz. Im Oktober gaben die deutsche und die italienische Luftwaffe ihre Bombardements auf, nachdem sie über 16.000 t Bomben abgeworfen hatten. Die Regierung von Großbritannien brachte 30 Millionen Pfund für die Beseitigung der Kriegsschäden und den Wiederaufbau auf.

Maltas Unabhängigkeit – ab 1964: Im September 1964 erlangte Malta die Unabhängigkeit im Commonwealth – Staatsoberhaupt blieb Königin Elizabeth II. Vorausgegangen war ein Referendum, in dem sich 82,6 % der Malteser für die Unabhängigkeit ausgesprochen hatten. Ein Verteidigungsbündnis garantierte den Briten den Verbleib ihrer Truppen für weitere zehn Jahre. Dafür verpflichteten sie sich zur Bereitstellung von Krediten bis zu 50 Millionen Pfund, um die wirtschaftliche Lage des Landes zu verbessern.

Die Republik Malta – ab 1974: Durch den Beschluss von Verfassungsänderungen des Parlaments am 13. Dezember 1974 bekam Malta den Status einer demokratischen Republik innerhalb des Commonwealth. Der erste Präsident der Republik wurde Anthony Mamo, der erste Regierungschef Dominic Mintoff. Letzterer bestimmte 17 Jahre lang als Premierminister Maltas Schicksal (1955–1958 und 1971–1984). Er war ein Politiker, der die Inseln aus ihrem Schattendasein herausführte, indem er sich keinem der damaligen politischen Blöcke unterordnete. Er reichte dem Libyer Gaddafi die Hand, der das Land mit Finanzhilfen unterstützte, er machte sich für die Palästinenser stark, worauf Malta von den arabischen Staaten verbilligtes Erdöl geliefert bekam, und er unterstützte verschiedene Anliegen Chinas, das Malta daraufhin kostenlos Werftanlagen lieferte. Aufgrund seiner international unparteiischen Position wurde Mintoff später nicht selten eine Art Botschafterrolle zwischen Ost und West und zwischen Nord und Süd zuteil.

Unter der Regierung Eddie Fenech-Adamis (NP) starteten Anfang der 1990er Maltas EU-Ambitionen. Während des kurzen Regierungsintermezzos der Labour Party (1996–1998) wurden die Beitrittsverhandlungen jedoch eingefroren. Ihr Wahlerfolg war Ergebnis einer Angstkampagne, die eine Überschwemmung Maltas mit sizilianischen Gastarbeitern und Mafiosi heraufbeschwor.

Im März 2003, nicht ganz 40 Jahre nach der erstmaligen Souveränität der Inseln, entschieden sich die Malteser für den EU-Beitritt zum 1. Mai 2004. Das Referendum ging knapp zugunsten der Befürworter aus, der Unterschied betrug nur 19.366 Stimmen.

Malta heute: Nicht mehr Türken, Franzosen oder Engländer in Uniformen belagern heute die maltesischen Inseln. Dafür besuchen rund 1,4 Mio. Touristen aus aller Welt alljährlich den Archipel. Andere reisen weniger komfortabel an – die Migrationswelle, die seit einigen Jahren von Afrika nach Europa schwappt, stellt das kleine Land mittlerweile vor ernsthafte Probleme (→ Kasten).

Und morgen – reich durch das schwarze Gold? Vor der Küste Maltas schlummern gigantische Ölvorkommen. Allein im Abschnitt 4 (südwestlich von Malta; das Seegebiet um Malta ist in sieben Abschnitte unterteilt), der jüngst erkundet wurde, wird die Fördermenge auf 260 Mio. Barrel geschätzt. Zum Zeitpunkt der Drucklegung verkündete das kanadische Unternehmen *Heritage Oil*, das die Konzession für die Bohrung erhielt, noch Ende 2013 mit der Förderung in 2500 m Tiefe beginnen zu können. Gleichzeitig beanspruchen Libyen, Italien und Griechenland die Bodenschätze. Zudem wurden Umweltschutzbedenken bisher ganz und gar ausgeklammert. Ein Ölrausch wollte daher zuletzt noch nicht wirklich aufkommen.

Gestrandet in einem ungewollten Land

Ihr Ziel war Lampedusa oder Sizilien, doch nie Malta. Von Italien gelangt man weiter nach Frankreich, wo es starke somalische und sudanesische Netzwerke gibt, aber auch nach Deutschland, Schweden oder England. Malta jedoch ist eine Sackgasse. Doch aufgrund mangelnder oder defekter Navigationsgeräte verfehlen Jahr für Jahr Tausende afrikanische Bootsflüchtlinge die italienische Küste und landen auf Malta. Allein im Zeitraum von 2008 bis 2012 strandeten an den hiesigen Küsten 9129 Flüchtlinge. Das hört sich zunächst nach gar nicht so viel an. Das Verhältnis von Flüchtlings- zu Einwohnerzahl würde jedoch auf Deutschland übertragen rund 1,75 Mio. illegale Einwanderer im gleichen Zeitraum bedeuten. Den dicht besiedelten Inselwinzling stellt die Flüchtlingswelle vor unglaubliche soziale Herausforderungen. Aufkeimender Rassismus ist die Folge – ungeachtet der Tatsache, dass in den Maltesern selbst das Blut etlicher verschiedener Völker fließt. Mit strengen, abschreckenden Einwanderungsgesetzen versuchten die Malteser, Herr der Lage zu werden. Umsonst. Mittlerweile gibt es Bemühungen, die Flüchtlinge zu integrieren. Aber auch das klappt nicht. Denn nur die wenigsten Flüchtlinge wollen in Malta bleiben – wieso also Englisch lernen, wenn das Ziel Frankreich oder Italien ist? So schlagen sich viele als ungelernte Tagelöhner durch, teils für 2 € am Tag.

Feudale Anreisemöglichkeit – ein Kreuzfahrtschiff vor Vittoriosa

Anreise

Mit dem Flugzeug

Das Gros aller Malta-Besucher reist bequem mit dem Flugzeug an, in rund drei Stunden sind Büroalltag und die nervenden Nachbarn vergessen. Abflugmöglichkeiten bestehen von allen größeren deutschen, österreichischen und schweizerischen Städten. Im Sommer ist das Angebot selbstverständlich größer als im Winter. Zielflughafen auf Malta ist der *Malta International Airport* (Flughafencode *MLA*), mehr dazu weiter unten. Gozo besitzt keinen internationalen Flughafen, lediglich einen Helikopterlandeplatz (Flughafencode *GZM*), der zuletzt aber nicht mehr flugplanmäßig angeflogen wurde.

Nur-Flug-Angebote: Das Gros der Preise bewegt sich je nach Saison und Sondertarif in der preiswertesten Kategorie zwischen 250 € und 500 € für ein Hin- und Rückflugticket. Schnäppchen – am besten so früh wie möglich buchen – liegen je nach Saison bei 130–250 €.

Airlines im Internet: **Alitalia**: www.alitalia.com, **Air Malta**: www.airmalta.com, **Air Berlin**: www.airberlin.com, **Austrian Airlines**: www.austrian.com, **Condor**: www.condor.de, **Easyjet**: www.easyjet.com, **Lufthansa**: www.lufthansa.com, **Luxair**: www.luxair.lu, **Niki**: www.flyniki.com, **Ryanair**: www.ryanair.com, **Swiss**: www.swiss.com, **TUI**: www.tuifly.com.

Hinweis: Nicht alle hier aufgeführten Airlines haben Malta jedes Jahr im Programm. Auf **www.atmosfair.de** erfahren Sie die CO_2-Effizienz Ihrer Fluggesellschaft und können einen Beitrag zum Klimaschutz leisten. Der Flug von Frankfurt nach Malta und zurück entspricht laut dem *atmosfair*-Emissionsrechner der Klimawirkung von rund 900 kg CO_2 pro Passagier.

Pauschalangebote: Um im Dschungel der Saison- und Sonderarrangements die attraktivsten Angebote zu erhaschen, sollte man sich ebenfalls möglichst früh und vielseitig informieren – die Veranstalter verlangen für ein und dieselbe Leistung z. T. erheblich unterschiedliche Preise. Und wenn Sie sich für ein Last-Minute-Pauschalarrangement entscheiden, lassen Sie sich das Angebot im Katalog zeigen – einige findige Geschäftemacher bieten normale Katalogreisen als Last-Minute-Schnäppchen an. Aufgepasst zudem vor allzu billigen Pauschalpaketen, das gilt insbesondere für Ziele in der St. Paul's Bay – der Blick aus dem Hotelzimmer in den Aufzugschacht macht nicht gerade glücklich. Maltaspezialisten hingegen bieten auch Farmhäuser auf Gozo (→ S. 221) an, darüber hinaus Tauchreisen, Segeltörns, Golf-, Rund- und Sprachreisen.

Transport von Gepäck und Sportgeräten: Die Freigepäckgrenze für Flüge nach Malta beträgt bei den meisten Airlines 20 oder 23 kg für aufgegebenes Gepäck und 6–10 kg für Handgepäck, das vielfach die Maße 20 x 40 x 50 cm nicht überschreiten darf. Wer jedoch Business anstatt Tourist Class fliegt, länger als 28 Tage vor Ort bleibt oder im Besitz einer Kundenkarte der Airline oder seines Reiseveranstalters ist, darf meist 30 kg mitnehmen – erkundigen Sie sich diesbezüglich bei Ihrer Airline. Achtung aber bei Billigfliegern: So manche Billigflieger erlauben nur die kostenlose Mitnahme von Handgepäck. Für die Aufgabe von Gepäckstücken fallen oft schon Gebühren an, bei der Aufgabe von Sportgepäck werden die Billigflieger zuweilen ihrem Namen alles andere als gerecht. Air Malta hingegen nimmt z. B. Golf- oder -Tauchausrüstungen sowie Fahrräder für den geringen Pauschalpreis von 30 € mit. Bei anderen Gesellschaften muss man dafür Gebühren bis zu 150 € bezahlen. Rechtzeitige Anmeldung und sachgerechte Verpackung sind in jedem Fall obligatorisch.

> Für Reisepapiere, Zollbestimmungen, Währung usw. → Wissenswertes von A bis Z ab S. 46.

Malta International Airport: Der *Ajruport*, wie die Malteser sagen, liegt nahe der Ortschaft Luqa, 6 km von Valletta entfernt. Im Ankunftsterminal finden Sie eine Tourist Information (tägl. 10–21 Uhr), Schalter diverser internationaler Autoverleiher (ein paar wenige verlangen einen Flughafenzuschlag), Bankomaten und einen Schalter der *Bank of Valletta* (Mo–Sa nur vormittags). Der Duty-free-Bereich (Schweizer können hier einkaufen) im Abflugterminal ist klein. Weitere Infos unter www.maltaairport.com.

An- und Weiterreise mit öffentlichen Verkehrsmitteln Der Ajruport ist zugleich ein bedeutender Umsteigebusbahnhof in Maltas öffentlichem Bussystem. Alle sog. X-Busse verfügen über spezielle Gepäckbereiche. Von und nach **Valletta**: Nr. X4 (ca. alle 30 Min., So stündl.), zudem X5 und X7 (beide stündl.). Von und nach **Mellieħa** und Ċirkewwa (Fähre Gozo): Nr. X1 (alle 45 Min.). Von und nach **Birżebbuġa**: Nr. X4 (ca. alle 30 Min., So stündl.). Von und nach **Marsaskala**: Nr. X5 u. 135 (beide stündl.). Von und nach **San Ġiljan** und **Sliema**: Nr. X2 (ca. alle 30 Min.). Von und nach **Rabat, Mosta** und **Buġibba**: Nr. X2 (ca. alle 30 Min.). Von und nach **Vittoriosa (Birgu)**: Nr. X7 (stündl.). Von und nach **Żurrieq, Blue Grotto, Ħaġar Qim, Siġġiewi, Dingli Cliffs** und **Rabat**: Nr. 201 (nur von etwa 9 bis 21 Uhr stündl.). Die Busse fahren direkt vorm Flughafen ab, im Terminal ein Infoschalter der Busgesellschaft *Arriva*, Tickets zudem an Automaten.

Mit Maltatransfer direkt zum Hotel oder nach Ċirkewwa (Fähre Gozo) Der Service kostet zu den Hotels rund um Valletta 8 €/Pers., zu den Hotels rund um Buġibba 10 €/Pers. und zu den Hotels von Mellieħa sowie zum Fährterminal von Ċirkewwa 12 €/Pers. Infos und Reservierung unter www.maltatransfer.com oder unter

Fähren verbinden Malta mit Gozo

☎ 21332016, zudem beim Servicepoint direkt am Flughafen bei der Gepäckausgabe.

Taxi Taxis stehen vor dem Ankunftsterminal bereit. Am besten suchen Sie zuvor die offizielle Taxizentrale auf (beim Ausgang linker Hand). Dort können Sie ein Taxi zu festgesetzten Tarifen buchen: Valletta 15 €, Sliema 20 €, Marsaskala 18 €, St. Paul's Bay 25 €, Mellieħa 29 € und Ċirkewwa (Fähre Gozo) 33 €.

Über den Land- und Seeweg

Die Anreise über Land zu einem italienischen Fährhafen bietet die Möglichkeit zu interessanten Zwischenstopps. Ob sich diese Variante finanziell rechnet, ist eine andere Frage. Addiert man Benzinkosten, Autobahngebühren, mögliche Kosten für eine Zwischenübernachtung, Fährpreis und den Verschleiß am Fahrzeug zusammen, dann muss man schon eine Weile vor Ort bleiben oder mit voll besetztem Fahrzeug (grüne Versicherungskarte nicht vergessen!) unterwegs sein, um gegenüber einem Flug samt Mietwagen Vorteile zu erzielen. Alternativ dazu kann man die Fährhäfen auch mit der Bahn erreichen (Infos über Sondertarife und Bahnpässe unter www.bahn.de, www.sbb.ch, www.oebb.at und www.fsitaliane.it) oder dem Bus (Infos unter www.eurolines.at, www.alsa-eggmann.ch und www.eurolines.de).

Fähren zwischen Italien und Malta: Fährverbindungen mit schnellen Katamaranen bestehen ganzjährig von Pozzallo (ca. 1 ½ Std.) und im Sommer zudem von Catania (Dauer ca. 3 Std.). In manchen Jahren steuern auch Schiffe der *Grimaldi Line* (www.grimaldi-ferries.com) oder der Reederei *Grandi Navi Veloci* (www.gnv.it) von Genua (Dauer 37–40 Std.), Livorno (35 Std.), Civitavecchia (32 Std.) oder Salerno (ca. 20 Std.) Malta an. Alle Fähren (auch die Katamarane) bieten die Mitnahme von Fahrzeugen an – frühzeitige Buchung, v. a. in der Hochsaison, vorausgesetzt!

Preisbeispiele Einfache Fahrt ohne Berücksichtigung von Hafengebühren, Sonderangeboten usw. mit den schnellen Katamaranen von *Virtu Ferries* ab Pozzallo in der NS ab 55 €/Pers., Autos bis 4,5 m ab 66 €.

Informationen Virtu Ferries: www.virtuferries.com. Office und Abfahrt der Fähren: Xatt il-Għassara tal-Għeneb, Marsa; ☎ 220 69022.

Unterwegs auf den Inseln

Mit dem Auto, Motorrad oder Scooter

Ein eigenes Fahrzeug macht das Reisen auf den maltesischen Inseln unkompliziert. Aber Achtung! Auch wenn die Inseln klein sind: Verfahren kann man sich bestens, die Beschilderung lässt häufig zu wünschen übrig. Zudem ist Vorsicht geboten, hinterm Steuer schlägt das südländische Temperament durch – Fußgängern aber bringt man am Zebrastreifen Respekt entgegen.

Pkws, Motorräder und Mopeds gibt es überall zu mieten. Die lokalen Anbieter sind i. d. R. billiger als die großen, international operierenden Gesellschaften. Das gilt insbesondere, wenn man die Fahrzeuge längere Zeit mietet. Einen Preisvorteil erzielen die lokalen Verleiher v. a. durch einen älteren und meist weniger gepflegten Fuhrpark. Für die Anmietung genügt als Fahrerlaubnis der nationale Führerschein. Viele Anbieter vermieten nur Fahrzeuge an Personen, die mindestens 25 Jahre alt sind und jünger als 70, beim Abschluss einer zusätzlichen Vollkaskoversicherung werden Ausnahmen gemacht. Achten Sie darauf, welcher Versicherungsschutz im Preis enthalten und wie hoch bei einem eventuellen Schaden der von Ihnen aufzubringende Anteil *(Excess)* ist. Lesen Sie unbedingt das Kleingedruckte (Rückgabezeit, Reifenpannen usw.). Rechnen Sie für eine Leihdauer von einem Tag mit ca. 40–60 € inkl. Vollkasko (Teilkasko 25–40 €), erheblich billiger (oft mehr als 30 %) wird es i. d. R. ab einer Leihdauer von drei Tagen. Nicht alle Verleiher genehmigen das Verlassen von asphaltierten Straßen.

Wenn beim Blinken der Scheibenwischer angeht – was Sie beim Fahren auf Malta wissen sollten!

Achtung: Es herrscht **Linksverkehr! Vorfahrt** hat, sofern nicht anders ausgeschildert, stets der, der auf der breiteren und belebteren Straße fährt. Ansonsten gilt rechts vor links (!), in der Praxis gibt der Klügere nach. **Überholt** wird rechts. Beim Rechtsabbiegen dürfen keine **durchgezogenen Mittellinien** überfahren werden. Das ist zwar auch in Deutschland so, jedoch kommt es auf Malta dabei häufig zu Unfällen, und die Polizei kennt daher kein Pardon.

Die **Höchstgeschwindigkeit** beträgt – sofern nicht anders angegeben – in bebauten Gebieten 50 km/h, ansonsten 80 km/h, die **Promillegrenze** 0,8! Geblitzt wird häufig, bis 9 km/h zu schnell werden 34,94 € fällig, bis 19 km/h 69,88 €.

Telefonieren, auch mit einer Freisprechanlage, ist während der Fahrt verboten – Strafe: 100 €.

Busse dürfen, wenn Passagiere zu- oder aussteigen, nicht überholt werden und haben Vorfahrt, wenn sie die Haltestelle verlassen.

Erhöhte Vorsicht ist an den vielen **Kreisverkehren** geboten. Vorfahrt hat i. d. R. der Wagen im Kreisverkehr – theoretisch zumindest.

Und noch etwas: Der **Scheibenwischer** befindet sich bei vielen Fahrzeugen links vom Lenkrad, der **Blinker** rechts!

Parken Ist in den Städten ein Problem. Dort werden auch rege Strafzettel verteilt, zudem in sog. *Towing Zones* Krallen an die Räder montiert. Grün markierte Parkplätze sind ganztägige Anwohnerparkplätze, blau markierte sind nur von 19 bis 7 Uhr Anwohnerparkplätze, weiß markierte sind immer okay. Wo hingegen Gelb im Spiel ist, niemals halten! Die Parkplätze nahe den touristischen Sehenswürdigkeiten sind meist bewacht. Ein Trinkgeld für die Parkwächter ist üblich.

Tankstellen In der Regel Mo–Sa 7–18 Uhr. Sonn- und feiertags helfen Tankstellen mit Geldscheinautomaten weiter. Der Liter Diesel kostet rund 1,37 €, Benzin *(unleaded)* 1,53 €. Stand: Okt. 2012.

Straßenverhältnisse Vorsicht vor Schlaglöchern auf Nebenstraßen!

Unfall Hat man das Pech, verständigt man auf jeden Fall die **Polizei** (✆ 112), da ein Polizeiprotokoll für die Versicherungsansprüche notwendig ist. Verändern Sie nichts am Unfallort!

Kindersitze Die großen, internationalen Verleiher halten Kindersitze parat.

> Adressen lokaler Verleiher finden Sie im Reiseteil in den jeweiligen Ortskapiteln. International operierende Verleiher mit einem Büro am Flughafen sind **Avis** (www.avis.com), **Budget** (www.budget.com), **Europcar** (www.europcar.com), **Hertz** (www.hertz.com), **Sixt** (www.sixt.com) und **Thrifty** (www.thrifty.com). Des Weiteren ist am Flughafen der maltesische Anbieter **First Car Rental** (www.maltacar-hire.com) vertreten.

Mit dem Bus

Maltas öffentliches Bussystem funktioniert im Ganzen hervorragend und ist preiswert. Die uralten, knatternden britischen *Bedford-* und *Leyland-*Vehikel, die Nostalgie und Rußwolken versprühten, gibt es jedoch nur noch auf Postkarten und als baumelnde Schlüsselanhänger. Sie wurden 2011 aus dem Verkehr gezogen, damit sind die Inseln um eine Attraktion ärmer. Jetzt sind moderne fahrende Kühlschränke unterwegs, jedoch mit schwächeren Motoren. Schon mehrmals musste der Bus nach Rabat Fahrgäste unterhalb der Festung aussteigen lassen, weil er den Berg nicht hochkam ...

> **Busverbindungen** sind in den jeweiligen Ortskapiteln detailliert aufgeführt. Auf vielen Routen verkehren die Busse tagsüber im 12- oder 20-Min.-Takt. Sollten die Busse seltener fahren, ist dies angegeben. In den frühen Morgen- und späten Abendstunden finden grundsätzlich meist weniger Fahrten statt.
> **Achtung**: Viele Busse fahren nicht nur pünktlich ab, sondern gar früher als auf den Fahrplänen vermerkt. Der Sommerfahrplan ist von Mai bis Oktober gültig. Im Winter und an Wochenenden finden auf manchen Routen weniger Fahrten statt oder sind ganz gestrichen.

Nahezu jeder Ort wird täglich mehrmals angesteuert. Die besten Verbindungen bestehen von Valletta, da der Busbahnhof vor den Toren der Stadt Start- und Endpunkt der meisten Linien ist. Weitere bedeutende Busterminals sind der Flughafen, Mosta, Rabat und Buġibba. Auf Gozo befindet sich der zentrale Busbahnhof in Victoria. Umrundungen der Inseln per Bus sind leider nicht möglich.

Tickets kann man im Bus beim Fahrer lösen (in diesem Fall nicht mit großen Scheinen kommen), an Automaten (manche nehmen aber nur Geld und spucken keine Fahrkarte aus), an den *Arriva*-Schaltern an den Busbahnhöfen und unter www.arriva.com.mt. Tickets, die auf Malta gekauft werden, haben keine Gültigkeit auf Gozo. Das gleiche gilt auch umgekehrt.

Preise: Für Touristen gilt der Standard-Tarif. Egal ob auf Malta oder Gozo: Das 2-Std.-Ticket kostet 2,20 € (0,30 €), das Tagesticket 2,60 € (0,50 €) und das 7-Tage-Ticket 12 € (2,30 €) – in Klammern der ermäßigte Preis für Kinder von 3 bis 10 Jahren. Tickets für Nachtbusse kosten 2,50 €, Tages- und 7-Tage-Tickets gelten nicht in Nachtbussen.

Information: Aktuelle Busfahrpläne, in denen die wichtigsten Linien eingezeichnet sind, bekommt man an allen Busbahnhöfen und beim *Arriva*-Schalter am Flughafen. Infos auch unter www.arriva.com.mt.

Verkehrszeiten: Das Gros der Linienbusse nimmt zwischen 5 und 6 Uhr den Betrieb auf, die letzten Fahrten finden meist zwischen 21 und 23 Uhr statt. Nachtbusse verkehren nur von und nach San Ġiljan und sind im entsprechenden Kapitel bei den Busverbindungen aufgeführt. Egal wohin, der letzte Nachtbus startet in San Ġiljan gegen 3 Uhr. Im Sommer verkehren viele Nachtbuslinien täglich, im Winter nur Fr/Sa.

Hop on, hop off: Wer möglichst viel in möglichst kurzer Zeit sehen will, kann eine Tour mit den Hop-on-hop-off-Bussen unternehmen, z. B. von *Supreme Travel* (www.maltasightseeing.com). Im Angebot sind eine Nordroute (Sliema Bus Terminus – Valletta – Ta'Qali – Mosta – Mdina – Mġarr – Golden Bay – Buġibba – Sliema, unterwegs insgesamt 24 Haltestellen) und eine Südroute (Sliema Bus Terminus – Valletta – Tarxien – Vittoriosa – Marsaxlokk – Blue Grotto – Ħaġar Qim – Siġġiewi – Sliema, 25 Haltestellen). Unterwegs kann man beliebig oft aussteigen, ohne Zwischenstopp dauert eine Tour jeweils 3 Std. Die Busse starten in Sliema von 9–15 Uhr alle 30 Min. Das Ticket ist nur einen Tag gültig und kostet 15 €, Kinder 9 €. Auch für Gozo gibt es eine Tour (Mġarr/Fährhafen – Nadur – Ramla Bay – Xagħra – Marsalforn – Victoria – Għarb – Dwejra Bay – Xlendi – Mġarr, 15 Haltestellen). Hier starten die Busse zwischen 9.40 und 15 Uhr ca. alle 45 Min. Preise wie auf Malta.

Gassi fahren

Fähren zwischen den Inseln

Für einen regelmäßigen Auto- und Personenfährverkehr zwischen Malta und Gozo ist die *Gozo Channel Company* zuständig (☎ 22109000, www.gozochannel.com). Rund um die Uhr bedienen deren Schiffe die Strecke zwischen Ċirkewwa im äußersten Nordwesten Maltas (→ S. 206) und Mġarr im Südosten Gozos (→ S. 242). Des Weiteren unterhält die *Gozo Channel Company* ein Schiff auf der Strecke von Sa Maison (Valletta/Malta) nach Mġarr (Gozo). Nach Comino tuckern regelmäßig kleine Boote von Ċirkewwa (Malta) und Mġarr (Gozo); hinzu kommen unzählige Ausflugsschiffe, die in den verschiedenen touristischen Zentren starten. Achtung: Bei rauer See kann es vorkommen, dass die Schiffe im Hafen bleiben. Für Fähren in der Hafenregion von Valletta siehe dort.

Ċirkewwa (Malta) – Mġarr (Gozo): Mit der *Gozo Channel Company* von Ende Juni bis Ende Sept. mind. alle 45 Min., nachts alle 90 Min., im Winter lässt man ein paar Fahrten ausfallen. Dauer ca. 25 Min.

Tickets für die Fähren der *Gozo Channel Company* kauft man im Fährterminal von Mġarr (Gozo), d. h., für die Anreise von Malta nach Gozo benötigen Sie kein Ticket. Personentickets kosten – egal ob Sie von Gozo nach Ċirkewwa oder Sa Maison fahren – 4,65 €, für Kinder 1,15 €, Fahrräder 1,15 €, Motorräder mit Fahrer 8,15 €, Pkws mit Fahrer 15,70 €.

Sa Maison (Valletta/Malta) – Mġarr (Gozo): Mit *Gozo Channel Company* zuletzt Mo, Di und Do (jedoch nicht an Feiertagen) 1-mal tägl. am späten Vormittag von Mġarr nach Sa Maison und am Nachmittag zurück. Häufige Fahrplanänderungen! Die exakten Abfahrtszeiten erfahren Sie unter ✆ 2210 9000. Dauer ca. 75 Min. Von der Fähranlegestelle Sa Maison am Marsamxett Harbour zu Füßen Florianas benötigen Sie zu Fuß ca. 20 Min. nach Valletta. Auch passieren u. a. die Busse Nr. 12 u. 13 (zwischen Valletta, Sliema und San Ġiljan) die Fähranlegestelle, Haltestelle Pieta.

Ċirkewwa (Malta) – Comino: Kleine Boote der *United Comino Ferries* (www.united cominoferries.com, ✆ 99406528, mobil) legen von April bis Okt. tagsüber nahezu stündl. (im Winter nur bei gutem Wetter und ausreichender Nachfrage, zur Sicherheit anrufen!) vom Fährsteg von Ċirkewwa ab. Hier startet auch das *Comino Hotel-Boot*. Fahrtdauer ca. 25 Min. Zudem starten vom nahen Strand des Paradise Bay Hotels die *Blue Lagoon Water Taxis* (Infos im Paradise Diving Center). Weitere Boote legen im Sommer ca. 1 km östlich von Ċirkewwa auf Höhe des Riviera Resorts ab. Egal bei wem man bucht, hin/zurück kostet der Spaß ca. 10 €. Bis auf das *Comino Hotel-Boot* haben alle Boote die Blue Lagoon als Ziel.

Mġarr (Gozo) – Comino: Auch auf dieser Route verkehren von April bis Okt. regelmäßig Boote (u. a. auch das *Comino Hotel-Boot*), im Sommer stündl., in der NS je nach Andrang. Im Winter finden, wenn überhaupt, oft nur 2 Fahrten/Tag statt. Hin/zurück um die 8 €. Auch von Mġarr steuern alle Boote bis auf das *Comino Hotel-Boot* die Blue Lagoon an.

Mit Helikopter oder Wasserflugzeug

Zuletzt gab es keine flugplanmäßigen Verbindungen zwischen dem International Airport bei Luqa auf Malta (→ S. 32) und dem Heliport bei Għajnsielem auf Gozo (→ S. 216). Ein Helikopterflugverkehr zwischen beiden Inseln will zukünftig *Gozo Helicopter Services* (www.gozohelicopterservices.com, mobil ✆ 79569035) anbieten; zum Zeitpunkt der Drucklegung wartete das Unternehmen nur noch auf die Lizenz. Dauer des Fluges ca. 15 Min. Falls der Helikopterflug ein Anschlussflug sein sollte bzw. auf den Helikopterflug ein Anschlussflug folgen sollte, müssen Sie auf Malta mindestens 1 ¼ Std. Ein- und Auscheckpause einplanen. 2012 flog zudem noch *Harbour Air* (www.harbourairmalta.com) mit Wasserflugzeugen vom Typ *De Havilland Single Otter* zwischen Malta und Gozo. Start- und Landehafen war auf maltesischer Seite der Grand Harbour vor der Valletta Waterfront, zuweilen aber auch Sliema Creek, auf gozitanischer Seite der Hafen von Mġarr. Ob dieser Service zukünftig noch angeboten wird, ist fraglich – alle unsere Versuche, mit *Harbour Air* Kontakt aufzunehmen, scheiterten.

Weitere Verkehrsmittel

Taxis: Gibt es in Weiß und Schwarz, wobei die schwarzen Taxis – sofern Sie längere Strecken fahren – die preiswerteren sind. Weiße Taxis dürfen Gäste auf der Straße aufpicken, schwarze müssen telefonisch angefordert werden. Ein zentraler Taxiruf für die weißen existiert nicht, Telefonnummern für die schwarzen finden Sie im Reiseteil in mehreren Ortskapiteln, zudem kann man Taxis online über www.taxi malta.com reservieren. Alle weißen Taxis sind mit einem Taxameter ausgestattet, achten Sie darauf, dass er eingeschaltet ist, oder handeln Sie den Preis im Voraus

aus. Taxifahrten, insbesondere mit den weißen Taxis, sind auf Malta recht teuer – für die Fahrt von Marsaskala nach Buġibba können Sie auch einen Mietwagen für einen Tag nehmen. Taxistände und Preisbeispiele sind bei den einzelnen Ortschaften aufgeführt. Ansonsten gilt: Überall, wo Touristenscharen sind, werden Sie auch ein Taxi finden.

Dgħajsa: Noch vor einem halben Jahrhundert verkehrten die farbenprächtigen Wassertaxis mit dem hohen bemalten Bug, die stehend gerudert werden, zuhauf im Grand Harbour zwischen Valletta, Senglea und Vittoriosa. Die wenigen, die es noch gibt, sind heute mit einem Außenbordmotor versehen. Die Ablegestellen der Dgħajsas sind im Reiseteil aufgeführt.

Fahrrad: → Sport, S. 58.

Wandern: → Kleiner Wanderführer zu Malta, Gozo und Comino ab S. 256.

Karozzin: In Valletta und Mdina gibt es noch die maltesischen Pferdekutschen, Karozzin genannt, die 1856 als Pferdetaxis eingeführt wurden. Heute bereiten sie Touristen das Vergnügen einer holpernden Stadtrundfahrt. Den Preis sollte man im Voraus aushandeln.

Trampen: Auf dem Land ist das Glück auf des Trampers Seite, in und nahe der Städte hat man kaum eine Chance. Ohnehin lohnt es sich bei den niedrigen Busfahrpreisen kaum.

Organisierte Touren

Zu Luft, zu Land und zu Wasser werden Halbtagestouren, Tagestouren, Wochenendfahrten usw. angeboten. In allen touristischen Zentren liegen Prospekte der verschiedenen Veranstalter aus. Die Vielfalt der Rundfahrten ist überwältigend, Sinnvolles von Sinnlosem zu unterscheiden schwierig. Wird eine Jeep-Safari angepriesen, so glaubt man fast, es ginge durchs *Wilde Maltaskan* oder durch die *Malterengeti* – nichts dergleichen: Busse werden überholt, und gelegentlich düst man ein wenig abseits der asphaltierten Straßen rum, mit hochgekrempelten Ärmeln, versteht sich.

Die Bucht Il Ħofra ż-Żgħira

Pluspunkte solcher Touren sind, dass sie i. d. R. unterhaltsam organisiert sind und die Möglichkeit bieten, Kontakte zu anderen Reisenden zu knüpfen. Erhebliche Preisunterschiede gibt es zwischen den Veranstaltern nicht, zu den größten gehören *Oasis Tours* (www.oasistoursmalta.com), *Captain Morgan Cruises* (www.captainmorgan.com.mt) und *Supreme Travel* (www.maltasightseeing.com). Bei vielen Veranstaltern ist ein Pickup-Service vom Hotel im Preis inbegriffen – eine feine Sache, wird man nicht als erster abgeholt.

Ein erheblicher Nachteil vieler organisierter Rundfahrten: Die Routen der meisten Veranstalter verlaufen ähnlich, und so erleben viele Buchten oder Sehenswürdigkeiten für ein paar Stunden am Tag einen herdenartigen Ansturm. Da jede Ortschaft auf Malta oder Gozo spielend selbst zu erkunden ist, lohnt die Überlegung, ob man solche Unternehmungen nicht in die eigene Hand nimmt. Zwar ist die Anfahrt mit dem Bus oder Boot etwas langwieriger und mit mehr Aufwand verbunden, dafür kann man die Highlights halbwegs für sich genießen. Früh morgens oder spät nachmittags weicht man dem Gedränge besser aus.

Ein paar empfehlenswerte Touren, die sich auf eigene Faust nicht oder nur schwerlich organisieren lassen:

Valletta – Hafenrundfahrt Die Bootstour durch den Marsamxett-Hafen und den Grand Harbour führt vorbei an Festungsanlagen, Luxusjachten, Werften und Kreuzfahrtschiffen – tolle Eindrücke sind garantiert. Am schönsten ist die Hafenrundfahrt abends. Meist mit englischsprachigem Kommentar. Dauer je nach Veranstalter 1–2 Std., ab ca. 15 €, Kinder ca. 10 €. Abfahrt der Boote von der Uferstraße (Triq Ix-Xatt Marina) in Sliema, in manchen Jahren starten auch Boote in Valletta von der Fähranlegestelle nach Sliema.

Per Schiff rund um Malta und Gozo Toll sind Fahrten auf einem Zweimaster, der Nachteil der Segelschiffe jedoch: Sie müssen wegen des größeren Tiefgangs mehr Abstand zur Küste halten. Tagestour inkl. Essen 50–60 €, Kinder ca. 30 €. Diverse Anbieter. Start der Bootstouren in Sliema (Triq Ix-Xatt Marina) und in Buġibba (Jetty – der Steg der Ausflugsboote).

Unterwassersafari Ohne nass zu werden, lässt sich mit Glasrumpfbooten die interessante Unterwasserwelt vor Maltas Küste bewundern. Ein Erlebnis und die Lösung für alle, die nicht tauchen oder schnorcheln. Dauer ca. 1 Std., 15 €, Kinder 11 €. Veranstalter: Captain Morgan Cruises, Abfahrt Buġibba.

Rundflüge Stellt man die Karte Maltas auf den Kopf, sieht die Insel aus wie ein auftauchender Wal. Wer's aus der Luft überprüfen will, hat dazu bei einem Rundflug mit *Malta Wings* (℡ 21647888, www.maltaflying. com) Gelegenheit; 30-Min.-Flug 69 €.

Ausflug nach Sizilien Virtu Ferries Ltd. (Adresse → S. 33) bietet Tagesausflüge nach Sizilien an. Mit dem Katamaran geht es nach Pozallo, mit dem Bus weiter zum Ätna und nach Taormina. Preis 107 €/Pers., wer unter 25 oder über 60 Jahre alt ist, bezahlt 85 €.

Triq it-Torri und Tower Road – zwei Namen, eine Straße

Fast alle Straßen Maltas haben zwei Namen: einen maltesischen und einen alten englischen. Die neueren Straßenschilder zeigen oft nur noch den maltesischen Namen an, die älteren auch den englischen. Das Gros der neueren Stadtpläne verzeichnet die Straßen mit maltesischen Namen, es gibt aber auch noch solche, die die englischen Namen bevorzugen. Auf den neuen Busfahrplänen sind die Ortsnamen in maltesischer Sprache vermerkt, auf vielen Verkehrsschildern hingegen noch die alten englischen Namen. So folgt der Bus, der nach San Ġiljan unterwegs ist, der Beschilderung nach St. Julian's. Um das Durcheinander perfekt zu machen, bevorzugen Dienstleistungsunternehmen mit internationaler Kundschaft auf ihrer Visitenkarte oft die alte englischsprachige Adresse, der Gemüsehändler von nebenan hingegen den maltesischen Straßennamen. Die Krönung des Namenschaos sind schließlich diverse italienische Begriffe für Kirchen, Tore und Türme. Wir haben versucht, in diesem Buch eine relative Einheit einzuhalten. Bei den Straßennamen geben wir stets den maltesischen an (was nützt es, wenn wir den englischen verwenden und Sie das passende Straßenschild nicht finden ...). Ausnahme: Valletta – hier sind noch beide Namen gebräuchlich. Bei den Sehenswürdigkeiten folgen wir der vor Ort vorrangig vorzufindenden Schreibweise.

Übernachten

Das Angebot an Übernachtungsmöglichkeiten ist vielseitig. Von Luxushotels, bei denen im Whirlpool die Caipirinha gereicht wird, bis zu Absteigen, deren Toiletten man ohne Badeschlappen im Leben nie betritt, ist alles vorhanden. Das zusätzliche Angebot an Apartments bietet zudem eine interessante Alternative für Selbstversorger.

Die meisten Unterkünfte findet man erwartungsgemäß entlang der Küste. Die Hotelhochburgen auf Malta liegen rund um Sliema und St. Julian's (San Ġiljan) sowie in der St. Paul's Bay. Viele Häuser wurden in den letzten Jahren abgerissen und von Grund auf neu errichtet oder komplett restauriert und unter neuem Namen wieder eröffnet. Heraus kamen in erster Linie Vier- und Fünf-Sterne-Hotels. Gute Häuser der Mittelklasse sind mehr als rar.

Wer auf eigene Faust reist, Stress bei der Zimmersuche vermeiden und gleichzeitig Geld sparen möchte, sollte nach Möglichkeit in der Nebensaison fahren, also außerhalb der Monate Juli, August (absolute HS) und September – je weiter man sich von diesen Monaten entfernt, desto niedriger die Preise: oft mehr als 50 %! Sie wohnen dann fürs gleiche Geld mehr als eine Kategorie besser und bekommen ein Zimmer mit Meerblick, nicht auf die Abfalltonnen im Hinterhof.

Viele Hotels, v. a. in den Ferienorten Maltas, haben ganzjährig geöffnet. Engpässe in der Form, dass Sie gar kein Zimmer mehr bekommen, gibt es eigentlich nicht – Malta hat eher Überkapazitäten. In der Hochsaison bzw. an Ostern und Pfingsten ist jedoch mit Einschränkungen bei der Quartierauswahl zu rechnen. Gute und günstige Unterkünfte sind rar und sollten stets im Voraus gebucht werden – Malta ist leider kein Ziel für spontane Rucksackreisende.

Tipps zur Standortwahl

Gibt man dem quirligen Malta den Vorzug oder dem ruhigen Gozo? Wer auf beiden Inseln länger verweilen möchte, sollte zuerst Malta besuchen und dann Gozo. Wer nämlich die Gemütlichkeit Gozos zu schätzen gelernt hat, will von dort so schnell nicht mehr weg. Die empfehlenswerten Standorte im Überblick:

Valletta (Malta): UNESCO-Welterbe und wunderschön. Und da vor den Toren der Stadt die Busse in sämtliche Winkel der Insel abfahren, ist die Hauptstadt ideal für alle, die viel unternehmen wollen. Ähnliches gilt für Victoria auf Gozo, nur dass dort die Anzahl der Unterkunftsmöglichkeiten bescheiden ist.

St. Julian's (San Ġiljan) und Paċeville (beide Malta): Der beste Spot für alle, die Unterhaltung suchen und die Nacht zum Tag machen wollen.

Mdina (Malta): Das Gegenteil zu San Ġiljan und Paċeville. Ein Ort zum Schlendern und Träumen. Rabat, gleich nebenan, bietet das geschäftige Leben eines typisch maltesischen Städtchens. Leider gibt es hier nur wenige Unterkünfte.

Marsalforn und Xlendi (beide Gozo): Die besten Adressen für Urlaub am Meer. Orte mit maltesischem Charme, ganz im Gegensatz zur St. Paul's Bay auf Malta.

Übernachten 41

Hotels und Pensionen: Eine Klassifizierung der maltesischen Unterkünfte wird durch die Malta Tourism Authority durchgeführt. Die Hotels sind in Kategorien von zwei bis fünf Sterne unterteilt. Doch sagt die Zahl der Sterne am Eingang nichts über den Charme des Hauses aus. Sie orientiert sich v. a. an Ausstattungskriterien wie Pool oder Klimaanlage (müssen alle Fünf- und Vier-Sterne-Häuser aufweisen), einem eigenen Bad (ab drei Sternen notwendig) usw. Ein Drei-Sterne-Hotel kann aber ohne weiteres besser möbliert und gepflegter sein als der Nachbar in der Vier-Sterne-Klasse. Auch eine ansprechende Architektur, die Lage oder eine freundliche Atmosphäre werden von dem System nicht erfasst. Das Gros der Fünf-Sterne-Hotels (mit extrem hohen Walk-in-rates) wird den Erwartungen gerecht, unter den Vier-, Drei- und Zwei-Sterne-Hotels gibt es jedoch etliche lieblos geführte und mit billigsten Mitteln am Leben gehaltene Häuser. Pensionen *(Guest Houses)* findet man nur wenige, und die meisten davon sind nicht sehr attraktiv.

In der HS sollte man als Minimum rund 40 € für ein DZ in einem Hotel, 25 € für ein DZ in einem Guest House einkalkulieren. Die Preisnachlässe in der NS sind bei Billigunterkünften gering, bei besseren Hotels jedoch enorm. Ein Vorteil für Alleinreisende: Sie bezahlen oft nur etwas mehr als die Hälfte.

Hostels: Gibt es nur wenige. Hostels finden Sie im Buch in den Kapiteln zu Sliema (→ S. 110), Għajnsielem (Gozo, → S. 243) und zu Marsalforn (Gozo, → S. 229).

In den Ortsbeschreibungen wird ausführlich auf Unterkünfte jeder Art hingewiesen. Die Preisangaben gelten für eine Übernachtung in der Hochsaison (HS). Bei Doppelzimmern (DZ) beinhalten sie den Preis für zwei Personen. Bei längeren Aufenthalten sowie bei Buchungen über Hotelanbieter im Internet oder über Reisebüros im Heimatland sind die Übernachtungspreise oft erheblich niedriger. Frühstück ist in den Hotels und Pensionen (nicht bei Apartments oder Farmhäusern) meist inbegriffen. Da die Preise ständigen Änderungen unterworfen sind und oft auch innerhalb einer Saison variieren, sind sie nur als Anhaltspunkte zu verstehen. Handeln ist durchaus möglich. Sehr gute Angebote findet man u. a. auf www.fti.de (in der NS teils unglaubliche Schnäppchen) und auf www.hotelscombined.com.

Apartments: Die Auswahl an Apartments für Selbstversorger ist groß, insbesondere auf Gozo. Häufig wird eine Mindestmietdauer von drei Tagen vorausgesetzt, in der HS oft eine Woche. Die meisten Apartments sind im Komfort durchaus zufriedenstellend. Sie bestehen i. d. R. aus einem Wohn- und ein oder zwei Schlafzimmern, Bad und einer Küche. Kleinere Einheiten verfügen nur über einen Raum mit integrierter Kochecke und Du/WC. Apartments kann man von zu Hause und direkt vor Ort buchen.

Preise In der HS ab ca. 40 € für 2 Pers. und ca. 50 € für 4, jedoch ist das Angebot in den unteren Preiskategorien auf Malta im Gegensatz zu Gozo eher bescheiden. Wer mit ca. 25 €/Pers. rechnet, wird schnell fündig. In der NS fallen auch hier die Preise. Gelegentlich wird eine Endreinigungsgebühr erhoben.

Aparthotels Sie sind ebenfalls in entsprechende Kategorien unterteilt. Diverse Pauschalanbieter haben sich darauf spezialisiert.

> **Tipp**: Auf Gozo werden vielerorts **Farmhäuser** vermietet, auf Malta ist das Angebot bescheidener. Farmhäuser stellen mit die schönste Art und Weise dar, auf den Inseln unterzukommen. Mehr dazu auf S. 221.

Camping: Auf den maltesischen Inseln gibt es zwei offizielle Campingplätze, einen äußerst spartanischen, stets verwaisten auf Comino (→ S. 213) und einen recht komfortablen auf dem Marfa Ridge (→ S. 209). Wildcampen ist offiziell verboten.

Essen und Trinken

„There are excellent pizzas, good pizzas and not-so-good pizzas." So stand's mal im Travel Trade Directory von Air Malta. Aber keine Sorge – es gibt auch noch andere Gerichte und darunter echte Gaumenfreuden.

Von einer mediterranen Hochküche war die maltesische lange Zeit weit entfernt. Sie war gut, aber eher schlicht und bäuerlich, so karg wie die Inseln selbst. Für Vielfalt sorgten lediglich die Fanggründe des Meeres. Hinzu kam der britische Einfluss mit Burger und Chips. Doch seit ein paar Jahren versuchen mehr und mehr kreative Köche, die traditionellen Gerichte zu verfeinern und schwungvoll aufzupeppen. Und das gekonnt! Immer neue, niveauvolle Restaurants eröffnen, die ihren Schwerpunkt auf feine Küche „made in Malta" legen. Nach wie vor populär sind aber auch die einfachen Restaurants, die sich zuweilen nur als Snackbar bezeichnen und handfeste maltesische Hausmannskost bieten. In den touristischen Zentren findet man zudem indische, chinesische und südostasiatische Restaurants. Überall zu haben sind Pastagerichte und – wie schon angesprochen – gute und weniger gute Pizza. Die weltweit operierenden Fast-Food-Ketten haben Malta schon lange entdeckt, im Kommen sind nun auch Kebab-Häuser. Rauchen ist in Bars und Restaurants verboten. Die Speisekarten sind i. d. R. in englischer Sprache, deutsche Karten gibt es nur in den seltensten Fällen.

Charmant Wohnen: Guesthouse Maria Giovanna auf Gozo

Die maltesische Küche

Frühstück: Das Frühstück fällt, wie in den meisten mediterranen Ländern, eher karg aus. In Guest Houses oder einfachen Hotels bekommt man Nescafé oder Tee, Brot oder Toast, Butter, Konfitüre, eine Scheibe Cheddar und vielleicht ein bisschen Wurst. Ab drei Sternen kann man mit einem Büfett rechnen, in den Vier- oder Fünf-Sterne

Die maltesische Küche 43

Häusern lässt dieses i. d. R. keine Wünsche offen. In den Touristenzentren servieren zudem viele Bars ein *English Breakfast* (Eier, Speck, Bohnen in Tomatensoße und fürchterliche Würstchen).

Snacks: Sandwichs serviert nahezu jedes Café. Man bekommt sie im diagonal geschnittenen Toastbrot, besser aber – sofern die Zähne noch echt sind – als knuspriges maltesisches *Ħobża*. Unbedingt probieren: *Ħobż biż-Żejt*. Das leckere Sauerteigbrötchen wird mit Olivenöl beträufelt, mit Tomatenmark bestrichen und mit Thunfisch, Gemüse und Kapern (die Kapern lassen sich übrigens vielerorts pflücken) belegt. Kosten Sie auch mal *Ftira* – weiche, runde Fladen, die ebenfalls in der typischen Sandwichmanier belegt werden. Ein beliebter Snack zum Kaffee oder Bier sind zudem *Pastizzi*, kleine, meist mit Ricotta oder Erbsenmus gefüllte Blätterteigtaschen. Oder *Arancina*, panierte Reiskugeln mit Käse und Fleisch, die ziemlich stopfen. Achtung – in Cafés und Snackbars bestellt man i. d. R. an der Bar! Die Bedienung serviert und räumt ab.

> **Tipp für Selbstversorger**: Obst und Gemüse kauft man am billigsten auf den Märkten. Achten Sie in den Supermärkten der Hotelhochburgen besonders im Frühjahr auf das Verfallsdatum, nicht selten stehen dort noch Restbestände des Vorjahres in den Regalen!

Vorspeisen/Suppen: Brot und Butter bekommt man meist unaufgefordert und umsonst. In manchen Restaurants werden auch kleine Appetizer kostenlos gereicht oder sind durch eine *Cover Charge* gedeckt. Dazu gehören Oliven, *Biġilla*, ein dicker Brotaufstrich aus roten und schwarzen Bohnen, gewürzt mit Chili, Knoblauch und Minze oder *Aljoli*, knuspriges Brot mit Knoblauch, Petersilie, Olivenöl und Essig. Letzteres wird gerne zusammen mit Seeigeln *(rizzi)* und Schnecken *(minli)* gegessen und fehlt bei keinem sonntäglichen Männerfrühschoppen (in nahezu jeder Bar!). Verschiedene Vorspeisen zusammen enthält die *Maltese Platter*, die auch als leichtes Mittagessen dienen kann: Kapern, getrocknete Tomaten, Oliven, übergossen mit dickem Olivenöl aus Gozo, dazu *Ġbejniet* – würzige, auch *Peppered Cheese* genannte, kleine gozitanische Rundkäse, die meist aus Schafs-, selten aus Ziegenmilch hergestellt werden. Manchmal kann man auch *Kappunata* bestellen, eine Art Eintopf aus Auberginen, Kapern, Zucchini, Tomaten, Zwiebeln und Knoblauch, der an Ratatouille erinnert.

Wer als Vorspeise eine Suppe vorzieht, sollte *Aljotta* kosten, eine Fischsuppe mit Knoblauch, Zwiebeln und Kräutern, *Kawlata*, eine Gemüsesuppe mit Schweinebauch und Speck, *Minestra*, die reichhaltige maltesische Minestrone, oder *Soppa ta' l-armla*, eine Gemüsesuppe mit Ziegenkäse. Der Volksmund nennt sie *Witwensuppe*, weil die Zutaten billig waren.

> **Preise und Öffnungszeiten**: Für ein Essen mit einer Flasche Wein sollten 2 Pers. mit 25–50 € rechnen. Wer auf den Euro achten muss, sollte Pizza mögen. Nicht selten zahlt man eine *Cover Charge*, auch ist in gehobenen Lokalen eine *Minimum Charge* möglich. Viele Restaurants sind, wenn nicht anders angegeben, mittags und abends geöffnet. Ruhetag ist meist der Sonntag oder der Montag. Im Winter haben in den Ferienorten viele Restaurants nur tagsüber oder nur Sa/So geöffnet; angegeben sind stets die Sommeröffnungszeiten.

Essen und Trinken

Pasta und Reisgerichte: Pasta ist in Malta sehr beliebt, man bekommt sie als Vorspeise oder, nur wenig teurer, als Hauptgericht. Nicht selten reicht aber die Vorspeisenvariante, denn maltesische Portionen sind sehr üppig. Die Soßen sind meist olivenölig-schwer. Aus der Reihe fallen *Spaghetti Rizzi* (Spaghetti mit Seeigeln), *Ravjul*, nämlich mit Ricotta oder Ziegenfrischkäse gefüllte Ravioli in Tomatensoße, und *Timpana*, ein sättigender Röhrchennudelauflauf mit Hackfleisch und Gemüse. Das Reis-Pendant zur Timpana nennt sich *Ross il-forn*. Zudem stehen oft *Risotti* auf der Karte, die mit der klebrig-reichhaltigen Version aus Italien jedoch nur wenig gemein haben.

Fleisch: Viele Fleischgerichte werden langsam gegart – eine alte Tradition, die auf den Mangel an Brennholz zurückzuführen ist. Kaninchengerichte stehen ganz hoch im Kurs, der Kaninchenbraten mit Wein und Knoblauch *(Fenek moqli bit-tewm)* ist das maltesische Nationalgericht. Eine Kostprobe wert ist zudem *Braġioli*, eine Rinderroulade mit Brot-, Hackfleisch- und Petersilienfüllung. Standardbeilage sind Pommes frites – ein Erbe der Engländer. Schade, denn viel besser schmecken z. B. Kartoffeln mit Fenchelsamen, die jedoch weitaus seltener zu bekommen sind.

Fisch: Frischer Fisch steht in jedem Restaurant auf der Karte. Doch Achtung! Nur ein Teil davon stammt aus Malta selbst, angeblich werden rund 60 % importiert. Auch die oft angebotenen Miesmuscheln kommen i. d. R. aus Sizilien, in Malta gibt es keine! Auf der Karte stehen häufig *Awrata* (Goldbrasse, auch Dorade, engl. *Gilthead Seabream*), *Merluzz* (Seehecht, engl. *Hake*), *Sargu* (Meerbrasse, engl. *Seabream*), *Aċċiola* (Gelbschwanzmakrele, engl. *Amberjack*), *Ċerna* (Zackenbarsch, engl. *Grouper*), *Spnotta* (Wolfsbarsch, engl. *Bass*), *Pixxispad* (Schwertfisch, engl. *Swordfish*), *Pixxi San Pietru* (Heringskönig, auch Petersfisch genannt, engl. *John Dory*), *Vopa* (Gelbstrieme, engl. *Bogue*), *Dentiċi* (Zahnbrasse, engl. *Dentex*), *Dott* (Spitzkopfzackenbarsch, engl. *Wreckfish*), *Skorfna* (Blaumaul, engl. *Rockfish*), *Imsell* (Hornhecht, engl. *Garfish*) und *Kalmar* (auch Calamari, engl. *Squid*) – die Tinten-

Fine Dining am Dockyard Creek von Vittoriosa

fische werden gerne mit einer würzigen Thunfischpaste gefüllt. Köstlich sind zudem *Makku*, winzige Breitlinge, die man samt Haut und Gräten isst. Ein Muss ist *Lampuki*, eine Goldmakrele (engl. *Dolphin Fish*). Lampuki gibt es aber erst ab Mitte August, zuvor darf er nicht gefischt werden. Serviert wird Lampuki meist mit Kapernsoße. Eine Spezialität ist zudem *Torta tal-Lampuki (Lampuki Pie)*, wobei das Filet zusammen mit verschiedenen Gemüsen von einer Teighülle umgeben ist.

> **Am Wegesrand**: Im Spätsommer wachsen überall **Kaktusfeigen** – aber Vorsicht, werden Sie nicht zum Stachelschwein. Legt man die Früchte einige Stunden in lauwarmes Wasser, fallen ihre Stacheln ab!

Süßspeisen: Schleckermäuler können u. a. *Zepolli* probieren, eine Art Krapfen mit Ricotta-Kirsch-Füllung, oder *Kannoli*, ein röhrenförmiges Gebäck mit einer Füllung aus Ricotta, Schokolade, kandierten Kirschen und Mandeln. *Prinjolata*, eine Art Törtchen mit Pudding, glasierten Kirschen und Pinienkernen, wird zur Karnevalszeit gegessen.

Getränke

Wasser: Das Leitungswasser entspringt selten Quellen, sondern kommt meist aus Meerwasserentsalzungsanlagen und sollte nur abgekocht getrunken werden. Vorsicht zudem bei warmem Wasser und bei Wasser, das in Tanks aufbewahrt wird. Tafelwasser mit und ohne Kohlensäure – oft aus Italien importiert – ist überall erhältlich.

Alkoholfreie Getränke: Aus dem gängigen Angebot der alkoholfreien Getränke sticht auf Malta *Kinnie* heraus – der Durstlöscher der Insel, fast ein Nationalgetränk. Es sieht aus wie Tee von gestern und wird aus Wasser, ungeschälten Orangen und Wermutkräutern zusammengebraut. Das Aroma ist bittersüß.

Bier: Das maltesische Bier ist gut, die meistverkauften Biere sind *Cisk* (Lager), *Hopleaf* (Pale Ale) und *Blue Label* (Ale). Zudem werden in vielen Pubs englische Biere angeboten. Ein kleines Bier kostet rund 1,50 €.

Wein: Setzt man die Anbaufläche zur Trinkfreude der Malteser in Relation, wird deutlich: So viel Wein kann hier nicht angebaut werden. *Delicata*, einer der größten einheimischen Weinproduzenten importiert daher Trauben aus Italien für seine preiswerteren Weine. Greifen Sie zu Weinen, bei denen sichergestellt ist, dass die Trauben von den Inseln kommen. Dazu gehören die Weine, die den Herkunftsnachweis *I.G.T. Maltese Island*, *D.O.K. Gozo* oder *D.O.K. Malta* im Siegel führen, des Weiteren die höherpreisigen *Estate*-Weine und alle Premium-Weine. Die besten lokalen Weine stammen aus den Häusern *Marsovin* und *Meridiana* (→ S. 194), der rote *Meridiana Bel Syrah* ist hervorragend. Genießbare Weine beginnen bei ca. 4 € aufwärts pro Flasche, im Restaurant bei 8–10 €. So manche Hausweine aber, insbesondere auf Gozo, lassen einen schütteln und schaudern. Wer sich vorab schon mal mit maltesischen Weinen vertraut machen will, kann solche auf www.weinimport24.de bestellen.

Spirituosen: Aus der Reihe fallen *Limuncell*, ein guter Zitronenlikör aus Gozo, mit dem man gerne ein Fischessen beendet, und *Anisette*, der maltesische Anisschnaps, der jedoch süßer ist als z. B. Raki oder Ouzo.

In der Altstadt von Rabat

Wissenswertes von A bis Z

Ärztliche Versorgung

Für eine ärztliche Behandlung in Kliniken und Praxen, die dem staatlichen Versicherungssystem angeschlossen sind, benötigen Sie die Europäische Krankenversicherungskarte (EHIC). Darüber hinaus empfiehlt sich der Abschluss einer privaten Auslandskrankenversicherung, die einen Krankenrücktransport mit einschließt. Das Gesundheitssystem ist auf recht hohem Niveau. Viele Ärzte haben im Ausland studiert, sprechen fließend Englisch, z. T. auch Deutsch oder Italienisch. Im Folgenden sind auch die von der deutschen Botschaft empfohlenen Ärzte aufgeführt.

Krankenhäuser Mater Dei Hospital, das große staatliche Krankenhaus auf Malta, nahe der Universität in Tal Qroqq (zwischen Birkirkara und Msida). ☎ 25450000. Zu erreichen von Valletta o. Buġibba u. a. mit Nr. 31, von Sliema und San Ġiljan u. a. alle 30 Min. mit Nr. X2, von Ċirkewwa und Mellieħa u. a. alle 45 Min. mit Nr. X1, von Rabat alle 60 Min. mit Nr. 202 o. 203. Fragen Sie dort nach Dr. Anthony Zammit (deutschsprachig), privat ☎ 21466541 oder 79273728 (mobil).

Gozo General Hospital, das Pendant auf Gozo, etwas außerhalb des Zentrums von Victoria; von der Pjazza San Franġisk aus beschildert. ☎ 21561600.

Kinderarzt Dr. Herbert Lenicker, Triq it-Tabib Zammit 18, Balzan (Anfahrt mit dem Bus → Three Villages). ☎ 21442484 o. ☎ 7920 9613 (mobil).

Zahnarzt Dr. Klaus-Dieter Frey, Triq il-Kajjik, Marsaxlokk (Anfahrt mit dem Bus → dort). ☎ 21659837 o. 99422228 (mobil).

Apotheken Als „Chemist" oder „Pharmacy" gekennzeichnet und in jedem größeren Ort zu finden. Die Öffnungszeiten entsprechen i. d. R. denen normaler Geschäfte. Viele Medikamente werden rezeptfrei abgegeben. Arzneimittel, auf die man jedoch ständig angewiesen ist, sollte man sicherheitshalber von zu Hause mitbringen. Den Apotheken-Sonntagsdienst veröffentlicht

u. a. die *Sunday Times*, auch online unter www.timesofmalta.com.

Gesundheitsvorsorge Die Standardimpfungen gemäß dem aktuellen Impfkalender des Robert-Koch-Instituts (www.rki.de) sind ausreichend.

Hinweis Im Spätsommer kann das schwülheiße Wetter eine Belastung für Herz und Kreislauf darstellen. Im Winter hingegen können sich das feucht-kühle Wetter und die extreme Feinstaubbelastung in den Ballungszentren negativ auf bereits vorhandene Atemwegserkrankungen auswirken.

Baden

Sandstrände sind relativ rar und daher meist gut besucht. An den populärsten gibt's für alle, die in der Hochsaison mit dem Badetuch kommen, oft nur noch ein Fleckchen in der fünften oder sechsten Reihe. Die schönsten Plätze haben sich die Liegestuhl- und Sonnenschirmverleiher reserviert – die Preise dafür schwanken je nach Bucht und Saison zwischen 7 und 10 €. Es gibt auch ein paar herrliche, ruhige Sand- oder Kiesbuchten, die der typische (fußfaule) Malteser nicht aufsucht, da er nicht direkt bis zum Strand mit dem Auto fahren kann. Kleinere Strände in abgeschiedenen Buchten kommen übrigens oft erst Anfang Juni zum Vorschein, wenn Caterpillars das den Winter über angespülte Seegras weggeräumt haben. Bei Felsstränden tun Badeschuhe gute Dienste (Achtung vor Seeigeln und scharfen Steinen!).

Rund um die touristischen Zentren finden Sie zudem *Lidos*, Strandbäder – meist mit Pool und Bar, geöffnet i. d. R. von Mai bis Anfang Oktober. Größere Hotels verfügen über eigene Lidos. Je nach Ausstattung werden Eintrittspreise zwischen 5 und 15 € verlangt, an Wochenenden wird zuweilen noch ein Zuschlag erhoben. Dafür sind ein Liegestuhl und ein Sonnenschirm meist im Preis inbegriffen. Vielen Lidos sind Wassersportzentren, manchen auch Tauchschulen angeschlossen. Einen Picknickkorb darf man gewöhnlich nicht mitbringen, denn fast alle Lidos besitzen eine Snackbar oder ein Restaurant.

Aufgrund der z. T. extremen Meerwassererwärmung wurden in den letzten Jahren auch die maltesischen Inseln immer häufiger mit Quallenplagen konfrontiert. Die Situation auf den Inseln war aber nie so schlimm wie an der Adria oder an der Mittelmeerküste Spaniens, wo viele Strände gesperrt werden mussten. Damit es gar nicht so weit kommt, sorgt man mittlerweile in manchen Buchten, wie z. B. der Paradise Bay, durch Sicherheitsnetze vor. Diese Strände nennen sich dann „Jellyfish protected beaches". Im Falle einer Quallenplage baden Sie am besten nur da, wo auch Malteser baden, und nehmen Sie ein Fläschchen Essig mit (hilft bei Kontakt mit Nesseln, die Stelle nicht mit kaltem Süßwasser behandeln).

Durchschnittliche Meerestemperatur in °C

Jan.	Feb.	März	April	Mai	Juni	Juli	Aug.	Sept.	Okt.	Nov.	Dez.
15	14	15	16	18	21	25	28	24	22	19	17

Rettungsschwimmer sind an vielen Stränden von Juni bis September im Einsatz. An diesen Stränden werden auch Signalflaggen gehisst: **Grüne** Flagge – Baden okay. **Gelb** – Vorsicht, Baden nur für geübte Schwimmer. **Rot** – Gefährlich, nicht schwimmen, nur am Meeressaum aufhalten. **Doppelt rot** – sehr gefährlich, bleiben Sie vom Wasser fern. **Lila** – Nicht baden, Quallenplage oder Verunreinigung des Wassers. Aber keine

Sorge, über allen populären Stränden weht die blaue Flagge (www.blueflag.org), zusammen mit Zypern hat Malta europaweit die beste Wasserqualität.

Beim Thema *FKK* sind die Malteser wenig kompromissbereit, es ist generell verboten (offiziell auch oben ohne). Dennoch werden an abgelegenen Stränden (z. B. nördlich der Ġnejna Bay, → S. 196) häufig die Hüllen fallen gelassen, Nacktbader und Spanner treffen sich dort in gleicher Zahl.

Hinweis: Am Wochenende sind die meisten Strände überlaufen – auch die Malteser lieben das Meer.

Behindertengerechtes Reisen

Diverse große Hotels verfügen über behindertengerechte Zimmer. Tauchen für Behinderte bietet die Tauchbasis Nautic Team auf Gozo (→ S. 231), das Team hilft auch bei der Auswahl einer behindertengerechten Unterkunft weiter. Allgemeine Informationen für Behinderte hält die maltesische *National Commission of Persons with Disability* unter www.knpd.org bereit. Rollstuhlfahrergerechte Restaurants finden Sie im jährlich neu erscheinenden Büchlein *The Definitive(ly) Good Guide to Restaurants in Malta & Gozo* (www.restaurantsmalta.com). Kulturreisen für Behinderte nach Malta werden nur selten angeboten.

Diplomatische Vertretungen

Vertretungen Maltas im Ausland Maltesische Botschaft in Deutschland, Klingelhöferstr. 7, 10785 Berlin, ✆ 030/2639110, malta embassy.berlin@gov.mt.

Maltesische Botschaft in Österreich, Opernring 5/1, 1010 Wien, ✆ 01/5865010, maltaembassy.vienna@gov.mt.

Maltesisches Honorarkonsulat in der Schweiz, Widenbüelstr. 22, 8103 Unterengstringen, ✆ 044/3823141, maltaconsul.zurich @gov.mt.

Ausländische Vertretungen in Malta Deutsche Botschaft, „Il-Piazzetta", Eingang B, 1. Stock, Triq it-Torri, Sliema, ✆ 22604000, www.valletta.diplo.de.

Österreichische Botschaft, Whitehall Mansions, 3. Stock, Ix-Xatt Ta'Xbiex, Ta'Xbiex, ✆ 23279000, www.aussenministerium.at/valletta.

Schweizer Generalkonsulat, Triq San Zakkarija/Zachary Street 6, Valletta, ✆ 21244159, valletta@honrep.ch.

Einkaufen

Wer zu Hause in Hektik seine Siebensachen gepackt und etwas vergessen hat, findet auf Malta Ersatz. Es gibt alles – von *Adidas*-Turnschuhen bis zur *Zara*-Jeans. Selbst *Lidl* mischt mittlerweile den Einzelhandel auf. Dennoch: Malta ist kein Shoppingparadies. Vieles ist teurer als daheim, die Auswahl oft bescheiden. Große Kaufhäuser gibt es nicht, dafür aber Shoppingmalls mit vielen kleinen Läden. Lebensmittel kauft man gemütlich auf Märkten ein. Fast jedes Dorf hat seinen Wochenmarkt. Laut Gesetz müssen alle Waren ausgezeichnet sein. Handeln ist nicht üblich.

Öffnungszeiten Die meisten Geschäfte öffnen um 9 oder 10 Uhr, schließen für die Siesta gegen 12 oder 13 Uhr und ziehen den Rollladen zwischen 15 und 16 Uhr bis abends 19 Uhr wieder hoch. Sa haben die meisten Läden nur vormittags geöffnet, So geschlossen. Shoppingcenter haben hingegen 7 Tage die Woche bis spät in den Abend geöffnet. Kleinere Märkte lösen sich bereits um 11 Uhr auf, größere etwas später.

Souvenirs Eine große Auswahl an kitschigen Mitbringseln findet man im Kunsthandwerksdorf **Ta'Qali** nahe Mdina und auf Gozo im Ta'Dbieġi Crafts Village nahe San Lawrenz. Besonders beliebt sind Spitzenarbeiten, Strickwaren, handgeblasene Glasartikel, Gold- und Silberschmuck. Gute Mitbringsel, v. a. aus Gozo, sind zudem: Johannisbrotbaumsirup *(Carob Syrup)*, Meersalz, Honig, Kapern und süße Tomatenpaste.

Feiertage und Festas

Ihre nationalen und lokalen Feiertage begehen die Malteser mit großem Aufwand. Touristen sind dabei immer willkommen. Ein Patronatsfest, eine *Festa*, wie die Malteser sagen, sollte man sich nicht entgehen lassen. Da jede Pfarrgemeinde eine veranstaltet – immerhin gibt es 64 auf Malta und 14 auf Gozo – stehen die Chancen nicht schlecht, eine miterleben zu können. Festas sind das wichtigste Ereignis eines jeden Ortes und finden alljährlich zum Namenstag des Schutzheiligen bzw. am darauf folgenden Wochenende statt (Daten in den entsprechenden Ortskapiteln und auf www.visitmalta.com). Die Feiern in und vor den prachtvoll geschmückten Kirchen werden von einem *Triduum*, einem dreitägigen Gebetsgottesdienst, eingeleitet und von Böllerschüssen angekündigt. Zum Fest selbst gibt es Prozessionen mit Marschkapellen, buntes Straßentreiben, Imbissbuden und ein Feuerwerk, bei dem jede Gemeinde die Nachbargemeinde zu überbieten versucht. Sehen und gesehen werden ist angesagt, dementsprechend kleidet man sich. Von Anfang Juni bis Ende September geht das Gros der Festas über die Bühne.

Handgemachtes Feuerwerk auf Gozo

Gesetzliche Feiertage

1. Januar: Neujahr

10. Februar: Schiffbruch des Apostel Paulus

19. März: Fest des heiligen Josef

31. März: Tag der Freiheit

Karfreitag: 29. März 2013, 18. April 2014, 3. April 2015

Ostersonntag: 31. März 2013, 20. April 2014, 5. April 2015

1. Mai: Tag der Arbeit

7. Juni: Gedenktag an den Aufstand von 1919

29. Juni: Sankt Peter und Paul (Erntefest)

15. August: Mariä Himmelfahrt

8. September: Gedenktag an den Sieg über die Türken

21. September: Unabhängigkeitstag

8. Dezember: Fest der Unbefleckten Empfängnis

13. Dezember: Tag der Republik

25. Dezember: Weihnachtsfeiertag

Wilde Partys, urige Festas

Malta rund ums Jahr – die Events im Überblick
Nähere Informationen und die genauen Daten erhalten Sie von den Fremdenverkehrsämtern und Touristeninformationen – fragen Sie nach dem *Events Calendar* – sowie unter www.visitmalta.com und www.maltaculture.com.

Januar bis März

Neujahr – die Party steigt v. a. in Paćeville. Atmosphärischer ist es in Valletta: Livemusik auf zwei Bühnen, Traumblick aufs Feuerwerk vom Upper Barracca Garden. Die ganze Nacht über sind Sonderbusse im Einsatz.

Valletta International Baroque Festival – im Januar. www. vallettabaroquefestival.com.mt.

Karneval – heute feiert man den Karneval verrückter und ausgelassener denn je – und am allerverrücktesten auf Gozo (→ Kasten, S. 240). Die Umzugstage und auch der Tag danach sind in vielen Orten zugleich inoffizielle Feiertage.

Malta Marathon – meist im März. www.maltamarathon.com.

BOV Opernfestival – im März im Manoel-Theater in Valletta. www.teatrumanoel.com.mt.

Freedom Day – 31. März (→ Feiertage). Diverse Veranstaltungen in Valletta.

April bis Juni

Karwoche – nach dem Abendgottesdienst am Gründonnerstag suchen Gläubige sieben Kirchen zum Beten auf. Der Karfreitag ist mit seinen kostümierten Umzügen und Prozessionen der Höhepunkt der Karwoche, zudem finden am Ostersonntag Morgenprozessionen statt (am schönsten in den Three Cities).

Malta Fireworks Festival – Straßenfeuerwerke und Feuerwerke auf Flößen im Grand Harbour vor Valletta. Meist Ende April. www.maltafireworksfestival.com.

Għanafest – Folkloresänger aus Malta und anderen Ländern geben sich ein Stelldichein. Meist im Argotti Garden in

Floriana Ende Mai. www.maltafolkmusicfestival.org.

Lejlet Lapsi (Notte Gozitana) – ein Wochenende (meist zweite Maihälfte), an dem Victoria Kopf steht. Megaprogramm auf mehrere Bühnen verteilt, aber auch auf den kleinen Plätzchen im Gassenwirrwarr wird aufgespielt.

Mnarja – das maltesische Volksfest findet traditionell an dem Wochenende, das dem 29. Juni vorausgeht, in den Buskett Gardens bei Rabat statt (→ Kasten, S. 173).

Malta Arts Festival – geht den ganzen Juli über, Veranstaltungen vorwiegend in Valletta. www.maltaartsfestival.org.

Juli bis September

Malta Jazz Festival – Jazz, Latin und World Music in Ta' Liesse in Valletta. Meist in der zweiten Julihälfte. www.maltajazzfestival.org.

Joseph Calleja Konzert – stets im Juli gibt Maltas berühmter Tenor ein Konzert (meist in Floriana).

Isle of MTV – seit 2006 findet der Event in Floriana vor der Kirche San Publiju statt. 50.000 Besucher (ca. ein Achtel der Inselbewohner!) feierten hier schon mit Lady Gaga und Nelly Furtado. Bislang kostenlos. www.isleofmtv.com.

Farsons Great Beer Festival – Ende Juli/Anfang August organisiert Maltas größte Brauerei ein mehrtägiges Festival mit Konzerten internationaler Stars im Ta'Qali-Park. www.farsons.com.

Delicata Classic Wine Festival – meist Anfang August veranstaltet der größte maltesische Winzer im Upper Barracca Garden von Valletta dieses Trinkgelage. Fortsetzung in Nadur auf Gozo Anfang September. www.delicata.com.

Marsovin Wine Festival – die Gegenveranstaltung der Winzerei Marsovin im Hastings Garden. www.marsovin.com.mt.

Mariä Himmelfahrt – am 15. August (→ Feiertage) finden etliche Festas statt, große auf Malta in Mosta und Rabat, die größte aber auf Gozo (→ Kasten, S. 224).

Victory Day – 8. September (→ Feiertage). Festaktivitäten in mehreren Städten auf Malta und Gozo, dazu Bootsrennen im Grand Harbour.

Birgufest – nur Kerzenlicht in den Gassen von Vittoriosa. Kommen Sie früh am Abend, dann ist es noch nicht so voll und die Stimmung am schönsten. Ende Oktober. www.birgu.gov.mt.

Independence Day – 21. September (→ Feiertage). Umzüge und Militärparaden auf der Republic Street in Valletta.

Notte Bianca – zig Veranstaltungen auf zig Bühnen in Valletta, meist Ende September. www.nottebiancamalta.com.

The Malta International Choir Competition and Festival – Chöre und Orchester singen in verschiedenen Kirchen der Insel. Alle zwei Jahre Ende September.

Oktober bis Dezember

Rolex Middle Sea Race – Regatta rund um Sizilien mit Start und Ziel in Marsamxett Harbour. Meist Ende Oktober. www.rolexmiddlesearace.com.

Mediterranea – einwöchiges Kulturfestival auf Gozo. Ende Oktober oder Anfang November. www.mediterranea.com.mt.

Malta International Marathon – meist Ende November. www.marathonchallengemalta.com.

Malta Historic Cities Festival – v. a. in Valletta, den Three Cities und in Mdina finden rund um den Nationalfeiertag am 13. Dezember diverse Feierlichkeiten mit Feuerwerk, Paraden und Musikkapellen statt.

Bay Music Award – junge Bands und DJs geben ihr Bestes. Wird veranstaltet vom Radiosender 89.7 Bay, meist Mitte Dezember in der Eden Arena in Paceville. www.bay.com.mt.

Frauen

Allein reisende Frauen haben auf den maltesischen Inseln grundsätzlich keine Probleme. Natürlich kann es – wie überall auf der Welt – zu eindeutigen Angeboten kommen, doch reicht im Allgemeinen ein klares Nein, um jegliche Diskussion zu beenden.

Geld, Preise und Geldwechsel

Gesetzliches Zahlungsmittel ist der Euro. Prinzipiell ist Malta zwar definitiv kein Billigreiseland, das breit gefächerte Angebot an touristischen Leistungen hält jedoch für fast jeden Geldbeutel etwas parat. Budget-Traveller sollten, wenn sie nicht nur von Wasser und Brot leben wollen, mit mindestens 50 €/Tag rechnen. Alle Preise im Buch beziehen sich auf die Hochsaison und dienen lediglich der groben Orientierung.

Ermäßigungen: → Museen und Ausgrabungsstätten.

Trinkgeld: In einfachen Bars gibt man kein Trinkgeld, in Restaurants sind 5–10 % die Regel, oder runden Sie einfach die Rechnung auf.

Geldwechsel: In Banken und Wechselstuben möglich.

Bankomaten sind weitverbreitet.

Kreditkarten werden in allen besseren Restaurants, Hotels und Geschäften akzeptiert.

Bei Verlust der Kredit- oder Maestro-Karte wählen Deutsche die Servicenummer 0049-116116. Abhängig vom Ausstellungsland der Karte gelten zudem folgende Sperrnummern: Für **American Express:** ✆ 0049-69-97971000 (D/A), ✆ 0041-446-596333 (CH). **Diners Club:** ✆ 0049-180-5070704 (D), ✆ 0041-58-6661111 (CH), ✆ 0043-1-50135135 (A). **Visa:** ✆ 0013039671096 (Servicenr. für D, A, CH), **Master/Eurocard:** ✆ 0049-8008191040 (D), ✆ 0043-800218235 (A), ✆ 0041-800897092 (CH). **Maestro-Karte:** ✆ 0049-1805021021 (D), ✆ 0043-1-2048800 (A), ✆ 0041-800800488 (Credit Suisse), 0041-442712230 (für weitere Schweizer Maestro-Karten).

> **Was kostet was?**
> Pint Bier ab ca. 2,50 €, kleines Bier 1,50 €, Cappuccino ab 1,10 €, Teller Pasta 5–10 €, Zigaretten ab 3,60 €, ein Liter Bleifrei ca. 1,50 €, Apartment in der NS ab 30 €, in der HS ab 50 €.

Haustiere

Hunde und Katzen können ohne Quarantäneaufenthalt mit dem *Pet-Travel-Scheme* aus Deutschland, Österreich und der Schweiz einreisen. Dafür benötigen die Tiere einen eingepflanzten Mikrochip und den EU-Heimtierausweis bzw. das Schweizer Pendant. Über die vorgeschriebenen Impfungen informieren die Fremdenverkehrsämter, die maltesischen Botschaften und die Seite www.vafd.gov.mt.

Information

Touristeninformationen auf Malta finden Sie am Flughafen und in Valletta, in Mdina, Mellieħa und auf Gozo in Victoria (Adressen → dort).

Maltesische Fremdenverkehrsämter

Deutschland: Schillerstr. 30–40, 60313 Frankfurt, ✆ 069/247503130, info@urlaubmalta.com.

Schweiz: Terminal 2, 8060 Zürich-Flughafen, ✆ 043/8613015, switzerland@urlaubmalta.com.

Österreich: Opernring 1/R/5/517, 1010 Wien, ✆ 01/5853770, wien@urlaubmalta.com.

Weiterführende/ergänzende Literatur

Friggieri, Oliver: Feuerwerk. Kinzelbach, Mainz 2009. Unterhaltsame und tiefsinnige

Information 53

Kurzgeschichten vom bekanntesten zeitgenössischen Autor Maltas.

Willocks, Tim: Das Sakrament. Aufbau TB, Berlin 2007. Ein spannender Historienroman (über 760 Seiten), der während der Großen Belagerung spielt.

Gippert, Rainer: Malta. Edition Medienhaus, Berlin 2003. Der Tipp für alle, die nicht nur mehr über die alten Kultbauten wissen, sondern zudem auch zu allen hinfinden wollen. Leider nur noch antiquarisch erhältlich.

Mattei, Emma, und Banthorpe, Jon (Hg.): Uncommon. Malta + Gozo. Miranda Publishers, Sliema 2011. Englisch. Ein schön gemachtes Buch mit tollen Fotos, zahlreichen Essays von Inselkennern und vielen liebevollen und – wie der Name schon sagt – wenig bekannten Details über Malta.

Hofman, Peter: Unterirdisches Malta. Books on Demand, Norderstedt 2009. Ein Höhlenführer.

Im Internet
www.visitmalta.com: Das offizielle Tourismusportal der *Malta Tourism Authority*, auch auf Deutsch.

www.malta-online.de: Bietet Infos zu den Inseln, Reiseangebote, Links usw.

www.timesofmalta.com und www.independent.com.mt: Die Seiten der englischsprachigen Tageszeitungen.

www.maltastar.com: Englischsprachiges Nachrichtenportal von Maltesern für Malteser, aber auch für Touristen interessant.

www.starwebmalta.com: Links zu Restaurants, Bars, Clubs, Hotels, Geschäften usw.

www.islandofgozo.org: Die offizielle Seite des gozitanischen Tourismusverbands (englisch). Verzeichnis der Farmhausanbieter, Autoverleiher usw.

Die Entartung einer langen Tradition – Vogeljagd als Zeitvertreib

Die Jagd war vor Generationen für viele Familien auf Malta und Gozo überlebenswichtig. Die Vogeljagd ist es heute nicht mehr. Sie mutierte zu einer vernichtenden Leidenschaft. 47 Jäger und Fallensteller kommen hier auf einen Quadratkilometer, das ist international top. Noch bis zum EU-Beitritt des Landes lag die Chance eines Vogels, auf seiner Herbst- oder Frühjahrswanderung unbeschadet über den Archipel hinwegzufliegen, bei nahezu null. Hunderttausende Zugvögel wurden Jahr für Jahr geschossen. Mittlerweile müsste Malta die EU-Vogelschutzrichtlinien umgesetzt haben – doch die Regierung tut sich schwer damit, denn jeder Jäger ist auch ein Wähler. Noch 2012 gab es Ausnahmegenehmigungen für die Frühjahrsjagd auf Turteltauben und Wachteln (April) und die Herbstjagd (Sept.–Jan.), bei der 41 verschiedene Vogelarten zum Abschuss freigegeben waren. Doch so mancher Jäger, der im Schießstand steht, knallt einfach ab, was vor die Flinte kommt: Wespenbussarde, Purpurreiher, Singdrosseln, Feldlerchen, Rotkehlen, Schwalben, Turmfalken, Stelzenläufer, Schafstelzen, Mauersegler usw. 384 Vogelarten wurden auf den Inseln registriert, knapp die Hälfte davon macht hier im Frühjahr und Herbst regelmäßig Rast. Selbst vor der Jagd auf Flamingos wird nicht Halt gemacht. Es gilt: Je seltener ein Vogel, umso begehrter die Trophäe. Ein ausgestopfter Löffler bringt ungefähr 700 € auf dem Schwarzmarkt.

Gegen die Vogeljagd engagiert sich der maltesische Ornithologenverband *BirdLife Malta* (www.birdlifemalta.org). Doch die Arbeit der Vogelschützer vor Ort ist nicht einfach und auch nicht ungefährlich. Schon mehrmals wurden die Vogelschützer selbst zur Zielscheibe der Jäger. Touristen gegenüber verhalten sich die Jäger hingegen meist freundlich und zuvorkommend, selbst dann, wenn man ihre Beute versehentlich verscheucht. Wer über die Inseln wandert, sieht zwischen Feldern häufig auf hüfthohen Stahlstäben Steine oder Kacheln montiert. Diese Podeste sollen den Vögeln einen sicheren Landeplatz suggerieren – ein verheerender Trugschluss.

Internetzugang

In diversen Orten gibt es *Free Wifi Spots*. Viele Hotels und Pensionen bieten WLAN oder verfügen über einen oder mehrere Terminals mit Internetzugang. Zudem offerieren verschiedene Bars und Cafés WLAN, auch kann man in diversen Internet-Cafés surfen. Internet-Cafés sind im Reiseteil nicht extra aufgeführt, da sich deren Adressen erfahrungsgemäß ständig ändern.

> Wichtige und aktuelle Informationen zu diesem Reiseführer, die uns nach Redaktionsschluss erreichen, finden Sie auf den Malta-Seiten des Michael Müller Verlags unter www.michael-mueller-verlag.de.

Klima und Reisezeiten

Milde Winter und ein Sommer voller Sonne – was will man mehr? Knapp 300 Sonnentage sprechen für sich. Malta liegt im südlichen Mittelmeerraum, südlicher als Tunis. Kalte Winde vom Atlantik erreichen den Archipel nur selten. Schnee und Frost sind so gut wie unbekannt, doch hagelt es gelegentlich. Der Sommer ist trocken und sehr heiß, ab August, spätestens ab September wird es schwül und drückend. Die Tage, an denen absolute Windstille herrscht, kann man an zwei Händen abzählen. Fast alle Winde Maltas haben einen Namen. Die bekanntesten sind der *Tramuntana* aus dem Norden, der *Levant* aus dem Osten, der *Gregal* aus Nordost, der *Majistral* aus Nordwest und der heiße *Sirocco* aus Afrika. Dieser Südwind bringt manchmal Sand aus der Sahara mit.

Frühjahr: Von März bis Mai grünen und blühen die Inseln. Die Temperaturen sind im Gegensatz zur Sonnenstrahlung noch mild. Die beste Zeit für Wanderungen, an windgeschützten Plätzen ist ein Sonnenbad bereits möglich. Das Gros der Strände ist jedoch noch nicht von angeschwemmtem Seegras und Plastikmüll befreit.

Sommer: Der Sommer dauert von Juni bis September. Regen ist in dieser Zeit rar, insbesondere von Juni bis August. Die Inseln trocknen förmlich aus, die Farben verblassen. Die Höchsttemperaturen steigen gelegentlich über die 40-Grad-Marke, eine direkte Sonnenbestrahlung sollte man meiden. Was man auch tut, es ist schweißtreibend. Hochsaison und Hochbetrieb, verbunden mit Höchstpreisen, herrschen von Mitte Juli bis Ende Aug., dafür sind insbesondere die Ferientermine der Italiener ausschlaggebend.

Herbst: Im Oktober beginnt es nach den ersten Regenfällen – oft heftige Gewitter, die kurzfristig zu Überschwemmungen führen – wieder zu grünen. Baden ist meist bis in den November möglich. In dieser Zeit bieten sich Besichtigungs- und Wandertouren an.

Winter: Er reicht von Dezember bis Februar. Im Schnitt werden 15 Regentage im Januar gezählt. Nur selten handelt es sich dabei um restlos verregnete Tage, es genügen ein paar Tropfen, damit ein Regentag als solcher registriert wird. Wer Glück hat, kann an Silvester noch im T-Shirt im Straßencafé sitzen oder in beheizten Pools diverser Hotels baden. Eher aber muss man mit starken Winden rechnen und großartigen Wolkenformationen am Himmel. Nachts wird es oft empfindlich kühl – ein Zimmer mit Heizung ist ratsam.

> **Wettervorhersage**: Die besten Seiten für Malta sind www.windguru.cz, www.windfinder.com und die Wetterseite auf www.maltaairport.com.

Malta, Gozo & Comino

	Ø Höchsttemp. in °C absolutes Maximum	Ø Tiefsttemp. in °C absolutes Minimum	Ø Regentage (Ø Niederschlag in mm)	Sonnenstunden (Ø Luftfeuchtigkeit um 14 Uhr in %)
Jan.	14 (23)	10 (5)	15 (95)	6 (67)
Febr.	15 (24)	10 (3)	11 (60)	6 (66)
März	16 (26)	11 (5)	9 (39)	8 (38)
April	18 (28)	13 (7)	6 (26)	9 (64)
Mai	22 (34)	16 (12)	3 (9)	10 (63)
Juni	26 (39)	19 (14)	1 (5)	11 (60)
Juli	29 (39)	22 (18)	0 (0)	13 (59)
Aug.	29 (44)	23 (17)	1 (6)	12 (62)
Sept.	27 (37)	22 (16)	4 (29)	9 (64)
Okt.	24 (36)	19 (16)	11 (76)	7 (65)
Nov.	20 (26)	16 (9)	11 (91)	6 (67)
Dez.	16 (22)	12 (4)	14 (110)	5 (68)

Kriminalität

Malta ist im Ganzen ein sehr sicheres Urlaubsland, nirgendwo fühlt man sich bedroht oder in Gefahr, was wiederum häufig überhöhten Leichtsinn zur Folge hat. Verführen Sie niemanden zu einem Diebstahl. Auch keine anderen Touristen! Lassen Sie niemals eine Kamera oder andere Wertsachen auf der Rückbank liegen und auch nicht im Handschuhfach.

Drogen: Wer auf Drogen nicht verzichten will, fährt besser woanders hin. Die maltesischen Polizisten und Richter kennen in dieser Hinsicht keine Gnade – auch nicht gegenüber Touristen. Auf die Einfuhr von Drogen, unabhängig von der Menge und der Art der Droge, stehen als Mindeststrafe sechs Monate Haft. Falls Sie dies erst bei der Anreise im Flugzeug lesen, so haben Sie noch die Möglichkeit, die Drogen beim Zoll abzugeben, was nicht geahndet wird.

Medien

Deutschsprachige Zeitungen und Zeitschriften bekommt man in allen touristischen Zentren, zuweilen die aktuelle Tagesausgabe schon am späten Nachmittag. Entsprechend der Zweisprachigkeit der maltesischen Inseln gibt es Tageszeitungen in maltesischer und englischer Sprache (u. a. die konservative *Times* und der liberale *Independent*). Die Vorabendserien von zu Hause können Sie über Satellit in vielen Hotels empfangen, dazu den staatlichen maltesischen Rundfunk, der drei Radio- und zwei Fernsehprogramme ausstrahlt. Des Weiteren existieren diverse private Fernseh- und Radiosender.

Museen und Ausgrabungsstätten

Das Gros der maltesischen Museen und sämtliche Ausgrabungsstätten werden von *Heritage Malta* (www.heritagemalta.com) verwaltet und sind mit Ausnahme bedeutender Feiertage täglich geöffnet (Öffnungszeiten und Eintrittspreise im Reiseteil). Wer mehrere Museen oder Ausgrabungsstätten besichtigen möchte, dem sei der Kauf von Kombitickets (im Reiseteil aufgeführt) oder des Heritage Malta Pass (s. u.) empfohlen, die es in allen von *Heritage Malta* geführten Stätten gibt.

Heritage Malta Pass: Gültig für alle Heritage-Malta-Sehenswürdigkeiten auf Malta und Gozo; Ausnahmen: Hypogäum, Ta'Ħagrat, Skorba und jene Stätten, die einer Voranmeldung bedürfen. 35 €, erm. 22 €, Kinder 15 €, Familien mit 2 Kindern 65 €.

Ermäßigungen: Bei Museen und Ausgrabungsstätten, die von *Heritage Malta* verwaltet werden, erhalten Schüler von 12–17 J., Schüler und Studenten mit einer *International Student Identity Card* und Senioren (über 60 J.) i. d. R. rund 30 % Rabatt – Ausweis daher immer mitführen. Kinder bis 5 J. dürfen umsonst mit, Kinder bis 11 J. bezahlen die Hälfte. Familientickets gelten i. d. R. für 2 Erwachsene mit bis zu 3 Kindern.

Polizei

Die maltesische Polizei ist meist äußerst zuvorkommend und hilfsbereit. Das Polizeihauptquartier mit einem angegliederten *Museum* (Uniformen, konfiszierte Waffen und Drogen, nachgestellte Verbrechen usw.) liegt in Floriana an der Triq San Kalċidonju. Die lokalen Polizeistationen der wichtigsten Orte sind unter „Adressen" aufgeführt. Notruf: ✆ 112.

Post

Postämter findet man in allen größeren Städten. Einheitliche Öffnungszeiten gibt es nicht, viele haben aber nur vormittags geöffnet (genaue Zeiten auf www.maltapost. com). In kleineren Ortschaften findet man *Sub Post Offices*, meist in Schreib- oder Souvenirläden. Egal ob die Grüße nach Deutschland, Österreich oder in die Schweiz gehen, egal ob Postkarte oder Brief (bis 20 g), das *Porto* ist einheitlich und liegt bei 0,37 € (jede weiteren 20 g kosten 0,30 €, Stand: 2012). Die Briefkästen sind rot. Vom Einwerfen bis zur Küchenwand bei der Oma vergeht etwa eine Woche. Ein Air-Mail-Vermerk ist nicht notwendig – die Postkarte wird ohnehin im Flieger befördert.

Marsascala Bay (Malta)

Reisepapiere

Malta ist Mitglied des Schengenraums. Dennoch finden am Flughafen Ausweiskontrollen statt. Für die Einreise von Bürgern Deutschlands, Österreichs und der Schweiz genügt der Personalausweis bzw. die Identitätskarte. Auch Kinder benötigen ein Ausweisdokument.

Schwule und Lesben

Obwohl Malta in vielerlei Hinsicht überaus katholisch-konservativ geprägt ist, brauchen homosexuelle Paare, dezentes Verhalten vorausgesetzt, i. d. R. mit keinerlei Schikanen zu rechnen. Tipps zum schwul-lesbischen Nachtleben finden Sie im Reiseteil unter San Ġiljan/St. Julian's und Valletta. Populäre Gaystrände (Fels) liegen zwischen der Ġnejna und der Għajn Tuffieħa Bay (Wegbeschreibung → Wanderung 2, S. 260) und unterhalb des alten Wachturms bei Pembroke (nahe St. Julian's). Was an Partys über die Bühne geht, erfährt man unter www.gaymalta.com.

Sport

Angeln: Eine Lizenz ist nicht erforderlich, dafür Glück oder Können. Halbtägige Angeltouren auf einem *Luzzu* (→ S. 145) werden in den Touristenzentren angeboten. Unter www.maltafishingforum.com und in allen Anglershops erhalten Sie Hinweise über saisonale Schutzbestimmungen.

Freeclimbing: Wer den Kick an Maltas Schwindel erregender Felsküste suchen will, wendet sich am besten an Richie Abela von Malta Rock Climbing (✆ 21480240, www.malta-rockclimbing.com), der geführte Touren und Kletterkurse anbietet und den Rock-Climbing-Führer (ISBN 9789993205401) zur Insel geschrieben hat.

Fußball: Die maltesische Premier League (www.mfa.com.mt) besteht aus zwölf Teams, die alle aus Malta kommen. Auf Gozo leben nur Bauern, die nicht kicken können, sagt man auf Malta. Nach Abschluss der Vorrunde spielen die besten sechs Mannschaften die Meisterrunde, die gewöhnlich der *Valletta FC, Birkirkara FC* oder die *Hibernians FC* aus Paola gewinnen. Alle wichtigen Spiele der europäischen Pokale, Europa- und Weltmeisterschaften überträgt das maltesische oder das auf den Inseln zu empfangende italienische Fernsehen.

> **Das Wunder von Ta'Qali …**
>
> … ereignete sich 11. Oktober 2006. Im heimischen Stadion von Ta'Qali schlug Malta im EM-Qualifikationsspiel Ungarn mit 2:1. Es war der erste Heimsieg in einem EM-Qualifikationsspiel nach 31 Jahren, seit dem legendären 1:0 über Griechenland 1975.

Golf: Der *Royal Malta Golf Club*, eine 18-Loch-Anlage mit lediglich Par 68, liegt auf der Sportanlage von Marsa (→ S. 118). Routinierten Airshot-Spielern helfen routinierte Golflehrer das ganze Jahr über weiter. Gäste müssen eine Golfclubmitgliedschaft und einen Handicapnachweis vorlegen.

Golfen kann man tägl. (außer an Turniertagen) von 9.30 Uhr bis Sonnenuntergang. Green Fee 60–70 €. Leihschläger vorhanden. Kleiderordnung befolgen! ✆ 21227019, www.royalmaltagolfclub.com.

In Pferde und Trabrennen vernarrt

Nur noch Esel werden heute auf den Inseln als Nutztiere gehalten, Pferde nicht mehr, sieht man von Ausnahmen wie den Karozzin-Pferden ab. Pferde, insbesondere renntaugliche, sind zum Statussymbol geworden. Seitdem die Ritter den Pferdesport populär gemacht hatten, ist er tief in der Geschichte der Inseln verwurzelt. Höhepunkte vieler Festas war stets das abschließende Trabrennen quer durch die Ortschaft. Aus Versicherungsgründen wird jedoch mit dieser Tradition mehr und mehr gebrochen – Unfälle waren nicht selten. Von einem sicheren und gemütlichen Tribünensitzplatz lässt sich auf der Trabrennbahn in Marsa ein Rennen verfolgen. Zwar steht man dort vom Geschehen weiter entfernt als beim Straßenrennen – den nötigen Reiz bekommen aber auch diese Rennen spätestens mit dem Kauf eines Wettscheins.

Rennen finden von Mitte Sept. bis Anfang Juli sonntags statt, genaue Zeiten auf www.maltaracingclub.com. Die Trabrennbahn liegt gegenüber dem Marsa Sports Club (Anfahrt → S. 118). Für Rennen auf Gozo → S. 219.

Radfahren: Sportlich Ambitionierte kommen kaum auf ihre Kosten, einer guten Kondition stehen zu wenige Streckenkilometer gegenüber, die Inseln sind einfach zu klein. Wer aber nur ein bisschen radeln will oder mit dem Mountainbike losziehen möchte, kann herrliche Ausflüge unternehmen, sofern er die verkehrsreichen Hauptachsen meidet. Zunehmend werden Radwege angelegt (und oft als Parkplätze missbraucht). Zwölf Routenvorschläge hält das vor Ort erhältliche Büchlein *Cycle Malta & Gozo* parat (ISBN 978999320621). In Bussen können keine Räder mitgenommen werden. Die Leihräder vor Ort (5–10 €/Tag) haben häufig Kaufhausqualität (zur Mitnahme eines Fahrrads → S. 32).

Mountainbike-Verleih → San Ġiljan/St. Julian's S. 99, Sliema S. 107 und St. Paul's Bay S. 185, für Gozo zudem Marsalforn, S. 228, und Victoria S. 218.

Malta by Bike, aus Paola. Bietet den Service, Räder an jeden beliebigen Ort Maltas zu bringen und auch von jedem beliebigen Ort wieder abzuholen, Tagesmiete 15 €, 7-

Sport 59

Tage-Miete 49 €, inkl. Helm. www.maltaby bike.com. Einen ähnlichen Service auf Gozo offeriert **On two wheels** aus Marsalforn (→ S. 228).

E-Bikes Die Bikes inkl. Helm verleiht **Hertz** (www.hertz.com.mt) in den Offices am Malta International Airport, in Sliema (Preluna Hotel) und auf Gozo am Fährterminal. 25 €/Tag. Ein weiterer Verleiher ist **ecobikesmalta** in der St. Paul's Bay (→ S. 185).

Ersatzteile/Reparatur **Pedal Power** hat mit das beste Sortiment auf den Inseln. Triq Dun Karm, Birkirkara, ℅ 21227265, www.pedpowermalta.com.

Reiten: Ausritte kann man auf Malta von der Golden Bay (→ S. 199) unternehmen, auf Gozo ist dies von Xaghra (→ S. 233) aus möglich. Die meisten Reitschulen liegen rund um die Rennbahn in Marsa (s. o.).

Segeln: Die älteste Marina von Malta befindet sich in Msida und zählt zu den besten des Mittelmeers (870 Liegeplätze).

Kitesurfen ist schwer im Kommen

Weitere findet man im Hiltonkomplex in St. Julian's (überwiegend Motorboote) und am Dockyard Creek von Vittoriosa. Auch auf Gozo (Mġarr) gibt es eine Marina. Über *Channel 12* erhalten einlaufende Segler alles Wissenswerte von der *Valletta Port Control*. Chartern kann man Boote z. B. über Nautica (www.nautica.com.mt), Bestsail (www.bestsail.de), Sun & Fun (www.sunfunmalta.com) oder Malta Boatcharter (www.maltaboatcharter.com). Auskünfte über Regatten erteilt der *Royal Malta Yacht Club* in der Ta'Xbiex Marina, ℅ 21333109, www.rmyc.org.

Literaturtipp: Heikell, Rod: Küstenhandbuch Italien. Mit Sardinien, Sizilien und Malta. Delius Klasing Verlag, Bielefeld 2009.

Tennis und Squash: In mehreren großen Hotels und diversen Sportclubs können auch Nichtgäste bzw. Nichtmitglieder gegen ein Entgelt spielen. Den nächstgelegenen Platz erfahren Sie an der Rezeption Ihres Hotels.

Wandern: → Kleiner Wanderführer, S. 256.

Malta Outdoors, von Lesern hochgelobt, bietet Kayaking, Abseiling, mehrtägige Trekkingtouren, Mountainbiketouren u. v. m. Infos unter ℅ 99425439 (mobil) und www.maltaoutdoors.com (kein Büro, operiert aus einer Garage). Das Pendant dazu auf Gozo ist **Gozo Adventures** unter deutsch-englisch-französischer Leitung. Triq Indrija 7, Victoria, ℅ 21564592, www.gozoadventures.com.

Fun-Water-Sports: Speedboat- oder Jet-Ski-Verleih, Parasailing oder Bananariding – insbesondere auf Malta wird an fast allen Stränden die gesamte Palette des Fun-Water-Sports angeboten.

Preise: Speedboat je nach Größe und PS-Zahl 50–200 €/Std., Tuckerboot mit 6 PS 20–30 €/Std., Tret- und Paddelboot 12–15 €/Std., Seekajak 6–10 €/Std., Jet-Ski 20 Min. 50–60 €, Wasserski 10 Min. 25–30 €, Parasailing 10 Min 40–50 €, Bananariding 10 Min. 10 €.

Kiten und Windsurfen: Zwar herrschen insbesondere im Frühjahr und Herbst gute Windbedingungen, doch streichen mehr und mehr Wassersportanbieter den Brettverleih aus ihrem Angebot. Und jene, die noch weiterhin Surfbretter anbieten, führen oft ein altes Equipment. Mit 15 € pro Stunde sollten Sie rechnen. Unter Kitern ist außerhalb der Badesaison die Mellieħa Bay und während der Badesaison die White Tower Bay *der* Spot.

Tauchen: Grotten, Steilwände, maritime Höhlen und rund 30 gesunkene Schiffe, darunter U-Boote und Zerstörer aus dem Zweiten Weltkrieg – die hiesige Unterwasserwelt bietet im Mittelmeerraum nahezu Unvergleichliches. Dazu herrschen vielerorts Sichtweiten von über 30 m. Auch die Unterwasserflora und -fauna (→ S. 23) sind überwältigend. Im Reiseteil wird unter dem Stichwort „Tauchen" auf die besten Divespots hingewiesen. Wer noch nicht im Besitz eines Tauchscheins ist, kann auf Malta Kurse buchen. Insgesamt gibt es mehr als 40 Tauchbasen und -schulen auf Malta und Gozo, die führenden mit deutschsprachigem Personal sind im Reiseteil verzeichnet. Einen Überblick über Divespots und sämtliche Schulen, die Maltas *Professional Diving School Association* angeschlossen sind, gibt die Seite www.pdsa.org.mt.

Ausrüstungstransport Für die Mitnahme der Ausrüstung im Flugzeug → S. 32.

Kurs- und Leihgebühren Der Unterschied zwischen den verschiedenen Tauchbasen ist gering. Mit folgenden Preisen müssen Sie rechnen:

Wracktauchen

Begleitete Tauchgänge inkl. Gerät, Luft und Blei: 1 Tauchgang ca. 25–30 €, ab 6–7 Tauchgängen pro Tauchgang ca. 20–25 €.

Ausrüstungsverleih pro Tauchgang: ABC-Ausrüstung, Jacket, Anzug und Automat ca. 15 €.

Kurse inkl. Equipment: *Schnuppertauchen* ca. 50–60 € (1 Tag, vormittags üben im Pool, nachmittags tauchen im Meer). *P.A.D.I. Open Water Diver* 320–360 € (Anfängerkurs, Dauer 4–6 Tage, Theorieunterricht, Poolübungen, Freiwassertauchgänge, Zertifikat). *P.A.D.I. Advanced Open Water Diver* 220–250 € (Fortgeschrittenenkurs, Dauer mind. 2–3 Tage, beinhaltet u. a. Navigations- und Tieftauchgang, Zertifikat). *P.A.D.I. Divemaster* ca. 500–550 € (Dauer mind. 2 Wochen, Vorraussetzung sind diverse andere P.A.D.I.-Kurse).

> **Literaturtipps für Taucher**: *Tauchen auf Gozo* von Klaus-Thorsten Tegge (2008, ISBN 978-3831111268) und *Scuba Diving Malta, Gozo, Comino* von Peter George Lemon (englischsprachig, 2008, ISBN 978-0954178918). In den Büchern werden diverse Tauchspots rund um die Inseln vorgestellt und die Tauchgänge dazu ausführlich beschrieben.

Tauchunfall Im Mater-Dei-Hospital auf Malta (→ Ärztliche Versorgung) befindet sich ein Dekompressionsraum.

Sprachschulen

Englisch lernen ohne englisches Wetter, so lautet der Werbeslogan. Beliebt bei Schülern sind Ferienkurse für den letzten Schliff vor dem Abi. Angeboten werden aber auch Anfängerkurse, Aufbaukurse für angehende Betriebswirte, die es erlauben, „verhandlungssicher" in Bewerbungen zu schreiben, spezielle Kurse für Senioren, Fachkurse für Mediziner, Ingenieure usw. Je nach Art des Kurses kann ein Teil der Kosten steuerlich abgesetzt werden. Die Teilnehmer stammen aus aller Herren Länder – und jeder vierte aus Deutschland.

Die englische Sprache hat auf Malta eine lange Tradition. Um 1800 wurde sie zur offiziellen Landessprache erklärt, Maltesisch dagegen erst 1934 als Verkehrssprache anerkannt. Die *Pronunciation* der Malteser ist zwar vom Oxfordideal weit entfernt, doch sind die Lehrer größtenteils qualifizierte Fachkräfte aus England.

Die Unterbringung erfolgt je nach Schule bzw. Wunsch in Hotels, Apartments oder bei Gastfamilien. Welche Schulen mehr Gruppen- oder Einzelunterricht bieten oder für die Pausen einen Pool aufweisen können, erfahren Sie in deren Prospekten und auf deren Webseiten. Die rund 40 maltesischen Sprachschulen lassen sich über verschiedene Reiseveranstalter im Heimatland, aber i. d. R. auch problemlos vor Ort buchen. Für die Einhaltung der Qualitätsstandards sorgt die *Federation of English Language Teaching* (kurz *FELTOM*). Zu allen Sprachschulen, die diesem Dachverband angeschlossen sind, finden Sie einen Link auf www.feltom.com. Wer was anbietet, erfahren Sie auch auf der Seite des Fachverbands deutscher Sprachreiseveranstalter unter www.fdsv.de.

Strom und Steckdosen

Die Stromspannung beträgt 240 Volt, 50 Hertz, Wechselstrom. Sie wird von den bei uns gängigen 230-Volt-Geräten problemlos geschluckt. Wichtig aber für den Anschluss ist ein Adapter: Auf Malta werden die in Großbritannien üblichen Dreifachstecker verwendet. Wer diesen Abschnitt erst auf Malta liest, besorgt sich einen in der *Ironmongery* (Haushaltswarenhandlung). Zum Aufladen des Mobiltelefons oder zum Rasieren ist in vielen Hotels jedoch kein Adapter vonnöten, da es im Bad eine besondere Steckdose für Rasierer gibt, in die auch die meisten Stecker von Ladegeräten passen.

Telefonieren

Die schönen alten roten, englischen Telefonzellen sind leider größtenteils verschwunden und mit ihnen auch die meisten Münzfernsprecher. Von den vielerorts vorhandenen Kartentelefonen kann man jedoch problemlos ins Ausland telefonieren. Am preiswertesten mit Prepaid-Karten, z. B. mit der *Easyline Card*, die es in verschiedenen Stückelungen gibt (ab 5 €). Aus dem maltesischen Festnetz spart die *Go*-Call-by-Call-Nummer 1021 (dann weiter mit 004+, dann Rufnummer ohne 0) Gebühren. Will man sein Mobiltelefon zu einem „maltesischen" machen, um sich die Kosten für eingehende Anrufe zu sparen, kauft man eine SIM-Karte (z. B. bei *Go Mobile* für 11 € plus den gewünschten Einheiten). Weitere Infos zu allen Angaben unter www.go.com.mt.

Internationale Vorwahlnummern: nach Deutschland ✆ 0049, nach Österreich ✆ 0043, in die Schweiz ✆ 0041. Danach wählt man die Ortsvorwahl, jedoch ohne die Null am Anfang, dann die Rufnummer. Wer nach Malta telefonieren möchte, wählt

📞 00356, dann die Rufnummer. Auf Malta gibt es keine Vorwahlen.
Auskunft auf Malta 📞 1182.

Notruf: 112 (für Polizei, Ambulanz und Feuerwehr)

Wellness

Nahezu alle Fünf-Sterne-Anlagen, z. T. auch manche Vier- und Drei-Sterne-Hotels, bieten Beauty-, Health- oder Fitnesscenter. Zuweilen darf man aber nicht mehr erwarten als einen Pedikürsalon („Beautycentrum"), ein Jacuzzi („Healthcenter") oder ein schepperndes Laufband im fensterlosen Kellerloch („Fitnesscentrum"). Wirkliche Wellness-Hotels gibt es aber auch, allen voran das Kempinski San Lawrenz Resort & Spa auf Gozo (→ S. 251), das aufgrund seiner Ayurveda-Behandlungen schon zu den zehn besten Spa-Hotels Europas gewählt wurde. Hotels mit guten Wellnessangeboten sind außerdem das Corinthia Palace Hotel (Attard, → S. 116), das Radisson SAS Golden Sands Resort & Spa (Golden Bay, → S. 108), das Fontina Spa Resort (Sliema, → S. 100) und das Hotel Le Meridien (St. Julian's, → S. 199) – allesamt auf Malta. Auch Nicht-Hotelgäste können in den meisten Häusern Anwendungen buchen.

Zeit

In Malta gilt wie in Deutschland, Österreich und der Schweiz die Mitteleuropäische Zeit (MEZ). Im Sommer wie im Winter gibt es keine Zeitunterschiede.

Zollbestimmungen

Für Bürger der EU: Im privaten Reiseverkehr innerhalb der EU unterliegen Waren für den Eigenbedarf keinerlei Beschränkungen, wenn die gekauften Produkte – Zigaretten, Textilien, Schmuck etc. – nicht gewerbsmäßig genutzt, beispielsweise also weiterverkauft werden.

Manchmal gibt es sie noch…

Achtung: Bei der Ausfuhr von Gemälden, die älter als 50 Jahre, oder Möbeln, die älter als 100 Jahre sind, benötigen Sie eine Genehmigung der Museumsverwaltung, die Sie dem Zollamt vorlegen müssen.

Für Schweizer gelten für die zollfreie Ein- bzw. Ausfuhr nach bzw. von Malta folgende Richtmengen: 2 l Spirituosen unter 15 % oder 1 l Spirituosen über 15 % Alkoholgehalt, 200 Zigaretten oder 50 Zigarren oder 250 g Tabak. Neben dem persönlichen Reisegepäck dürfen bei der Einreise nach Malta Geschenke im Wert von bis zu 190 € zollfrei mitgebracht werden, bei der Rückreise in die Schweiz Waren im Wert von 300 sfr.

Maltasounds – zwischen Arien und Elektrobeats

Malta hat musikalisch mehr zu bieten als die leicht-seichten Beiträge, die gewöhnlich zum *Eurovision Song Contest* geliefert werden. Da wäre z. B. *Joseph Calleja* zu nennen, ein junger, an allen großen Opernhäusern Europas gefeierter Tenor. Oder *Tribali*, eine bunte Combo, die mit australischen Didgeridoos, indischen Sitars oder afrikanischen Djambes World Music kreiert. Die Fusion aus maltesischer Folklore und modernen Sounds zwischen Jazz und elektronischen Beats steht im Mittelpunkt der Musik von *Etnika*. Im Jahr 2000 gegründet mit dem Ziel, Maltas musikalisches Erbe zu bewahren oder zeitgemäß abzuwandeln, machten sich Frontmann Andrew Alamango und seine Jungs zunächst einmal auf die Suche nach traditionellen maltesischen Instrumenten und Leuten, die darauf überhaupt noch spielen konnten. Die innovativen Performances der Band erregen mittlerweile auch im Ausland Interesse. International bekannt ist ferner das 1995 gegründete Indie-Trio *Beangrowers*. Frühe Erfolge feierten Marc, Alison und Ian aus St. Julian's

Zur Festa wird aufgespielt

bereits als Backgroundsänger von Phillip Boas Voodooclub. Phillip Boa („Container Love") lebte übrigens ab 1991 eine ganze Weile auf Malta und arbeitet dort zuweilen noch immer im eigenen Studio. Fans eher traditioneller Musik hingegen können während ihres Malta-Aufenthalts mit Glück auch einmal *Ghanja* hören, einen von Gitarren begleiteten, improvisierten Wechselgesang. Noten oder Strophen gibt es keine, gesungen und gespielt wird, was einem gerade einfällt. Meist nimmt man den Nachbarn auf die Schippe.

Fischer am Marsamxett – im Hintergrund Valletta

Insel Malta	→ 66		
Inner and Outer Harbour	→ 66	Der Südosten	→ 136
Valletta	→ 67	Der Westen	→ 156
Rund um Valletta	→ 98	Der Norden	→ 180

Malta, Comino & Gozo

Insel Comino	→ 210	Der Nordosten	→ 227
Insel Gozo	→ 214	Der Süden	→ 242
Victoria	→ 216	Der Westen	→ 249

Blick an der Valletta Waterfront und dem Grand Harbour entlang

Insel Malta

Inner and Outer Harbour

Das Herz dieser Region ist Valletta, die Hauptstadt Maltas auf der Halbinsel Mount Sceberras. Sie ist umgeben von Naturhäfen, die zu den schönsten der Welt gehören – westlich vom Marsamxett Harbour und östlich vom Grand Harbour. Das Gebiet rund um die Häfen bezeichnet man als Inner and Outer Harbour. „Inner" bezieht sich dabei auf die Städte, die unmittelbar an die Fjorde angrenzen, „Outer" auf die dahinterliegenden Gemeinden. Die Zeiten, als die einzelnen Orte durch Baulücken voneinander getrennt waren, sind insbesondere in der Inner-Harbour-Region passé. Und da der Zuzug in den Großraum Valletta weiterhin anhält, verschwinden auch in der Outer-Harbour-Region die letzten Grünstreifen oder verlagern sich weiter ins Inselinnere. So gehen die einzelnen Ortschaften und Stadtteile fließend ineinander über und machen die Inner- und Outer-Harbour-Region zu einem für maltesische Verhältnisse gigantischen Häusermeer. Rund 200.000 Menschen leben in den Einzugsgebieten Vallettas und Sliemas, das ist knapp die Hälfte der gesamten Bevölkerung Maltas. Dass hier der Tourist einige unattraktive Wohn- und Industriegebiete vorfindet, ergibt sich von selbst, größtenteils aber stößt man auf schöne alte und sehenswerte Städte.

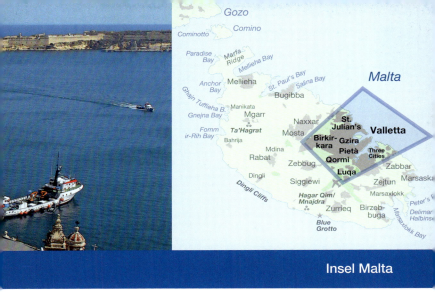

Insel Malta

Valletta　　　　　　　　　　　　　　　　　　Walletta

Ohne Zweifel eine Perle und nicht umsonst UNESCO-Welterbe. Valletta ist ein einzigartiges Beispiel für eine vom Meer umschlossene Festungsstadt der Renaissance, einem großen Freilichtmuseum gleich. Tagsüber stehen die Verehrer Schlange. Abends aber herrscht – als ließe sich das Stadttor noch immer schließen – unglaubliche Ruhe.

Vallettas Puls schlägt am Tag. In vielen der alten Paläste haben sich Ministerien und Regierungsstellen eingerichtet, Konsulate, Büros und Banken, Ämter, Museen, Boutiquen und einfache Geschäfte. Frühmorgens trifft das Heer der Pendler ein, dann sind die Cafés gefüllt – ohne Espresso und Zeitung vor der Arbeit geht nichts. Später erscheinen die Touristen ausgeschlafen zum Erkundungstrip. Wer Valletta ohne Hektik erkunden möchte, dem empfiehlt sich, mindestens einen Tag für Maltas Kapitale zu vermerken. Denn nur dann lässt sich die Stadt der Treppengassen gemütlich erkunden. Valletta lädt zum Schlendern ein: Die Distanzen sind nicht groß, jeder Winkel ist spielend zu Fuß zu erreichen, Verlaufen ist wegen des schachbrettartigen Grundrisses nahezu unmöglich, und wer sich einfach treiben lässt, kommt auch ohne Wegbeschreibung an den meisten Sehenswürdigkeiten vorbei.

Es lohnt aber, länger zu bleiben, für ein oder zwei Nächte oder gar eine ganze Woche. Dass Valletta am Abend, wenn die Rollläden der Geschäfte heruntergelassen und die Pendler nach Hause gefahren sind, zur stummen Kleinstadt wird, stört dabei nicht. Ganz im Gegenteil: Eine eigenartige Stimmung liegt dann über der wieder zur Ruhe gekommenen Stadt, und wer durch die stillen Gassen spaziert oder unter einem imposanten Abendhimmel entlang der Festungsmauern, den nimmt die Stadt förmlich gefangen – als erzähle sie einem ihre Geschichte. Jede Straßenecke spricht Bände.

Geschichte

Bei der Ankunft des Johanniterordens 1530 auf Malta war die Halbinsel Mount Sceberras, auf der sich Valletta heute erstreckt, blanker Fels. Zum Schutz des Hafens von Birgu, dem heutigen Vittoriosa, errichteten die Ritter darauf das Fort St. Elmo. Nach der großen Belagerung und dem Sieg über die Türken legte hier Großmeister La Valette am 28. März 1566 den Grundstein für die neue Stadt, eine Stadt, die den Rittern würdig sein sollte. Den Entwurf lieferte der Architekt Francesco Laparelli, sein Mitarbeiter Gerolamo Cassar vollendete sie. Es war die erste geplante Stadt Europas, schachbrettartig angelegt, damit der Wind durch die Straßen fegen konnte, um einen Hitzestau in den Gassen zu vermeiden. Bereits 1571 erfolgte der Umzug der Ritter von Birgu nach Valletta. Und bis Napoleons Flotte am Horizont auftauchte, drückten die Ritter der Stadt ihren Stempel auf – das Gesicht Vallettas hat sich seither kaum geändert.

Mit der Vertreibung der Ritter 1798 aber hatte die Kapitale ihre besten Jahre gesehen. Ein schleichender Niedergang setzte ein, und in der ersten Hälfte des 20. Jh. zog schließlich weg, wer es sich leisten konnte: Sliema, Birkirkara oder Ħamrun entwickelten sich zu aufblühenden Städten mit breiten Straßen und besser funktionierenden Frisch- und Abwassersystemen. Zurück blieben v. a. die sozial Schwachen und die Alten, deren Wohnungen später nicht mehr neu bezogen wurden und verfielen. Die heute so große Zahl heruntergekommener und leer stehender Häuser, v. a. in der östlichen Hälfte der Stadt, resultiert daraus. Dass sie nicht saniert werden, liegt nicht am mangelnden Interesse von Investoren. Valletta boomt. Käufer gäbe es genug, nur nicht Verkäufer. Denn die komplizierten Eigentumsverhältnisse sind ein Problem. All die Söhne und Töchter der einst kinderreichen Familien bzw. deren Nachkommen im In- und Ausland sind Anteilseigner. Für so manches kleine Apartment bedarf es daher mehr als 50 Unterschriften, bis ein Kauf unter Dach und Fach ist.

Valletta: Details am Straßenrand

Das Erwachen der alten Dame Valletta ist aber unumkehrbar. Immer mehr junge Malteser, aber auch Ausländer entdecken den Charme der sich räkelnden Kapitale, und jedes Jahr öffnen neue Restaurants, Kneipen, Geschäfte und schicke Büros. Ein wahres Schmuckstück ist die *Valletta Waterfront*, wo nun Luxusliner aus aller Welt anlegen. Und so haben die Kreuzfahrer

Valletta um 1850

die Kreuzritter abgelöst. Wer nicht gerade an ihnen verdient, empfindet sie nicht selten als Plage: An manchen Tagen sind es mehrere Tausend, die im Entenmarsch die Gassen verstopfen.

Derzeit brezelt sich die maltesische Hauptstadt für 2018 auf – dann nämlich wird Valletta europäische Kulturhauptstadt (www.valletta2018.org).

Erste Orientierung und Highlights

Egal ob mit Auto oder Bus – Ihre Fahrt nach Valletta endet i. d. R. vor den Toren der Stadt. Dort, beim imposanten **Tritonenbrunnen** von Vicenco Apap, lassen die Busse ihre Fahrgäste aussteigen. Wer mit dem Mietwagen kommt, parkt am besten im nahe gelegenen Parkhaus von Floriana (→ Parken), von wo es bis zum Brunnen gerade mal 150 m sind.

Vom Tritonenbrunnen führt eine Brücke über einen tiefen Trockengraben, und durch das neu gestaltete **City Gate** gelangt man in die Stadt und geradewegs zur **Republic Street (Triq ir-Repubblika)**, die Flanierstraße Vallettas. Gleich rechter Hand steht Maltas neues **Parlamentsgebäude** und ein paar Schritte weiter Vallettas neues **Open Air Theatre**. City Gate, Parlamentsgebäude und Open Air Theatre waren Teil des City Gate Projects (→ Sehenswertes, S. 94) unter Regie von Renzo Piano. Spaziert man die Republic Street einfach geradeaus weiter, kommt man nicht nur automatisch an den charmantesten Plätzen der Stadt vorbei, sondern auch am **Archäologischen Museum** (→ S. 84), an der **Ko-Kathedrale San Ġwann (St. John's Co-Cathedral**, → S. 78), am **Großmeisterpalast** (→ S. 83) und an der **Casa Rocca Piccola** (→ S. 95). Die Straße endet am **Fort St. Elmo** mit dem **War Museum** (→ S. 91). Weitere Highlights sind der **Upper Barracca Garden** (→ S. 92), das **Manoel Theatre** (→ S. 87) und das **Museum der schönen Künste** (→ S. 90). Alle Sehenswürdigkeiten sind ausgeschildert.

Basis-Infos

→ Karte hinterer Umschlag

Information Tourist Information, in der Auberge d'Italie an der Merchants Street. Mo–Sa 9–17.30 Uhr, So bis 13 Uhr. ✆ 2291 5440. Zweigstelle in einem Kiosk an der Valletta Waterfront.

Ärztliche Versorgung → Wissenswertes von A bis Z, S. 46.

Ausflüge Hafenrundfahrten, Jeepsafaris, Tagestouren nach Gozo oder Comino usw. starten i. d. R. von Sliema. Die meisten Veranstalter bieten einen Pickup-Service vom Hotel aus an. In manchen Sommern werden aber auch Hafenrundfahrten vom Fähranleger nach Sliema am Marsamxett Harbour angeboten.

Autoverleih Organisieren alle größeren Reisebüros. Sie arbeiten mit den internationalen Anbietern am Flughafen zusammen.

Baden Schöne Badebuchten findet man rund um Valletta nicht, nur Felsen, von denen man ins Meer springen kann. Beliebt ist z. B. der Abschnitt zwischen dem War Memorial und der St. Lazarus Bastion, Stufen führen von der Bastion hinab. Bei der Fähranlegestelle nach Sliema gibt es zudem ein **Salzwasserbecken**, das zuletzt aber der lokale Wassersportverein für sich allein beanspruchte.

Deutsch-maltesischer Zirkel Er trägt mit diversen Veranstaltungen zur kulturellen Vielfalt der Stadt bei und betreibt auch das **Café The Circle's** in einem hübschen Saal (Mo–Fr 7–18 Uhr, Sa 7–14 Uhr, günstiger maltesischer Mittagstisch). Ein Schwarzes Brett informiert über deutschsprachige Gottesdienste, Sprachkurse sowie Job- und Wohnungsangebote. St. Christopher Street 141, www.germanmaltesecircle.com.

Festa Am 10. Feb., am 3. Sonntag nach Ostern, am 2. Sonntag im Mai, am 3. Sonntag im Juli und am Sonntag vor dem 4. August. In Floriana zwei Wochen nach dem Ostersonntag.

Gottesdienste In dt. Sprache jeden So um 11 Uhr in der Kirche Santa Barbara (römisch-katholisch, Republic Street) und ca. 2-mal monatl. (Termine unter www.andreas-gemeinde-malta.de) in der Kapelle der St. Andrew's Scots Church (evangelisch, South Street/Ecke Old Bakery Street).

Öffentliche Toiletten Beispielsweise in einer Seitengasse der Republic Street nahe dem Archäologischen Museum, im Upper Barracca Garden und am Busbahnhof (wenn Sie Valletta durch das City Gate verlassen, rechter Hand).

》》 Mein Tipp: Die absolut coolste **öffentliche Toilette** befindet sich in der Strait Street neben der Whiskey Bar – den Eingang halten viele für den eines Clubs oder einer Bar ... Loungemusik und ein eleganter „Türsteher" mit weißem Hemd und Schlips. Hinter der netten Idee steckt der junge maltesische Architekt Chris Briffa. **《《**

Polizei In der Archbishop Street auf Höhe des St. George's Square (Misraħ San Ġorġ) nahe dem Großmeisterpalast. Zudem an der Valletta Waterfront. ✆ 112.

Post Hauptpostamt am Castille Square gegenüber der gleichnamigen Auberge.

Reisebüros SMS Mondial, fast alle Airlines, Fähren nach Sizilien usw. Republic Street 311, ✆ 21232211, www.smsmondial.com.mt.

NSTS, Studentenreisebüro, Café im Innenhof. Offeriert wird alles, was Studenten so brauchen: günstige Flüge und Unterkünfte weltweit, Vermittlung von Sprachkursen etc. St. Paul's Street 220 (unauffälliger Eingang), ✆ 25588000, www.nsts.org.

Wäsche Keine Laundry vor Ort. Die nächste befindet sich in Sliema (→ S. 107).

Verbindungen/Parken

→ Karte hinterer Umschlag

Busbahnhof/Frequenzen Vom Main Bus Terminus vor den Toren Vallettas erreichen Sie – teils jedoch mit Umsteigen – jeden Ort der Insel. Es gibt 17 durchnummerierte Busabfahrtsstellen, eine Infotafel weist darauf hin, welche Busse von welcher Abfahrtsstelle wohin abfahren. Die Abfahrtstellen 1–15 befinden sich nach Verlassen des City Gates linker Hand vor der St. James Bastion, die Abfahrtsstellen 16 und 17 (zum Airport, nach Marsaskala, Birżebbuġa, Mellieħa und Ċirkewwa) auf der anderen Seite beim Hotel Phoenicia. Sofern die Busse tagsüber häufiger als alle 30 Min.

Verbindungen/Parken 71

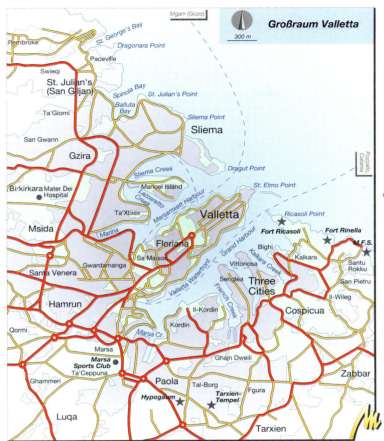

Insel Malta/Valletta
Karte → hinterer Umschlag

abfahren, ist keine Zeittaktung angegeben. Im Folgenden die wichtigsten Buslinien im Überblick, weitere Informationen auch unter „Busverbindungen" bei den Zielorten.

Innerstädtisch Vom Misraħ Kastilja (Castille Square) fährt Bus Nr. 130 alle 30 Min. zur Valletta Waterfront und Bus Nr. 133 mehr oder weniger rund um Valletta (Mo–Sa alle 30 Min., So stündl.)

Busse in die Inner- und Outer-Harbour-Region Nach **Sliema** fahren u. a. die Busse Nr. 12, 13 u. 21, nach **San Ġiljan/St. Julian's** Nr. 12, 13 u. 14, nach **Ħamrun** und **Birkirkara** u. a. Nr. 42, 52 u. 53 (alle im 30-Min.-Takt), nach **Balzan** alle 60 Min. Nr. 55, zum **San Anton Palace** alle 30 Min. Nr. 54, nach **Qormi** u. a. Nr. 61, nach **Marsa** u. a. Nr. 61, 71 u. 81, nach **Paola** u. **Tarxien** u. a. Nr. 81, 82 u. 85. In die **Three Cities** alle 30 Min. Nr. 1 (endet in Senglea), Nr. 2 (endet vor Vittoriosa) u. Nr. 3 (fährt weiter nach Kalkara und zum Fort Rinella).

Busse in den Südosten Nach **Żabbar** fährt u. a. Bus Nr. 91, nach **Marsaskala** fahren Nr. 91 und alle 60 Min. Nr. 92 u. 93, nach **Żejtun** alle 30 Min. Nr. 84 und alle 60 Min. Nr. 135, nach **Marsaxlokk** Nr. 81, nach **Birżebbuġa** Nr. 82, nach **Qrendi** alle 30 Min. Nr. 72, nach **Żurrieq** u. a. Nr. 71; Mai–Okt.

fährt jeder vierte Bus weiter bis zur **Blue Grotto** und zur Tempelanlage von **Ħaġar Qim** und **Mnajdra**. Die Blue Grotto, die Tempelanlage und die Dingli Cliffs passiert ganzjährig Bus Nr. 201 vom Flughafen nach Rabat. Zum **Airport** gelangt man mit Bus Nr. X4 (alle 30 Min., So stündl.), X5 u. X7 (X5 und X7 alle 60 Min.).

Busse in den Westen Nach **Rabat** fahren alle 30 Min. die Busse Nr. 51, 52 u. 53, Bus Nr. 52 fährt weiter nach Dingli. Nach **Żebbuġ** fährt u. a. Nr. 61, nach **Siġġiewi** alle 30 Min. Nr. 62 und nach **Għar Lapsi** Mai–Okt. jeder vierte Bus der Linie Nr. 71.

Busse in den Norden Nach **Buġibba** Bus Nr. 12 (entlang der Küste) u. Nr. 31 (über **Mosta**), nach **Xemxija** u. a. alle 30 Min. Nr. 41 u. 42, nach **Baħar iċ-Ċagħaq** Nr. 12 u. Mai–Okt. Nr. 14, nach **Ta' Qali** (Stadion) alle 30 Min. Nr. 106, nach **Naxxar** alle 60 Min. Nr. 35 u. 36, nach **Mġarr** alle 60 Min. Nr. 38. Über Mġarr in die **Għajn Tuffieħa Bay** und die **Golden Bay** Nr. 44 (im Sommer alle 30 Min., im Winter stündl.). Nach **Mellieħa** und in die **Mellieħa Bay** alle 30 Min. Nr. 41 u. 42, alle 60 Min. Nr. 37, Nr. 41 u. 42 fahren weiter nach **Ċirkewwa** (Fähre Gozo).

Fährverbindungen Valletta – Sliema: Mai–Sept. tägl. ca. 7–19 Uhr fast jede halbe Std., im Winter nur bis etwa 18 Uhr. Genaue Abfahrtszeiten unter ✆ 23463862, www.captainmorgan.com.mt/ferry-services. Einfach 1,50 €, erm. 0,50 €. Fähranlegestelle am Marsamxett Harbour.

Valletta – Three Cities: Diese Verbindung ist seit Jahren in Planung.

Valletta – Mgarr (Gozo): → S. 37.

Wassertaxis Dgħajsas nach Vittoriosa legen vom Custom House nahe der Lascaris-Bastion ab (5 €/Pers.). Jedoch sollte man sich auf diesen Service v. a. außerhalb der Saison nicht verlassen. Mit den traditionellen Wassertaxis kann man auch Grand-Harbour-Touren unternehmen (ca. 10 €/Pers.).

Kutschfahrten Teuer, wenn man nicht handelt! Offiziell 60 €/Std., mit etwas Geschick aber auch für weniger als die Hälfte zu haben.

Taxis Taxis stehen beim Main Bus Terminus bereit. Nach Vittoriosa, zum Flughafen oder nach St. Julian's ca. 16 €, nach Sliema ca. 15 €.

Zudem verkürzen **Elektrotaxis** (sog. *CT Cabs*) in der Innenstadt die Wege. Stand z. B. am St. John's Square (Misraħ San Ġwann), zudem können sie unter ✆ 7741 4177 angefordert werden. 5 €/Strecke.

Parken Die Fahrt ins Zentrum von Valletta war 2012 mit dem Mietwagen zwar noch möglich, ist aber oft mit einer nervenaufrei-

Mit dem Wassertaxi durch den Grand Harbour

Einkaufen

benden Parkplatzsuche verbunden (in welchen Farbabschnitten Sie parken dürfen → S. 35). Es wird darüber nachgedacht, das Parken im Zentrum künftig nur noch Anwohnern zu gestatten. Am besten parkt man im Parkhaus von Floriana vor den Toren der Stadt (4 Std. und mehr 5 €).

Multi-Media-Shows/Dauerausstellungen

Sollten Sie einen verregneten Nachmittag zu überbrücken haben, bietet sich ein Besuch der folgenden Shows und Ausstellungen an. Den Kommentar dazu bekommen Sie über Kopfhörer in Deutsch.

Am bemerkenswertesten ist der Film **The Malta Experience** in der St. Lazarus Bastion gegenüber der Sacra Infermeria; Dauer etwa 45 Min. Der Parcoursritt durch die 7000-jährige Geschichte Maltas ist ideal für alle, die nicht gerne Geschichtskapitel in Reiseführern lesen. Vorstellungen Mo–Fr 11–16 Uhr jede Std., Sa/So nur um 11, 12 und 13 Uhr. Übersteuerte 10 €, zusammen mit den Knights Hospitallers (→ Sehenswertes) 14 €. www.themaltaexperience.com.

Am Eingang zum Upper Barracca Garden ist die Multi-Media-Show **Sacred Island** zu Hause, in der Maltas religiöse Vergangenheit im Mittelpunkt steht. Da die Vorführung kaum mehr jemand sehen will, wird der Projektor nur noch dann angeworfen, wenn man im miefigen Café Barraka im gleichen Gebäude anfragt (aber nur Mo–Fr zwischen 9.30 und 12 Uhr antanzen!). Dauer 40 Min., 3,50 €.

Am Republic Square gibt es **The Great Siege of Malta**, eine audiovisuelle Show über die Geschichte des Johanniterordens und die Große Belagerung. Filmsequenzen, Bilder, lebensgroße Figuren u. v. m. in einem Labyrinth aus Gängen. Wem es dabei langweilig wird, der kann die Notausgänge unterwegs zählen. Mo–Fr 10–16 Uhr, Sa 10–14 Uhr. 7,50 €, erm. 4 €. www.greatsiege.com.mt.

Lascaris War Rooms, unter der Leitung des Vereins *Fondazzjoni Wirt Artna*, der sich um den Erhalt von Maltas kulturellem Erbe kümmert. Die Lascaris War Rooms befinden sich im Innern der Lascaris-Bastion, die einst die Kommandozentrale der britischen Streitkräfte während des Zweiten Weltkriegs war – z. T. ist das Originalinterieur erhalten. Der geführte Rundgang dauert ca. 45 Min. Der Weg dahin ist u. a. vom Castille Square ausgeschildert und führt durch alte Verteidigungsgänge. Tägl. 10–17 Uhr. 10 €, erm. die Hälfte, Familien 25 €. www.lascariswarrooms.com.

Für die permanente Ausstellung **The Knights Hospitallers** → Sacra Infermeria, S. 95.

Einkaufen → Karte hinterer Umschlag

Zwischen der Republic Street und der Merchants Street liegt das Hauptgeschäftszentrum Vallettas. Es erstreckt sich vom Freedom Square bis zum Großmeisterpalast. Bessere Shoppingmöglichkeiten jedoch in Sliema und St. Julian's/San Ġiljan.

Kleidung Im Zentrum Läden von *Diesel*, *Mexx*, *Miss Sixty* usw. Die besten **Shopping Malls** sind das **Arcade Savoy** 21 an der Republic Street (über 30 Läden, u. a. *Sorbino*, *Body Shop* und *Moods*) und das **Embassy** 20 an der St. Lucy Street (*Benetton* & Co.) – doch ehrlich gesagt gibt so manches Kleinstadtshoppingcenter daheim mehr her.

Lebensmittel Supermärkte sind Mangelware, ein kleiner überteuerter ist der **Wembley Store** 28 an der Ecke Republic Street/South Street, der schon fast Richtung Feinkost geht. Billiger kauft man in der **Markthalle** (Mo–Sa 6–14 Uhr) an der Merchants Street ein, deren Zukunft jedoch in den Sternen steht. Viele Läden gibt es darin nicht mehr: Unten noch ein paar Metzger und ein Fischladen (nur frühmorgens geöffnet), oben ein paar kleine Obst- und Gemüseläden. Der **Fischmarkt** liegt am Barriera-Kai. Zwischen 4 und 7 Uhr morgens ist das Treiben am größten. Aber auch die Zukunft des Fischmarktes ist ungewiss: Es gibt Pläne, ihn in ein Boutique-Hotel (!) zu verwandeln.

Insel Malta/Valletta Karte → hinterer Umschlag

Insel Malta/Valletta

Märkte Jeden Sonntagvormittag findet in **Floriana** ein Markt statt. Viel Ramsch und Souvenirs, außerdem CDs, Hosen und Büstenhalter, Singvögel in Käfigen und Taschendiebe. Wegbeschreibung von Valletta: Valletta Richtung Floriana verlassen, dort entlang der Triq Sant'Anna laufen. Nach der Löwenstatue in der Mitte der Straße geht es links ab. Den Großteil der Billigklamottenstände findet man unter der Woche vormittags auf der **Merchants Street** von Valletta wieder.

Schmuck Vallettas Juweliergeschäfte haben sich in der St. Lucy Street und im unteren Teil der Republic Street angesiedelt.

Zeitungen/Bücher Deutschsprachige Zeitungen und Zeitschriften sowie eine kleine Auswahl an deutschsprachiger Literatur zu Malta gibt es im **Agenda Bookshop** im Shoppingcenter Embassy (s. o.). Größer ist die Auswahl in der Filiale an der Valletta Waterfront.

Übernachten
→ Karte hinterer Umschlag

Die Hotelpreise unterliegen in Valletta nur geringfügig saisonalen Schwankungen. Immer wieder kommen neue Unterkünfte hinzu, v. a. Ferienwohnungen sind schwer im Kommen.

Hotels ***** Hotel Phoenicia [39], in Floriana vor den Toren Vallettas, nur wenige Meter vom City Gate entfernt. Das beste Hotel der Stadt und das beste der gesamten Insel. 136 Zimmer. Pool und andere Annehmlichkeiten (darunter das elegante Phoenix-Restaurant). Alles sehr stil- und niveauvoll. DZ ab 270 €. The Mall, ☏ 21225214, ✆ 21235254, www.phoeniciamalta.com.

***** **Grand Hotel Excelsior** [41], in Floriana auf der Marsamxett-Harbour-Seite. Megakomplex im Kreuzfahrtschiffsstil mit 428 großzügigen und der Sterneanzahl entsprechend komfortablen, jedoch alles andere als stilsicheren Zimmern. Viele mit Sonnenterrasse und grandioser Aussicht, andere mit Blick auf Betonwände oder den kleinen Garten. Zuvorkommender Service. 2 gute Restaurants, nette Poolanlage, direkter Zugang zum Meer (kleine Terrasse mit Sandboden). EZ bereits ab 77 €, DZ ab 107 €. Triq L'Assedju L-Kbir, ☏ 21250520, ✆ 21250522, www.excelsior.com.mt.

*** **Hotel Osborne** [17], bestes Haus innerhalb der Festungsmauern. 60 gepflegte Zimmer mit Klimaanlage und TV. Hilfsbereites Personal, von Lesern gelobt. Im EG ein biederes Restaurant mit gutem Preis-Leistungs-Verhältnis. DZ ab 110 €. South Street 50, ☏ 21243656, ✆ 21247293, www.osbornehotel.com.

*** **Castille Hotel** [38], arg in die Jahre gekommenes Haus mit stark abgewetztem Charme. Geräumige Zimmer mit TV, Klimaanlage, Heizung und hässlichen Teppichböden. Freundlicher Service. Darüber und darunter ein Restaurant. Das große Manko: die Leistung der Putzfrauen. DZ übertreuerte 110 €. Castille Square, ☏ 21243677, ✆ 21243679, www.hotelcastillemalta.com.

Luciano Valletta Boutique [29], auch nach wiederholter Anfrage konnten wir leider keines der 13 individuell dekorierten Zimmer sehen. Über dem gleichnamigen Restaurant in allerbester Lage. Bei der Buchung beachten: Die Zimmer nach vorne blicken auf die St. John's Co-Cathedral, die dunklen, oft sehr kleinen nach hinten in einen Hof. EZ 45 €, DZ ab 75 €. Merchants Street 21, ☏ 77111110 (mobil), ✆ 27012345, www.lucianovalletta.com.

** **The British Hotel** [37], eines der ältesten Häuser der Stadt, 1932 gegründet. Die Zimmer wurden zwischenzeitlich zwar schon mehrmals renoviert, das letzte Verfallsdatum haben sie dennoch überschritten. Zudem beschweren sich Leser schon über mangelnde Sauberkeit. Zur Hafenseite hin herrliche Ausblicke. Dazu eine Dachterrasse, auf die man am Abend eine Flasche Wein mitnehmen kann. Auch das (durchschnittliche) Restaurant besitzt eine Traumterrasse. EZ 60 €, DZ 80 € mit Meerblick. Battery Street 40, ☏ 21224730, ✆ 21239711, www.britishhotel.com.

** **Grand Harbour Hotel** [35], etwas kleinere, noch einfachere und noch unzeitgemäßere Zimmer als das British Hotel. Die Bäder sind z. T. nachträglich integriert und fensterlos. Die Meerblickzimmer bieten eine herrliche Aussicht auf den Hafen und die Three Cities. EZ 43 €, DZ 56 €. Battery Street 47, ☏ 21246003, ✆ 21242219, www.grandharbourhotel.com.

Übernachten 75

Pensionen Guest House Asti 36, das empfehlenswerteste der preiswerten Quartiere. 8 einfache, blitzsaubere Zimmer mit Etagendusche und -WC (Waschbecken im Zimmer) und z. T. mit Balkon. Sternenwürdiger Aufenthaltsraum. Von Lesern immer wieder hochgelobt. Etwas strenge, aber freundliche Hausdame. Stets gut belegt – am besten 6–8 Wochen im Voraus buchen. 20 €/Pers. St. Ursula Street 18, ℡ 21239506, www.mol.net.mt/asti.

Bonheur 18, in einem alten Stadtpalast untergebracht (noch recht prächtig die obere Etage). Nur 6 altbackene Zimmer mit Dusche; Toilette auf dem Gang. Sehr freundliche Wirtsfamilie. Im EG eine Bar aus Hemingways Zeiten. 20 €/Pers. Sappers Street 18, ℡ 21238433, www.bonheurmalta.com.

Coronation Guest House 13, zuletzt 13 einfachste, aber geräumige Zimmer (alte Bodenfliesen), 4 davon mit Blick über die Dächer Vallettas. Zudem ein Apartment für 3 Pers. Kleine Dachterrasse. Etagentoiletten und -duschen, die – wie Leser bemängeln – öfters mal geputzt werden sollten. War z. Z. d. letzten Recherche wegen Restaurierungsarbeiten geschl., sollte aber 2013 wiedereröffnen. Mikiel Anton Vassalli Street, ℡ 21242941 o. 99406080 (mobil).

Apartments G House 1, dahinter verbirgt sich ein Apartment für 2 Pers., das über 3 Etagen angelegt ist (EG Eingangsbereich, oben Schlafzimmer, im etwas dunklen Souterrain Küche und Bad). Vom Vermieter und Art Director Aldo Gatt mit Liebe und Geschmack durchgestylt. Nur nach Vorausbuchung. Mindestaufenthalt 7 Tage. 95 €/Tag. North Street, ℡ 79815154 (mobil), www.vallettahouse.com.

Palazzo San Pawl 33, unter freundlicher maltesisch-deutscher Leitung. 5 großzügige, komfortable Apartments für 2–4 Pers. in einem schönen historischen Stadthaus. Klassisch-modern ausgestattet, eines mit offenem Kamin, eines mit Erkerbalkon, teils leider etwas dunkel. Wunderbar begrünter Innenhof, zudem – das Megaplus – eine traumhafte Dachterrasse für alle (nur dort darf auch geraucht werden). Zentralheizung, Solarenergie. Lesermeinung: „Wir waren begeistert." Für 2 Pers. 60–90 €, Mindestaufenthalt 3 Tage. St. Paul Street 318, ℡ 99423110 (mobil), www.living invalletta.com.

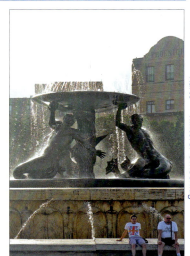

Der Tritonenbrunnen vor den Toren Vallettas

》》 Mein Tipp: Michael Mercieca 40, der freundliche und sehr hilfsbereite Michael Mercieca vermietet nahe dem Upper Barraca Garden 3 schnuckelige Studios mit Kitchenette, modern und liebevoll eingerichtet samt frischen Blumen, TV und Stereoanlage. 2 bieten Balkone, das dritte einen hübschen Erker zum Sitzen mit Traumblick auf die Three Cities. Fürs erste Frühstück steht alles bereit. Waschmaschinenbenutzung möglich. Abholservice auf Wunsch. Von Lesern hochgelobt. Je nach Studio für 2 Pers. 65–70 €. Battery Street, ℡ 99895827 (mobil), www.vallettastudios.com. 《《

Ferienwohnungen, schicke Suiten oder gar ganze Häuser in Valletta kann man u. a. auch auf folgenden Seiten buchen:

www.vallettaflats.com

www.maisonlavallette.com

http://studioslamezzaninademalta.wordpress.com

www.valletta-studioflats.org

www.maltaccommodation.com.

Insel Malta/Valletta
Karte → hinterer Umschlag

Essen & Trinken/Nachtleben → Karte hinterer Umschlag

Es gibt weitaus mehr empfehlenswerte Lokale und Bars, als wir auflisten können, und jedes Jahr kommen neue hinzu. Sonntags jedoch haben viele Lokale geschlossen.

Restaurants Pintonino 42, an der Valletta Waterfront (→ S. 97). Gute mediterrane Küche, nur eine kleine Auswahl an Gerichten. Zu empfehlen insbesondere die variantenreichen Pastagerichte mit Fisch und/oder Meeresfrüchten. Freundlicher Service. Pasta ab 12 €, Fleisch ab 19 €, Fisch ab 22,50 €. ☎ 21227773.

Malata Restaurant 9, schönes Ambiente drinnen (lustige Karikaturen an den Wänden) wie draußen (nette Terrasse an der Pjazza San Ġorġ). Regelmäßig Liveblues und -jazz. Gehobene französisch-mediterrane Küche mit ideenreichen Gerichten zu 16–24 €. So Ruhetag. Pjazza San Ġorġ/St. George's Square, ☎ 21233976.

Fumia 4, gediegenes Kellerlokal, eher etwas für den Winter. Serviert werden fast ausschließlich Fisch und Meeresfrüchte in allen erdenklichen exzellenten Variationen – in dieser Hinsicht *die* Adresse in Valletta, jedoch alles andere als billig. Mo Ruhetag. Old Bakery Street 72, ☎ 21317053.

»» Mein Tipp: Legligin 8, schnuckeliges Souterrainlokal mit simpel-legerem Ambiente und nur 5 Tischen – Reservierung vonnöten. Originelles Konzept: Zum guten Wein (super Auswahl aus der neuen und der alten Welt) und französischen Chansons gibt es köstliche warme und kalte Appetizer wie Oktopussalat, Schnecken, Paella, verschiedene Pastagerichte usw. Wer satt werden will, sollte (mit Wein) mit mind. 25 € rechnen. Di Ruhetag, ansonsten tägl. ab 19 Uhr. St. Lucy Street 119, ☎ 21221699. **««**

Palazzo Preca 10, der Stadtpalast aus dem 16. Jh. besitzt ziemlich kitschiges Madame-de-Pompadour-Ambiente – nicht jedermanns Geschmack. Hervorzuheben aber wegen der ausgesprochen leckeren maltesisch-italienischen Küche (Pasta, tolle Fleisch- und Fischgerichte und wunderbare Desserts) zu nicht überzogenen Preisen (Hg. ab 11 €). Sehr freundliches, junges Personal. Mo Ruhetag, So nur Lunch. Strait Street 54, ☎ 21226777.

Cordial 5, kleines Lokal mit Muscheln und Blümchen auf den Tischen. Was es gibt, ist auf einer Tafel angeschrieben, der Schwerpunkt liegt auf mediterraner Küche – gute Meeresfrüchte und hervorragende Fischgerichte. Hg. 10–18 €. Old Theatre Street, ☎ 21239576.

La Mère 16, von Lesern zu Recht vielfach gelobt. Gemütliches, leicht rustikales Restaurant unterm Gewölbe. Mischung aus indischer, arabischer und maltesisch-mediterraner Küche – hört sich zunächst seltsam an, entpuppt sich aber vor Ort als hervorragend. Vor allem die aromatischen Currys des indischen Kochs sind sehr zu empfehlen. Sehr lecker auch der Oktopus in Knoblauch. Hg. ab 11 €. So nur Lunch. Merchant Street 174, ☎ 21223256.

Cockney's 2, innen recht einfach, draußen aber eine nette Terrasse mit Blick nach

Beschauliche Hauptstadt

Essen & Trinken/Nachtleben

Sliema. Freundlicher Service, kleine Karte mit Fisch und Pasta (zu empfehlen die *Spaghetti Vongole*). Hg. 6–24 €. Im Winter meist Mo abends geschl. Bei der Fähranlegestelle nach Sliema, ✆ 21236065.

Rubino 6, beliebtes, charmantes Lokal in einer 1906 eröffneten Konditorei (Originalfassade!). „Fantastisch!", meinen Leser. Regelmäßig wechselnde Karte. Leckere frische Tagesgerichte (ab rund 15 €, auch Spannendes aus Sizilien und Tunesien), hervorragende Desserts. Reservierung empfohlen. Mo–Fr Lunch, Di–Sa auch Dinner. Old Bakery Street 53, ✆ 21224656.

»› Mein Tipp: Da Pippo Trattoria 22, gemütlich-rustikal, immer voll und laut. Köstliche kleine Vorspeisen. Kleine Karte, dazu stets wechselnde superfrische Tagesgerichte. Hg. 12,50–20 €. Ein Genuss sind die King Prawns. Sehr freundlich. Unbedingt reservieren! Nur Lunch, So geschl. Melita Street 136, ✆ 21248029. **«**

Club- und Parteilokale Anglo Maltese League Club 30, Bar mit Restaurant. Einfach und ungezwungen, authentisch und ordentlich. Schwere maltesische Hausmannskost (Hg. 7,50–15 €). Merchant Street 221.

La Vallette Band Club 26, der Band-Club bietet tägl. bis 22 Uhr im morbid-charmanten Saal eines alten Palazzo eine nette Kulisse für einen Pausensnack (preiswert) und eine Partie Billard. Republic Street 297, kein Schild.

Kings Own Band Club 23, weniger imposanter Speisesaal, aber ebenfalls preiswerte Küche. Republic Street (gegenüber der Bank of Valletta).

Malta Labour Party Club 24, einfach, grinsende Politikerporträts an den Wänden und ein Billardtisch. Aus der Reihe fallen die gefüllten Kartoffeln *Jacket Potatoes*, ansonsten das übliche Programm. Hg. 4–17 €. Republic Street (schräg gegenüber vom Archäologischen Museum im 1. Stock).

Cafés/Bars/Snacks Café Cordina 15, eines der bekanntesten Cafés Vallettas. Die reine Folter für Kalorienzähler. Sitz- und Stehbereich im wunderschönen Inneren. Draußen Plastikbestuhlung. Super Eis. Das große Manko jedoch: oft unfreundliche Kellner und schlechter Service. Misraḥ ir-Repubblika/Republic Square.

Angelica 14, ein schnuckeliges Café mit Puppenstubenambiente auf 2 Etagen. Hier versorgt Mona Farrugia ihre Gäste mit leckeren Tarts, Cupcakes, Pies, *Ftiras* und Tagesgerichten. Aber alles andere als preiswert. Tägl. ab 11 Uhr, last order um 19 Uhr. Archbishop Street 134.

Reno's 32, hübsch-heimeliges Café mit bunten Stühlen und nostalgischen Maltafotos. Ideale Lunchadresse: delikat belegte Baguettes und *Ftiras*, Salate, Pasta und wechselnde Tagesgerichte. In Stoßzeiten kann es aber auch mal etwas dauern. Nur bis 15.30 Uhr, So geschl. Zachary Street.

Café Jubilee 11, angenehme Mischung aus Café und Pub im englischen Stil, vollgepackt mit Nostalgie. Gute Sandwichs, hervorragende Ravioli, Suppen und Salate zu gemäßigten Preisen. St. Lucy Street 125. Im Café Il-Kikkra 11 nebenan gibt es zudem allerbeste *Pastizzi*.

Café Museum 31, sympathisches kleines, schlauchförmiges Café, stets gut besucht (am Morgen oft kein Platz zu bekommen). Diverse Snacks (super!). Melita Street 25.

Piadina Café 27, winziges Café mit ein paar ebensolchen Tischen auf den Treppenstufen davor. Die sympathische Betreiberin kommt aus Italien und serviert Frühstück (Müsli und Croissants) sowie gesunde, frische Lunchsnacks wie gefüllte Wraps, knackige Salate und Reisgerichte. Allerbester Kaffee! St. Lucy Street 24.

Am Abend Tico-Tico Bar 7, hier wurde 2012 eine der alten, schmierigen Strait-Street-Bars als lässige Retrobar wiederbelebt. Mit Sprüchen wie „The gut is back" oder „Strait Street – nice by day, naughty by night" erinnert man an die alten Zeiten. Innen trödelig-nostalgisch, draußen Bestuhlung in der Gasse. Internationales studentisches Publikum. Man kann auch essen. Strait Street.

Monaliza 3, in die alten Festungsmauern integrierte minimalistische Lounge – ein Schlauch mit Glasfront, davor eine große Terrasse. Schwarz-weißes Mobiliar. Gay-friendly. Immer wieder Events. Great Siege Road.

StrEat Whisky Bar 12, in der netten Souterrainbar gibt es eine gute Auswahl an *Single Malts*. Angeschlossen ein Bistro, wo man auch lecker essen kann – auch hier schottische Einflüsse. Strait Street.

Trabuxu Wine Bar 25, der „Korkenzieher". Gemütlicher Gewölbekeller, in dem rund

300 Sorten Wein, leckerste kalte Platten, verschiedene Dips, aber auch kleine Gerichte serviert werden. Betreiber Kris ist Fachmann in Sachen Wein und der Ansprechpartner bei Fragen zu maltesischen Weinen. Die paar Tische auf der Treppengasse davor sind bei Rauchern beliebt. Di–Sa ab 19 Uhr. Strait Street/Ecke South Street. Ums Eck das gleichnamige Bistro.

Bridge Bar 34, etablierte Bar mit Außenbestuhlung. Ende Mai bis Ende Okt. jeden Fr Livejazz mit bester Stimmung. East Street.

The Pub 19, urige, kleine Kneipe. Hier starb Schauspieler Oliver Reed im Mai 1999 (während der Dreharbeiten zu *Gladiator*) an Herzversagen. Zuvor soll er 8 Bier, 12 doppelte Rum und eine halbe Flasche Whiskey getrunken haben. Seitdem heißt die Kultkneipe auch „Ollies last Pub" ... Archbishop Street 136.

Tom Bar 44, von Frauen (!) geführte Gaybar in Floriana an der Triq il-Kurċifiss (5 Fußmin. von Valletta) für Gays über 30. Fr/Sa ist am meisten los. Wegbeschreibung: Valletta über die Triq Girolamu Cassar verlassen und vor dem Kreisverkehr links die Treppen hinunter.

Browns 43, an der Valletta Waterfront. Das schicke Restaurant wird ab Mitternacht (v. a. am Wochenende) zum Club für Leute zwischen 30 und 40. Zur DJ-Musik (Latin Pop, R'n'B und Charthits) wird dann zuweilen bis 6 Uhr morgens getanzt. Auch die **Heat Bar & Diner** 43 nahebei hat ein ähnliches Konzept.

Himmel über Valletta

Sehenswertes

Die Kirchen Vallettas

Die Ritter, die ein Gelübde der Keuschheit, der Armut und des Gehorsams abgelegt hatten, mussten ein Leben ähnlich dem von Mönchen führen. Sie waren treue Diener des Papstes, kämpften gegen die Ungläubigen und im Namen des Christentums für den Reichtum des Ritterlichen Ordens Sankt Johannis vom Spital zu Jerusalem. Auch wenn die Ritter gelegentlich den Versuchungen des Fleisches nicht widerstanden beim Bau ihrer Kirchen zeigten sie wahre Größe. Imposantestes Beispiel ist die Ko-Kathedrale San Ġwann, die man sich nicht entgehen lassen sollte. Wer sich mehrere Kirchen anschauen möchte (nur die bedeutendsten sind aufgeführt), sollte sie sich als Höhepunkt aufheben. Gegenüber ihrer Pracht erscheinen die meisten anderen belanglos.

Ko-Kathedrale San Ġwann (St. John's Co-Cathedral) und Kathedralenmuseum: Die von La Cassière finanzierte und von Gerolamo Cassar entworfene Kirche wurde zwischen 1573 und 1577 errichtet. Der einst strenge Bau erhielt erst durch die Neugestaltung Mattia Pretis im Jahr 1661 seinen barocken Glanz. Als Hauptkirche

Die Kirchen Vallettas

Der Aufbau des Johanniterordens auf Malta

Der Johanniterorden umfasste drei Klassen von Mitgliedern: An oberster Stelle standen die Ritter, die über vier Generationen ihre adelige Abstammung nachweisen mussten, um in den Orden aufgenommen zu werden. Damit stellten sie die exklusivste Adelsgemeinschaft Europas dar. Die zweite Klasse bestand aus gehorsamspflichtigen Geistlichen, die nicht unbedingt adelig sein mussten. Sie dienten in den Hospital- und Konventskirchen. Die unterste Klasse bildeten die Brüder. Sie waren überwiegend Diener, aber auch mit militärischen Pflichten belegt. Der Orden war in acht Landsmannschaften unterteilt, aufgrund der unterschiedlichen Sprachen wurden sie als „Zungen" *(langues)* bezeichnet. Jede Landsmannschaft hatte ihre eigene Herberge (frz. *auberge*, → S. 86). Diese Unterkünfte der Ritter verfügten neben Wohn- und Schlafräumen auch über eine Kapelle und einen Speisesaal. Die Auberges wurden von sog. „Piliers" geleitet. Die Piliers waren zugleich Mitglieder des Großen Rates, der an der Spitze des Ordens stand. Ihn führte der auf Lebenszeit gewählte Großmeister an. Um Kompetenzgerangel zwischen den Zungen zu vermeiden, stellte die französische Zunge stets den Leiter des Krankendienstes, den *Hospitalier,* die Auvergner den obersten Kommandanten des Heeres, den *Großmarschall,* die Deutschen den Befehlshaber über die Festungswerke, den *Großbailli,* und die Italiener den Befehlshaber der Flotte, den *Admiral.*

des Ordens wurden darin fast alle Großmeister beigesetzt. Zu dem Reichtum im Innern, der im krassen Gegensatz zum schlichten Äußeren steht, trugen v. a. die Ritter bei, die bei ihrer Aufnahme in den Orden wertvolle Geschenke niederlegen mussten. Erst 1816 wurde die Kirche durch ein Dekret von Papst Pius VII. zur Schwester- bzw. Ko-Kathedrale von Mdina ernannt.

Steht man vor dem Hauptportal der Kirche, ist über dem Eingang neben dem Wappen des Stifters das des Papstes Gregor XIII. zu erkennen. Auf dem darüber liegenden Balkon zeigten sich die neugewählten Großmeister dem Volk. Den rechten Glockenturm schmückt eine Uhr von Clerice, die neben der Zeit auch den Tag des Monats und den Wochentag angibt. Durch das Hauptportal betritt man die Kirche jedoch nur zu den Gottesdiensten; sonst erfolgt der Zugang von der Republic Street. Hier gibt es zwei Kassen, eine für Gruppen und eine für Individualtouristen. Sollte an Ersterer eine endlose Kreuzfahrer-Schlange stehen, verschieben Sie den Besuch auf einen späteren Zeitpunkt. Denn bei großem Andrang sind viele Kapellen nicht zugänglich, dann ist ein kurzer Rundweg vorgegeben, damit sich die Gruppen nicht verlieren und die Massen schneller durchgeschleust werden können.

Öffnungszeiten Ko-Kathedrale und Museum, Mo–Fr 9.30–16.30 Uhr (letzter Einlass 16 Uhr), Sa nur vormittags, So nur zu Gottesdiensten (keine Besichtigung!). Achten Sie auf angemessene Kleidung, auch Stilettos sind verboten. http://stjohnsco cathedral.com.

Eintritt Kathedrale inkl. Museum 6 €, erm. 3,50 €.

Rundgang Unser Rundgang beginnt beim Hauptportal – heute der Ausgang – und führt im Uhrzeigersinn durch die Kathedrale. Von dort überblickt man das Hauptschiff der Kirche mit einer Länge von 58 m in seiner vollen Pracht. Die Gewölbebilder gehören zu den bedeutendsten Werken Mattia Pretis und erzählen aus dem Leben Johannes des Täufers. Der Boden besteht aus über 400 reich verzierten Grabplatten, die neben verschiedenen Symbolen die Namen und Wappen der Ordensritter tragen.

Die erste **Seitenkapelle** links ist eine der schmucklosesten – selbst die Grabplatte Mattia Pretis darin ist relativ nüchtern. Die Kapelle dient als Durchgang zur **Sakristei** (nicht immer zugänglich). Das dortige Altarbild *Die Geißelung* stammt von dem florentinischen Maler Stefano Piero.

Darauf folgt die jüngst aufwendig restaurierte, den Heiligen Drei Königen geweihte **Kapelle Deutschlands** – jede Zunge des Ordens (→ Kasten) bekam nach einem Beschluss des Generalkapitels 1604 eine Seitenkapelle zugeteilt. Den Marmoraltar und die beiden Lünetten schuf Stefano Eradi Ende des 17. Jh.

Hinter dem Besuchereingang liegt die **Kapelle Italiens**, die der hl. Katharina geweiht ist. Das Altarbild zeigt ihre mystische Vermählung. Rechts vor dem Übergang zur Kapelle Frankreichs befindet sich ein Grabmal zum Gedenken an Großmeister Carafa (1680–1690). Über dem Durchgang hängt eine Kopie von Caravaggios *Hieronymus* (das Original sehen Sie später im Oratorium), den der Künstler 1608 auf Malta schuf.

Frankreichs Kapelle, dem hl. Paulus geweiht, muss eine der glanzvollsten gewesen sein, bis man sich Anfang des 19. Jh. ihrer Barockdekoration entledigte, die aus der Mode gekommen war. Links vom Altar befindet sich ein Grabmal für Großmeister Emmanuel Marie de Rohan-Polduc (1725–1797), der das erste maltesische Gesetzbuch herausgab.

Es folgt die **Kapelle der Provence**, die dem Erzengel Michael geweiht ist und einen der ältesten Altaraufbauten der Kathedrale beherbergt.

Der Stirnseite zugewandt ist die **Reliquienkapelle**. Sie diente 1784–1798 der anglo-bayerischen Zunge. Davor führen Stufen zur Krypta hinab (i. d. R. nicht zugänglich), in der sich die Gräber der ersten zwölf maltesischen Großmeister (ausgenommen Didier de Saint-Jaille) befinden.

Der **Chorraum** beeindruckt v. a. durch die große Skulpturengruppe in der Apsis von Giuseppe Mazzuoli.

Rechts des Hauptaltars liegt die **Sakramentskapelle**. Sie ist durch ein Silbergitter verschlossen, dessen besonderer Glanz darauf zurückgeführt wird, dass es einst mit schwarzer Farbe gestrichen wurde, um es vor der Entwendung durch die Franzosen zu retten. In der Kapelle befand sich bis 1798 eine alte byzantinische Ikone, die *Madonna von Philermos*, welche die Ritter aus Rhódos mitgebracht hatten. Der deutsche Großmeister Hompesch (1797–1798) nahm sie bei seinem Abschied mit. Die Schlüssel an den Wänden stammen von verschiedenen osmanischen Festungen und wurden von Admiral Gattinara 1601 erbeutet.

Daran schließt die dem hl. Sebastian geweihte **Kapelle der Auvergne** an. Vor dem Altar, erbaut um 1620, fällt eine Grabplatte für Melchior de Robles y Pereira ins Auge, der während der Großen Belagerung ums Leben kam.

Die **Kapelle von Aragon, Katalonien und Navarra** ist dem hl. Georg geweiht. Das Altarbild zeigt ihn, wie er zu Pferd einen Drachen tötet. Mattia Preti schuf es 1657 in Neapel. Das Grabmal Ramon Perellos y Roccaful (1697–1720) rechter Hand stammt von dem Bildhauer Giuseppe Mazzuoli, der ein Bewunderer Berninis war.

Im Inneren der St. John's Co-Cathedral

Nach dem Durchgang, der zu einem Andenkenladen und zu verschiedenen Sälen des Kirchenmuseums führt, gelangt man in die **Kapelle von Kastillien**, die dem hl. Jakob geweiht ist. Sie enthält die Grabmäler von Manoel de Pinto de Fonseca (1741–1773) und von Manoel de Vilhena (1722–1736). Letzterer ist auf einem Relief zu sehen, wie er den Plan von Fort Manoel studiert. Die Ikone der Tabernakeltür stiftete ein Sklave, der mit anderen Gefangenen auf einer türkischen Galeere nach Malta kam.

Der nächste Bogen führt zum **Oratorium** Johannes des Täufers, das 1603 hinzugefügt wurde. Hier lässt sich über dem Altar Caravaggios Meisterwerk bewundern, für so manche Kunsthistoriker das bedeutendste Gemälde des gesamten 17. Jh.: *Die Enthauptung des heiligen Johannes*. Erst seit 1999 ist das Bild hier wieder zu sehen; bei einem missglückten Diebstahl wurde es schwer beschädigt und war jahrelang für Restaurierungsarbeiten in Florenz. Das Gemälde ist das einzige signierte Werk Caravaggios, zugleich das vom Format her größte, das er je schuf. Der *Enthauptung* gegenüber sieht man Caravaggios *Hieronymus*. Auch an diesem Bild zeigten bereits Diebe Interesse, 1984 verschwand es, rund zwei Jahre später tauchte es wieder auf.

Vom Oratorium aus führt der Weg weiter ins angeschlossene **Kathedralenmuseum**. Es beherbergt u. a. eine Folge flämischer Wandgobelins (z. T. mit Motiven von Rubens), die derzeit nach und nach von der

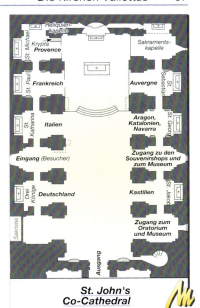

renommierten belgischen Manufaktur de Wit restauriert werden. Kostenpunkt: 1 Mio. Euro! Außerdem sieht man großformatige Antiphonare (liturgische Bücher), eine Menge Silberarbeiten, schön bestickte Gewänder aus dem 17. und 18. Jh. sowie eine Gemäldesammlung.

Kirche San Pawl Nawfragu (St. Paul's Shipwreck): Auch die prächtig ausgeschmückte Kirche zum Schiffbruch des heiligen Paulus an der St. Lucy Street lohnt einen Besuch. Sie entstand im 17. Jh. und hat den Grundriss eines Doppelkreuzes. Die barocke Fassade wurde 1885 davorgesetzt. Die Kapellen sind Handwerkszünften gewidmet. Im Boden des Hauptschiffes sind 40 Grabplatten eingelassen, darunter liegen die Stifter und Wohltäter der Kirche. Das imposante Altarbild, das den Namen der Kirche illustriert, schuf Filippo Paladini Ende des 16. Jh. Rechts davon beherbergt der Altar der St.-Josefs-Kapelle Knochen des rechten Handgelenks des heiligen Paulus, die als Reliquie verehrt werden.
Tägl. 9.30–12 und 15–18 Uhr.

Prokathedrale San Pawl (St. Paul's Pro-Cathedral): Die anglikanische Kirche an der West Street wurde von Königin Adelaide, Witwe von Wilhelm IV. finanziert. Sie steht an der Stelle der Auberge d'Allemagne, die dafür 1838 abgerissen wurde. Das klassizistische Gebäude mit einem 65 m hohen gotischen Turm beherbergt im Inneren eine Orgel, die aus der Kathedrale von Chester stammt.
Für gewöhnlich an Wochenenden 8–12 Uhr.

Caravaggios „Enthauptung des heiligen Johannes"

Caravaggio

Kaum ein anderer Maler der Welt beherrschte die Helldunkelmalerei wie Caravaggio. Sein Werk beeinflusste Maler wie Velázquez, Hals, Rubens und Rembrandt.

Caravaggio, 1573 als Michelangelo Merisi in einem Dorf bei Bergamo geboren, war noch keine 20 Jahre alt, als er in Rom zu Ansehen kam. Verleumdungen und Schmähbriefe, oft geboren aus dem Neid anderer, trieben ihn 1607 zur Flucht über Neapel nach Malta. Sein Porträt des Großmeisters Wignacourt brachte ihm die Ernennung zum Ordensritter ein. Doch nur 15 Monate dauerte sein Aufenthalt auf Malta. Denn aufgrund – hier ist sich die Wissenschaft uneinig – eines Komplotts, der Verführung eines (!) Minderjährigen oder der Beleidigung eines Ritters, schloss man ihn aus dem Orden aus. 1610 starb Caravaggio in der toskanischen Hafenstadt Porto Ercole an Fieber. Die Bilder, die heute das Oratorium der Ko-Kathedrale San Ġwann beherbergt, beeindrucken durch ihre Lichtdramatik und zählen zu seinen Meisterwerken. Für so manche Maltabesucher sind sie der einzige Grund ihrer Reise.

Kirche Tal-Karmelitani (Carmelite Church): Nichts ragt aus der an sich gleichförmigen Skyline Vallettas mehr heraus als die große Kuppel der Karmeliterkirche an der Old Theatre Street. 1573 wurde die Kirche von Girolamo Cassar erbaut, im Zweiten Weltkrieg jedoch schwer beschädigt. Nach dem Krieg ersetzte man die alte, kleine Kuppel durch die heutige.
Tägl. 6.30–12 und 16–19.30 Uhr. Um eine Spende wird gebeten.

Kirche Madonna ta' Liesse (Notre Dame de Liesse): Außerhalb der Befestigungsmauern an der Barriera Wharf liegt die kleine, leider meist verschlossene Kirche, welche die französische Zunge 1740 errichten ließ. Man erreicht sie durch das Victoria Gate. Den hübschen spätbarocken Bau überragt eine Tambourkuppel.

Kirche Tal-Vitorja (Our Lady of Victories): An der South Street steht diese Kirche, die vermutlich das erste Bauwerk war, das nach dem Sieg über die Türken 1565 auf Malta errichtet wurde. Großmeister La Valette (1557–1568) legte selbst den Grundstein und wurde auch in ihr beigesetzt. Später wurde sein Leichnam jedoch in die Krypta der Ko-Kathedrale San Ġwann überführt. Die Fassade wurde 1690 hinzugefügt, 1752 der Glockenturm. Links des Eingangs steht eine Statue von Paul Boffa, einst Minister der Labour Party.
Mo–Fr 8–16 Uhr. Zuweilen geführte Touren für 4 €.

Kirche Santa Katerina (St. Catherine's Church): Das Gotteshaus der italienischen Zunge liegt gegenüber der Kirche Tal-Vitorja. 1576 wurde es von Cassar erbaut, 1713 fügte man die Vorhalle hinzu. Im Inneren beeindruckt das Altarbild von Mattia Preti, welches das Martyrium der heiligen Katharina zeigt. Zuweilen finden darin Konzerte statt.
Meist nur am Sonntagvormittag.

Kirche Tal-Ġiżwiti (Jesuit Church): Die Kirche wurde Ende des 16. Jh. nach dem Vorbild der Jesuitenkirche Gesù in Rom erbaut. Ihr angeschlossen war das 1577 gegründete Jesuitenkolleg, das den ganzen Block zwischen Merchants Street und St. Paul's Street einnahm. 1769 vertrieb Großmeister Emanuel Pinto die Jesuiten von Malta. Daraufhin übernahm der Johanniterorden das Kolleg und ergänzte die bis dahin existierenden Fakultäten (Theologie, Philosophie und Medizin) durch Lehrstühle für Recht und Schöne Künste. 1839 kehrten die Jesuiten nach Malta zurück.
Zugang von der Merchants Street. Tägl. außer So 8–11 und 16.30–19 Uhr

Großmeisterpalast

Von außen gar nicht so imposant, offenbart der Großmeisterpalast im Inneren doch eine unglaubliche Pracht. Die Malteser nennen ihn kurz und simpel *Il-Palazz*, „Palast". Und da hier Maltas Staatspräsident seine Amtsgeschäfte führt, heißt er offiziell *Il-Palazzi tal-President*. Sein alter englischer Name lautet „Palace of the Grandmaster".

Mit dem Bau des Palastes wurde 1571 nach Plänen des Baumeisters Gerolamo Cassar begonnen. Erst Ende des 18. Jh. wurde er fertiggestellt. Seine Hauptfassade hat die imposante Länge von 95 m. Den Grund und Boden, auf dem der Palast errichtet wurde, hatte die Adelsfamilie Sceberras dem Orden überlassen. Zum Dank wurde den Sceberras bis zum Ende der Ordenszeit auf Malta jedes Jahr im großen Ratssaal, begleitet von pompösen Feierlichkeiten, symbolisch ein Glas Wasser und fünf Weizenkörner überreicht. Im Zweiten Weltkrieg litt der Palast unter dem Bombenhagel der Achsenmächte, zwei Drittel des Gebäudes wurden zerstört. Nach den alten Plänen baute man ihn wieder auf. Bis Juli 2013 tagt darin auch das Parlament.

Stets zugänglich ist für gewöhnlich die **Armoury**, die Rüst- und Waffenkammer. Da die Sammlung aber früher oder später von Untergeschoss ins Obergeschoss umziehen soll, wird sie vorübergehend nicht zu besichtigen sein. Die **Staatsgemächer** (Palace State Rooms) können hingegen nur betreten werden, wenn sie der Präsident nicht gerade für Empfänge benötigt – mal stehen Ihnen alle Räume zur Besichtigung offen, mal nur ein paar, mal gar keine. Doch auch das kann sich ändern: Der Präsident überlegt nämlich, seine Geschäfte künftig vom San Anton Palace (→ Three Villages) aus zu führen (so kann er sich den morgendlichen Verkehrsstau nach Valletta sparen und länger schlafen …). Allerspätestens 2018 jedoch, wenn Valletta europäische Kulturhauptstadt wird, soll der ganze Palast ein einziges großes Museum sein.

Tickets Das Ticket für die Armoury und die Staatsgemächer kostet 10 €, erm. 7 €, Kinder 5 €. Nur wenn die Staatsgemächer nicht zugänglich sind, wird ein Ticket allein für die Armoury verkauft: 6 €, erm. 4,50 €, Kinder 2 €. Kombitickets → S. 87. www.heritagemalta.com.

Öffnungszeiten Armoury tägl. 9–17 Uhr. Staatsgemächer (sofern zugänglich) tägl. (außer Do) 10–16 Uhr.

Rundgang (Stand 2012) Die beiden Haupteingänge zum Großmeisterpalast liegen am Misraħ San Ġorġ (St. George's Square) gegenüber der alten Hauptwache, in der einst die Leibwache des Großmeisters untergebracht war und sich heute u. a. das italienische Kulturinstitut befindet. In der Regel ist nur einer der Palastzugänge geöffnet. Sollte der linke (nördliche) Haupteingang geöffnet sein, so gelangt man in den **Prince-of-Wales-Hof**, sollte der rechte (südliche) offen sein, so gelangt man in den **Prince-Alfred-Hof**. Beide Höfe sind innerhalb der Palastanlage über Stufen miteinander verbunden.

Den **Prince-Alfred-Hof** zieren Palmen aus verschiedenen Teilen der Welt, dazu eine maurische Mondphasenuhr mit orientalisch gekleideten Figuren, die die Stunde schlagen. Der portugiesische Großmeister Emanuel Pinto de Fonseca ließ sie 1745 anbringen.

Den **Prince-of-Wales-Hof** hingegen schmückt eine Neptunstatue aus Bronze, die Gian Bologna zugeschrieben wird. Ursprünglich stand sie am Fischmarkt und war Teil eines Springbrunnens, den Alof Wignacourt zur Verzierung des Aquädukts von Rabat nach Valletta errichten ließ. Hinter der Statue (unter der Arkade) befindet sich ein Marmorbrunnen mit dem Wappen von Großmeister Ramon Perellos y Roccaful (1697–1720).

Vom Prince-of-Wales-Hof führt – solange der Umzug nicht vollzogen ist – ein Foyer zur **Armoury**. Links des Foyers wird die Waffensammlung präsentiert (Hellebarden, Gewehre, Säbel etc.), rechter Hand die Rüstsammlung, darunter die Paraderüstungen von Verdelain und de Wignacourt. Letztere ist mit mailändischen Goldeinlegearbeiten verziert. Obwohl von dem ursprünglichen Bestand des Arsenals, das 60.000 Mann ausrüsten konnte, durch den Lauf der Zeit nur noch rund 6000 Stücke übrig sind, gehört die Sammlung noch immer zu den bedeutendsten dieser Art weltweit.

Wasserspiele vorm Großmeisterpalast

Großmeisterpalast

Ferdinand von Hompesch, der letzte Großmeister Vallettas

Der einzige deutsche Großmeister, den der Orden je hatte, war zugleich der letzte: Ferdinand von Hompesch. Der Adelsspross kam 1756 mit zwölf Jahren nach Malta, um als Page dem portugiesischen Großmeister Emanuel Pinto de Fonseca zu dienen. Eine steile Karriere folgte, verschiedene Ämter innerhalb des Ordens brachten ihm bedeutsame Titel ein. Als *Großbailli*, so nannte man das Oberhaupt der deutschen Zunge, stellte er sich nach dem Tod des Großmeisters Emanuel de Rohan 1797 den Rittern als dessen Nachfolger zur Wahl. Hompesch wurde der 28. Großmeister des Ordens auf Malta. Das Amt war auf Lebenszeit bestimmt. Unter der Bevölkerung genoss er hohes Ansehen, er war der erste Großmeister, der Maltesisch sprach.

Knapp ein Jahr nach seiner Amtsübernahme am 9. Juni 1798 tauchte die französische Flotte am Horizont auf, angeführt von Napoleon Bonaparte. Drei Tage später übergab der eingeschüchterte Hompesch die Insel kampflos an Frankreich. Man kann sich darüber streiten, ob man ihn als Helden oder Feigling bezeichnen soll – die Literatur ist sich in dieser Hinsicht uneins. Festzuhalten bleibt nur: Blut wurde nicht vergossen, und die Geschichte des Johanniterordens auf Malta hatte ihr Ende gefunden. Hompesch selbst erlag am 12. Mai 1805 in Montpellier einem Asthmaleiden.

Insel Malta/Valletta
Karte → hinterer Umschlag

Zu den Staatsgemächern im ersten Stock führt vom Prince-of-Wales-Hof eine **Rundtreppe**, die breit genug für die Sänfte des Großmeisters war. Hugues Loubenx de Verdalle (1582–1595) ließ sie als Hauptaufgang bauen, damals noch ohne Stufen, damit die Ritter in ihren schweren Rüstungen nicht stolperten.

Heute werden Touristen mal über diese, mal über die enge Dienstbotentreppe nach oben geführt. Erreichen Sie über die breite Rundtreppe den ersten Stock, führt rechter Hand ein langer Korridor – auch Waffenkorridor genannt – direkt zum ehemaligen **Parlamentssaal** (meist nicht zugänglich). Der erste Saal rechter Hand auf dem Weg dahin ist der sehenswerte **Kleine Ratssaal**. Die zehn Wandgobelins darin mit Motiven aus fernen Kontinenten schenkte Großmeister Ramon Perellos y Roccafull dem Orden 1710. Sie wurden in Paris unter der Aufsicht von Etienne Le Blonde gewebt.

Verlässt man hingegen das Rundtreppenhaus geradewegs, steht man in der **Eingangshalle** – mit den Ausmaßen von 31 x 6 m ist sie aber ebenfalls eher ein Korridor. Die hiesigen Deckengemälde auf Leinwand schuf Niccolo Nasini da Siena, in den Lünetten über den Fenstern sind verschiedene Seeschlachten der Ordensritter dargestellt.

Gleich linker Hand (hinter der Rundtreppe) liegt der Eingang zum **Speisesaal**, dessen Kamin Marmordarstellungen der Großmeister de Wignacourt und Pinto zieren.

Auf den Speisesaal folgt der **Große Ratssaal**, auch als Halle des hl. Michaels und hl. Georgs bekannt. Heute wird der Saal u. a. für Staatsdiners genutzt. Er imponiert v. a. durch die Kassettendecke und durch den Zyklus von Friesgemälden, die in zwölf Episoden die Große Belagerung schildern. Sie sind das Werk von Matteo da Lecce, einem Schüler Michelangelos, der in Sevilla unter dem Namen Perez Matteo d'Aleccio zu Ruhm gelangte. Gegenüber dem Thron, auf dem einst die Großmeister, dann die britischen Gouverneure und heute der Präsident Platz nehmen, ist eine geschmückte Holzgalerie aus dem 16. Jh. zu sehen, deren sechs Panelen zeigen Szenen der Genesis.

Der nächste Raum ist der **Rote Salon**, das Botschafterzimmer, in dem einst die ausländischen Gesandten ihre Empfehlungsschreiben überreichten und in dem heute der Präsident politische Vertreter aus der ganzen Welt begrüßt. Auffällig sind die zwischen den Fresken sitzenden zwölf Propheten aus dem Alten Testament.

Korridor im Großmeisterpalast

Vom Roten Salon, einem Eckzimmer, gelangt man in den **Gelben Saal**, auch **Pagenzimmer** genannt. Es beinhaltet eines der großartigsten Gemälde der Palastsammlung: *Jakob als Hirte* von dem spanischen Maler Joseph de Ribera. Die weiteren Räume in diesem Flügel bleiben der Öffentlichkeit leider meist verschlossen.

Der an das Pagenzimmer angrenzende **Prince-of-Wales-Korridor** besitzt eine Länge von 49 m. Der Marmorfußboden zeigt die Wappen verschiedener Großmeister.

Auberges

Von den ursprünglich acht Ritterunterkünften Vallettas (→ Kasten, S. 79) sind noch fünf erhalten. Am sehenswertesten ist die **Auberge de Provence**, in der sich heute das Archäologische Museum befindet (s. u.).

Auberge de Castille, Leon e Portugal: Sie dominiert den gleichnamigen Platz und ist ohne Zweifel die schönste Auberge Vallettas – nicht umsonst wurde sie der Sitz des Premierministers Maltas. Die erste Auberge an dieser Stelle war ein einfacher Bau Cassars, den Großmeister Pinto 1744 durch einen Barockbau nach Plänen des maltesischen Architekten Domenico Cachia ersetzen ließ. Über dem von Kanonen flankierten Portal ist das Wappen Pintos zu sehen.

Auberge d'Italie und Umgebung: Die von Gerolamo Cassar 1574 entworfene Auberge d'Italie an der Merchants Street wurde im Lauf der Zeit mehrmals verändert, insbesondere durch Großmeister Carafa (1680–1690), dessen Büste über dem Portal zu sehen ist. Heute ist die Auberge Sitz der Malta Tourism Authority, die darin auch eine Touristeninformation unterhält und regelmäßig Ausstellungen präsentiert. In den nächsten Jahren – früher oder später, auf jeden Fall bis zum Kulturhauptstadtjahr 2018 – soll die Auberge grundsaniert werden und das Museum der Schönen Künste (→ S. 90) darin einziehen.

Gleich ums Eck steht die Kirche Santa Katerina (→ S. 83), das einstige Gotteshaus der italienischen Zunge. Der Auberge gegenüber liegt der *Palazzo Parisio* (heute Sitz des Außenministeriums), der 1798 Napoleon auf seiner Reise nach Ägypten als Quartier diente. Und rund 70 m weiter liegt rechter Hand bergab die 1748 erbaute *Castellania*, das einstige Zivil- und Kriminalgericht des Ordens (heute das Gesundheitsministerium, auch darin finden im Erdgeschoss zuweilen Ausstellungen statt). Die Fassade der Castellania schmücken die Symbolfiguren der Gerechtigkeit und Wahrheit. Die zur Verspottung und Demütigung Verurteilten hatten es von hier nicht weit: An der Ecke zur St. John's Street befand sich der Pranger.

Weitere Auberges: Die **Auberge d'Aragon** gegenüber der Prokathedrale San Pawl wurde 1571 von Cassar entworfen und ist heute Sitz des Innenministeriums. Die

Auberge d'Angleterre et de Bavière an der St. Sebastian Street, heute Sitz des Ministeriums für sozialen Wohnungsbau, wurde 1696 errichtet und diente der vereinigten englischen und bayerischen Zunge als Quartier. Der Besuch der letzten beiden Herbergen ist jedoch weniger spannend.

Archäologisches Museum

Das Gebäude ist ebenso sehenswert wie die darin ausgestellten Funde, auch wenn die Präsentation bislang alles andere als zeitgemäß ist. Untergebracht in der einstigen Auberge de Provence, zählt es zu den Perlen Vallettas.

1571 wurde mit dem Bau der Auberge de Provence unter Leitung von Geralamo Cassar begonnen, 1774 war sie vollendet. Die Fassade zeigt im Erdgeschoss dorische Züge, im Piano Nobile ionische. Das Museum ging aus der Privatsammlung Giovanni Francesco Abelas (17. Jh.) hervor, die durch die Funde von Sir Themistocles Zammit von 1901 bis 1935 ergänzt wurde.

Im Erdgeschoss, das sich dem Neolithikum widmet, befinden sich rechts der Eingangshalle Architekturfragmente aus Tarxien, darunter diverse mit Punktdekor und spiralartigen Pflanzenmotiven. In den angrenzenden Abteilungen sind weitere Funde aus Tarxien zu sehen, darunter das Original des großen Stier- und Schweinereliefs der mittleren Tempelanlage. Aber auch Tonfiguren, Haushaltskeramik und Scherbenmaterial aus Għar Dalam, Skorba, Żebbuġ, Ta' Ħaġrat, Ġgantija, Ħaġar Qim und Mnajdra werden hier präsentiert, dazu Modelle verschiedener Tempel der Insel. Des Weiteren können Sie Magna-Mater-Figuren bewundern (weibliche Figuren aus Ton, Stein und Alabaster), darunter die berühmtesten Funde Maltas: die *Schlafende Frau* (eine 12 cm lange, liegende, gesäßbetonte Terrakottafigur, die im Hypogäum gefunden wurde) und die *Venus von Malta* (ein 13 cm großer kopf- und fußloser Torso mit Brüsten im Russ-Meyer-Format aus Ħaġar Qim). Zu den Schmuckstücken der Sammlung gehören ferner winzige Büsten, verzierte Phalli und ein paar kleine tönerne Tierköpfe, die um die 7000 Jahre alt sind und zu den ältesten Tierplastiken der Welt zählen.

Das Obergeschoss beherbergt eine kleine Abteilung zur Bronzezeit, die auch das Rätsel um die Cart-Ruts (→ S. 174) behandelt, und eine Abteilung, die sich den Phöniziern widmet, die vom Gebiet des heutigen Libanon aus den gesamten südlichen Mittelmeerraum kolonisierten. Eine römische und eine mittelalterliche Abteilung sollen noch eingerichtet werden. Das Highlight des Obergeschosses aber ist der Große Saal mit herrlichem Wandschmuck und einer schönen Kassettendecke. Die Ritter nutzten ihn für Bankette, das Museum zeigt hier temporäre Ausstellungen.
Tägl. 8–19 Uhr. 5 €, erm. 3,50, Kinder 2,50 €. www.heritagemalta.com.

> Für Valletta gibt es den **Valletta Museum Pass**, der den Besuch des Archäologischen Museums, des Großmeisterpalasts, des Museums der Schönen Künste und des Kriegsmuseums beinhaltet. 20 €, erm. 15 €, Kinder 10 €. Für Blocktickets → S. 56.

Manoel-Theater

Das maltesische Nationaltheater wurde nach seinem Stifter, dem portugiesischen Großmeister Antonio Manoel de Vilhena (1722–1736), benannt. Es ist der angeblich drittälteste neuzeitliche Theaterbau Europas. 1731 wurde das Theater innerhalb von zehn Monaten errichtet. Von außen vermutet man gar nicht, welche Pracht im Innern steckt. Die Decke und die Ränge sind mit Gold verziert, ein Blickfang ist zudem der Kronleuchter. Über 600 Gästen bietet der Prunksaal Platz. Nach einer wechselvollen Geschichte – u. a. wurde das Theater als Obdachlosenheim, als Tanzhalle und Kino genutzt – probt und spielt hier heute das *Orkestra Nazzjonali*, das Nationalorchester. Auf dem Spielplan stehen Opern, Konzerte, Theaterstücke, darunter viele Gastspiele – schon Yehudi Menuhin und Vladimir Ashkenazy gaben hier ihr Bestes. Was während Ihres Maltaaufenthaltes über die Bühne geht, erfahren Sie unter www.teatrumanoel.com.mt. Tickets kosten zwischen 7 und 35 €. Die beste Akustik herrscht in der obersten Logenreihe. Tagsüber kann man das Theater in Verbindung mit einer Führung besichtigen (i. d. R. in englischer Sprache). Bei dieser passiert man auch das kleine angeschlossene Museum, das neben ein paar Requisiten eine alte Wind-, Regen- und Donnermaschine zeigt. Zudem steht dort ein Modell des einstigen neoklassizistischen Royal Opera Houses (→ S. 94). Nach der Führung lädt das hübsche Innenhofcafé des Theaters auf eine Pause ein.

Führungen: Juni–Sept. Mo–Fr 10.15–13.15 Uhr alle 45 Min., Okt.–Mai zudem noch um 14, 15.30 u. 16 Uhr. Führungen 4 €.

Der „Darm" – das alte Rotlichtviertel

Spaziert man vom Manoel-Theater zur Republic Street, überquert man die Strait Street, die lange Zeit die berüchtigtste Straße bzw. Gasse Vallettas war. Zu Zeiten des Ordens trugen hier die Ritter ihre Duelle aus, wobei sie stets eine Zufälligkeit ihrer Streitigkeiten vortäuschten – verabredete Duelle wurden nicht selten mit dem Tod bestraft. Unter liebeshungrigen britischen Matrosen wurde die enge, düstere Strait Street als *The Gut* („Der Darm") bekannt. Laute Bars mit leichten Mädchen und Tanzhallen mit Livejazz, die Namen trugen wie „Egyptian Queen" oder „Metro", reihten sich hier aneinander. Über 100 Etablissements soll es in den Glanzzeiten der Strait Street von den 1920ern bis nach dem Zweiten Weltkrieg hier gegeben haben. Das schrille Nachtleben des „Darms" endete mit dem Abzug der Briten im Jahr 1979, dann verkam das Gässchen nach und nach. Bis heute ist es nahezu unbewohnt und in Teilen noch ziemlich vergammelt. In anderen Ecken wird schon fleißig und sehr charmant restauriert. Trendige Bars, Restaurants und schicke Büros sind dort in die alten Gemäuer eingezogen. Die Kehrtwende ist eingeläutet.

In der Strait Street entstehen mehr und mehr nette Bars

Blick von Sliema auf Valletta

Nationalbibliothek

Die National Malta Library am Misrah ir-Repubblika (Republic Square) umfasst eine Sammlung von über 60.000 Büchern, dazu Inkunabeln, Manuskripte und das wertvolle Ordensarchiv mit über 6000 Handschriftenbänden.

Der große Reichtum der Bibliothek beruht auf einem Erlass von 1612, der es verbot, Bücher aus dem Nachlass eines Ritters zu veräußern. Ergänzt wurde die Sammlung durch Übertragungen der Privatbibliotheken von Kardinal Gioacchino Portocarrero (über 5000 Bände) und von Guerin de Tencin (über 9000 Bände) nach deren Tod. Die Räumlichkeiten der ersten Bibliothek Maltas, 1555 gegründet, waren daraufhin bald erschöpft, und ein Neubau wurde erforderlich. Aber wie heute setzte man schon damals, wenn das Geld knapp war, den Rotstift als erstes bei Kultureinrichtungen an – bis zum Ende des 18. Jh. musste man warten, bis nach Plänen von Stefano Ittar, einem Architekten aus Kalabrien, die neue Bibliothek entstand.

An der Eingangstreppe, die hinauf zum Lesesaal führt, steht eine Büste des Nationaldichters Dun Karm (→ S. 171). Im Lesesaal, dessen Wände mit meterhohen Bücherregalen bedeckt sind, werden in Ausstellungskästen Urkunden zur Stadt- und Ordensgeschichte aufbewahrt. Wegen der Lichtempfindlichkeit sind sie mit Tüchern abgedeckt, die nach der Besichtigung auch wieder darüber gelegt werden sollten. Die älteste Urkunde der Bibliothek, eine päpstliche Bulle, stammt aus dem Jahr 1113, kann aber leider nicht besichtigt werden.

Auf dem gemütlichen Platz vor der Bibliothek steht eine Statue von Königin Victoria, die Giuseppe Valenti 1897 schuf. Drum herum laden Cafés zum Verweilen ein, darunter das populäre Cordina (→ Essen & Trinken).

Bibliothek, Okt. bis Mitte Juni Mo–Fr 8.15–17 Uhr, Sa bis 13 Uhr, in den Sommermonaten Mo–Sa nur 8.15–13 Uhr. Halten Sie den Personalausweis parat und seien Sie leise, die Studierenden im Lesesaal werden es Ihnen danken.

Nationalmuseum der Schönen Künste

Das National Museum of Fine Arts ist in einem Stadtpalast aus der zweiten Hälfte des 18. Jh. untergebracht, der einst als Gästehaus des Ordens erbaut wurde. Von 1821 bis 1961 war das Palais der Sitz des kommandierenden Admirals. 1974 wurde das Museum der Schönen Künste darin eingerichtet – in den nächsten Jahren aber wird es ausziehen. Allerspätestens zum Europäischen Kulturhauptstadtjahr 2018 soll es in der Auberge d'Italie wiedereröffnet werden.

Auf zwei Etagen beherbergt das Museum eine große Sammlung an Gemälden und Skulpturen. Die Ausstellungsräume sind durchnummeriert, die Gemälde größtenteils chronologisch geordnet; die Besichtigung beginnt im Obergeschoss. Die dortigen Räume beherbergen überwiegend Gemälde und Tafelbilder aus der Zeit zwischen dem 14. und 17. Jh., es dominieren italienische und flämische Meister. Hervorzuheben sind hier die Werke von Mattia Preti, allen voran das Gemälde *Das Märtyrium der heiligen Katharina von Alexandrien*. Ein separater Raum ist dem maltesischen Bildhauer Antonio Sciortino (→ S. 175) gewidmet. Gemälde aus dem 18. Jh. bis zur Gegenwart sind im Erdgeschoss ausgestellt, darunter diverse Arbeiten von Antoine de Favray und Louis Du Cros. Da viele Motive Malta zum Thema haben, spiegelt ein Rundgang zugleich das Gesicht der Inseln über die Jahrhunderte hinweg wider. Raum 24 ist wechselnden Ausstellungen vorbehalten. Die Räume des Untergeschosses standen zuletzt leer.

Tägl. 9–17 Uhr. 5 €, erm. 3,50 €, Kinder 2,50 €. Kombitickets → S. 87. www.heritagemalta.com.

Mattia Preti – der bedeutendste Maler des Ordens

Über den Maler Mattia Preti ist nur wenig bekannt, sein Werk hingegen ist weltberühmt. Was man von ihm zu wissen glaubt, begründet sich auf der Interpretation seiner Gemälde, die bis ins kleinste Detail studiert worden sind. Mattia Preti erblickte wahrscheinlich 1613 in dem italienischen Städtchen Taverna das Licht der Welt. Seine Jugend soll er in Neapel verbracht haben, 1630 folgte er angeblich seinem Bruder nach Rom. Arbeiten in Venedig, Parma und Antwerpen brachten ihm schließlich den ersten Ruhm. 1642 trat er in Italien dem Johanniterorden bei. Seine erste Schaffensphase war geprägt von der Synthese aus venezianischen, toskanisch-römischen und neapolitanischen Einflüssen des Hochbarocks. Darunter fallen auch seine Votivbilder über die Pest, die in Neapel zwischen 1656 und 1659 entstanden und als seine bedeutendsten Arbeiten vor seiner Zeit auf Malta gelten.

Auf dem Archipel fand er die nötige Ruhe, um sein vielseitiges Schaffen weiterzuentwickeln. Seine dortigen ersten Werke, Altar- und Deckengemälde auf Leinwand, brachten ihm die Anerkennung von Kirche und Ordensleuten ein. Zahlreiche Aufträge folgten. Wie kaum ein anderer verstand er es, dramatische Szenen der Tragik und des Leids zu gestalten.

Die Person Mattia Preti rückte aber nie aus dem Schatten der eigenen Bilder heraus, blieb stumm und ließ die Farben sprechen, blieb ein Rätsel bis in die Gegenwart. Heute zählt der Künstler zu den größten spätbarocken Malern, die alle stark von der realistischen Figürlichkeit Caravaggios beeinflusst waren. 1699 verstarb Mattia Preti in Valletta, seiner lieb gewonnen, neuen Heimat, wo seine größten Werke zu sehen sind.

Vormittagstrubel auf der Republic Street

Fort St. Elmo/War Museum

Der Name des Forts geht auf eine Kapelle zurück, die dem Schutzpatron der Seefahrer geweiht war und neben einem Leuchtturm an der Spitze der Halbinsel stand. Die Römer befestigten den Turm; im 14. Jh. wird das erste Fort erwähnt. Der Johanniterorden ließ Mitte des 16. Jh. die Anlage von dem Spanier Pedro Padro in Form eines vierzackigen Sterns ausbauen. Nach der Zerstörung durch die Osmanen (→ Kasten) errichtete Großmeister La Valette auf den alten Fundamenten ein neues Fort, das von späteren Großmeistern mit neuen Bastionen und Verteidigungsmauern ergänzt wurde. Bei kriegerischen Auseinandersetzungen stand es nochmals im Zweiten Weltkrieg im Mittelpunkt. Danach diente das Fort als Hauptquartier der maltesischen Landstreitkräfte, der Polizeiakademie Maltas und als Kulisse für mehrere Filmproduktionen. Einer der berühmtesten Filme, der darin gedreht wurde, ist Alan Parkers *Midnight Express*. Zum Zeitpunkt der letzten Recherche wurde das Fort restauriert, in seine ursprüngliche Form zurückgebaut und durch moderne Einheiten erweitert. Die Arbeiten werden voraussichtlich noch bis zum Europäischen Kulturhauptstadtjahr 2018 andauern. Museen, Geschäfte, Tiefgaragen, Cafés, Restaurants und Büros sollen einziehen. Bis dahin kann man nur einen Spaziergang um die gewaltigen, abweisend wirkenden Festungsmauern machen und – solange noch geöffnet – das Kriegsmuseum (s. u.) besichtigen, das in der alten Exerzierhalle des unteren Verteidigungswalls ebenfalls auf seine Restaurierung wartet.

Kriegsmuseum (War Museum): Die zweite große Belagerung, die Malta in seiner Geschichte erlebte, war die durch die Achsenmächte im Zweiten Weltkrieg – ein trauriges Kapitel, das eindrucksvoll im War Museum dokumentiert wird. Zwischen 1940 und 1943 fielen ca. 16.000 t Bomben, über 3300-mal heulten die Sirenen. Etwa 8000 Malteser und Briten verloren ihr Leben. 35.000 Wohnungen wurden zerstört. 1942 verlieh der englische König Georg VI. der Insel und ihren Bewohnern das Georgskreuz, die höchste Auszeichnung für Tapferkeit und zivilen Mut in höchster Gefahr. Dieser Schreckenszeit, aber auch dem Ersten Weltkrieg und der Zeit zwischen den Weltkriegen, widmet sich das War Museum. Zu den bedeutendsten Ausstellungstücken zählen die *Faith*, eines der drei (!) Flugzeuge, die Maltas Luftwaffe bildeten, und der Jeep *Husky* von General Eisenhower.

Tägl. 9–17 Uhr. 6 €, erm. 4,50 €. Kombitickets → S. 87. www.heritagemalta.com.

Der Fall von Fort St. Elmo

Der 18. Mai 1565 steht für den Beginn der *Großen Belagerung*. Es war der Tag, an dem die osmanische Armada, bestehend aus 40.000 Soldaten auf 180 Schiffe verteilt, am Horizont erschien. Sie stand unter dem Kommando von Mustafa Pascha und Admiral Piali, kurz darauf gesellte sich noch der Korsar Dragut mit seinen Männern hinzu. In der Bucht von Marsaxlokk gingen sie an Land, überquerten die Insel und ließen sich auf jener Landzunge nieder, wo heute das Fort Tigné steht (Sliema). Ihr Ziel war es, Fort St. Elmo einzunehmen, um vom Mount Sceberras, jenem Hügel, auf dem heute Valletta thront, Birgu und Senglea anzugreifen. Zur Verteidigung des Forts standen 60 Ritter und ca. 200 Mann zur Verfügung. Mit 14 Kanonen nahmen die Osmanen die Festung unter Dauerbeschuss – bis zu 7000 Salven täglich. Nach 31 Tagen wehte die osmanische Fahne über einem Trümmerhaufen. Auf Seiten der Ritter überlebte niemand; die Osmanen verloren 8000 Mann. Viele Geschichten wurden später über die Schlacht geschrieben, über die Tapferkeit der Verteidiger, die auf verlorenem Posten bis zum letzten Mann gekämpft hatten. Und wie es so ist mit Geschichten – es wurde immer mehr hinzugedichtet, und immer schrecklicher und grausamer wurde die Schlacht. Wahr aber ist, dass Mustafa Pascha nach der Eroberung des Forts zur Einschüchterung fünf Kreuze mit enthaupteten Rittern über den Hafen zum Fort St. Angelo treiben ließ. Großmeister La Valette erwiderte dies mit der Enthauptung aller türkischen Gefangenen. Die abgeschlagenen Köpfe dienten als Futter für die Kanonen.

Über das Fort St. Elmo kamen die Osmanen jedoch nie hinaus. Ihr großes Ziel, Birgu und Senglea einzunehmen, schlug fehl, am 8. September des Jahres 1565 gaben sie auf (→ Geschichte Three Cities, S. 124). Am Great Siege Square (Misraħ l-Assedju l-Kbir), der von der Republic Street durchschnitten wird, erinnert heute ein klassizistisches Monument von Antonio Sciortino an die Große Belagerung. Es symbolisiert Mut, Freiheit und Glaube. Literarisch wurde die Große Belagerung u. a. in den historischen Romanen *Asha* von David Ball (Verlag Droemer Knaur: München 2004) und *Sakrament* von Tim Willocks (→ S. 53) verewigt.

Die Gärten Vallettas

Upper Barracca Garden: Der einstige Exerzierplatz der italienischen Zunge ist einer der beliebtesten Parks Vallettas. Wegen seiner bescheidenen Größe lädt er eher zum Zeitunglesen als zum Spazieren ein. Von ihm genießt man eine schöne Aussicht auf die Three Cities und den Grand Harbour. Neben zahlreichen Gedenktafeln und Ehrengrabmälern steht hier eines der bekanntesten Werke des Bildhauers

Die Gärten Vallettas

Antonio Sciortino: *Les Gavroches*, das die Straßenjungen aus Victor Hugos Roman *Die Elenden* darstellt (in Wirklichkeit eine Kopie, Original im Museum der Schönen Künste). In dem angrenzenden klassizistischen Palais wurde 2002 die Börse Maltas eingerichtet. Im Park lädt ein nettes Café zum Verweilen ein. Ein moderner Fahrstuhl führt hinab zur Lascaris-Kaianlage und zur Valletta Waterfront (→ S. 97)

Zwischen dem Brunnen im Garten und den Arkaden führen Treppen zu einer tiefer gelegenen Aussichtsplattform, auf der ein paar Kanonen stehen. Stets mittags um 12 Uhr wird von hier gefeuert. Wer bei der Böllerei (= *Saluting Battery*) hautnah dabei sein will, bezahlt 5 € (Kinder 4 €), umsonst kann man von den Arkaden des Upper Barracca Garden zusehen. Die Tradition des Mittagsknalls wurde erst vor Kurzem wieder aufgenommen, aber nicht mit dem Donnerhall von einst. Denn dieser war selbst noch auf hoher See zu hören, um den Kapitänen die Navigation (zur Bestimmung der Mittagshöhe mit dem Sextanten) zu erleichtern.

Lower Barracca Garden: Den Lower Barracca Garden dominiert ein Denkmal für Sir Alexander Ball, den ersten britischen Inselkommandanten. Es hat die Form eines dorischen Tempels. Nahebei steht das *World War II Memorial*, gestiftet von der englischen Königin Elizabeth II. zum Gedenken an die Toten des Zweiten Weltkriegs (→ Kriegsmuseum, S. 91). Dem Lower Barracca Garden zu Füßen liegt der Barriera-Kai, der einst als Quarantänestation genutzt wurde. Heute findet dort frühmorgens der Fischmarkt statt – Pläne sehen jedoch vor, das Gebäude in ein schickes Boutiquehotel zu verwandeln.

Hastings Garden: Er prahlt mit einem unübersehbaren Denkmal für den Marquess of Hastings, von 1824–26 Gouverneur der Insel. Der kleine Park bietet einen schönen Blick über den Marsamxett Harbour auf Msida und Manoel Island, bei klarer Sicht sieht man in der Ferne sogar Mosta und Mdina.

Schöne Ausblicke vom War Memorial

Valletta: Erker über Erker

Weitere Sehenswürdigkeiten

City Gate Project: Für Vallettas neues Eingangstor zeichnet Stararchitekt Renzo Piano verantwortlich; in Berlin war er bei der *Daimler City* am Potsdamer Platz mit von der Partie. Piano ließ die Brücke über den Trockengraben (den einst türkische Sklaven in den Fels geschlagen hatten) auf die Größe von 1633 reduzieren, die flankierenden Wälle glätten und dahinter, wo einst der Bahnhof Vallettas lag (die einzige Zugverbindung führte nach Mdina), zwei Blöcke errichten, deren Fassaden wie angeraspelt erscheinen. Sie bilden Maltas neue *Parlamentsgebäude*, in denen oberirdisch Büros untergebracht sind. Außerdem ist eine kleine Ausstellung zur politischen Entwicklung der Inseln geplant. Das Parlament selbst tagt unterirdisch. An der Republic Street direkt dahinter stand einst Maltas *Royal Opera House*, das 1861 ebenfalls von einem berühmten Architekten entworfen wurde: von Edward M. Barry, der das Stadtbild Londons mit dem *Big Ben* prägte. 1942 fiel das Opernhaus den Bomben der Achsenmächte zum Opfer. Als eine Art Wiedergutmachung stiftete Konrad Adenauer ein paar Millionen für den Wiederaufbau, doch bis 2010 wurde zwischen den Ruinen noch geparkt. Renzo Piano schließlich wandelte die Ruinen in eine *Freilichtbühne (Open Air Theatre)* um.

Hinweis: Zum Zeitpunkt der Drucklegung war man noch mit der Umsetzung des Projekts beschäftigt, bis Juli 2013 sollen die Arbeiten abgeschlossen sein.

St. James Cavalier/St. John's Cavalier: Beide Festungsanlagen dienten einst zur Bewachung des City Gates, um Angriffe von Land abzuwehren. Mit den schweren Kanonen, die auf dem St. James Cavalier stationiert waren, konnte man aber auch den Grand Harbour kontrollieren und sogar Schiffe auf Höhe des Forts St. Elmo unter Beschuss nehmen. Heute dient der St. James Cavalier als *Centre for Creativity* mit Galerien, Kino, Konzert- und Vortragssälen sowie Restaurant (Veranstaltungskalender auf www.sjcav.org). In den St. John's Cavalier hingegen zog die Botschaft des Johanniterordens ein.

Casa Rocca Piccola: Das Gebäude aus dem Ende des 16. Jh., einst von einem Ritter der italienischen Zunge errichtet, wird heute von der maltesischen Adelsfamilie de Piro bewohnt. Es beherbergt neben herrlichen Antiquitäten und kleinen Kostbarkeiten (wie den Schuhen des einzigen Kardinals von Valletta) u. a. zehn Gemälde, die vermutlich zur Ausstattung der Barkasse des Großmeisters Lascaris gehörten. Wer erfahren möchte, wie der maltesische Adel zu leben wusste, sollte sich einen Besuch des Gebäudes nicht entgehen lassen. Zur Tour gehört auch eine Besichtigung der privaten Bunkeranlage aus dem Zweiten Weltkrieg.
 Führungen: Mo–Sa 10–16 Uhr stündl. für 9 €, erm. 5 €, Kinder frei. Die Rundgänge in englischer Sprache dauern ca. 45 Min. Republic Street 74. www.casaroccapiccola.com.

Toy Museum: Das liebevoll eingerichtete Spielzeugmuseum ist das Ergebnis der über 20-jährigen Sammelleidenschaft von Vincent Brown. Auf drei Etagen zeigt er Exponate aus Malta, England, Deutschland, Frankreich und Japan, darunter Holzspielzeug aus dem Zweiten Weltkrieg und maltesische Pappmaché-Figuren.
 Mo–Fr 10.30–16 Uhr, Sa/So 10–13 Uhr. 2 €, Kinder frei. Schräg gegenüber der Casa Rocca Piccola, Republic Street 222.

The Fortress Builders: An der St. Andrew Bastion zwischen der Melita Street und der Mark Street soll noch 2013 ein Informationszentrum zu Maltas Befestigungsanlagen aus der Zeit der Ritter und Briten eröffnen. Zugang über die Biaggio-Treppen.

Sacra Infermeria/The Knights Hospitallers: Von dem großen Ordenshospital der Ritter überlebte nur die Hafenfassade den Zweiten Weltkrieg, hinter der sich heute das *Mediterranean Conference Center* verbirgt. Der rekonstruierte Hauptsaal des einstigen Krankenhauses ist heute die Lobby. Sie misst über 150 m Länge. Als das Krankenhaus 1574 eröffnet wurde, war der Hauptsaal der längste ungestützte Saal Europas. Insgesamt besaß das Ordenshospital sechs Säle, in denen in Notzeiten bis zu 2000 Menschen versorgt werden konnten. Zugleich war es das erste Krankenhaus des Kontinents, das Patienten mit den verschiedensten Glaubensbekenntnissen aufnahm. Seinen ausgezeichneten Ruf verdankte das Hospital, das zu den berühmtesten und angesehensten seiner Zeit gehörte, u. a. der Tatsache, dass das Essen auf Silbergeschirr serviert wurde. Denn Silberionen blockieren die Thiol-Enzyme und damit den Stoffwechsel von Bakterien und Pilzen. Zugleich wurde das Silbergeschirr penibel gereinigt und poliert – so tat man auch, ohne es zu wissen, etwas für die Hygiene. Im Untergeschoss des *Mediterranean Conference Center* erinnert die Ausstellung *Knights Hospitallers* mit lebensgroßen Figuren an das alte Ordenshospital.
 Knights Hospitallers, Mo–Fr 10–17 Uhr, Sa/So 10–16.30 Uhr. 4,50 €, erm. 2,90 €, Kinder 2 €. www.theknightshospitallers.org.

Floriana – die Vorstadt Vallettas   Floriana

Entlang der breiten Triq Sant' Anna, der Zufahrtsstraße nach Valletta, besitzt Floriana richtigen Großstadtcharakter – gar mehr als die Hauptstadt, wenn auch nur für ein paar Meter. Ohnehin ist in Floriana alles größer und weitläufiger angelegt.

Die ganz im Schatten Vallettas stehende Vorstadt wird von Touristen größtenteils links liegen gelassen; man fährt mit dem Bus oder Auto hindurch und steigt beim Main Bus Terminus oder Parkhaus zur anschließenden Besichtigung der Kapitale aus. Floriana kann in der Tat Valletta nicht das Wasser reichen, hält aber neben vielen

Denkmälern so manche kleine Überraschung parat. Die Vorstadt ist benannt nach ihrem Architekten, dem Festungsbaumeister Petro Paolo Floriani. Mit der Errichtung des äußeren Verteidigungsringes wurde bereits 1634 begonnen, als ein Angriff der Türken drohte; vollendet haben ihn Grunnenberg und Tigné 1724.

Wer sich die im Folgenden beschriebenen Sehenswürdigkeiten der Reihenfolge nach ansehen möchte, passiert vom City Gate Vallettas den Tritonenbrunnen. Dahinter erstreckt sich ein kleines, von Palmen gesäumtes Areal mit Bänken und einem Christkönig-Monument von Antonio Sciortino, das der Eucharistischen Konferenz von 1913 gedenkt. Spaziert man geradeaus weiter, steht man vor einer Statue, die an die Unabhängigkeit Maltas 1964 erinnert. Dahinter erstreckt sich der **Maglio Garden**, der wie ein Strich die Vorstadt teilt. Er gleicht eher einem von Bäumen gesäumten Spazierweg voller Büsten verdienter Malteser. Zu Zeiten des Johanniterordens befand sich hier ein Ballspielplatz, den Großmeister Lascaris (1636–1657) angelegt hatte, um die Ritter auf andere Gedanken zu bringen: weg von Wein, Glücksspiel und Weibern.

Kirche San Publiju: Auf der östlichen Seite des Maglio Gardens (von Valletta kommend linker Hand) liegt die Pjazza San Publiju, ein von runden Steinplatten bedeckter Platz, welche die Eingänge zu unterirdischen Getreidespeichern sicherten. Am Ende des Platzes erhebt sich die Publiuskirche, die zwischen 1733 und 1768 errichtet wurde. Sie ist benannt nach dem einstigen römischen Statthalter der Insel, den Paulus bekehrte und der daraufhin der erste Bischof von Malta wurde. Die Fassade ist neueren Datums und entstand 1771, als man die Kirche nach Westen verlängerte, die Kapellen an den Seiten fügte man 1856 hinzu.
6–10 und 16.30–19 Uhr; Seiteneingang benutzen.

Kirche von Sarrija und Argotti Garden: Spaziert man bis zum Ende des Maglio Garden, liegt hinter einem Neubau der Eingang zum Argotti Garden, ein botanischer Garten mit einer großen Kakteensammlung, exotischen Bäumen und Inselge-

Valletta Waterfront

Floriana – die Vorstadt Vallettas

wächsen. Links des Eingangs (auf der anderen Straßenseite) steht die kleine Kirche von Sarrija, ein Zentralrundbau von Lorenzo Gafà aus dem Jahr 1678. Die sieben Gemälde im Inneren stammen von Mattia Preti. Die neugotische *Methodistenkirche* schräg gegenüber ist leider meist geschlossen. Der schlanke, wappengeschmückte Turm vor der Gartenanlage, der mit den beiden Kirchen ein Dreieck bildet, ist ein Wasserturm, der zum Wignacourt-Aquädukt gehörte und Valletta mit Wasser aus den Hügeln von Mdina versorgte.

Um die **Sarrija-Kirche** zu besichtigen, muss man nebenan beim Haus Dar Sarria klingeln. **Argotti Garden**, tägl. 7–19 Uhr.

Triq Sant' Anna/Porte des Bombes: Geht man die Straße zwischen den beiden Kirchen gen Osten (links) bergab, trifft man auf die Triq Sant' Anna, die Hauptzufahrtsstraße nach Valletta. Überquert man diese, geht ca. 80 m geradeaus weiter und hält sich hinter der Statue Paolo Florianis rechts, gelangt man zum Kapuzinerkloster (s. u.). Die Triq Sant' Anna selbst überbrückt – folgt man der vierspurigen Straße stadtauswärts – die Porte des Bombes (Bieb il-Bombi), ein freistehendes, zweibogiges Stadttor, das von dorischen Halbsäulen geschmückt wird. Man schätzt, dass die Straßengabel zwischen 1697 und 1720 entstand.

Carniera des Kapuzinerklosters (L'Kunvent tal Kapuċċini): Die Gruft des Kapuzinerklosters in Palermo auf Sizilien gehört zu den größten Touristenattraktionen der italienischen Insel. Auf Malta lag das Pendant dazu. Unter Großmeister Loubenx de Verdalle kamen die Kapuziner 1588 nach Malta. 1725 gründeten sie das Kloster an den Außenmauern Florianas, in dem heute noch 30 Mönche leben. Das Besondere des Klosters ist die Carniera, das Kellergewölbe, in dem bis zum Zweiten Weltkrieg über 120 mumifizierte Leichen von Priestern in Nischen ihre letzte Ruhe fanden. Nach der Zerstörung im April 1942 wurde das Kloster wieder aufgebaut, die Nischen der Carniera blieben jedoch von da an bis auf ein Modell leer. Die Einbalsamierung der Toten hatten die Engländer verboten, mit der Folge, dass das Wissen darüber z. T. verloren ging. Dennoch ist ein Besuch des Klosters und der Gruft mit ein paar wenigen Skeletten interessant.

Das Kloster liegt am südwestlichen Ende der Triq Il-Kapuċċini an der St. Francis Bastion. Keine offiziellen Öffnungszeiten. Wer die Carniera besichtigen möchte, vereinbart einen Termin unter ✆ 21225525 (am besten mittags anrufen).

Valletta Waterfront

Die Valletta Waterfront (www.vallettawaterfront.com) zu Füßen Florianas am Grand Harbour ist der Kreuzfahrthafen Maltas. Dabei handelt es sich um eine aufwendig restaurierte Zeile alter Speicher. Heute machen hier Luxusliner aus aller Welt fest, täglich bis zu drei. 601.775 Tagestouristen gingen hier allein 2012 an Land. Die Speicher beherbergen Souvenirshops, trendige Restaurants, Bars und Cafés, darunter das erste Hard Rock Café Maltas. Bei allen gibt's auch Tische im Freien – wer hier sitzt, hat das Gefühl, klein ist der Mensch, klein ist Valletta, und groß ist nur der Luxusdampfer. Tagsüber lassen es sich hier die Kreuzfahrttouristen gut gehen, abends, wenn die Schiffe wieder weg sind, die Einheimischen.

Mit dem Aufzug (Höhe 58 m, Fahrzeit 23 Sek., tägl. 7–21 Uhr, 1 €) vom Upper Barracca Garden (→ S. 92) hinab zur Xatt Lascaris, dann dem Kai Richtung Marsa (inseleinwärts) folgen. Oder per Bus vom Misraħ Kastilja (Castille Square): Nr. 130 fährt alle 30 Min. hinab. Ein Taxi zur Waterfront kostet unverschämte 10–15 €.

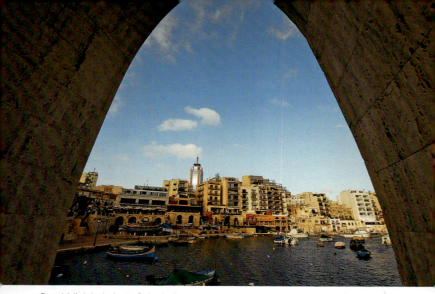

Durchblick behalten: Spinola Bay

Rund um Valletta

San Ġiljan/St. Julian's und Paċeville San Dschulian/Patschevill

Unterhaltung pur – in „Sin City", wie San Ġiljan auch genannt wird, macht schon der Tag Lust auf die Nacht. Cafés, schicke Bars, Live-Clubs und Diskotheken reihen sich aneinander. Zuvor geht man essen, Fast Food oder Haute Cuisine, je nachdem, was der Geldbeutel hergibt.

Bis vor ein paar Jahrzehnten war San Ġiljan ein beschauliches Fischerdorf. Das hat sich geändert, auch wenn in der **Spinola Bay** noch immer ein paar Boote dümpeln – als stünden sie zum Erhalt einer malerischen Kulisse unter Denkmalschutz. San Ġiljan und Paċeville haben den Forderungen des nach Unterhaltung und Ausgelassenheit strebenden Tourismus nachgegeben wie kaum ein anderer Ort Maltas und können sich damit rühmen, das Leben als ewige Party anzupreisen. Von dem dabei entstandenen Nachtleben profitiert auch die Inseljugend. Eine Sperrstunde gibt es nicht, insbesondere in Paċeville spielt sich das Leben an den Wochenenden bis früh in den Morgen ab. Fazit: für Ruhebedürftige der falsche Ort. Entlang der Sliema zugewandten Seite, der **Balluta Bay**, hält sich das nächtliche Treiben jedoch in Grenzen.

Nahe dem Trubel haben sich die luxuriösesten Hotels Maltas angesiedelt, darunter das *InterContinental* und das *Hilton*. Letzteres wird von dem riesigen **Portomaso-Komplex** mit Marina, mehreren Restaurants und Apartmentanlagen umgeben, von welchen aus die libysche Hautevolee Jachten statt Hunde ausführt. Der Komplex erstreckt sich zu Füßen des **Portomaso Towers**, mit 28 Stockwerken das höchste

Bauwerk der Insel. Diverse Kapitalgesellschaften, international operierende Online-Wettanbieter (darunter auch zig deutsche – eine Glücksspiellizenz gibt es auf Malta ab 1000 € im Monat!) und ein Casino haben darin ihren Sitz, zudem gibt es eine Bar im 22. Stock – eine toller Nightspot über dem Lichtermeer Maltas. Das gesamte Gelände nimmt jene Stelle ein, an der einst das Fort Spinola stand. Es ist schon Tradition in San Ġiljan und Paċeville, Altes durch Neues zu ersetzen. Und so mausern sich die Orte zu schicken Vergnügungsmeilen, die mehr als nur Clubs und Restaurants für die abendliche Unterhaltung bieten. Stellvertretend dafür ist z. B. auch der **Bay-Street-Komplex**, ein für maltesische Verhältnisse schon fast mondänes Shoppingcenter. Es liegt etwas zurückversetzt von der **St. George's Bay**, der einzigen Bucht vor Ort mit einem Sandstrand.

Auf der Landzunge nordöstlich der St. George's Bay lagen einst die St. George's Barracks, von denen nicht mehr viel übrig geblieben ist. In einem Teil der Kaserne ist heute eine Tourismusschule untergebracht, ein paar Gebäude werden als Privatwohnungen genutzt, der Rest fiel den Baggern beim Bau großer Hotels zum Opfer. Die Spitze der Landzunge überragte bis vor wenigen Jahren ein 1634 von Lascaris gebauter Wachturm. Er steht heute inmitten der San-Ġorġ-Hotelanlage.

Basis-Infos → Karte S. 101

Busverbindungen Richtung Südosten: Von und nach **Valletta** fahren die Busse Nr. 12, 13, 14 u. alle 60 Min. Nr. 24. Von und nach **Sliema** Nr. 13 u. 14, alle 30 Min. Nr. 222 u. X2, zudem alle 60 Min. Nr. 24, 225 u. 233. Zum **Airport** alle 30 Min. X2.

Für alle anderen Ziele im Süden und Westen Maltas steigt man in Valletta, Rabat oder am Flughafen (→ S. 32) um.

Richtung Westen: Nr. 202 alle 60 Min. über **Mosta**, **Ta' Qali** und **Rabat** nach **Dingli**, Nr. 203 fährt die gleiche Strecke ebenfalls stündl. bis Rabat.

Richtung Norden: Über **Mosta** und **Mġarr** nach **Għajn Tuffieħa** fährt alle 60 Min. Nr. 225. Über **Baħar iċ-Ċagħaq** nach **Buġibba** Nr. 12. Über **Mellieħa** nach **Ċirkewwa** (Fähre Gozo) alle 30 Min. Nr. 222.

Als **Nachtbusse** sind zudem im Einsatz: N3 nach Birgu. N11 über Buġibba und Mellieħa nach Ċirkewwa. N13 über Sliema nach Valletta. N21, N31 u. N32 nach Mosta. N52 über Rabat nach Dingli. N61 u. N62 nach Żebbuġ und Siġġiewi. N71 über den Airport nach Żurrieq. N81 über den Airport nach Żejtun. N82 über Birżebbuġa. N91 nach Marsaskala.

Ärztliche Versorgung → Wissenswertes von A bis Z, S. 46.

Ausflüge → Unterwegs auf den Inseln, S. 38. Start der meisten Touren in Sliema.

Auto- und Zweiradverleih Pkw z. B. über **AutoRentals** an der Triq Qaliet. ✆ 2135 9848, www.autorentalsmalta.com. Einen Zweiradverleih bieten mehrere Tourist Services vor Ort.

Casino An der Spitze der **Dragonara-Landzunge** liegt Maltas ältestes Casino, untergebracht in einer klassizistischen Villa mit offenen Säulengängen, die einst zur prachtvollen Sommerresidenz des Marquis Scicluna gehörte. Gespielt werden Poker (regelmäßig Turniere), Roulette und Black Jack – die meisten Besucher sitzen jedoch vor den Slot Machines. Kein Eintritt, Ausweis nicht vergessen. Im Sommer an Wochenenden 24 Std. geöffnet. Ab 20 Uhr wird angemessene Garderobe vorausgesetzt, ein Anzug ist jedoch nicht erforderlich. Ein weiteres Casino (definitiv die 2. Wahl!) befindet sich im UG des **Portomaso Towers**.

Einkaufen *Marks & Spencer*, *Thommy Hilfiger* und dergleichen gibt's im **Bay-Street-Komplex**, dazu einen McDonald's, ein Hardrock Café usw. Boutiquen mit Designerware (*Prada*, *Dolce & Gabbana*, *Versace* etc.) findet man rund um das Hilton und den Portomaso Tower. Die dortige Boutique **Rebelli** hat auch elegante Damenmode von *Charles & Ron*, den bekanntesten maltesischen Designern, im Sortiment.

Supermärkte u. a. im UG des **Portomaso Towers** (Arkadia, sehr gute Auswahl, auch

So geöffnet) und im **Park Towers Shoppingcenter** 30 an der Spinola Bay.

Festa In **San Ġiljan** um den 31. August, in der Balluta Bay am letzten Sonntag im Juli.

Kino **Eden Century Cinemas**, 17 Säle. Triq Santu Wistin.

Parken Wer keinen Parkplatz findet, steuert das Hilton an und nimmt die Tiefgarage unterm Portomaso Tower.

Post An der Ecke Triq Paċeville/Triq il-Wilġa.

Polizei In der Spinola Bay. ℡ 112.

Taxi Am besten mit den schwarzen Taxis von **Wembley Taxi Service**. 24-Std.-Service. Triq San Ġorġ, ℡ 21374141. Nach Sliema 7 €, nach Valletta 13 €, in die Three Cities, zum Airport oder nach Mdina 18 €.

Wäsche **Dry Cleaning & Laundry Services**, Triq il-Mensija/Ecke Triq San Ġorġ. Dauer 6 Std. 8,50 €/kg.

Zeitungen In dt. Sprache bei diversen Zeitungsverkäufern.

Übernachten

In San Ġiljan und Paċeville pulsiert das Leben fast rund um die Uhr, tagsüber gibt's Pressluftgehämmer und nachts Partylärm. Lediglich in den Viel-Sterne-Hotels sind die Zimmer gut isoliert, zudem liegen die meisten etwas abseits der lautesten Gassen. Für das Gros der Mittelklassehotels gilt dies nicht. Günstige Übernachtungsmöglichkeiten, vorrangig leer stehende Apartments für Austauschschüler (ab 25 € für 2 Pers./Nacht), vermitteln u. a. diverse Souvenirshops und Tourenveranstalter – achten Sie auf „To let"-Schilder. Grundsätzlich bietet San Ġiljan in der unteren Preisklasse jedoch kaum empfehlenswerte Adressen. Dafür weicht man besser nach Sliema aus.

Fünf-Sterne-Häuser Sämtliche Häuser dieser Kategorie lassen sich übers Internet oder diverse Reiseveranstalter im Heimatland erheblich billiger buchen als vor Ort; die Walk-in-rates liegen für das preiswerteste DZ zwischen 220 und 350 €. Das beste 5-Sterne-Hotel ist das **Hilton** 22, www.malta.hilton.com, mit freiem Blick über die Marina aufs Meer. 404 Zimmer, die im neuen Gebäude sind die schöneren. Großer Poolbereich. Dazu ein „Living Well Health Club" für alle, die unter Stress, Falten und Rückenschmerzen leiden. Ein richtiges Spa-Zentrum, das Myoka Spa (www.myoka.com), besitzt hingegen das **Le Meridien** 33, www.lemeridienmalta.com, das die Balluta Bay überblickt. Ebenfalls eine Topadresse ist das **Westin Dragonara Resort** 6, www.westinmalta.com, auf der gleichnamigen Landzunge. Der 340-Betten-Komplex mit klassizistischen Giebeln besitzt einen eigenen schönen Lido. Sehr gepflegt präsentieren sich zudem das **Corinthia San Ġorġ Hotel** 2, www.corinthiahotels.com, mit einem großen Lido an der St. George's Bay und das **InterContinental Malta** 14, www.intercontinental.com, das leider nicht direkt am Meer liegt (an der Triq Santu Wistin, jedoch eigener Strandabschnitt). Die Zimmer des **Radisson SAS Bay Point Resort** 2, www.radissonblu.com, ein u-förmiger Bau um eine Poolanlage auf der Spitze der Landzunge nördlich der St. George's Bay, bieten größtenteils Meerblick.

Weitere Unterkünfte **** **Hotel Juliani** 28, eine überaus sympathische Adresse. Kleines Haus mit nur 44 modern und stilvoll ausgestatteten Zimmern – fast alle mit tollen Ausblicken. Pool auf dem Dach. DZ mit Meerblick ab 120 €, Frühstück extra. Spinola Bay, ℡ 21388000, 🖷 21387800, www.hoteljuliani.com.

**** **The George** 18, im Herzen von Paċeville, 2012 eröffnet, nennt sich „Urban Boutique Hotel". Ganz unterschiedliche Zimmer mit schallisolierten Fenstern: vom Standard-DZ ohne Balkon über das Studio mit Kitchenette bis hin zur großzügigen Suite. Zeitgemäß und komfortabel eingerichtet, auf dem Dach ein cooles Pool- und Loungeareal, im UG ein kleines Wellnesszentrum. Sehr freundliches Personal. DZ mit Glück ab 90 €, Frühstück extra. Triq Paċeville, ℡ 20111000, www.thegeorgemalta.com.

*** **Hotel Valentina** 17, in der Nachbarschaft. Ein Stern weniger, aber auch sehr gut geführt und gepflegt – eines der besten 3-Sterne-Häuser Maltas. Schicker Empfangsbereich, ausreichend große, ebenfalls recht moderne Zimmer. Obenauf ein Pool. Freundliches, junges Personal. DZ ca. 120 €. Triq Dobbie, ℡ 21382232, 🖷 21382407, www.hotelvalentina.com.

*** **Ir-Rokna Hotel** [20], älteres Haus. Lediglich 25 Zimmer, alle recht klein und simpelbieder ausgestattet, 6 davon mit Balkon. Dachterrasse. Netter Service, Familienbetrieb. Empfehlenswerte Pizzeria angeschlossen. EZ 70 €, DZ 85 €. Neben dem Portomaso Tower, ✆ 21384060, ✉ 21384065, www.roknahotel.com.

Essen & Trinken → Karte S. 101

Die Auswahl ist riesig: trendige Restaurants, herrliche Terrassenlokale (vorwiegend in der Spinola Bay), dazu exzellente asiatische Küche – größtenteils aber nichts für den schmalen Geldbeutel. Klimpern nur Münzen in der Tasche, dann muss man in den Snackbars und Schnellrestaurants zu Fish'n Chips, Döner oder Hotdog greifen.

Restaurants **Barracuda** [32], gediegenes, etabliertes Restaurant in einer Villa aus dem 18. Jh. Gehört zu den besten der Insel – hier ließen es sich schon Omar Sharif, Madonna und David Beckham gut gehen. Direkt am Meer mit herrlicher Terrasse. Fisch (19–25 €) und Pasta (10,50–23 €), dazu fantastische Carpaccio-Varianten. Der Sonntagslunch steht ganz im Zeichen des Meeres: Antipasti, Seafood-Pasta und Grillfisch für 28 €. Nicht mit Shorts kommen! Nur Dinner. Balluta Bay, ✆ 21331817.

Piccolo Padre [32], sehr gute, rustikale Pizzeria im gleichen Gebäude wie das Barracuda. Ebenfalls tolle Terrasse, Atmosphäre zwangloser, Preise niedriger. Neben Pizza auch Burger, Pasta und Salate. Hg. 7–15 €. Nur Dinner. ✆ 21344875.

Meat & Co. [24], gilt als beste Steakadresse von San Ġiljan. Das Restaurant überblickt die Spinola Bay, hat aber nur eine schmale Balkonterrasse. Zu essen gibt es 500-g-Grillsteaks (!) vom Feinsten, dazu *Jacket Potatoes* und hausgemachte Barbecuesoße. Die riesigen Lappen bekommt man ab 27 €, günstiger sind die diversen anderen, weniger schweren Fleischgerichte. Sehr populär, Fr/Sa ist ohne Reservierung kaum etwas zu machen. So Ruhetag. Triq San Ġorġ, ✆ 21385000.

Zest [28], trendig-elegante Lokalität, zum Hotel Juliani in der Spinola Bay gehörend (→ Übernachten). Schöne Terrasse, mittlere Preisklasse. Das Motto lautet „East meets West" – leckere *Dim Sums* und tolles Sushi. Kinder unter 7 Jahren sind „nicht erlaubt". Nur Dinner. ✆ 21380000.

Zeri's [25], gehobenes Lokal mit Blick auf die Portomaso-Marina. Verhältnismäßig kleine Karte, vorzügliche mediterrane Gerichte, zu-

Junge Kunst lockert das Ufer von St. Julian's auf

San Ġiljan/St. Julian's und Paceville 103

weilen mit einer Prise Orient. Kosten Sie die Entenbrust auf grünen Linsen, das Lammfilet mit Curry-Minz-Soße oder die mit Auberginen-Zucchini-Mus gefüllten Pilze. Hg. 16–28 €. Reservierung empfehlenswert. Nur Mini-Außenbereich. Im Winter So Ruhetag. Portomaso, ℡ 21359559.

Zen 25, gegenüber und mit dem gleichen Blick, leider ganz ohne Terrasse. In recht schickem Ambiente wird japanische Küche serviert: Sashimi, Hosomaki, Futomaki, Uramaki, Temakizushi usw. (4–12 €), dazu eine kleine Auswahl an Hauptgerichten (um die 20 €). So Ruhetag. Portomaso, ℡ 21386500.

Paranga 5, recht stylisches Restaurant in der St. George's Bay direkt am Wasser – ein Traumplatz am Abend. Unter der Leitung des Interconti. Innovativ-raffinierte sizilianisch-maltesische Küche, Pasta ab 8,50 €, Hg. ab 20 €. ℡ 23765064.

Peppino's 26, in der Spinola Bay. Frische Fischsuppe, gute Kalbs- und Huhngerichte, hervorragendes Carpaccio. Lassen Sie sich einen Tisch auf der romantischen Dachterrasse reservieren. Den schönen Blick auf die Bucht genossen u. a. schon Brad Pitt und Sharon Stone. Pasta ab 10 €, Fisch oder Fleisch ab 18 €. Mi trifft man sich am Abend zur Rabbit Night. So Ruhetag. Triq San Ġorġ 31, ℡ 21373200.

Tana del Lupo 15, hochgelobtes Restaurant, geführt von Sizilianern. Fantastische Pasta and simple, aber sehr gute Fischgerichte, bemerkenswert auch die Nachspeisen. Gepflegtes Interieur mit Aquarium, kleiner Außenbereich. Hg. 15–23 €. So nur Lunch, Mo nur Dinner. Triq il-Wilġa 58 a, ℡ 21353294.

La Maltija 16, gemütliches Lokal mit nettem Außenbereich in einem ehemaligen Landhaus. Gehobene maltesische Küche, z. B. Spaghetti mit Seeigel (17 €), Schnecken mit maltesischer Soße oder Wachteln (19 €). Speisekarte auch in Deutsch, bei Touristen beliebt. Nur Dinner, So Ruhetag. Triq il-Knisja 1, ℡ 21359602.

The Avenue 19, so populär, dass die ganze Straße mittlerweile voller „Avenues" ist – gute Qualität zu niedrigen Preisen ist der Grund dafür. Die Lokale sind rustikal eingerichtet und mit Farbtupfern aufgepeppt, Außenbereiche. Große Karte, darunter außergewöhnliche Pizzen und leckere Burger. Hg. 6–12,50 €. Im Sommer So nur Dinner. Triq Gort, ℡ 21351753.

Insel Malta/Rund um Valletta Karte S. 71

St. Julian's Band Club 27, der Każin Banda San Ġiljan an der Spinola Bay ist ein gemütlicher Treffpunkt für Bier trinkende Malteser genauso wie für Touristen, die hier die gängigen maltesischen Gerichte zu relativ moderaten Preisen kosten können. ℡ 21354361.

Pembroke Suite 1, das Restaurant des Institute for Tourism Studies über der St. George's Bay. Hier übt sich das Küchen- und Servicepersonal (allesamt Studenten) in Perfektion (was nicht immer klappt) und offeriert gehobene internationale Küche zu ausgesprochen günstigen Preisen: Lunchmenü Mo–Fr (um 12.30 Uhr) 15 €, Dinnermenü (um 19 Uhr) am Mi 15 € (3 Gänge), Do u. Fr 20 € (4 Gänge). Auf Etikette wird Wert gelegt: keine Jeans, sondern smart casual dressing. Nur von Mitte Okt. bis Mitte Mai, Sa/So geschl. Zugang von der Triq Prof. W. Ganado (buchtabgewandte Seite), ℡ 23793333.

Bar/Eisdiele Andrew's Bar **3**, 1909 gegründet, in der St. George's Bay. Gut besucht, Straßen- und Meerblick, drinnen schönes nostalgisches Ambiente. Das angeschlossene rustikale Restaurant kann man sich eher schenken.

Gelat d'Or 29, empfehlenswerte Eisdiele mit lustiger Außenbestuhlung in Form von Eistüten. Riesenkugeln! Spinola Bay Nr. 86.

Nachtleben

→ Karte S. 101

Paceville ist der Nightlife-Hotspot der Insel. In vielen Clubs ist der Eintritt frei, so dass man gemütlich von einer Location zur anderen wechseln kann. Für zwei weitere gute Clubadressen → Rabat, S. 159, und Ta'Qali, S. 195. Das Publikum ist überwiegend jung, ab ca. 30 Jahren widmen sich die Malteser der Familie. Bars im britischen Stil, in denen das Bier in Strömen fließt, reihen sich an der Triq San Ġorġ aneinander.

Bars/Kneipen Juuls 23, versteckt inmitten der Terrassenlokale an der Spinola Bay an der Triq San Ġużepp. Angenehme, kleine Kneipe mit alternativem Touch. Viel Reggae, Livegigs und Partys. Publikum zwischen 20 und 45 (!), am Wochenende wird oft bis 6 Uhr gefeiert. Ab 20 Uhr.

Hugo's 7, der Name „Hugo's" ist ein Synonym für gepflegtes Ausgehen für alle über 30. In der großen Kneipe **Hugo's Sushi** kann man, wie der Name schon sagt, zu Sushi greifen. Leider läuft dazu der Fernseher. Darüber gibt es **Hugo's Lounge** und den Club **Hugo's Passion** für den späteren Abend. Am Treppengang zwischen Triq Santu Wistin und Triq San Ġorġ.

Native 9, hier treffen sich Touristen, Sprachschüler und Locals auf einen oder mehrere heftige Cocktails. Dazu kann man auch essen, später wird ausgiebig zu den Charthits der letzten Jahrzehnte getanzt. Ebenfalls am Treppengang zwischen Triq Santu Wistin und Triq San Ġorġ.

Club Twentytwo 21, im 22. Stock des Portomaso Towers. Recht stilvolle und gediegene Clublounge. Das Publikum ist wohlhabend, älter und teils etwas versnobt. Dafür ist die Aussicht superb – der Sundowner mit dem Megablick war zuletzt jedoch nur noch im Hochsommer möglich (Mi–Sa ab 21.30 Uhr geöffnet, vor 23 Uhr aber oft nichts los).

City of London 31, die absolut unspektakuläre, aber sehr populäre Kneipe besteht bereits seit 1914. Fr/Sa trifft sich hier zu späterer Stunde die Szene (darunter viele Frauen), zuvor v. a. Touristen zum billigen Bier. Außenbestuhlung. Balluta Bay.

Clubs Places 12, reduziert gestylter Club, in dem v. a. Techno- und Electrofans auf ihre Kosten kommen. Triq Ball, www.places.com.mt.

The Bedouin Bar 4, der coole Open-Air-Club mit einem vom Meer umspülten Dancefloor gehört zum *Westin Dragonara Resort*. Nur im Sommer und nur Fr geöffnet. Was sich auf den weißen Sofas räkelt, ist ziemlich hip. Der DJ legt vornehmlich House auf. Triq id-Dragonara, www.bedouinbarmalta.com.

BJ's Live Music Club 8, eine Institution. Seit 1980 betreibt Philip Fenech den Jazz- und Rockclub – schade nur, dass er den Laden jüngst renovierte. Mi–So Live-Acts, darunter Schülercombos, aber auch international angesehene Größen – selbst Jon Bon Jovi stand hier schon auf der Bühne. Eintritt frei. Triq Ball/Ecke Triq Id-Dragonara.

Klozet 11, beliebter Schwulen- und Lesbenclub. Publikum jedes Alters, oft sehr voll, dann geht die Party auf der Straße weiter. Mi u. Fr–So ab 22 Uhr, je nach Event ganz

Spinola Bay

unterschiedliche Musik (70er- und 80er-Jahre, Elektronisches, Latin, aber auch Livegigs). Triq Ball.

Havana Club 10, gut klimatisiert. Gespielt wird, was Laune macht (R'n'B, Hip-Hop, Soul, Musik aus den 60ern bis 90ern), und da es vielen Laune macht, tanzen die Mädels auf runden Tresen. 3 Dancefloors. Um die Massen anzulocken, kosten alle Drinks bis 24 Uhr nur 1,50 €. Vorglühen kann man aber auch in der recht schicken **Soho Lounge 10** nebenan. Triq San Ġorġ.

Club Sabor 13, der Schwerpunkt liegt auf Latin und Kommerzsound. Sehr angesagt bei der Inseljugend (viele im Abiturientenalter), nur Mi/Fr/Sa, an Wochenenden brechend voll. Triq il-Wilġa/Ecke Triq Id-Dragonara (1. Stock).

Baden/Tauchen → Karte S. 101

In der **St. George's Bay** gibt es einen rund 100 m langen Sandstrand mit Sand aus Jordanien (!). Einen Teil davon beansprucht der Beach Club des Hotels InterContinental, zudem liegt der Strand direkt an der Straße. Als Alternative bieten sich u. a. folgende Lidos an:

Baden Dragonara Reef Club, beim gleichnamigen Hotel. Gepflegte Anlage mit Pool, Restaurant und Bars. Für das Eintrittsgeld (14 €) bekommt man einen Liegestuhl und einen Sonnenschirm. Diverse Wassersportmöglichkeiten.

Neptune's, Freibad in der Balluta Bay, v. a. bei einheimischen Jugendlichen beliebt. In dem Becken finden an Juli- und Augustwochenenden Punktspiele der lokalen Wasserballmannschaft statt.

Die in der St. George's Bay gelegenen Beachclubs **EF** (zur gleichnamigen Sprachschule gehörend) und **InterContinental** (**5**, zum gleichnamigen Hotel gehörend) sind zuweilen nur Sprachschülern bzw. Hotelgästen zugänglich; in manchen Monaten und Jahren stehen sie gegen Gebühr aber auch jedermann offen.

Tauchen In der Grand-Harbour-Region kann man zu ein paar im Zweiten Weltkrieg gesunkenen Schiffen tauchen: Unter anderem zur *Carolita Barge* (Tiefe 6–25 m) vor Manoel Island und zur *HMS Maori* vor dem Fort St. Elmo/Valletta (Tiefe 15 m). Den meisten größeren Hotels ist eine Tauchbasis angeschlossen. **Divewise** beim Dragonara Reef Club gehört zu den ältesten Maltas. Der Lido besitzt ein Naturbecken zum Üben für Anfänger. Geboten werden nahezu sämtliche P.A.D.I.-Kurse, in der Saison meist auch von deutschsprachigen Ausbildern. ✆ 21356441, www.divewise.com.mt.

Sliema   Sli'ema

Bürogebäude, Einkaufszentren, Apartmenthäuser, Hotels, Restaurants, Cafés und eine Uferpromenade zum Flanieren – Sliema ist die wahre Metropole Maltas, nicht schön, aber modern und lebendig. Die hohe Bevölkerungsdichte ist zugleich Ausdruck ihrer Beliebtheit, nirgendwo sonst auf Malta sind Wohnungen und Mieten so teuer.

Ein Grund dafür ist Sliemas zentrale Lage, die auch dem Reisenden zugute kommt: Tagsüber kann man mit der Fähre nach Valletta übersetzen und sich kulturhistorischen Sehenswürdigkeiten widmen, abends mit dem Bus oder zu Fuß San Ġiljan ansteuern und sich ins Nachtleben stürzen.

Sliema (13.500 Einwohner) selbst bietet all das, was man von einer „Metropole" erwartet, nicht umsonst wird sie auch als die heimliche Hauptstadt Maltas bezeichnet. Das **Zentrum** liegt beim Ferry Bus Terminus und überquert entlang der Triq Bisazza und der Triq It-Torri (Tower Road) die Landzunge zu Sliemas Nordseite, die offen dem Meer zugewandt ist. Fast rund um die Stadt lädt eine gepflegte

Uferpromenade zum Spazieren ein. Wer den Film *München* gesehen hat, kennt sie bereits – nur dass Steven Spielberg die Promenade kurzerhand nach Haifa versetzte ... Auf dem Peace Boulevard, der parallel zur Triq It-Torri verläuft, wird fleißig gejoggt, fährt die Jugend Skateboard, schieben Mütter ihre Kinderwagen spazieren, und unter den Blicken alter Männer, die auf den Bänken schmunzelnd die Szenerie verfolgen, versprechen sich die Liebenden ewige Treue. Am Sliema Creek, entlang der Triq Marina (The Strand), führt eine mit Palmen gesäumte Promenade an den Anlegestellen der Ausflugsboote vorbei. Sie geht fließend nach Gżira (Gsira) über, nur ein Ortsschild trennt die beiden Städte.

Der Aufstieg Sliemas zu einem vornehmen Badeort setzte Anfang des 20. Jh. ein. Die wohlhabenden Bevölkerungsschichten Vallettas entdeckten plötzlich die Halbinsel für sich und ließen sich darauf Jugendstilvillen erbauen. Der bereits 1920 eingerichtete Busverkehr nach Valletta förderte zudem die Entwicklung Sliemas. Es wurde Mode, in Sliema zu wohnen, und schon bald hatte die Stadt dem alten, schmuddeligen Valletta den Rang abgelaufen. Noch heute ist Sliema eine der ersten Adressen der Insel. Doch allzu hohe Grundstückspreise lassen an der Uferfront die Apartmenthäuser immer höher steigen, so mancher Neubau bringt es schon auf 20 Stockwerke. An die schmucken Fassaden, die einst die Triq It-Torri säumten, erinnern nur noch vergilbte Postkarten. Lediglich in der weiter inseleinwärts liegenden, ruhigen Altstadt sieht man noch alte Villen und feudale Stadthäuser. Und da die Mieten und Immobilienpreise in Sliema langsam unbezahlbar werden, setzt insbesondere unter den jungen Intellektuellen Maltas ein Trend ein, der „zurück nach Valletta" lautet – in modern renovierte Altbauten.

Zu den Hinterlassenschaften der Johanniter gehören ein paar Wachttürme und das **Fort Tigné** am Tigné Point (ehemals Dragut Point). Das Fort wurde 1792 durch Chevalier Tigné als eines der letzten Befestigungswerke des Ordens fertiggestellt und zuletzt zu einer Restaurant- und Kulturmeile umgebaut. Der Umbau ist Teil des Tigné-Point-Projekts, in dessen Zusammenhang auf der Landzunge bereits ein

Sliema: Fels statt Sand

Sliema 107

komplettes neues Viertel entstand: mit luxuriösen Lofts für die oberen Zehntausend, mit der modernen Shoppingmall *The Point* (direkt darüber das neue Fußballstadion der *Sliema Wanderers*) und der neuen Pjazza Tigné, dem zukünftigen Herzen des Areals. Auf der Nordseite der Landzunge sollen noch weitere Büro- und Apartmentkomplexe folgen.

Verbindungen

Bus End- und Startpunkt vieler Busse ist der Ferry Bus Terminus (Sliema Ferries) mit einem Infoschalter der Busgesellschaft *Arriva*.

Richtung Südosten: Von und nach **Valletta** fahren die Busse Nr. 12, 13, 21 u. 22, zudem Nr. 15 alle 30 Min. und Nr. 24 alle 60 Min. Zum **Airport** alle 30 Min. mit X2.

Für **alle anderen Ziele im Süden und Westen** Maltas steigt man in Valletta, Rabat oder am Flughafen (→ S. 32) um.

Richtung Westen: Über **San Ġiljan, Attard, Mosta** und **Ta' Qali** nach **Rabat** fahren alle 60 Min. Nr. 202 u. 203. 202 fährt weiter bis **Dingli**.

Richtung Norden: Nach **San Ġiljan** Nr. 13 und alle 60 Min. Nr. 233. Über **San Ġiljan, Mosta** und **Mġarr** nach **Għajn Tuffieħa** alle 60 Min. Nr. 225. Über **San Ġiljan** nach **Baħar iċ-Ċagħaq** Nr. 14 und weiter bis nach **Buġibba** Nr. 12. Über **San Ġiljan, Mellieħa** nach **Ċirkewwa** (Fähre Gozo) alle 30 Min. Nr. 222.

Fähre Sliema – Valletta, für Abfahrtszeiten und Preise → Valletta. Fähranlegestelle auf Höhe des Ferry Bus Terminus.

Taxi Taxis stehen u. a. beim Busterminal. Nach San Ġiljan ca. 8 €, zum Airport 17 € und nach Valletta ca. 16 €.

Parken Parkhaus in der Triq Il-Kbira.

Diverses   → Karte S. 108/109

Ärztliche Versorgung → Wissenswertes von A bis Z, S. 46. Auch hilft das private St. James Capua Hospital weiter. Triq Ġ. Borġ Olivier, ✆ 23291000.

Ausflüge Hafenrundfahrten durch den Marsamxett und Grand Harbour starten am Sliema Creek, dazu und zu weiteren Touren → S. 38.

Auto- und Radverleih Die Bootstouren- und Ausflugsanbieter am Sliema Creek verleihen Fahrzeuge und Räder, so auch **Kollections** (Triq Marina 46, ✆ 21341695, www.maltatoursandcruises.com). **Hertz**, Triq It-Torri, ✆ 21314636, www.hertz.com.mt.

Bootsverleih Über **Kollections** (s. o.). Kanus und Kajaks 6 €/Std., Paddelboote 13 €, Speedboote ab 50 €.

Einkaufen Klamotten gibt es insbesondere an der Triq It-Torri und der Triq Bisazza nahe dem Bus Terminus bzw. im dazwischen liegenden **Shoppingcenter Plaza** 13. Die beste Mall Sliemas (und ganz Maltas) ist jedoch **The Point** 26 auf der Tigné-Landzunge: Läden wie **Armani** oder **Guess** auf 3 Etagen. Günstiger als zu Hause ist jedoch selten etwas.

Ein großer **Supermarkt** ist **Scotts** 10 an der Triq Amery, gut ist auch der **Tower Supermarket** 16 neben dem Parkhaus an der Triq Il-Kbira.

Festa Am ersten Sonntag im Juli, um den 24. August, am dritten Freitag der Fastenzeit und am ersten Sonntag im September.

Polizei An der Kreuzung Triq Manuel Dimech und Triq Rodolfu. ✆ 112.

Post Gegenüber der Polizei, Triq Manuel Dimech.

Reisebüro Beispielsweise **United Travel** an der Triq Bisazza/Ecke Triq It-Torri. Flugtickets fast aller Airlines und Fährtickets fast aller Reedereien, zudem Autoverleih. ✆ 21337251, www.unitedtravel.com.mt.

Wäsche Lagoon Launderette, im Parkhaus an der Triq Il-Kbira. Pro Maschine 10 €, Dauer 2 Std.

Zeitungen Deutschsprachige Magazine, Bücher und Zeitungen gibt es auf der Sliema-Creek-Seite u. a. im Schreibwarengeschäft **Morris** 17, Triq It-Torri 37. Auf der Balluta-Bay-Seite u. a. im **Detimil** 4 (kein Schild; auf die Daily-Mirror-Markise achten), Triq It-Torri 243.

Übernachten

Grundsätzlich gilt: Hotelzimmer in der ersten Reihe, also mit Meerblick, gehen mit Lärmbelästigung durch die Uferstraße einher. Hinten raus erwartet einen oft trister Schacht- oder Hofblick.

***** **Fortina Spa Resort** 27, ganz im Westen Sliemas. Sterneüblicher Komfort, der architektonische Innovationsgrad tendiert jedoch gegen null. Die Zimmer zur Seeseite mit tollen Vallettablicken. 4 Außen-, 3 Innenpools. Großer Spa-Bereich (über 200 Behandlungen). Einziger Haken, so Leser: das etwas mäßige Frühstück. DZ mit Meerblick ab 160 €. Tigné Seafront, ✆ 23462346, ℻ 23 462162, www.fortinasparesort.com.

***** **The Palace** 12, neueres 5-Sterne-Haus. Zentral, direkt in die Altstadt von Sliema geklotzt. Stilvoll und modern eingerichtet. 155 geräumige Zimmer (ab 33 m²) und Suiten (5 davon im benachbarten 200 Jahre alten Palazzo Capua) mit und ohne Balkon, nicht alle mit Aussicht. Wellnessabteilung, Pool auf dem Dach, Panoramarestaurant von allerbestem Ruf (Fusionküche). Sehr freundliches Personal. DZ ab ca. 130 € (bei Buchung über die hoteleigene Webseite), Frühstück extra. Triq il-Kbira, ✆ 213334444, ℻ 22621000, www.thepalacemalta.com.

**** **The Waterfront** 25, Hotel für Pauschaltouristen mit großräumiger Lobby und 116 Zimmern in Braun-Blau-Tönen. Pool und Bar auf dem Dach. Mit dem *Basilico* zudem ein gutes Restaurant im Haus. DZ offiziell (überteuerte) 161 € mit Meerblick, im Internet aber oft erheblich billiger zu bekommen. Triq Marina, ✆ 21333434, ℻ 21333535, www.waterfronthotelmalta.com.

**** **Hotel Victoria** 11, klassischer, gepflegter Viersterner mit leichten Gebrauchsspuren und leichtem Hang zum Altbackenen. Ruhige Lage, hellhörige Zimmer. Indoorpool und Pool auf dem Dach. DZ bei Buchung über die eigene Webseite ab 101 €, Frühstück extra. Triq Ġorġ Borġ Olivier, ✆ 21334711, ℻ 21334771, www.victoriahotel.com.

*** **Hotel Imperial** 14, Stadtpalast aus dem Jahr 1856, abseits vom Trubel der Küste. Charme mit Flecken und Falten. Imposante Eingangshalle, die dem Namen des Hotels gerecht wird. Gänge, die an ein Finanzamt aus den 50er-Jahren erinnern. Geräumige,

klimatisierte, aber wenig stilvolle Zimmer mit hohen Wänden. Pool. EZ ab 69 €, DZ ab 108 €. Triq Rodolfu 1, ☏ 21344093, ℻ 2133 6471, www.imperialhotelmalta.com.

Pebbles Hotel 22, 25 Apartments und Studios im zeitgemäßen Design – 2012 eröffnet. Im EG ein Restaurant. Für 2 Pers. ab 99 € mit Meerblick. Triq Marina 88/89, ☏ 99 476006 (mobil), www.pebblesaparthotel.com.

*** **Sliema Hotel** 19, ältere Mittelklasse, insgesamt aber gepflegt. Etwas biedere Zimmer mit dunklen Holzmöbeln, nach vorne raus recht groß. Vom Balkon blickt man über den Hafen hinweg auf Manoel Island und Valletta. Freundlicher Service. DZ mit Meerblick 75 €. Triq Marina 59, ☏ 21324886, ℻ 21335426, www.sliemahotel.com.

*** **Hotel Roma** 13, schmales, in die Jahre gekommenes Haus. 38 ziemlich sterile, aber recht geräumige Zimmer, insbesondere auf der Frontseite. Restaurant im EG, trister Empfangsbereich. DZ (Frontseite) 75 €. Triq Għar il-Lenbi, ☏ 21318587, ℻ 213191 12, www.hotelroma.com.mt.

Sliema Marina Hotel 20, älteres, zuletzt aber weitgehend restauriertes Haus. Schicke Lobby mit viel Marmor, schicke Rezeptionisten. Zeitgemäß eingerichtete, recht komfortable Zimmer, Bäder jedoch eher 08/15-Standard. Wählen Sie unbedingt ein Zimmer mit Meerblick! Gutes Preis-Leistungs-Verhältnis. DZ mit Meerblick 76 €. Tigné Sea Front, ☏ 21336461, ℻ 21334065, www.myhotelsmalta.com.

Guesthouse The Comfort Inn 15, der freundliche Familienbetrieb steht schon seit Jahren zum Verkauf, daher Zukunft ungewiss. Bisher 12 einfache, aber farbenfrohe Zimmer mit Bad; gutes Frühstück. Große Sonnenterrasse mit Hängematten auf dem Dach. EZ 32 €, DZ 54 €. Triq Il-Katidral 29, ☏ 21334221, www.comfortinnmalta.com.

Corner Hostel 7, 2012 eröffnetes Hostel in einem alten Stadthaus in ruhiger und doch sehr zentraler Lage. 12 Zimmer, davon 2 DZ, sonst Mehrbettzimmer für max. 4 Pers. Alle Zimmer mit privaten, netten Bädern und Fliesenböden. Spartanische, aber solide Einrichtung. Gemeinschaftsküche. Im Mehrbettzimmer 19–20 €/Pers., DZ 46 €, kein Frühstück. Triq Santa Margarita 6, ☏ 27 802780, www.cornerhostelmalta.com.

Granny's Inn Hostel 9, nahebei in einem aufgestockten historischen Gebäude. Ebenfalls sehr ruhige Lage. Familienbetrieb. Zur Verfügung stehen schlichte, aber modern eingerichtete DZ und nach Geschlechtern getrennte 6-Bett-Zimmer. Etagenbäder. 2 Terrassen, Laundryservice. DZ 46 €, im Mehrbettzimmer 16 €/Pers. Triq Blanche Huber 53, ☏ 21323762, www.grannysinn.com.

Auf der Uferpromenade von Sliema

Essen & Trinken/Nachtleben

Das Angebot an Restaurants, Cafés und Bars ist vielseitig – für jeden Geldbeutel und Geschmack ist etwas dabei. Extra-Tipp: Asiaküche aus Japan, China und Thailand wird in edlem Ambiente an der mit Palmen bestückten Poolanlage des **Fortina Spa Resorts** (→ Übernachten) kredenzt; mehrere Restaurants stehen dort zur Auswahl.

Restaurants Chophouse 28, in Sachen Grillfleisch *die* Adresse in Sliema: Rumpsteak, T-Bone-Steak, Striploin oder Burger – alles sehr gut. Gepflegt-gehobenes Ambiente, dazu eine nette Terrasse mit Blick hinüber nach Valletta. Den Burger gibt's für 16 €, ansonsten muss man für einen Fleischlappen mit bis zu 35 € rechnen. Mo–Sa nur Dinner, So nur Lunch. Tigné Point, ℡ 20603355.

Medasia 22, serviert mediterrane und asiatische Küche (u. a. Sushi), aber auch spannende Fusionversionen. Dazu gute Cocktails. Pasta ab 12,50 €, Currys ab 13,50 €. Unten lässiger Loungebereich, oben gediegen. Triq Marina 90, ℡ 21333221.

Portopal 24, kleines, freundliches Restaurant mit ein paar Tischen auf dem Gehweg. Pasta ab 7,50 €, Fisch ab 16,50 € (köstlich der *Grouper* in Zitronensaft und Weißwein). Tigné Seafront 30, ℡ 21331915.

Ta' Kolina 6, beliebtes Lokal. Gemütliches Ambiente, große Weinkarte. Freundlicher Service. Zu empfehlen: *Lampuki* in Kapernsoße (12,50 €) oder gegrillter Schwertfisch (16,50 €). Günstige Menüs. „Sehr gut", meinen Leser. Nur Dinner. Triq It-Torri 151, ℡ 21335106.

La Cuccagna 6, in der Nachbarschaft. Populärer Familienbetrieb, mit viel Holz eingerichtet. Ordentliche Pizza, auch ungewöhnliche Varianten. Außerdem Pasta, sehr lecker die hausgemachten, mit Ziegenkäse gefüllten Ravioli. Hg. 8,50–22 €. Nur Dinner, So jedoch auch Lunch. Triq Amery 47, ℡ 21346703.

The Kitchen 3, schräg gegenüber dem St. Julian's Tower. Kleines, etwas nüchternes Lokal, das viel Gesundes auf der Karte hat und auch von Vegetariern gern besucht wird. Maltesisch-mediterrane Klassiker werden hier raffiniert abgewandelt: Zucchini-Kartoffel-Flan mit Zitronengrassoße, Tortellini mit Walnussbutter und Garnelen oder Entenbrust mit Orangenschaum. Leckere Desserts. Hg. 15,50–25 €. Mi–Sa Lunch, tägl. Dinner. Triq It-Torri 210, ℡ 21311112.

Vecchia Napoli 8, diese rustikal-nette Holzofenpizzeria mit großer Terrasse ist *der* Renner in Sliema. Für die Spitzen-Pizzen (7,15–11,65 €) steht man gerne auch mal Schlange. Tägl. Dinner, Sa/So auch Lunch. Triq It-Torri 255, ℡ 21343434.

Felsstrände laden rund um Sliema zum Baden ein

≫ Mein Tipp: Ta' Kris 21, versteckt in der Sqaq Guzifava nahe der Triq Bisazza und von Lesern seit Jahren hochgelobt. Alte Fliesenböden, gemütliches Inventar und freundlicher Service. Maltesische Küche, z. B. *Pasta Maltese* (mit getrockneten Tomaten und maltesischer Wurst, 8,50 €) oder Braġioli (11,40 €). Fröhlich-laute Atmosphäre. ℡ 21337367. **≪**

Paradise Exiles 1, neben dem gleichnamigen Lido. „Ein wunderschöner Ort", meinen Leser. Ungezwungener, simpler Treff im Tavernenstil direkt am Meer, junges Publikum, rockige Musik. Im Sommer immer wieder Barbecueabende, reichliche

Portionen. Nur März–Sept. In einem Neubau daneben das schicke Restaurant **The Exiles** 2 mit Panoramafenstern und maltesischer Küche „with a twist": Penne mit Zucchini und Tintenfisch, Kaninchenravioli mit Salbei, gute Steaks. Hg. 10,50–23 €. So nur Lunch. ☏ 21344771.

Cafés und Bars Viele freundliche Cafés rund um den Ferry Bus Terminus am Sliema Creek. Entlang der Triq It-Torri mehrere 08/15-Bars für trinkfreudige Touristen.

Café Jubilee 29, Cafékette aus Gozo, bei Einheimischen wie bei Touristen sehr populär. Nostalgische Einrichtung. Frühstück, Pasta, hausgemachte Ravioli. Triq Ix-Xatt, gegenüber der Brücke zur Manoel Island.

Mint Café 5, hübsches Café im Retrolook, Spiegel, bunte Stühle. Die Vitrine lässt einem das Wasser im Mund zusammenlaufen: Torten, Kuchen, Pies, Sandwiches – alles extralecker. Draußen eine Terrasse. Triq It-Torri/Ecke Triq Stella Maris.

Black Gold Saloon 23, Saloonambiente zum gemütlichen Picheln. Von morgens bis abends tun das hier Briten, später gesellen sich auch viele Malteser dazu. Hin und wieder Livemusik. Riesige Auswahl an Spirituosen. Triq Marina.

Nachtleben Für die Party fährt man nach San Ġiljan.

Baden/Tauchen

Sandstrände gibt es rund um Sliema keine. Man hat jedoch die Möglichkeit, von der felsigen Küste ins Wasser zu springen. Beliebt ist der Abschnitt zwischen St. Julian's Point und Sliema Point. Wer es ein bisschen komfortabler haben möchte, muss einen Lido aufsuchen. Für die Lidos werden i. d. R. ca. 5–10 € Eintritt verlangt, dafür bekommt man Liege und Sonnenschirm.

Lidos **Exiles Lido**, am St. Julian's Point. Plattform mit Liegestühlen und Sonnenschirm. Nebenan die relaxte Kneipe Paradise Exiles und das schicke Restaurant The Exiles (s. o.). Viel junges Publikum.

Sliema Pitch, am Sliema Point. Publikum jeden Alters. Meerwasserbecken. Angegliedert ist die Tauchschule Watercolours, ☏ 99821829 (mobil), www.watercolours.com.mt.

Diverse Beachclubs mit Restaurant oder Bar gibt es auch auf der Nordseite der Tigné-Halbinsel. Der coolste von allen war 2012 der **Medasia Lido**, wo auch schon mal DJs auflegen.

Tauchen Auch **Diveshack** bietet Tauchgänge zu den untergegangenen Schiffen in der Harbour-Region (→ S. 105). Im Team deutschsprachige Tauchlehrer. Qui-Si-Sana Seafront 14 a, ☏ 21338558, www.divemalta.com.

Die Fährfahrt von Valletta nach Sliema dauert nur wenige Minuten

Manoel Island

In der ersten Hälfte des 17. Jh. ließ Großmeister Lascaris (1636–1657) auf der Insel im Marsamxett Harbour, die damals noch *Bischofsinsel* hieß, das **Lazzaretto di San Rocco** an dem heute danach benannten Lazzaretto Creek errichten. Es war eine Quarantänestation, die über 1000 Personen aufnehmen konnte. Allgemein betrug die Quarantänezeit für Schiffsbesatzungen 18 Tage, bei Verdacht auf Beulenpest 80 Tage. Die Desinfektion von Dokumenten erfolgte mit Essig, Schwefel und Salpeter. Wer den Quarantänebestimmungen zuwiderhandelte, wurde mit dem Tode bestraft. Trotz aller Vorsichtsmaßnahmen erlebte Malta noch 1813 eine schwere Pestepidemie. Heute trägt die Insel den Vornamen des Großmeisters de Vilhena (1722–1736), der das **Fort Manoel** an der Spitze der Insel errichten ließ. Es besitzt einen imposanten Festungsgraben und war für eine Garnison von 500 Mann konzipiert.

2002, als Fort und Lazarett bereits zu erbärmlichen Ruinen verkommen waren und streunende Hunde hier auf Ratten Jagd machten, begann man, das sog. *Manoel Island Development Project* in die Tat umzusetzen. Das Projekt sieht u. a. schicke Apartmentanlagen mit gepflegten Grünbereichen und einen Aquapark vor wie auch die Restaurierung des alten Lazaretts (das Ausstellungs- und Konferenzräume beherbergen soll) und des Forts (in das Restaurants, Cafés und ein Casino einziehen sollen).

Bis zum Abschluss der Arbeiten (die Fertigstellung war bereits für 2010 geplant, zuletzt sprach man von 2015) ist die Insel, die durch eine Brücke mit Gżira verbunden ist, weitestgehend gesperrt. Hat man nicht gerade sein Schiff in der Manoel Island Yacht Marina vertäut oder in der Trockendockanlage aufgebahrt, gibt es eigentlich keinen Grund, einen Fuß auf die Insel zu setzen.

Ta'Xbiex Taschbiesch

Am Marsamxett Harbour auf der Landzunge zwischen dem **Lazzaretto Creek** und dem **Msida Creek** liegt Ta'Xbiex, ein schickes Wohngebiet mit z. T. herrschaftlichen Villen. Hier befinden sich u. a. die Botschaften von Österreich, Spanien, Ägypten, Griechenland, Australien und Italien. An der Spitze der Landzunge liegt das Clubhaus des 1835 gegründeten **Royal Malta Yacht Clubs**, entlang dem Msida Creek machen neben maltesischen Sportbooten auch Segelyachten aus allen Weltmeeren fest. Rund um das Clubhaus hat man die Wahl zwischen mehreren gehobenen Restaurants mit schönen Terrassen. Darunter befindet sich das Restaurantschiff Black Pearl. Der 1909 in Schweden gebaute dreimastige Schoner *Black Pearl* diente einst als Kulisse für den auf Malta gedrehten Kinofilm *Popeye*.

Busverbindungen Die Busse zwischen Valletta und Sliema/San Ġiljan passieren Ta'Xbiex (meist jedoch nicht entlang der Uferstraße). Fürs beste Eis (s. u.) steigt man in Sliema in Bus Nr. 12, 13, 15, 21 o. 32 und an der Haltestelle L-Imsida/Ġnien aus.

Süßes **Busy Bee**, an der Uferfront (Ix-Xatt 19), 1933 gegründet. Hier gibt es das beste Eis der Insel! Und ein paar Schritte weiter gibt es im gleichnamigen dazugehörigen Café (Ix-Xatt 30) die süßesten Versuchungen weit und breit.

> **Tipp:** Spazieren Sie von Sliema nach Msida – eine kurzweilige Tour, die stets am Meer entlangführt.

Ħamrun und Santa Venera

Hamrun/Santa-Venera

9000 Einwohner zählt die Stadt Ħamrun, von der die meisten Reisenden nichts anderes als die Triq il-Kbira San Ġużepp kennenlernen, jene lange Durchgangsstraße, die man mehr oder weniger zwangsläufig auf dem Weg von Valletta in Maltas Westen passiert. Werktags geht es dabei langsam voran, stockender Verkehr ist an der Tagesordnung, und ein Blick vom Auto oder Bus in die Schaufensterauslagen der sich aneinanderreihenden Geschäfte vertreibt die Zeit. Ħamrun war seit jeher Durchgangsstation von Valletta ins Landesinnere. Früher, als man noch per pedes oder mit dem Pferd übers Land zog, stand hier die einzige Taverne weit und breit. Die Taverne gibt es längst nicht mehr, ihr Besitzer liegt heute unter der Erde. Ħamrun, sein Name, ist geblieben.

Westlich von Ħamrun schließt Santa Venera an, wo noch Teile des **Wignacourt-Aquädukts** parallel zur Straße verlaufen. Das einst 15 km lange Bauwerk, 1614 vollendet, sicherte die Wasserversorgung von Valletta. Entlang der Hauptstraße Santa Veneras stehen auch mehrere Paläste, ehemalige Landsitze der Nobilität, in denen heute z. T. Ministerien untergebracht sind.

Busverbindungen Ħamrun passieren u. a. Bus Nr. 42 von Valletta nach Ċirkewwa und Bus Nr. 52 u 53 von Valletta nach Rabat (alle Busse fahren im 30-Min.-Rhythmus).

Festa In Ħamrun am ersten Sonntag im Juli und um den 10. August. In Santa Venera am letzten Sonntag im Juli.

Süßes Elia Borg Bonaci Confectionery, gepflegte, traditionsreiche Konditorei: Köstlichste Torten, Kuchen und Teigtaschen, dazu *Granita* und selbst gemachtes Eis. Die Spezialität des Hauses sind *Kannoli* (süße Leckerei mit kandierten Früchten, Schokolade und Nüssen). Sie gibt es nur am Sonntagvormittag – Malteser stehen dafür Schlange. Gegenüber der Kirche an der Hauptdurchgangsstraße von Ħamrun (Hausnr. 668), Haltestelle Gaetano.

Pfarrkirche von Balzan

Birkirkara
Birkirkara

Mit 21.500 Einwohnern ist Birkirkara Maltas größte Stadt, zudem zählt sie zu den ältesten der Insel. Insbesondere der Bau der einstigen Eisenbahnlinie Mdina – Valletta förderte ihre Entwicklung. Der alte, von engen und hohen Gassen durchzogene Stadtkern liegt nördlich der Durchgangsstraße (hinter dem McDonald's). Er ist weiträumig umgeben von ausgedehnten, schachbrettartig angelegten Wohngebieten und einem großen Industriegelände.

Herz der Altstadt ist die **Barockkirche Santa Helena** (5.30–10 und 17–20 Uhr) aus der Mitte des 18. Jh. Ihr Architekt war der damals 35-jährige Domenico Cachia, dem daraufhin der Bau der Auberge de Castille in Valletta – heute der Sitz des Premierministers – übertragen wurde. Das Geschäftszentrum mit seinen vielen Bekleidungsgeschäften erstreckt sich entlang der Hauptdurchgangsstraßen.

Busverbindungen Birkirkara passieren u. a. Bus Nr. 42 von Valletta nach Ċirkewwa und Bus Nr. 52 u 53 von Valletta nach Rabat (alle Busse fahren im 30-Min.-Rhythmus).

Festa Meist Mitte Juli und um den 24. August.

Markt Mi herrscht buntes Markttreiben nahe der Kirche Santa Helena.

Die Three Villages
Balzan, Attard und Lija

Gen Westen geht Maltas größte Stadt Birkirkara fließend in die drei einstigen Dörfer Lija, Balzan und Attard über, die heute selbst kein Grünstreifen mehr voneinander trennt. Paläste, Villen, Landhäuser und liebevoll angelegte Gärten laden hier zu einem Spaziergang ein.

Die Residenzen des Staatspräsidenten von Malta, der Botschafter der USA und der Bundesrepublik – sie alle sind hier zu finden, die hohe Diplomatie beweist Geschmack. Und wer durch die schmalen Gassen der Dörfer schlendert, entdeckt kunstvolle Fensterrahmungen, Türklopfer aus Bronze, Wappenreliefs über alten Toren u. v. m. Es sind v. a. die kleinen Details, die den Reiz eines Besuchs der Three Villages ausmachen. Mancherorts herrscht eine ehrwürdige Ruhe, als wäre jeder Tag ein Sonntag.

Der **San Anton Palace** mit dem gleichnamigen Garten ist das berühmteste Gebäude der Three Villages. Er wurde in der ersten Hälfte des 17. Jh. von Großmeister Antoine de Paul als Sommerresidenz gebaut – Maltas heutiger Präsident nutzt ihn jedoch als Winterresidenz – und war während Napoleons kurzem Intermezzo Sitz der maltesischen Nationalversammlung. Der zum Palast gehörende Garten mit Zypressen, Palmen und exotischen Bäumen gilt als der schönste Maltas.

Leider stehen die Three Villages nicht unter rigidem Denkmalschutz. Durch die leichtfertige Aufgabe ihres baulichen Erbes verlieren die drei Dörfer allmählich an Charme. In den Dorfbewohnern scheinen wie in den meisten Maltesern kleine Schwaben zu stecken, die „Häusle baue" wollen. So fallen in den urtümlichen Ortskernen viele alte herrschaftliche Paläste schlichten Neubauten zum Opfer. Nicht wenige Immobilien stehen zum Verkauf. Wie lange die Three Villages ihren beschaulichen Reiz noch bewahren können, ist da fraglich.

Am angenehmsten lassen sich die drei Dörfer bei einem gemütlichen Spaziergang erkunden – mit dem Auto verliert man in den engen Gassen und

Insel Malta/Rund um Valletta

Einbahnstraßen schnell die Orientierung. Der unten vorgeschlagene Rundgang dauert ungefähr 90 Minuten.

Busverbindungen Nach Balzan (zum Ausgangspunkt des Spaziergangs) fährt alle 60 Min. Bus Nr. 55 von Valletta. Zum San Anton Palace (Haltestelle Strickland) fährt Bus Nr. 54 alle 30 Min.

Anfahrt zum San Anton Palace/Öffnungszeiten Der Palast liegt genau zwischen den Dörfern Balzan und Attard und ist von beiden Ortschaften ausgeschildert. Nur die Gartenanlage ist i. d. R. zugänglich (im Sommer 7–19.45 Uhr, im Winter 7–18 Uhr).

Festa Patronatsfest von Balzan am zweiten Sonntag im Juli, von Attard am 15. August, von Lija am 6. August.

Übernachten ***** Corinthia Palace, schräg gegenüber der San Anton Gardens. First-Class-Unterkunft in ruhiger Umgebung, bei Geschäftsleuten beliebt. Schöner Garten mit Pool und Café, hervorragende Restaurants. 152 klassische, aber nicht mehr ganz zeitgemäße Zimmer und Suiten. Angeschlossen eines der besten Spa-Zentren der Insel. DZ ab 180 €. Vjal De Paule, ℡ 21440301, ✆ 21465713, www.corinthia.com.

Rundgang: Wer mit öffentlichen Verkehrsmitteln anreist, beginnt den Spaziergang am besten in *Balzan*. Bus Nr. 55 von Valletta hält unmittelbar an der Kirche Marija Annunzjata (Annunciation Church, Haltestelle Balzan), der Pfarrkirche der Verkündigung. Sie wurde gegen Ende des 17. Jh. erbaut und zeigt deutlich spanischen Einfluss (tägl. 7–9 und 16–19 Uhr). Von ihrem Portal geht es, vorbei am örtlichen Band-Club und dem Palazzo Olivier, auf der leicht bergauf führenden Triq Il-Kbira bis zum Rathaus, in dem auch die Post untergebracht ist.

Dahinter biegt man rechts in die Triq Il-Kbira (bedeutet übrigens Hauptstraße, daher taucht der Straßenname öfters auf) von *Lija* ein. Nach einer Weile stößt die Straße auf eine kleine Kirche mit einer alten englischen Telefonzelle davor. Hält man sich hier rechts (entgegen der Einbahnstraße), gelangt man zum Hauptplatz mit der Erlöserkirche Tas-Salvatur, der St. Saviour Church. Sie wurde 1694 von Giovanni Barara gebaut und beeindruckt im Inneren durch die reiche Ausmalung der Kuppel und Gewölbe (tägl. 6–9 und 16–19 Uhr). Von der Kirche läuft man entgegengesetzt der Einbahnstraße weiter und erreicht nach wenigen Metern die Kirche San Pietru, vor der es links abgeht. Dabei beschreibt Ihr Weg eine Kehre, wieder führt er entgegengesetzt der Einbahnstraße weiter.

Bei der Grashopper Bar hält man sich erneut links und ignoriert die beiden kurz darauf nach links abgehenden Gassen Triq il-Forn Sqaq 2 und Triq il-Knisja. Rund 80 m hinter der Triq il-Knisja zweigt man nach links ab (erste Möglichkeit) und spaziert nun die Triq Il-Forn bergab (Straßenschild taucht erst später auf). Auf ihr passiert man die Residenz des deutschen Botschafters. Hat man wieder die englische Telefonzelle vor der kleinen Kirche erreicht, hält man sich rechts und folgt der Triq Sant' Andrija bis zu einer weiteren größeren Kreuzung, an der man sich, sofern man sich nicht für die Abstechermöglichkeit entscheidet, wieder links bergab hält.

Abstecher Nr. 1: Für alle, die keine Kirche auslassen können. Wenn Sie die Triq tal-Mirakli bergauf gehen, erreichen Sie nach rund 10 Min. die **Marienkirche Our Lady of Miracle**, welche die Malteser **Tal-Mirakli** nennen (tägl. 7.30–11.30 und 15.30–18.30 Uhr). Sie liegt auf dem geografischen Mittelpunkt der Insel, wurde von Großmeister Nicolas Cotoner ausgebaut und besitzt ein Altarbild, das Mattia Preti malte. Es zeigt Maria, Petrus und Nikolaus.

Die Three Villages 117

Das alte Handwerk der alten Damen – Klöppeln

Bei der nächsten Möglichkeit biegt man rechts ab in die Triq Sant' Antnin. Nach ca. 150 m liegt linker Hand die Residenz des Präsidenten, ein zur Straßenseite hin recht unspektakuläres Gebäude mit grünen Fenstern und Toren. Hier verbrachten Queen Elizabeth und Prinz Philip übrigens ihren 60. Hochzeitstag. Ein Durchgang führt von hier zur Gartenanlage (Öffnungszeiten s. o.), oft ist das Tor jedoch verschlossen. Um zum Haupteingang zu gelangen, geht man, sofern man Abstecher Nr. 2 auslässt, am Ende der Gartenummauerung links die Triq Lord Strickland hinab.

Abstecher Nr. 2: Folgt man der Triq Sant' Antnin (in diesem Abschnitt Triq Sant' Anton) weiter geradeaus, passiert man rechter Hand die **Villa Bologna**, die einstige Residenz des maltesisch-britischen Politikers Gerald Lord Strickland (1861–1940). Bis heute ist die Villa im Besitz der Strickland-Nachfahren. Der Garten mit Zitrushain und einem schönen Springbrunnen ist der Öffentlichkeit zugänglich (Mo–Fr 8.30–17 Uhr, Sa bis 13 Uhr; 5 €; Tickets im Keramikladen Maltija nebenan) – im Vergleich zum kostenlosen San-Anton-Garden jedoch nur zweite Wahl. Auch im weiteren Verlauf der Triq Sant' Anton passiert man prächtige Villen, u. a. die **Villa Apap Bologna** (ebenfalls rechter Hand, heute die Residenz des US-Botschafters). Stets entlang der Straße gelangt man ins Zentrum von *Attard* und zur **Marienkirche** (tägl. 6–9.30 und 17.30–19.15 Uhr), die Anfang des 17. Jh. von Tommaso Dingli erbaut wurde und nicht zu Unrecht als eines der schönsten Renaissancebauwerke der Insel bezeichnet wird. Allein schon das Portal ist sehenswert. Daneben lädt ein Café zu einer Pause ein.

Vom Eingang der sehenswerten Parkanlage führt der Weg links an der Villa Madama vorbei in die Triq Idnejda. Hier bietet sich das nette gehobene Restaurant Melita für eine Pause an. Folgt man der Straße nun immer geradeaus, passiert man rechter Hand die Kirche Tal-Bon Pastur (Good-Shepherd-Convent-Kirche) und gelangt so zurück zum Dorfplatz von *Balzan*.

Qormi
Ormi

4 km südwestlich von Valletta liegt das traditionsreiche Qormi, das mit rund 16.000 Einwohnern ebenfalls zu den Großstädten Maltas zählt. Wegen der einst zahlreichen ansässigen Bäckereien nannte man die Stadt früher *Casa Fornaro* (ital. „Ofenstadt"). Heute gibt es hier im Verhältnis nicht mehr Bäckereien als anderswo auf Malta.

Das mittelalterliche Zentrum ist geprägt von planlos verlaufenden Gassen. In dessen Herzen liegt die schmucke **Pfarrkirche San Ġorġ** (tägl. 6–12.30 und 17–20 Uhr). Hundert Jahre werkelte man an ihr, 1684 war sie fertig. Von der Kirche führt die Triq Il-Kbira gen Osten, an ihr entlang reihen sich sehenswerte Häuser mit schönen Fassaden und Balkonen. Deutlich auffälliger als die Kirche San Ġorġ ist jedoch die erst 1982 errichtete große Kuppelkirche San Bastijan – sie fällt schon von Weitem ins Auge. Rund um das alte Zentrum erstreckt sich ein breiter Gürtel von Neubaugebieten, durchsetzt von mittelständischen Betrieben.

Busverbindungen Qormi passiert u. a. Bus Nr. 61 von Valletta nach Żebbuġ.

Essen & Trinken Café de Paris, in dem urigen, verkachelten Café wird der Kaffee bis heute nach traditionell-maltesischer Art gekocht – mit einer Reihe von Gewürzen, die ihn fast ein bisschen nach Medizin schmecken lassen. Das Glas kostet schlappe 0,40 €. Dazu gibt es kleine Snacks, auf Wunsch aber auch richtige Mahlzeiten. So geschl. Nahe der neuen Kuppelkirche San Bastijan, Triq San Bastijan 78.

Festa Am letzten Sonntag im Juni und am dritten Sonntag im Juli.

Markt Großer Markt jeden Sa bei der Kirche San Bastijan.

Marsa
Marsa

Noch heute würde man das Gebiet zwischen Floriana und den Three Cities Marsa taufen – Marsa bedeutet übersetzt Hafen, und Marsa ist einer der bedeutendsten Häfen Maltas. Im Gegensatz zum Freeport nahe Birżebbuġas, wo überwiegend Container für die Weiterfahrt zwischengelagert sind, werden hier fast alle Ex- und Importgüter umgeschlagen. Für Touristen bietet Marsa den **Marsa Sports Club** mit dem einzigen **Golfplatz** Maltas (→ S. 57) und die daneben liegende **Pferderennbahn** (→ S. 58).

Busverbindungen Alle Busse, die von Valletta in die Three Cities oder in den Südosten Maltas fahren, passieren Marsa. Zur Pferderennbahn nimmt man am besten Bus Nr. 61 bis Haltestelle Marsa Park & Ride.

Festa Am ersten Sonntag nach Pfingsten und um den 31. August.

Paola und Tarxien
Paula, Tarschijen

Etwas über 8200 Einwohner hat Paola, eine moderne Stadt mit einem größtenteils rechtwinkligen Straßennetz. Benannt wurde sie nach dem französischen Großmeister Antoine de Paule. Für Touristen hat die Stadt wenig Bedeutung, sofern man sich nichts zu Schulden kommen lässt (in Paola steht das große Inselgefängnis!). Paolas südöstliche Ausläufer gehen fließend in die Nachbargemeinde Tarxien (8300 Einwohner) über, wo das weltberühmte **Hypogäum** und die bedeutende **Tempelanlage Ħal Tarxien** liegen – beide Stätten sind in der UNESCO-Welterbeliste verzeichnet. Auf dem Weg dahin fährt man, von Valletta kommend, für gewöhnlich am weitläufigen **Addolorata-Friedhof** vorbei, dessen Grabdenkmäler ans italienische Festland erinnern.

Busverbindungen → Ħal Tarxien und Hypogäum von Ħal Saflieni.

Festa Paola feiert am 4. Sonntag im Juli und am ersten Sonntag nach dem 15. August, Tarxien um den 28. Mai.

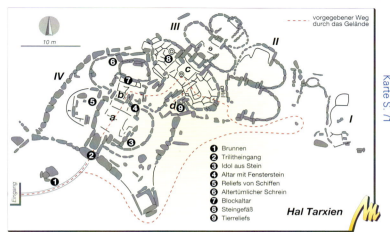

Die prähistorischen Tempel von Ḥal Tarxien   Alltarschijen

Die größten Tempel Maltas entstanden vor etwa 5500 bis 4500 Jahren – am Zenit und am Ende der Hochphase der maltesischen Tempelbauepoche.

Die Ausgrabungsstätte liegt inmitten der Ortschaft Tarxien. Von Häusern und Mauern umgeben, ist ihr Anblick für den Laien weit weniger beeindruckend als beispielsweise der von Ḥaġar Qim und Mnajdra – die im wissenschaftlichen Vergleich zu Ḥal Tarxien aber unbedeutender sind.

Die Ausgrabungen des berühmten Tempelkomplexes leitete Sir Themistocles Zammit in den Jahren 1914–1919. Die wichtigsten Fundstücke beherbergt heute das Archäologische Museum in Valletta. Viele Steinquader der Tempelanlage wurden zum Schutz vor Verwitterung abtransportiert und durch Nachbildungen ersetzt. Der Komplex besteht aus vier Tempeln, von denen drei eine zusammenhängende Tempelgruppe bilden. *Tarxien I*, der älteste und zugleich der am schlechtesten erhaltene, liegt außerhalb dieser Gruppe. In den Tempeln, so vermutet man, wurde das Orakel befragt, wurden Fruchtbarkeitsriten durchgeführt und einer an Fülle kaum zu überbietenden Gottheit Tiere geopfert. Die kugelförmigen Steine, die rund um die Tempelanlage auffallen, dienten beim Bau der Tempelanlage vermutlich als Rollen, um die schweren Megalithen zu transportieren.

Hinweis: Bis 2013 soll die Tempelanlage ein Schutzdach bekommen, zudem werden neue Wege und Stege angelegt. Infolgedessen kann die Tempelanlage vorübergehend geschlossen sein und der Rundgang vom hier beschriebenen etwas abweichen.

Rundgang durch das Innere der Tempelanlage In den ersten Tempel, **Tarxien IV**, den man betritt, führt ein Trilitheingang (2), bestehend aus zwei aufrechten und einem darübergelegten Steinblock. Er ist der jüngste Tempel der Gruppe und zugleich der größte mit einer Achslänge von 27 m.

Der erste Raum (a) ist von reich verzierten Altären mit Spiralmotiven, vermutlich ein

Symbol für ewiges Leben, umgeben. Gleich rechts hinter dem Eingang steht der untere Teil einer der ältesten Kolossalstatuen der Welt **(3)**. 2,5 m hoch soll sie gewesen und als Fruchtbarkeitsgöttin verehrt worden sein. Beim Anblick ihrer gewaltigen Schenkel unter einem Plisseerock könnte man meinen, dass die Werke der alten Malteser wegbereitend für die Formensprache des kolumbianischen Künstlers Botero waren.

Links der Statue fällt ein Fensterstein über einem Altar **(4)** ins Auge. Der verzierte Altar ist hohl und durch eine Aushöhlung mit dem Fensterstein verbunden. Im Altar entdeckte man Scherbenmaterial, verkohlte Tierknochen und Messer für die Tieropfer.

In der gegenüberliegenden Auslappung lassen sich an den senkrecht stehenden Megalithen noch mit viel Fantasie Reliefs von Tieren erkennen **(5)**.

Der innere Kultraum **(b)** besitzt einen mit Spiralen verzierten Blockaltar **(7)**. Nach rechts führt der Steg – über einen gepflasterten Durchgang – in den zweiten Tempel, **Tarxien III**. Die Löcher in den Wänden, wie man sie zwischen den Durchgängen öfters sieht, dienten zur Aufhängung von Türen.

Der erste Raum **(c)** des Tempels war eine Art Vorhof mit einer Feuerstelle in der Mitte. In der linken Apsis steht ein 1 m hohes, aus einem Monolithen gehauenes Steingefäß **(8)**. Die weiteren Räume von Tarxien III sind nicht zugänglich.

Hingucker im Tempel von Ħal Tarxien

Von der rechten Auslappung des Vorhofs von Tarxien III führt ein Korridor zum Raum **(d)**. In ihm steht die bekannte Megalithwand (überdacht) mit der Darstellung von zwei Stieren und einer Muttersau, die ihre 13 Jungen säugt – leider nur schwerlich zu erkennen **(9)**. Davor im Boden ein Zisternenloch.

Weiter auf dem Steg führt der Weg vorbei an einer Treppe, die, so vermutet man, entweder Geheimtreppe der Priester war oder über die man – wie fantasielos – einfach nur in höher gelegene Räume gelangte. Dahinter erreicht man den Vorraum von **Tarxien II**. Zwischen die noch über 2 m hohen Quader, die die Apsiden des Tempels umschließen, passt kein Blatt. Außerhalb des Tempelkomplexes führt noch ein Steg zu **Tarxien I**, von dem jedoch nur ein paar spärliche Steine übrig blieben.

Öffnungszeiten Tägl. 9–17 Uhr, letzter Einlass 16.30 Uhr. 6 €, erm. 4,50 €, Kinder 3 €. Für Blocktickets → S. 56. www.heritagemalta.com.

Busverbindungen Von **Valletta** mit Nr. 81, 82 u. 85, zudem fahren im 60-Min.-Takt Nr. 204, 206 u. 210 bis Haltestelle Neolitići. Von **Marsaxlokk** erreichen Sie die Haltestelle mit Nr. 81, 85 und alle 60 Min. mit Nr. 206. Von **Marsaskala** stündl. mit Nr. 204 und **Birżebbuġa** mit Nr. 82, zudem fährt alle 60 Min. Nr. 210. Von der Haltestelle sind die Tempel mit „Neolitic Temples" ausgeschildert.

Anfahrt mit dem Auto Von Valletta kommend, erst der Beschilderung nach Paola, dann nach Tarxien folgen. Im Ort selbst ist der Weg zu den Tempeln ausgeschildert.

> Zu Fuß zum Hypogäum: Das Hypogäum liegt nur 500 m von den Tarxien-Tempeln entfernt und ist spielend von dort zu Fuß zu erreichen. Gehen Sie von der Tempelanlage zurück Richtung Bushaltestelle (= Triq Santa Marija) und folgen Sie dort der Triq Santa Marija nach rechts, bis Sie die Triq Ħal-Luqa erreichen. Hier halten Sie sich links und kurz darauf wieder rechts, so gelangen Sie in die Iċ-Ċimiterju.

Das Hypogäum von Ħal Saflieni

Allsaflieni

Das Hypogäum ist eine der großartigsten Stätten, die die maltesischen Tempelbauer errichteten. Drei Stockwerke hat sie – nicht über der Erde, sondern darunter. „Hypogäum" bedeutet nichts anderes als „unterirdischer Kultraum". Und der Begriff „Ħal Saflieni" erinnert an den Namen jener Flur am Ortsrand von Paola, auf der man auf das Hypogäum stieß.

Insel Malta/Rund um Valletta Karte S. 71

Das Hypogäum, Felsgräberstätte und Heiligtum zugleich, wurde 1902 zufällig beim Bau eines neuen Stadthauses samt Zisterne entdeckt. Aber schon damals war Zeit Geld. Um Verzögerungen zu vermeiden, wurde die Entdeckung verschwiegen und einfach Bauschutt hineingekippt. Drei Jahre später kam die Geschichte doch ans Tageslicht. 1905 begann Sir Themistocles Zammit, der später auch die Ausgrabungen der Tempelanlage von Tarxien leitete und als der Vater der wissenschaftlichen Archäologie Maltas gilt, mit der Erforschung des unterirdischen Labyrinths – ca. 5500 Jahre nach dessen Entstehung.

Es galt, wie sich herausstellte, auf drei Stockwerke verteilt 33 Räume (einschl. Kammern und Nischen) auszugraben, die meisten über 2 m hoch. Dabei stieß Zammit u. a. auch auf die Knochen von ca. 7000 Toten. Aber erst in seiner Spätphase wurde das Hypogäum als Begräbnisort und Beinhaus – nur wenige Personen wurden hier wirklich bestattet, die meisten wurden hierher umgebettet – genutzt. Zuvor war es ein unterirdischer Tempel, ein Platz der Gottesverehrung. Hier wurden Riten zelebriert und hier wurde das Orakel befragt. Zutritt zum Hypogäum hatte neben den höchsten Priesterinnen vermutlich nur ein auserwählter Kreis.

Das Gros der Toten, die hier später ihre letzte Ruhe fanden, waren Frauen. Ihnen hatte man Geschenke mit auf den Weg gegeben – es wurden Muschelperlen, Amulette aus fossilen Tierzähnen und Hartstein, Anhänger aus Achat und Jadeit sowie diverse Terrakottafiguren ausgegraben, jedoch keine Gegenstände aus Metall. Einige wertvolle Funde und ein Modell des Hypogäums beherbergt das Archäologische Museum in Valletta. Der bekannteste Fund ist die **Sleeping Lady**, eine winzige, dafür kolossal fettleibige Frauenskulptur.

Von den drei Geschossen des Hypogäums ist das mittlere in einer Tiefe von 4–6 m das interessanteste. Es wurde vermutlich zwischen 3300 und 3000 v. Chr. in den Fels geschlagen. In diesem Geschoss entdeckte man auch die Sleeping Lady. Die Figur lag mit mehreren anderen Tempelopfern in der sog. Schlangengrube (**Snake Pit**). Diese ovale Kammer befindet sich zwischen zwei größeren Räumen, dem **Painted Room** und der **Main Hall**. Beim Painted Room handelt es sich um einen runden Raum mit stark konkaven Wänden, die mit großen, roten Spiralen verziert sind. Die Decke schmücken Vielecke und Muster freier gabelförmiger Enden. Die Main Hall besticht hingegen wie viele andere Räume durch ihre Scheinarchitektur mit reliefartig vorgetäuschten Pfeilern und Simsen. An die Haupthalle schließen kleine Kammern an, aber auch der Korridor zum Untergeschoss und zum **Allerheiligsten (Holy of Holies)**. Das Allerheiligste ist einer der schönsten Räume des Hypogäums. Dessen Fassade gleicht der eines Tempels. Zudem wurde hier ein Kraggewölbe imitiert, ebenfalls ähnlich den Dächern der Tempel. Die nierenförmige Kammer daneben wird als Opferraum bezeichnet. Man nimmt an, dass man die lebenden Tiere darin anband (ein Loch für den

Strick befindet sich ganz oben) bevor man ihnen die Kehle durchschnitt. Das Blut wurde in der Schale darunter aufgefangen. Ein weiteres Highlight des Mittelgeschosses ist der trapezförmige, 8 m lange **Orakelraum (Oracle Room)**. In ihm fallen reiche Spiral- und Rankenmuster ins Auge. An einer der Wände befindet sich ein Orakel- bzw. Schallloch (ca. 1,30 m über dem Boden, ca. 60 cm hoch, breit und tief). Spricht man dort hinein, entsteht ein vibrierendes Echo, das auch noch in der Haupthalle zu hören ist.

> **Hinweis:** Das Hypogäum war jahrelang wegen aufwendiger Restaurierungsarbeiten geschlossen; Algen- und Flechtenbildungen aufgrund zu hoher Luftfeuchtigkeit infolge eines zu großen Besucherandrangs hatten diese erfordert. Damit das Welterbe auch weiteren Generationen erhalten bleibt, wird die Besucherzahl heute streng reguliert (max. 80 Pers./Tag). Die Besichtigung ist nur mit einer Führung (Audioguide) möglich, nicht alle Räume werden dabei passiert. Führungen finden tägl. von 9 bis 16 Uhr in kleinen Gruppen statt (Dauer ca. 1 Std. inkl. eines ca. 15-minütigen Einleitungsfilms und der Besichtigung einer kleinen Ausstellung). Klaustrophobe und Kinder unter 6 Jahren dürfen das Hypogäum nicht besichtigen. Fotografieren und Filmen sind verboten.

Das **Obergeschoss** (bis 3 m Tiefe) des Hypogäums entstand vermutlich zwischen 3600 und 3300 v. Chr. Es bildete den Eingangsbereich und wurde später v. a. als Beinhaus genutzt. Dennoch fand man hier auch das vollständige Skelett eines Mannes.

Das **unterste Geschoss** (tiefster Punkt: 10,6 m unter der Erde) wird auf die Zeit zwischen 3150 und 2500 v. Chr. datiert. Vor ein paar Jahrtausenden stieg man über eine siebenstufige Treppe hinab, die letzte Stufe wurde für alle Unwissenden zum Verhängnis – sie ist rund 2 m hoch. Nur wer sich auskannte, wusste wohin er sich nach der siebten Stufe wenden musste, um nicht zu stürzen. Ob die grubenförmigen Räume des Untergeschosses als Vorratskammern oder Totenlager dienten, weiß man nicht, denn aufschlussreiche Grabungsfunde fehlen.

Eintritt 20 €, erm. 15 €. Oft sind die Führungen Wochen vorher ausgebucht, kümmern Sie sich daher rechtzeitig um Tickets! Tickets kann man online über www.heritagemalta.com für die täglichen Führungen um 9, 10, 11, 13, 14 u. 15 Uhr buchen. Für die Führungen um 12 u. 16 Uhr werden die Tickets nur im Museum of Fine Arts in Valletta und nur für die entsprechenden Führungen am nächsten Tag für 25 € (keine erm. Tickets) verkauft. Wer auf diese Weise an ein Ticket kommen möchte, sollte nicht erst um 9 Uhr, wenn das Museum öffnet, dort sein, sondern sich schon früher in die Schlange einreihen!

Busverbindungen Von **Valletta** mit Nr. 81, 82 u. 85, zudem fahren im 60-Min.-Takt Nr. 204, 206 u. 210 bis Haltestelle Ipogew. Von **Marsaxlokk** erreichen Sie die Haltestelle mit Nr. 81 u. 85 sowie alle 60 Min. mit Nr. 206. Von **Marsaskala** stündl. mit Nr. 204 und von **Birżebbuġa** mit Nr. 82, zudem fährt alle 60 Min. Nr. 210 bis zur Haltestelle Ipogew. Von Valletta kommend, müssen Sie von der Haltestelle ca. 100 m zurückgehen (von allen anderen Richtungen in Fahrtrichtung weitergehen), sich dann links halten (erste Möglichkeit) und gleich wieder rechts. Vom **Flughafen** nehmen Sie Bus Nr. X7 (Richtung Birgu) bis zur Haltestelle Nazzarenu. Dann in Fahrtrichtung noch für ein kurzes Stück weitergehen, bis Sie nach links in die Iċ-Ċimiterju einbiegen können.

Anfahrt mit dem Auto In Paola ist der Weg zum Hypogäum ausgeschildert.

Die Three Cities, von Valletta aus gesehen

Cottonera – The Three Cities

Die Three Cities Vittoriosa, Senglea und Cospicua gelten als die Wiege Maltas. Ihr schönerer gemeinsamer Name Cottonera, abgeleitet von dem äußeren Festungswall, der die Städte landeinwärts umgibt, ist wieder im Kommen – wer will schon einen Spaziergang durch nichts anderes als „drei Städte" unternehmen.

Die Three Cities sind allesamt älter als Valletta und erhielten nach der Belagerung der Türken 1565 neue Namen. Aus Birgu wurde *Vittoriosa*, die Siegreiche, aus L-Isla wurde *Senglea* und aus Bormla *Cospicua*. Auch wenn die Umbenennung schon mehrere Jahrhunderte her ist, die Malteser halten den alten Namen noch immer die Treue, insbesondere wohnt man in oder fährt man nach Birgu. Im Zweiten Weltkrieg litten v. a. Senglea und Cospicua wegen ihrer Werften unter den Bombardements deutscher Flieger. Viele der historischen Gebäude versanken in Schutt und Asche, und nur wenige wurden wieder aufgebaut. So beherbergt Vittoriosa heute die meisten Sehenswürdigkeiten der Cottonera, doch wirken sie – hat man sich gerade erst Valletta angeschaut – etwas dürftig gegenüber dem Prunk der Hauptstadt. Ein Spaziergang durch die engen und oft steilen Gassen lohnt sich dennoch, die Three Cities haben ihren eigenen Charme, der sich vom herausgeputzten Welterbe unterscheidet: Hier taucht man ein in das tägliche Leben der Malteser, unterwandert tropfende, zum Trocknen aufgehängte Wäsche, und in den Kneipen trifft man nur selten Touristen, sondern eher Arbeiter bei ihrem Bier nach der Schicht.

Übersicht Three Cities

Geschichte

Die ältesten Funde auf den beiden Landzungen sollen aus phönizischer Zeit stammen. Die Römer ließen sich dort nieder und später die Araber, welche die erste Festung auf dem Gelände des heutigen Forts St. Angelo errichteten. Unter sizilianischer Herrschaft wurde die Festung erweitert und zugleich Sitz des Gouverneurs. Als man 1436 Malta in zwei Pfarrbezirke teilte, sprach man den einen Birgu zu, den anderen Mdina. Knapp hundert Jahre später, 1530, trafen die Ordensritter auf der Insel ein und ließen sich zuerst in Birgu nieder. Wie zuvor auf Rhódos erhielt jede Zunge eine Herberge. Auf der Halbinsel des heutigen Senglea stand damals nur eine Kapelle aus dem Jahr 1311. Erst 1554 wurde durch Großmeister Claude de la Sengle die sich darauf entwickelnde Stadt befestigt.

Während der Großen Belagerung 1565 rückten, nachdem Fort St. Elmo gefallen war (→ S. 92), Birgu (Vittoriosa) und L-Isla (Senglea) in den Mittelpunkt der kriegerischen Auseinandersetzungen. Die beiden Halbinseln und der dazwischen liegende Hafen bildeten eine Verteidigungsanlage. Die Hafeneinfahrt blockierte eine zum Schutz gespannte schwere Kette, die eigens dafür in Venedig geschmiedet worden war.

Die ersten Angriffe der Osmanen hatten L-Isla zum Ziel, jedoch ohne Erfolg. Auch die Versuche, von der Landseite die Stadt einzunehmen, während Kriegsschiffe von See aus operierten, schlugen fehl. Die Türken konzentrierten sich daraufhin auf Birgu, schwer umkämpft war die Castille Bastion. An einem einzigen Tag sollen die angreifenden Truppen 2500 Mann dabei verloren haben. Nach knapp vier Monaten gaben die Türken auf, ihre Lebensmittelvorräte waren schon lange erschöpft, die Moral der Truppen am Boden. Von Ruhr und Fieber gezeichnet, segelten sie zurück nach Konstantinopel. Zudem war ein 8000 Mann starkes Entsatzheer aus Sizilien den Rittern zu Hilfe geeilt. Die Zuversicht der glorreichen Ritter während

Three Cities – Blick auf Vittoriosa

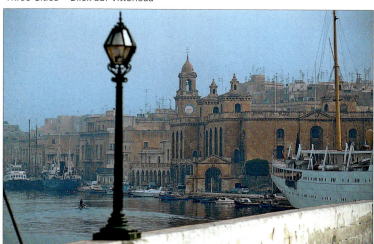

der Belagerung ist bemerkenswert und lässt sich am einfachsten mit der Tatsache verdeutlichen, dass sie nicht einmal ihre Reliquienschätze in Sicherheit gebracht hatten. Die kräftige Unterstützung durch die Fürsten Europas ließ daraufhin eine neue Stadt für die Ritter entstehen: Valletta.

Wegen weiterhin drohender und versuchter Invasionen wurden im 17. Jh. die Wehranlagen um die Städte ausgebaut. Man war gerade dabei, die Außenmauern von Floriana zu befestigen, als Marculano da Firenzuola 1638 die Verteidigungsanlagen von Vittoriosa und Senglea inspizierte und die strategische Bedeutung des östlich von Vittoriosa gelegenen Hügels St. Margherita erkannte – der Hügel in feindlicher Hand hätte eine Isolierung der Städte und den Verlust der Kontrolle über den Hafen zur Folge haben können. Daraufhin ließ man die Arbeiten in Floriana liegen und begann mit dem Bau der **Margherita Lines** um Cospicua. Unter Großmeister Nicholas Cotoner wurden diese durch die **Cottonera Lines**, dem äußeren Festungswall, der rund 40.000 Menschen und ihrem Vieh Schutz bieten konnte, ergänzt. Acht Bastionen und zwei Halbbastionen verteilten sich auf dem halbkreisförmigen Ring mit einer Länge von 4 ½ km. Schon Mitte des 19. Jh. waren mehrere Bastionen als Wohnungen in Privatbesitz.

Verbindungen/Diverses

Bus Von und nach **Valletta** fahren alle 30 Min. Nr. 1, 2 u. 3. Sie alle passieren **Cospicua** (Bormla). Ins Zentrum **Sengleas** (L-Isla) fährt Nr. 1, vor den Toren **Vittoriosas** (Birgu, Haltestelle Café Riche) halten Nr. 2 und Nr. 3. Bus Nr. 3 fährt zudem weiter über **Kalkara** zum **Fort Rinella**. Zudem pendelt zwischen **Vittoriosa**, **Żabbar** und **Marsaskala** alle 60 Min. Bus Nr. 124. Bus Nr. X7 fährt alle 60 Min. von Vittoriosa über Cospicua zum **Flughafen** und weiter nach **Valletta**.

Fähre/Wassertaxis Eine fahrplanmäßige Personenfähre von Valletta nach Vittoriosa ist seit Jahren in Planung. Erkundigen Sie sich diesbezüglich bei der Tourist Information in Valletta.

Dgħajsas (traditionelle Wassertaxis) legen im Sommer nahe dem Marinemuseum von Vittoriosa ab und steuern Valletta (Old Customs Haus nahe der Valletta Waterfront, ca. 5 €/Pers.) und Sliema an (ca. 8 €/Pers.), auch kann man mit ihnen eine Hafenrundfahrt unternehmen. Verhandeln Sie, die Wassertaxifahrer sind Schlitzohren!

Taxi Eine Fahrt mit einem schwarzen Taxi (z. B. über **Mifsud Garage** in Vittoriosa, Triq La Valette, ✆ 21807535, www.mifsudgarage ltd.com) nach Valletta kostet ca. 15 €, nach Sliema ca. 20 €.

Festa In Senglea um den 20. Juni und am 8. September, in Vittoriosa am 10. August und am letzten Sonntag im August, in Cospicua am 8. Dezember.

Senglea (ehem. L-Isla)

Vom Dockyard Creek auf der einen und dem French Creek auf der anderen Seite umgeben, erhebt sich Senglea. Aus der Zeit der Ritter ist an Sehenswürdigkeiten nicht viel übrig geblieben, die meisten Gebäude wurden nach 1947 errichtet. Sengleas Hauptattraktion ist die berühmte Vedette mit den Augen- und Ohrensymbolen.

Der kleine, nette Platz Misraħ 4 Ta' Settembru, zugleich die Busendstation, ist das Zentrum der Stadt. Auffällig ist das Gebäude des Queen's Own Band Club, der 1871 unter dem Namen *La Vincitrice* gegründet wurde und der selbst über die heiße Mittagszeit, wenn sonst alles geschlossen ist, ein kühles Getränk auf Lager hat.

Geht man von hier die Triq Il-Vitorja nach Norden, vorbei an der Kirche San Filippu, einem der wenigen Bauwerke, das den Zweiten Weltkrieg überstand, dafür zu Zeiten des Ersten Weltkrieges schon eingestürzt war, erreicht man die Ġnien tal-Gardjola, eine kleine öffentliche Gartenanlage (im Winter 7–20 Uhr, im Sommer 8–21 Uhr). Stünde nicht an dessen Spitze Maltas Postkarten-Vedette (ein Wachposten mit Ausguck) mit Augen- und Ohrensymbolen, und könnte man von hier nicht einen herrlichen Ausblick auf Valletta und den Grand Harbour genießen, wäre er kaum der Rede wert.

Die berühmte Vedette von Senglea

Nimmt man vom Hauptplatz die Triq Il-Vitorja Richtung Cospicua, liegt rechter Hand die **Kirche Tal-Vitorja** (Our Lady of Victories; 6–12 und 16.30–19.30 Uhr). Man vermutet, dass sie 1580 nach Plänen von Vittorio Cassar errichtet wurde. 1921 zur Basilika ernannt und 1941 von deutschen Fliegern dem Erdboden gleichgemacht, baute man sie nach dem Krieg liebevoll wieder auf.

Etwas weiter, kurz vor dem Stadttor, befinden sich ebenfalls rechter Hand die Reste des 1922 entfestigten **Forts San Mikiel**. Viele der Steine davon dienten dem Bau der benachbarten Schule. Tief darunter verbindet ein unterirdischer Tunnel (nicht zugänglich) die **Werftanlagen** im French Creek mit denen im Dockyard Creek (2002 stillgelegt). 1858 wurde Maltas erstes Trockendock eröffnet, heute werden zwischen Senglea und Marsa noch sieben Trockendocks betrieben, das größte davon kann Schiffe bis zu 300.000 BRT zu Reparatur- und Instandsetzungsmaßnahmen aufnehmen. Die staatlichen Werftanlagen mit heute noch 1700 Angestellten waren einst Maltas größter Arbeitgeber, mittlerweile erwirtschaften sie nur noch rote Zahlen und sollen privatisiert werden. Von der Triq Is-Sur kann man einen Teil der Hafenanlagen überblicken.

Vittoriosa (ehem. Birgu) Wittoriosa

Das alte Erbe Birgus vermischt mit den Zeugnissen des aufstrebenden Vittoriosa machen die 2500-Einwohner-Stadt zur interessantesten der Cottonera: hier das Fort St. Angelo, daneben schicke Restaurants, dort der Palast des Inquisitors, ein paar Schritte weiter eine kleine Weinbar mit Galerie, da die Kirche San Lawrenz, ums Eck ein edles Casino …

Vittoriosa erstreckt sich auf einer Halbinsel zwischen Dockyard und Kalkara Creek, an deren Spitze das Fort St. Angelo nach Valletta blickt. Zentrum der Stadt ist die **Pjazza Vittoriosa**. Drum herum haben sich mehrere Bars angesiedelt, darunter die des San Lawrenz Band Club in einem herrlichen Stadthaus mit Säulenportal und

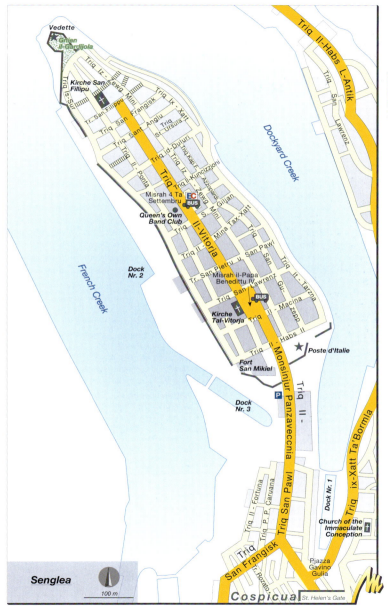

Veranda (kein Schild, gemütlicher Innenhof, werktags ab 16.30 Uhr, Sa/So schon morgens). Auf dem Platz selbst steht eine Statue des heiligen Laurentius, etwas unterhalb erinnert ein Victory-Monument aus dem Jahr 1705 an den Sieg über die Türken. An der Straßenecke gegenüber dem Café du Brażil fanden noch bis zum 16. Jh. öffentliche Hinrichtungen statt. Den Platz beherrschte bis zum Zweiten Weltkrieg der Glockenturm der Kirche Sant' Agata, der deutschen Luftangriffen zum Opfer fiel. Dasselbe geschah mit der Kirche und der Auberge d'Allemagne (sie stand vier Türen südlich vom Café du Brażil). Tafeln an den Häuserwänden erinnern noch an die alten Gebäude. Am unteren Ende des Platzes stehen die Kapelle San Ġużepp und dahinter die Kirche San Lawrenz (s. u.), vor deren Portal ein Freiheitsdenkmal an den Abzug der britischen Seestreitkräfte erinnert.

Ein paar Schritte weiter, am **Dockyard Creek**, zwischen Marinemuseum (s. u.) und dem Fort St. Angelo (s. u.), haben die Stadtväter viel vor: Mit der Eröffnung einer großen Marina (fertiggestellt), eines Fünf-Sterne-Hotels (seit Jahren in Planung), einer Fährverbindung nach Valletta (ebenso lange in Planung), einer Meile mit trendigen Bars, Restaurants und Cafés (wird laufend ausgebaut), eines exquisiten Casinos im einstigen Scamp Palace (seit 2001, tägl. 14–2 Uhr, am Wochenende bis 4 Uhr, Ausweis und angemessene Kleidung nicht vergessen) will man Vittoriosa attraktiver machen, die Schönen und Reichen Maltas und der Welt an sich binden und weg vom Werften- und Arbeiterimage kommen. Auch wenn noch nicht alle Pläne umgesetzt sind: Die Highsociety trudelt schon langsam ein, u. a. angeführt vom russischen Milliardär Roman Abramovitsch, der regelmäßig auf einer seiner Luxusyachten vorbeischaut.

Essen & Trinken/Übernachten/Einkaufen

In Guardia Parade: Fast jeden Sonntag finden von Feb. bis Juli und von Sept. bis Nov. am St. John's Cavalier Paraden in historischen Kostümen aus der Zeit der Ritter statt. Tickets kosten 7 €, genaue Zeiten bei der Tourist Information in Valletta und unter www.visitmalta.com.

Übernachten Bislang nur wenige offizielle Unterkünfte in Vittoriosa, das kann sich jedoch ändern.

Palazzo Vittoriosa ❷, das komfortable, kleine Boutiquehotel in einem schmucken Altstadthaus stand bei unserem Besuch kurz vor seiner Eröffnung. Lassen Sie sich überraschen. Triq Hilda Tabone, ✆ 21370830, www.palazzovittoriosa.com.

Indulgence Divince ❼, ein schönes, liebevoll durchgestyltes Haus für 2 Pers.: Schlafzimmer in der ehemaligen Hauskapelle, schicke Küche, Wohnzimmer und Dachterrasse. Mindestaufenthalt 5 Tage. Der Vermieter Aldo Gatt, der auch das G House in Valletta (→ S. 75) betreibt, lebt in England. 135 €/Nacht. Triq Papa Alessandru VII, ✆ 0044/7813988827, www.indulgencedivine.com.

Mifsud Garage, der Taxianbieter und Eisenwarenhändler vermietet über seinem Laden in zentraler Lage 2 ordentliche, neu ausgestattete und lichte Apartments für bis zu 4 Pers. Balkon. 20 €/Pers., hinzu kommen Strom- und Wasserkosten. Triq La Valette 56, ✆ 21807535, ✉ 21807818, www.mifsudgarageltd.com.

Essen & Trinken Immer mehr nette Lokale und Weinbars sind im Entstehen. Die größte Auswahl hat man an der Waterfront.

Casino di Venezia ❶, Eingang durch das gleichnamige Casino (s. o.), Ausweis nicht vergessen. Modern und luftig, herrliche Terrasse mit Traumblick. Italienisch inspirierte Küche, Hg. 15–25 €. Nur Fr–So abends. ✆ 218005580.

two and a half lemon ❺, nur ein paar Schritte vom Casino entfernt. Zeitgemäßes Design, der alten Baustruktur angepasst.

Vittoriosa (ehem. Birgu) 129

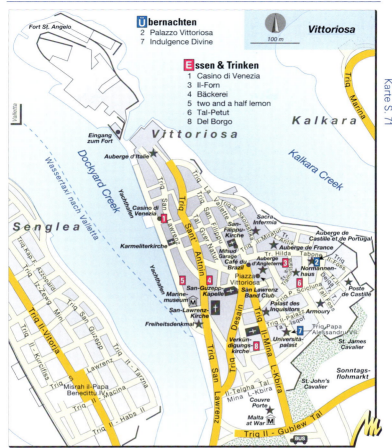

Übernachten
2 Palazzo Vittoriosa
7 Indulgence Divine

Essen & Trinken
1 Casino di Venezia
3 Il-Forn
4 Bäckerei
5 two and a half lemon
6 Tal-Petut
8 Del Borgo

Netter Außenbereich. Mediterrane Küche, dazu leckere Steaks vom heißen Stein. Hg. 9–25 €. ✆ 21809909.

Tal-Petut 6, ein hochgelobter Lesertipp. „Fresh, local, seasonal and Maltese" ist das Motto dieses sehr persönlichen Wohnzimmer-Restaurants, für das man unbedingt eine Reservierung benötigt. Hier genießt man z. B. maltesische Wurst mit getrockneten Feigen, lokalen Thunfisch mit Minzöl oder Kaninchen mit Johannisbrotbaumsirup und Fenchelsamen. 5-Gänge-Menü 27 €. Triq Pacifiku Scicluna 20, ✆ 79421169 (mobil). ■

Il-Forn 3, außergewöhnliche Mischung aus Weinbar und Galerie, untergebracht in einer alten Bäckerei. Verschiedene Platten und Dips, gute Weinauswahl. Gemütliche Sommerterrassen. Das Innendesign und die farbenfrohen Bilder gehen auf den österreichischen Künstler Clemens Hasengschwandtner zurück, dem früheren Betreiber der Bar. Tägl. (außer Mo) ab 19.30 Uhr. Triq it-Tramuntana 27.

Del Borgo 8, gehobene Weinbar. Zum Wein gibt es exquisite Kleinigkeiten. Tägl. ab 17 Uhr. Triq San Duminku.

Eine sehr empfehlenswerte **Bäckerei** ◘ gibt es auf der Rückseite des Marinemuseums. Verkauft wird direkt aus der Backstube. Bis 14 Uhr. Triq San Lawrenz 44 (falls dicht, sieht man nur ein Blechtor).

Märkte Wochenmarkt, jeden Di bis ca. 12 Uhr nahe der Couvre Porte.

Ein netter **Flohmarkt** findet jeden So im Fortini Car Park statt. Kommen Sie früh, gegen 11.30 Uhr bauen die Ersten ihre Stände wieder ab. Hier sind noch echte Schnäppchen zu machen. Von Valletta mit Bus Nr. 2 o. 3 bis Haltestelle Fortini.

Sehenswertes

Falls Sie den unter „Weitere Sehenswürdigkeiten" beschriebenen Spaziergang unternehmen, kommen Sie automatisch am Palast des Inquisitors vorbei und können danach gemütlich die Kirche San Lawrenz, das Marinemuseum und das Fort St. Angelo am Dockyard Creek besuchen.

Kirche San Lawrenz: Ihre Ursprünge gehen auf das Jahr 1090 zurück, als Graf Roger von Sizilien an dieser Stelle eine Marienkapelle errichten ließ. Als die Ritter nach Birgu kamen, vergrößerten sie die Kapelle und nutzten sie als Konventskirche. 1691 entstand nach Plänen Lorenzo Gafàs das heutige dreischiffige Gotteshaus. Im Zweiten Weltkrieg wurde die Kuppel zerstört und durch eine größere und prächtigere ersetzt. Das Altarbild stammt von Mattia Preti und zeigt das Martyrium des heiligen Laurentius.
Tägl. 7–12 und 16–19 Uhr.

Kapelle und Oratorium San Ġużepp: Das St.-Josephs-Oratorium nördlich der Kirche San Lawrenz und die angrenzende Kapelle beherbergen heute ein kleines *Kirchenmuseum*, dessen Renovierung von dem ehemaligen deutschen Botschafter Gottfried Pagenstert mitfinanziert wurde. In der Kapelle sind insbesondere die Ikone *La Madonna dei Greci* über dem Altar sehenswert, die die Ritter von Rhódos mitbrachten, und das Schwert und der Hut von Großmeister La Valette, die in einer Vitrine aufbewahrt werden. Im Oratorium beherbergen mehrere Schaukästen interessante Ausstellungsstücke, darunter eine lange Zange, die zur Verteilung der Kommunion in den Zeiten der Pest und Cholera Verwendung fand.
Tägl. 9.30–12 Uhr. Eintritt frei.

Palast des Inquisitors: Der Palast wurde gleich nach der Ankunft der Ritter auf Malta als Gerichtshof errichtet. Nach dem Umzug der Ritter nach Valletta zogen die Inquisitoren ein. Die Inquisition auf Malta, die päpstliche Einrichtung zur Unterdrückung der Häretiker, basierte auf der von Papst Paul III. 1542 verkündeten Enzyklika *Licet ab Initio*. Von 1574–1798, als die Franzosen der Inquisition ein Ende bereiteten, war der Palast die Residenz von 62 Inquisitoren. Darunter waren mit Fabio Chigi und Antonio Pignatelli auch zwei spätere Päpste. Ihre Wappen schmücken u. a. die Decke der Haupthalle im 1. Stock. Der 1. Stock des verwinkelten Baus dient zudem wechselnden Ausstellungen (z. B. zu maltesischen Weihnachtsbräuchen). Des Weiteren beherbergt er die Wohnräume der Inquisitoren, Zellen und den Tribunalraum – dessen gesonderter Eingang für die Delinquenten war bewusst niedrig konzipiert, um sie am aufrechten Eintreten zu hindern.

Spannendster Bereich des Untergeschosses ist für viele Besucher die Folterkammer, in der u. a. ein Knochenbrecher (!) zu sehen ist. Das Erdgeschoss beherbergt den Museumsshop. Im Innenhof gedeihen die gleichen Pflanzen wie zu Zeiten der Inquisitoren.
Tägl. 9–17 Uhr. 6 €, erm. 4,50 €, Kinder 3 €. Kombiticket Palast und Marinemuseum 7 €, erm. 6 €, Kinder 4,50 €. Blocktickets → S. 56. www.heritagemalta.com.

Vittoriosa (ehem. Birgu)   131

Stadt im Kerzenlicht: Das Birgufest

Marinemuseum: Das Marinemuseum befindet sich am Dockyard Creek, wo einst die Schiffe des Ordens und später die der britischen Marine festmachten. Es wurde 1992 eröffnet und wird seitdem ständig umgebaut. Irgendwann soll es einmal das größte Museum Maltas werden, bislang ist die Sammlung jedoch überschaubar.

Im Erdgeschoss gibt es den Maschinenraum des 1989 nach 36-jähriger Fahrzeit stillgelegten Schwimmbaggers *Adrian* zu sehen. Blickfang des ersten Stockes ist die riesige Bugfigur der *Hibernia* (→ Fort St. Angelo). Zudem werden archäologische Funde gesunkener römischer Galeeren gezeigt, dazu Schiffsglocken, Anker, Flaggenbücher, Navigationsinstrumente und beeindruckende Schiffsmodelle, eines sogar mit einem ca. 2 m langen Rumpf. Auch ein Torpedo aus dem Zweiten Weltkrieg ist zu sehen, ein deutscher Blindgänger, abgeschossen von einem U-Boot. In den nächsten Jahren ist zudem die Eröffnung der angrenzenden Hallen geplant, in denen rund 100 traditionelle maltesische Boote ausgestellt werden sollen.

Tägl. 9–17 Uhr. 5 €, Kinder die Hälfte. Kombiticket → Palast des Inquisitors, Blocktickets → S. 56. www.heritagemalta.com.

Fort St. Angelo: Den Grundstein einer Seefestung an dieser Stelle sollen die Sarazenen im 9. Jh. gelegt haben. Erstmals schriftlich erwähnt wurde die Burganlage im frühen 13. Jh., als Enrico il Pescatore Herzog von Malta war. Unter den Ordensrittern (ab 1530) erhielt das Fort seine heutige Struktur, wesentlichen Anteil daran hatte der Architekt Don Carlos Grunenberg. Während der *Großen Belagerung* residierte im Fort Großmeister Jean de la Valette. 1609 lernte auch Caravaggio (→ S. 82) das Fort kennen, genau genommen nur einen Brunnen davon, der mit Kerkerzellen gespickt ist. Im 19. Jh. wurde die Seefestung Sitz der britischen Garnisonskommandanten und durch Aufschüttungen mit der Halbinsel verbunden. Zu Füßen der Festung war die *Hibernia* vertäut, das Kommandoschiff der Mittelmeerflotte, das 1933 in *H.M.S. St. Angelo* umgetauft wurde.

Im Zweiten Weltkrieg wurde das Fort durch Luftangriffe (69 Treffer!) weitestgehend verwüstet. In den 1980ern nutzte man es als Hotelanlage. Zuletzt war es der Öffentlichkeit nicht zugänglich und wurde aufwendig saniert. Dabei wurde auch die Festung durch Baggerarbeiten von der Halbinsel größtenteils getrennt und somit in eine Seefestung zurückverwandelt. Der obere Teil der Anlage soll zukünftig verschiedene Einrichtungen des Johanniterordens beherbergen (bis 2097 verpachtet), der untere Bereich Abteilungen von *Heritage Malta*. Zudem sollen ein Konferenzzentrum und ein Museum zur Geschichte des Forts einziehen – anvisierte Fertigstellung 2015.

Achtung Sollte das Fort einmal wieder zugänglich sein, kann es nur noch durchs alte Tor am Dockyard Creek betreten werden. Das in vielen Karten noch eingezeichnete Tor über die Triq Sant' Antnin gibt es nicht mehr.

Weitere Sehenswürdigkeiten: Der im Folgenden beschriebene Spaziergang vermittelt einen wunderschönen Eindruck von den stillen Ecken Vittoriosas. Es geht teils durch charmant aufgeputzte Topfblumengassen. Von den „Sehenswürdigkeiten", die man dabei passiert, bekommt man aber meist nicht mehr als die Fassade zu Gesicht.

Stadtrundgang Ausgangspunkt ist die Pjazza Vittoriosa, von der man am Café du Brażil vorbei in die Triq Hilda Tabone gelangt, an der nach wenigen Metern linker Hand die **Auberge d'Auvergne et Provence** und kurz darauf die **Auberge de France** mit einem Portal von Bartolomeo Genga liegen. In Letzterer sitzt heute der Gemeinderat von Vittoriosa.

Etwas weiter steht rechter Hand die **Auberge de Castille et de Portugal**, die heute in Privatbesitz ist. Geht man wieder ein paar Meter zurück und biegt noch vor der Auberge de France links in die Triq it-Tramuntana ein, stößt man nach wenigen Metern, wenn die Gasse leicht abknickt, links auf das **Nor-**

Mühsam – Treppensteigen in Cospicua

Vittoriosa (ehem. Birgu) 133

mannische Haus (Hausnr. 11), so genannt wegen seines Obergeschossfensters im siculo-normannischen Stil. Es ist ebenfalls in Privatbesitz, Mo/Mi/Fr/Sa kann man jedoch i. d. R. einen Blick in das schöne Gebäude werfen (keine festen Öffnungszeiten).

Bei der nächsten Gelegenheit zweigt man scharf rechts ab. Wenige Meter weiter liegt links die **Auberge d'Angleterre**, die mit der Auberge d'Allemagne verbunden war. 1534 erwarb Sir Clement West das Haus für seine Landsleute. In dem komplett renovierten Gebäude befindet sich heute u. a. die städtische Bibliothek.

Etwas weiter erreicht man wieder die Triq Hilda Tabone. Wendet man sich hier nach links und bei der nächsten Möglichkeit wieder nach rechts, gelangt man zu einem kleinen Platz, an dem die **Sacra Infermeria** lag, das ehemalige Hospital der Ritter, das unmittelbar nach deren Ankunft errichtet wurde. Nach dem Bau der neuen Sacra Infermeria in Valletta ging das Gebäude in den Besitz der Benediktinernonnen über, die es noch heute bewohnen.

Passiert man nun den kleinen Platz gen Westen (Richtung Mifsud Garage und Dockyard Creek) und überquert dabei die Triq La Valette, gelangt man auf die Triq San Filippu. Hält man sich hier rechts, steht wenige Meter weiter rechter Hand die **Kirche San Filippu** (auch: **Church of the Virgin of the Guardian Angels**) aus dem Jahr 1641. Seit Jahren soll sie restauriert und wieder der Öffentlichkeit zugänglich gemacht werden.

Nun geht man wieder zurück zur Pjazza Vittoriosa, dem Hauptplatz, und folgt von dort der Triq Il-Mina L-Kbira gen Süden. Erst passiert man links den **Palast des Inquisitors** (s. o.) und anschließend auf der gegenüberliegenden Seite die **Verkündigungskirche (Annunciation Church)**, eine Dominikanerkirche aus dem Jahr 1639 (gleiche Öffnungszeiten wie die Kirche San Lawrenz).

Etwas weiter bergauf zweigt man in die Triq Il-Kunsill Popolari ab. Dort liegt der ehemalige Palast der **Università**, des Stadtrats. Großmeister d'Homedes ließ das Gebäude 1538 errichten. Zu ihm gehörten sechs unterirdische Kornkammern, die bis zur Hauptstraße reichten. Anfang des 19. Jh. löste der erste britische Gouverneur, Sir Thomas Maitland, die Università auf. In den Räumlichkeiten richtete sich daraufhin die erste Volksschule der Three Cities ein, heute ist es ein Privathaus. Folgt man der Hauptstraße weiter gen Süden, liegt linker Hand der St. John's Cavalier und ein paar Schritte weiter rechter Hand die Couvre Porte.

Der vom **St. John's Cavalier** Richtung Osten verlaufende Verteidigungsabschnitt oblag den Rittern aus der Auvergne und der Provence. Darauf folgten die Abschnitte, die die Portugiesen und die Deutschen zu verteidigen hatten. Wer den Festungswall abspazieren will – nett, aber nicht allzu spannend – passiert auf Höhe des St. James Cavalier die einstige **Armoury** (ein großes, u-förmiges Gebäude linker Hand). Während der Großen Belagerung und unter den Briten diente sie auch als Lazarett (nicht zugänglich).

Unter den Festungsmauern des **Couvre Porte**, dem einstigen Haupttor der Stadt, auch **Gate of Provence** genannt, erstreckt sich eine 1940 in den Stein geschlagene Bunkeranlage, die rund 500 Menschen Schutz bei Luftangriffen bot. Das **Museum Malta at War** innerhalb der Bastion bietet tägl. (außer Mo) von 10 bis 16 Uhr stündl. Führungen durch die Schutzgänge an (u. a. vorbei an einem Erste-Hilfe- und einem Geburtszimmer). Davor gibt's noch einen heroischen Film über Malta im Zweiten Weltkrieg zu sehen (8 €, erm. 7 €, Fam. 25 €, www.maltaatwarmuseum.com).

Cospicua (ehem. Bormla)
Kospikua

Cospicua ist mit 5600 Einwohnern die größte der Three Cities. Außer der die Stadt umgebenden Verteidigungswälle bietet sie jedoch kaum Sehenswertes. Zentrum Cospicuas ist die Pjazza **Gavino Gulia**. Südlich daran schließen die 2002 aufgegebenen, leer stehenden **Werftanlagen** von Dock 1 an. Sie gehören zu den ältesten Werftanlagen der Insel, bereits die Johanniter setzten hier ihre Schiffe instand. Im Stil der Waterfront von Valletta sollen sie zu einer schicken Restaurantmeile ausgebaut werden, doch bis aus den Plänen Realität wird, können noch Jahre vergehen. Von der Pjazza Gavino Gulia bringt Sie die Ix-Xatt Ta'Bormla an mehreren Bars und zwei Kirchen vorbei bis nach Vittoriosa. Die erste Kirche, zu der eine imposante Doppeltreppe hinaufführt, ist die 1637 erbaute Pfarrkirche **Immakulata Kunċizzjoni** (Church of the Immaculate Conception bzw. Pfarrkirche zur Unbefleckten Empfängnis, nur am frühen Morgen und am Abend geöffnet). Die zweite Kirche heißt **Santa Tereza**, bereits 1626 wurde sie erbaut (ebenfalls nur zu Messzeiten geöffnet). Um einiges beeindruckender und noch immer ein imposantes Beispiel für die Militärarchitektur des 17. Jh. sind die beiden Befestigungslinien, die Cospicua landeinwärts begrenzen. Die äußeren sind die **Cottonera Lines**, die inneren die **Margherita Lines**. Leider gibt es zwischen den Wällen viele unschöne Stellen.

Kalkara
Kalkara

Das ehemalige Fischerdorf liegt an der gleichnamigen Bucht nördlich der Cottonera Lines. Zwar dümpeln im Hafen noch immer unzählige *Luzzus*, wie man die kleinen maltesischen Fischerboote nennt, doch zum Fischen fahren nur noch wenige hinaus – die Boote stammen aus verschiedenen Teilen der Insel, man bringt sie zum Überholen in die Bucht.

Auf der Landspitze nordöstlich von Kalkara erhebt sich ein neoklassizistischer Gebäudekomplex namens **Villa Bighi**, dessen Äußeres man von Valletta klar erkennt und als Bereicherung wahrnimmt. Lange Zeit war darin das *Royal Naval Hospital* untergebracht. Heute sind ganze Gebäudetrakte im Verfall begriffen, andere hingegen wurden bereits restauriert. In den sanierten Trakten sitzen das *Malta Council for Science and Technology* und *Malta Heritage*.

Fährt man von Kalkara über Bighi zum Fort Ricasoli, passiert man die **Rinella Bay** mit einem Minisandstrand. Hier tobt sich die Inseljugend aus. Idyllisch kann man den Strand mit Blick auf die vorm Fort Ricasoli (s. u.) festgemachten Tanker jedoch nicht nennen.

Busverbindungen Nr. 3 ca. alle 30 Min. von und nach **Valletta**. Kalkara ist aber auch von **Cospicua** und **Vittoriosa** bequem zu Fuß zu erreichen.

Festa Am zweiten Sonntag im Juli.

Übernachten Villa del Porto, 2012 eröffnetes B & B an der Hafenbucht von Kalkara. 12 Zimmer (neue Sanitäranlagen, z. T. schöne alte Fliesenböden, ansonsten etwas nüchtern ausgestattet), 6 davon mit Buchtblick, 3 davon wiederum mit Balkon (sehr schön). Die Zimmer nach hinten sind langweilig. DZ in der HS überteuerte 100 €, in der NS 60 €. Triq il Marina 1, ✆ 21668420, www.villadelportomalta.com.

Fort Ricasoli: Das die Zufahrt zum Grand Harbour überwachende Fort ließ Fra Giovanni Francesco Ricasoli nach Plänen von Valperga 1670 bauen. Während der *Großen Belagerung* hatte sich hier eine türkische Batterie positioniert. Der heruntergekommene Gebäudekomplex ist der Öffentlichkeit nicht zugänglich. Ein Teil des Forts dient einer Ölfirma als Lager und zum Reinigen von Tankschiffen. Hin und wieder dient das Fort aber auch für Filmaufnahmen (→ Kasten).

Fort Rinella: Die Attraktion des Forts, das gegen Ende des 19. Jh. errichtet wurde, ist eine gigantische, 100 t wiegende Kanone mit einem Durchmesser von 45 cm, die auf einem eigens dafür gebauten Schiff von England nach Malta kam. Der Koloss sollte das militärische Gleichgewicht zu Italien stärken; außer bei Probemanövern kam es jedoch nie zum Einsatz. Von der *Fondazzjoni Wirt Artna*, einem Verein zum Erhalt von Maltas kulturellem Erbe, wurde das Fort renoviert und ist heute zu besichtigen. Neben der Kanone gibt es u. a. der damaligen Zeit entsprechend ausgestattete Unterkünfte der Soldaten zu sehen.

Busverbindungen Von **Valletta** mit Bus Nr. 3, Haltestelle Ir-Rinella Fortizza.

Öffnungszeiten Tägl. (außer Mo) 10–17 Uhr. 10 €, Stud. 8 €, Fam. 25 €. Tägl. um 14 Uhr Führungen von Guides in Soldatenuniformen des 19. Jh. Dazu gibt es Showeinlagen, außerdem dürfen Besucher auf Wunsch eine viktorianische Kanone bedienen. Bestens ausgeschildert. www.fortrinella.com.

Beirut, Zypern, Rom – Malta als Verwandlungskünstlerin

Malta ist eine der populärsten Locations für Dreharbeiten im Mittelmeerraum. Während Robert Altman für *Popeye* ein ganzes Dorf auf Malta neu entstehen ließ (→ S. 206), nutzen die meisten Regisseure die natürlichen Begebenheiten der Insel, schwindeln dabei aber gerne mal etwas. So wurde aus dem Fort Ricasoli (s. o.) eine antike Stadt (*Troja*), aus dem Fort St. Elmo in Valletta ein türkischer Knast (*Midnight Express*) oder aus Vittoriosa die französische Hafenstadt Marseille (*Der Graf von Monte Christo*). Besonders kreativ zeigte sich Steven Spielberg, der im Sommer 2005 den Film *München* in Malta drehte. Von ihm wurde Cospicua kurzerhand in den Libanon versetzt, Buġibba nach Zypern, aus Sliema wurde Haifa und aus dem gemütlichen Hauptplatz in Rabat eine römische Piazza. Spielberg ließ dafür rund 11,5 Mio. Euro in Malta. Die Filmindustrie hat sich mittlerweile zu einem wichtigen Wirtschaftsfaktor der Inseln entwickelt. Eine besondere Rolle spielt dabei auch das 122 x 92 m große Outdoor-Becken der *Mediterranean Film Studios* nahe dem Fort Rinella (nicht zugänglich, das Becken ist jedoch von der Straße zu sehen). Es ist so platziert, dass bei Drehaufnahmen der Hintergrund – nämlich das Meer, der Horizont und der Himmel – eine natürliche Kulisse abgibt. Ein weiteres Becken dient für Unterwasser- und Special-Effect-Aufnahmen. Szenen von *Christopher Columbus* und *Orca der Killerwal* wurden hier gedreht. Die letzten großen Filmprojekte in Malta waren der Zombie-Film *World War Z* mit Brad Pitt (soll 2013 anlaufen, gedreht u. a. in Marsa) und das Drama *The Devil's Double* (2011). Bei Letzterem wurde wieder ordentlich geschummelt: Malta mimt hier den Irak der 1980er-Jahre.

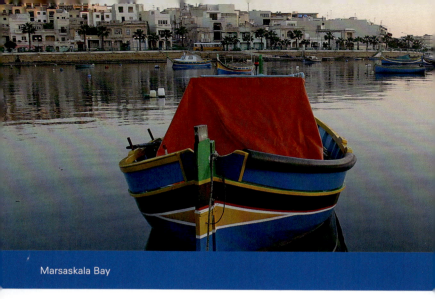

Marsaskala Bay

Der Südosten

Jahrhunderte lang war der Südosten Maltas wegen ständiger Piratenüberfälle gefürchtet und unterentwickelt. Den alten Gehöften der Region sieht man noch immer ihre Wehrhaftigkeit an. Erst im 19. Jh. entstanden aus kleinen Dörfern kleine Städte. Heute wird das Terrain Stück für Stück vom großen Einzugsgebiet Vallettas erobert.

Das industrielle und wirtschaftliche Wachstum Maltas fordert zudem seinen Preis. Die Marsaxlokk Bay musste ihn mit ihrer Schönheit bezahlen – ein Kraftwerk, Maltas Freeport und Petrochemieanlagen machten die Idylle zunichte. Das Gebiet rund um Mqabba ist den Globigerinenkalk-Steinbrüchen zum Opfer gefallen. Dennoch hat die Gegend ihren Reiz, dennoch gibt es viel zu entdecken, z. B. pittoreske Felsstrände auf der Delimara-Halbinsel, das glitzernde Wasserfarbenspiel der Blue Grotto oder die Tempelanlagen von Ħaġar Qim und Mnajdra. Übernachtungsmöglichkeiten bestehen lediglich in Marsaskala, Marsaxlokk und Birżebbuġa.

Żabbar

Sabbar

Das knapp 15.000 Einwohner zählende Żabbar ist für die meisten Reisenden lediglich Durchgangsstation auf dem Weg von Valletta nach Marsaskala. Eine erste Blüte erlebte die Stadt im 18. Jh., als sich der deutsche Großmeister Ferdinand Hompesch ihrer annahm und sie unter seine Schirmherrschaft stellte. Ihr Beiname *Città Hompesch* und der Hompeschbogen am Ortseingang, den man im Kreisverkehr von Valletta kommend zwangsläufig passiert, erinnern noch daran. Aufgrund ihrer späten Entwicklung ist die Stadt weiträumig angelegt, verwinkelte Gassen wie in mittelalterlichen Städten fehlen.

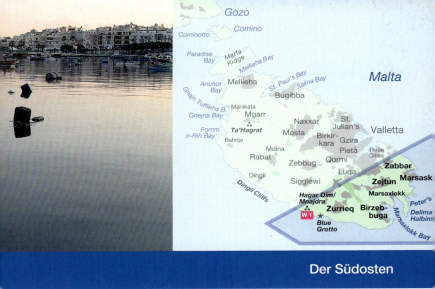

Der Südosten

Außer der **Wallfahrtskirche Ta' Grazzia**, die 1737 ihre heutige Fassade erhielt, und dem angeschlossenen Kirchenmuseum gibt es nicht viel zu besichtigen. Die große Kuppel setzte man übrigens erst 1928 auf das Gotteshaus, mehr als ein Jahrhundert nachdem die Franzosen die alte mit einem Kanonenschuss zum Einsturz gebracht hatten. Interessanter als die Kirche selbst ist jedoch das an ihrer rechten Seite liegende **Żabbar Sanctuary Museum**, dessen Sammlung v. a. durch die Unterschiedlichkeit und Vielfalt der Ausstellungsstücke überrascht. Die Palette reicht von Votivbildern, u. a. von geretteten Schiffsbesatzungen, über archäologische Fundstücke der Gegend bis zu Modellschiffen, die aus Streichhölzern gebastelt wurden.

Öffnungszeiten Kirche, tägl. 6–12 u. 16–19.15 Uhr. Museum, tägl. 9–12 Uhr. 2 € werden als Spende erwartet. www.zabbarsanctuarymuseum.org.

Busverbindungen Żabbar passieren u. a. die Busse zwischen **Valletta** und **Marsaskala** (siehe dort), zudem alle 30 Min. Bus Nr. 94 von **Valletta** nach **Xgħajra**.

Einkaufen Sa 7–11 Uhr Markt im Zentrum.

Festa Das Patronatsfest zählt zu den schönsten der Insel, am ersten Sonntag nach dem 8. September.

Xgħajra (Schajra): Ein Abstecher in das knapp 1000 Einwohner zählende Xgħajra, dessen Häuser in Hanglage hinter der Küste aufsteigen, lohnt nicht. Der Ort bietet keine ansprechenden Bademöglichkeiten, es gibt keine Hotels, keine guten Restaurants, nur ein paar Bars. Unmittelbar östlich von Xgħajra entsteht mit Geld aus Dubai die *Smart City*, ein Business- und Technologie-Park – eine kleine Welt für sich samt künstlichen Teichen.

Busverbindungen: Nr. 94 alle 30 Min. von und nach Valletta.

Marsaskala

Marßaskala

Im Winter wirkt Marsaskala wie ein Geisterstädtchen. Im Sommer ist dagegen die Hölle los, denn viele Malteser – und auch Ausländer – haben hier einen Zweitwohnsitz. Und es werden immer mehr, was dem Ort nicht gerade zum Vorteil gereicht.

Besucht man Marsaskala (auch: Marsascala, 11.000 Einwohner) bei Tag, wirkt das Städtchen enttäuschend: Langweilige Neubauten überragen die gleichnamige Bay, die wenigen alten maltesischen Häuser mit ihren schmucken Fassaden und Erkern gehen dabei unter. Dazwischen zig Baustellen, vermüllte Baulücken und marode Bausubstanz. Der Ort gedeiht und fault gleichzeitig. Die Hälfte aller Gebäude steht leer.

Dabei liegt Marsaskala recht idyllisch an einer fjordartigen Bucht, in der die traditionellen bunten Fischerboote, die *Luzzus*, am Morgen im glitzernden Wasser schaukeln. Und am Abend besitzt das Städtchen sogar Charme, wenn rund um die Bucht eine Lichterkette erstrahlt und auf dem palmengesäumten Uferboulevard flaniert wird.

Als einzige Sehenswürdigkeit vor Ort wird der **Torri ta' San Tumas** (St. Thomas Tower) gehandelt, der 1615 als Wachturm unter Großmeister Alof de Wignacourt auf der Spitze der Landzunge zwischen der Marsaskala Bay und der Bajja San Tumas erbaut wurde, um die Landung feindlicher Schiffe zu verhindern. Unter den Briten diente der Tower als Gefängnis. Heute, umgeben von der Ruine einer Hotelanlage zur Seeseite und einfachen Neubauten landeinwärts, wirkt das Bauwerk (2012 nicht zugänglich) irgendwie fehl am Platz. Die Hotelruine, aus der wieder ein Hotel werden soll, war übrigens eines der ersten Fünf-Sterne-Häuser der Insel. Ein hier gern gesehener Gast war Libyens Staatschef Gaddafi.

Der Bauboom in den letzten Jahren hat die Stadtgrenze auf die weiter südlich gelegene **Bajja San Tumas (St. Thomas Bay)** mit ein paar Metern Sandstrand ausgedehnt. Zwischen den Schuppen der Fischer stehen dort kleine Ferienhütten. Sie sind ziemlich lieblos errichtet worden und tragen nicht gerade dazu bei, die Bucht zu verschönern. Wie die Marsaskala Bay gewinnt aber auch die Bajja San Tumas mit der untergehenden Sonne an Reiz. Insbesondere an Wochenenden, wenn die Malteser hier ihre feucht-fröhlichen Barbecue-Abende veranstalten, herrscht Ausgelassenheit und Freude. Auch gibt es ein paar einfache Bars.

Die Snackbars und Restaurants in der Marsaskala Bay hingegen lassen sich kaum mehr zählen. An Sommerwochenenden findet man dort übrigens nur noch schwerlich einen Platz, denn dann wird das Städtchen zum ausgelassenen Treffpunkt der aufgestylten maltesischen Teenies – sehenswert.

Basis-Infos

Verbindungen Bus: Von und nach **Valletta** Bus Nr. 91, zudem alle 60 Min. Nr. 92 u. 93. Alle folgenden Busse fahren ebenfalls nur alle 60 Min.: Bus Nr. 119 über **Marsaxlokk** und **Birżebbuġa** zum Freeport, Nr. 124 nach **Vittoriosa**, Nr. 135 und X5 zum **Flughafen** (der zum Flughafen fährt weiter nach Valletta). Für viele Ziele im Westen und Norden der Insel steigt man am Flughafen (→ S. 32) um.

Taxi: Mit den Taxis von **Joe's Garage** (☎ 79639354, mobil) kostet die Fahrt zum Airport oder nach Valletta rund 20 €.

Marsaskala 139

Übernachten
3 Guest House Summer Nights
4 Akwador Guesthouse

Essen & Trinken
1 Restaurant il-Pitch/Marsascala Sports Club
2 Lemon 'n Lime
3 Summer Nights
5 Grabiel
6 Speak Easy und Nargile
8 La Favorita
9 Tal-Familja
11 Palm Valley

Nachtleben
7 Vampiro
10 Club Chapters

Marsaskala
200 m

Ärztliche Versorgung → Wissenswertes von A bis Z, S. 46.

Autoverleih Beispielsweise **Joe's Garage**, an der Ausfallstraße nach Valletta, Triq Sant' Antnin. ☏ 79639354 (mobil), www.joesrentacar.com.

Baden Neben dem kleinen Sandstrand in der Bajja San Tumas bietet sich v. a. die Felsküste südlich der Marsaskala Bay für einen Sprung ins Meer an.

Der schönste Felsstrand der Gegend ist jedoch **Peter's Pool** auf der Delimara-Halbinsel (→ S. 144). Zu Fuß in ca. 1 ½ Std. zu erreichen, zugleich eine nette kleine Wanderung. Dafür folgt man vom Ortskern in Marsaskala der Triq Tal-Gardiel in die Bajja San Tumas. Am anderen Ende der Bucht geht es auf einem Feldweg bergauf (Einstieg links einer Ummauerung), der die Munxar-Landzunge überquert, bis man an deren Südseite den Klippenrand erreicht. Von dort verläuft der Weg gen Südwesten, nach rund 100 m entlang einer Mauer. Der Weg mündet in eine geteerte Straße, rechts halten (nach links führt diese, vorbei an einem kleinen Naturpark, zu einem wenig spektakulären Badeplatz auf der Xrobb-l-Għaġin-Landzunge). Das Sträßlein schwenkt nach 250 m landeinwärts. Bei der Gabelung keine 100 m weiter (voraus ist die Kirche von Żejtun zu sehen) hält man sich links. Nun folgt man stets dem Teersträßlein und wählt 300 m weiter bei der Dreifachgabelung bei der Festung Ta Silġ (heute ein Tierheim) den mittleren Weg. 250 m weiter trifft man auf die Zufahrtsstraße zum Delimara Lighthouse, hier links halten, fast 180°. Nun folgen Sie der Straße, bis ein Schild nach links zum Peter's Pool weist.

Festa Am 26. Juli oder am darauf folgenden Wochenende.

Insel Malta/Der Südosten

Flohmarkt Jeden Sonntagmorgen am Razzett tal-Hbiberija (am Ortseingang nahe der Straße nach Żabbar).

Öffentliche Toiletten Unterhalb der Kirche.

Polizei Nahe der Kirche in der Triq Żonqor. Die Ein-Mann-Wache ist jedoch nur selten besetzt. Im Notfall hilft die Polizei in Żabbar weiter, ✆ 112.

Post Im Souvenirshop **Midas** an der Nordseite der Bucht.

Tauchen Dive Med, ganz im Nordosten Marsaskalas am Żonqor Point, ganzjährig geöffnet, freundlich. ✆ 21639981, www.divemed.com.

Übernachten → Karte S. 139

Die Auswahl an Unterkünften, die sich vor Ort buchen lassen, ist bescheiden. Viele Hotels wurden in den letzten Jahren geschlossen und durch Apartmentanlagen ersetzt.

Guest House Summer Nights ▣, zentral am Ende der Bucht. 9 abgewohnte, aber helle und saubere Zimmer mit Fliesenböden, manche mit Kochnische, alle mit Kühlschrank, Balkon und Meerblick. Haken: laute Lage. Bar im EG (dort wegen Zimmern anfragen). DZ 30 €. Triq Sant' Anna, ✆ 9944 3079 (mobil).

>>> Mein Tipp: Akwador Guesthouse ▣, die netteste Unterkunft vor Ort, geführt von der liebenswerten Marija und ihrem Mann Joseph. 6 Zimmer mit Fliesenböden, Bad und Ventilator, alle mit Balkon (zur Straße), dazu ein Apartment mit toller Aussicht. Für alle gibt es eine gemütliche Dachterrasse mit Buchtblick, auf der man seinen halben Urlaub verbringen kann und auf der auch das Frühstück serviert wird. Tee und Kaffee 24 Std. gratis. DZ 40 €. Triq Vajrita, ✆ 21633369, www.akwador.com. **<<<**

Essen & Trinken/Nachtleben → Karte S. 139

Es gibt eine Handvoll sehr guter Restaurants, das Gros aber bedient den Gaumen britischer Langzeiturlauber: Fast-Food-Freunde kommen voll und ganz auf ihre Kosten.

Restaurants Grabiel ▣, geführt von den freundlichen Brüdern Carmenu und Giovanni – der eine kocht, der andere berät die Gäste. Kleine, aber feine Auswahl an Gerichten. Gepflegtes Ambiente. Hg. 17–19 €, Pastagerichte billiger. So Ruhetag. Pjazza Mifsud Bonnici, ✆ 21634194.

Tal-Familja ▣, sehr beliebtes Restaurant im gepflegten Landhausstil. Davor eine verglaste Terrasse, im Sommer klimatisiert, im Herbst offen, im Winter, falls nötig, beheizt. Spezialisiert auf maltesische Gerichte und Fisch. Als Vorspeise werden z. B. Seeigel und Schnecken gereicht. Ebenfalls gehobenere Preisklasse. Zur Lunchzeit gibt es 10 % Discount. Mo Ruhetag. Triq Tal-Gardiel, ✆ 21632161.

La Favorita ▣, nur ein paar Schritte vom Tal-Familja entfernt. Gepflegtes, fast gediegenes Lokal mit nettem Personal. Mischung aus maltesischer, italienischer und internationaler Küche. Zu empfehlen: Entenbrust mit Orangensoße, Schwertfisch mit Kapernsoße oder *Aljotta*, die maltesische Fischsuppe. Hg. 12,50–19,50 €. ✆ 21634113.

Nargile ▣, gemütliches orientalisches Shisha-Restaurant mit bunten Teppichen, farbenfrohen Kacheln und Weltmusik aus den Boxen. Hier isst man scharfe Currys, aber auch Kebab und Humus, und das zu günstigen Preisen. Di Ruhetag. Triq Tal-Gardiel, ✆ 21636734.

Restaurant il-Pitch/Marsascala Sports Club ▣, das Restaurant des örtlichen Sportvereins liegt direkt am Wasser im Norden der Bucht. Einfach und gemütlich. Die örtliche Jugend spielt hier im Sommer bis in den Abend hinein Wasserball. Das Essen geht in Richtung Fast Food: Pizza, Pasta, Sandwichs und Salate, die Preise sind okay. ✆ 21633957.

Palm Valley ▣, riesige, populäre Abfütterungsstelle. Was zählt, sind die großen Portionen zu günstigen Preisen. Natürlich keine Gourmetküche, aber für den Preis durchaus okay. Pizza, Pasta, Burger, Grillgerichte, selbst Kebab. Hg. 4–16 €. Tägl. ab 18 Uhr, So ab 12 Uhr. Triq il-Gardiel, ✆ 21636278.

Bars & Nachtleben Die populärsten Kneipen für das Vorabendbier (so mancher Gast zischt hier auch schon das Vormittagsbier) sind das **Summer Nights** 3 und das **Lemon 'n Lime** 2 an der Triq ix-Xatt.

Später kann man an die Triq Tal-Gardiel wechseln. Ab 22 Uhr ist dort die Dachterrasse des **Speak Easy** 6 ein gemütlicher Treffpunkt (Musik querbeet). Populär ist auch der Houseclub **Chapters** 10 etwas weiter an der Straße zur Bajja San Tumas (Achtung, der Club wechselt des Öfteren seinen Namen). Falls man noch nicht volljährig ist, macht man schon davor im Discoclub **Vampiro** 7 halt.

Żejtun
Seytun

Die alte, geschichtsträchtige Stadt, die einst unter dem Namen *Bisqallin* bekannt war, überblickt die Buchten von Marsaskala, San Tumas und Marsaxlokk. Bereits im 15. Jh. erhielt Żejtun den Status einer Gemeinde und wurde für lange Zeit das Verwaltungszentrum des Südostens. Wie kaum ein anderer Ort dieser Gegend war Żejtun Piratenüberfällen ausgesetzt, mehrmals wurde die Stadt geplündert und gebrandschatzt. In den hübschen, teils engen Gassen herrscht heute eine Ruhe, als erhole man sich noch immer von jener schrecklichen Zeit.

Das Zentrum befindet sich rund um die von Gafà entworfene Pfarrkirche Santa Katarina aus dem 18. Jh.; Post und Bank, zwei Band-Clubs und das Parteibüro der Labour Party haben dort ihren Sitz. Kunstgeschichtlich wesentlich interessanter, obwohl schlichter, ist die Kirche **San Grigor** am Ortsrand. Sie ist eine der ältesten Kirchen Maltas. Ihre Grundmauern reichen vermutlich bis ins 10. Jh. zurück. Bei Sanierungsarbeiten Anfang der 1970er stieß man auf geheime Gänge, die durch die dicken Wände des nördlichen Armes der Kirche führen. In ihnen fand man die Skelette von mehr als 80 Menschen. Wie sie dahin kamen, ist ein Rätsel – die meisten Erklärungen in diesem Zusammenhang geben Piratenüberfälle als Ursache an (von der Pfarrkirche Santa Katarina nahe der Post ausgeschildert; nur Sa/So 7–12 Uhr).

Busverbindungen Von und nach **Valletta** fahren alle 30 Min. Nr. 84 und alle 60 Min. Nr. 135, nach **Marsaskala** alle 60 Min. Nr. X5 und 135. Um von der Bushaltestelle ins Zentrum zu gelangen, folgt man der Triq il-Madonna Tal-Bon Kunsill vorbei an der Polizeistation.

Festa Am dritten Sonntag im Juni.

Marsaxlokk
Marsaschlokk

Gerade mal 10 km von Valletta entfernt erstreckt sich die große Marsaxlokk Bay, eine geschützte Zwillingsbucht, an deren Ufern zwei Städtchen liegen. 1565 gingen hier die Türken an Land, 1798 ankerte hier Napoleon. Heute steuern große Containerschiffe und kleine Fischerboote die Marsaxlokk Bay an. Erstere laufen Birżebbuġa an, Letztere Marsaxlokk.

Marsaxlokk (3340 Einwohner) bedeutet übersetzt nichts anderes als „Hafen im Südosten", und dieser Hafen ist der bedeutendste Fischereihafen der Insel. Von den rund 300 hauptberuflichen Fischern, die es auf Malta noch gibt, kommen zwei Drittel aus Marsaxlokk. Für Malta selbst ist die Fischerei zwar kein bedeutender Wirtschaftszweig mehr, für Marsaxlokk aber schon. Um die 800 t Fisch werden hier jährlich an Land gebracht. 1987 war es gar ein 4000 kg schwerer weißer Hai, der aus dem Wasser gezogen wurde.

Von allen touristischen Zentren werden Ausflugsfahrten nach Marsaxlokk angeboten. Spaziert man die palmengesäumte Uferpromenade frühmorgens entlang, wenn die Fischerboote in den Hafen einlaufen, Restaurantbesitzer den Fang übernehmen und Netze am Kai ausgebreitet werden, dann besitzt der Ort durchaus einen Hauch von Fischerstädtchenromantik. Kommt man aber ein paar Stunden später, zusammen mit den Touristen der Ausflugsbusse, dann erinnern an das größte Fischerstädtchen Maltas nur noch die unzähligen, farbenprächtigen Boote, die *Luzzus*, die im Hafenbecken und entlang der Kaimauer schaukeln. Die Fischer haben sich zu dieser Stunde längst verabschiedet und Souvenirstände bestimmen das Bild.

Lohnenswert ist ein Besuch Marsaxlokks aber auch am Abend, wenn man in den Fischrestaurants neben maltesischen Familien sitzt – besonders unterhaltend am Samstag und Sonntag. Fast nirgendwo sonst auf Malta ist die Auswahl an frischem Fisch so groß und sind die Preise so niedrig. Auf der Speisekarte stehen im Sommer überwiegend Schwert- und Thunfisch, nach dem 16. August, wenn die Fangsaison eröffnet ist, auch *Lampuki*.

Touristen, die länger bleiben, gibt es allerdings nur wenige. Das liegt v. a. daran, dass der Blick auf den Freeport und das riesige Kraftwerk auf der Delimara-Halbinsel die Idylle trübt. Auf der anderen Seite der Halbinsel laden dafür schöne Felsstrände zum Baden ein – Marsaxlokks sandiger Hausstrand beim Hafen (Kraftwerksseite) ist wenig spannend. Im Südwesten ist Marsaxlokk durch eine kleine Landzunge von Birżebbuġa getrennt, auf der der **Wachturm San Lucian** steht. Vor dessen Eingang rosten schwere Anker großer Ozeanriesen, im Innern beherbergt er ein meeresbiologisches Forschungszentrum mit einigen Aquarien (Führungen Sa um 9, 10 u. 11 Uhr). Im Nordosten Marsaxlokks liegen die Ausgrabungsstätte **Ta Silġ** und die gleichnamige ehemalige Batterie, die von einem tiefen Graben umzogen ist. Die Anlage nutzt heute das *Island Sanctuary*, ein Tierheim.

Peter's Pool, einer der schönsten Felsstrände des Archipels

Basis-Infos

Bus Nr. 81 über Paola und Tarxien nach **Valletta** sowie Nr. 119 alle 60 Min. über Żejtun nach **Marsaskala** (Abfahrt in einer Parallelstraße zur Uferstraße, die Gasse Triq Sant' Andrija rechts des Restaurants Il-Bukket nehmen). Zudem Nr. 119 über **Birżebbuġa** zum Freeport (Abfahrt gegenüber dem Restaurant Ix-Xlukkajr an der Uferstraße).

Festa Am ersten Sonntag im August.

Markt Jeden Sonntagvormittag an der Uferpromenade: Fisch, Gemüse, aber auch viel Plunder.

Öffentliche Toiletten Ca. 100 m östlich des Restaurants Harbour Lights.

Übernachten/Essen & Trinken/Bars

Übernachten Die Auswahl ist gering, professionell arbeiten vor Ort nur die beiden aufgeführten Unterkünfte. Wegen Apartments kann man sich jedoch auch an das Restaurant Il-Bukket und die Rising Sun Bar wenden (s. u.).

»» Mein Tipp: **Duncan Holiday Flats**, eine sehr nette Adresse. Michael Baldacchino vermietet über seinem Restaurant direkt am Hafen bei der Pfarrkirche 8 gepflegte Studios mit TV, Kühlschrank, Spüle und Geschirr, die größeren auch mit Kochgelegenheit. Fast alle mit kleinem Meerblickbalkon. Aircondition gegen Aufpreis. Von Lesern sehr gelobt. Für 2 Pers. 50 €, Frühstück extra. Xatt Is-Sajjieda 32, ✆ 21657212, www.duncanmalta.com. **««**

Harbour Lodge, das etwas landeinwärts gelegene Guesthouse war bei unserem Besuch im Herbst 2012 noch eine Baustelle, sollte jedoch bis zu Ihrem Besuch eröffnet haben. Geplant waren 17 komfortable Zimmer mit Balkon. Den Kontakt stellt auch das Restaurant Pisces an der Uferpromenade her (✆ 21654956). DZ 65 €, mit Leihwagen 80 €. Anfahrt: Entlang der Uferpromenade Richtung Birżebbuġa fahren und hinter dem Restaurant Carrubia rechts abbiegen in die Triq San Piju V, dann rechter Hand. Triq San Piju V 38, ✆ 99821491 (mobil), www.harbourlodgemalta.com.

Essen & Trinken Entlang des Hafens reiht sich ein Lokal ans andere. Fast alle haben ihre Stammklientel. Hier unsere Tipps in erster Reihe von Ost (Kirchplatz) nach West, zudem eine etwas außerhalb gelegene Empfehlung.

Ta' Victor, eine Leserentdeckung am Platz bei der Kirche. Keine Pizza, keine Pasta, sondern traditionelle maltesische Küche wie *Braġioli* (Rouladen), gefüllter Schweinebraten oder aufwendig zubereitete *Catches of the Day*. Eine überaus leckere Vorspeisenplatte gibt es umsonst dazu. Überproportionierte Portionen – man kann sich aber den Rest einpacken lassen. Hg. 10–20 €. Mo Ruhetag. ✆ 21641033.

Ix-Xlukkajr, gepflegtes Lokal im Trattoria-Stil, über zwei Etagen angelegt. Netter Außenbereich, ebenfalls am Platz bei der Kirche. Kleine Karte. Sehr fein zubereitete Fisch- und Fleischgerichte zu 12–28,50 €. ✆ 21652109.

Ir-Rizzu, was hier aus der Küche kommt, wurde von Lesern schon als „Gedicht" mit elf Ausrufezeichen dahinter bezeichnet. Und aus der Küche kommt so ziemlich alles, was einmal schwimmen konnte. Dazu diverse Pastagerichte und Vegetarisches. Zuletzt leider keine Außenbestuhlung. Hg. 9–18,50 €. So nur Lunch. ✆ 21651569.

> Die Restaurants in Marsaxlokk gehören zu den besten der Insel, zudem besitzen sie ein sehr gutes Preis-Leistungs-Verhältnis, kostenlose Vorspeisen sind in vielen Lokalen Standard. Freitag- und Samstagabend ist ohne Reservierung kaum ein Platz zu bekommen. Tagsüber, wenn die Ausflugsbusse aus der St. Paul's Bay und Sliema eintreffen, lassen Service und Qualität zuweilen jedoch zu wünschen übrig.

Il-Bukket, Familienbetrieb. Aufmerksamer, schneller Service und gute Küche. Leckerste Fischgerichte, aber auch Fleisch und

Pasta (Empfehlung: *Penne Nero di Sepia*). Hg. 7,50–22 €. So abends und Mi geschl. Zudem Vermietung von 4 etwas landeinwärts gelegenen soliden und gut ausgestatteten Apartments, das im OG mit Aussicht (die darunter sind etwas dunkel), für alle gibt es zudem eine Dachterrasse. Ca. 45 € für 2 Pers. ☎ 21651819 o. 79047662 (mobil).

Is-Sajjed, ganz im Südwesten Marsaxlokks (Richtung Birżebbuġa) auf einem kleinen Landvorsprung. Etabliertes Lokal, seit 2012 allerdings in einem Neubau mit schöner Terrasse (nach Sonnenuntergang bekommt man gar nicht mit, dass man aufs Kraftwerk blickt) und sehr guter mediterraner Küche: Pasta, Fisch und Fleisch (7–18 €). Zuvorkommender Service, fast nur maltesisches Publikum. Mo Ruhetag, So nur Lunch. ☎ 21652549.

Bars Die über 100 Jahre alte **Rising Sun Bar** an der Uferstraße östlich der Kirche ist die wohl urigste und älteste Bar vor Ort und eine originelle Mischung aus Lädchen, Kneipe und Snackbar. Mo geschl. Hier bekommt man das billigste Pint des Städtchens. **Michael Barbara**, der Inhaber, vermietet zudem Apartments am Ortsrand mit Landblick, die z. Z. d. Recherche generalüberholt wurden. ☎ 21659072, ari_inter@hotmail.com.

Delimara-Halbinsel/Baden: Auf der Ostseite der Halbinsel findet man die besten Felsstrände der maltesischen Südküste, allen voran *Peter's Pool* und die *Il-Qala-Bucht*. Aber wie das mit schönen Dingen oft ist, haben sie einen Haken: Um hinzukommen, bedarf es eines fahrbaren Untersatzes, oder man muss sich auf einen längeren Fußmarsch (ca. 30 Min.) gefasst machen. Bei starkem Andrang werden im Sommer in beiden Buchten Snacks, Softdrinks und Bier verkauft. Die Bademöglichkeiten auf der Westseite der Halbinsel sind dagegen wenig reizvoll. Sie büßen aufgrund des dortigen Kraftwerks an Attraktivität ein.

Bucht von Marsaxxlok

Wer die ganze Delimara-Halbinsel erkunden möchte, kann noch bis zum *Delimara Point*, der Landspitze fahren bzw. wandern – nicht allzu spannend. Auf dem Weg dahin passiert man ein paar verwahrloste und ein paar intakte Militärbaracken sowie einen Leuchtturm. Auf Höhe der Il-Qala-Bucht, jedoch zur Marsaxlokk-Bay-Seite, steht zudem das *Fort Delimara*, dessen heutige Wälle aus britischer Zeit stammen (nicht zugänglich). Den Parkplatz vor dem Fort suchen allabendlich jene auf, die keine Zweitwohnung sondern nur eine große Rückbank haben. Tagsüber stört dort der Anblick von viel Müll in der Landschaft, anderseits genießt man aber auch eine herrliche Aussicht über die Bucht von Marsaxlokk bis zu Maltas Freeport.

Anfahrt Peter's Pool/Il-Qala In Marsaxlokk fährt man vom Restaurant Harbour Lights an der Uferstraße gen Osten, also Richtung Kraftwerk. Die Straße führt am Restaurant Hunters Tower vorbei. Kurz darauf erreichen Sie die Zufahrtsstraße zum

Kraftwerk, links halten. Nach ca. 300 m fahren Sie bei einem Kreisverkehr rechts bergauf. Bei der nächsten Kreuzung biegt man bei der Kirche von Ta Silġ rechts ab. Bei der darauffolgenden Weggabelung hält man sich erneut rechts. Nun folgt man stets der Straße, bis ein Hinweisschild nach links zum Peter's Pool weist. Ein schmaler, holpriger Schotterweg führt zum Parkplatz.

> **Achtung**: Lassen Sie keine Wertsachen im Auto! Bei rauer See lohnt die Anfahrt übrigens nicht – dann ist das Baden gefährlich! Vorsicht auch vor Quallen.

Um in die Il-Qala-Bucht zu gelangen, fährt man einfach geradeaus weiter, vorm Fort Delimara müssen Sie links auf den Parkplatz ab.

Fußweg Vom Restaurant Harbour Lights in Marsaxlokk folgt man der Uferstraße gen Osten, also Richtung Kraftwerk. Die Straße führt am Restaurant Hunters Tower vorbei. Kurz darauf erreicht man die Zufahrtsstraße zum Kraftwerk und hält sich dort rechts. Nach ca. 250 m zweigt man hinter einem einzeln stehenden Haus mit kleinen Fenstern und Turmansatz nach links auf einen steil bergauf führenden Weg ab. Dieser endet schließlich als Pfad unterhalb einer Mauer. Hier hält man sich links, bis es wieder steil bergauf geht und man auf der Anhöhe der Halbinsel die Zufahrtsstraße zum Delimara Lighthouse erreicht, dort rechts halten. Nun folgen Sie der Straße, bis nach ca. 400 m ein Hinweisschild nach links zum Peter's Pool weist.

Tauchen Unter Wasser begeistert die Delimara-Landzunge (insbesondere am Delimara Point) wegen ihrer imposanten Abhänge und zahlreichen Höhlen (die meisten auf ca. 25 m). Eine Landzunge weiter nördlich, vorm Kap Xrobb-l-Għaġin, liegt in 40 m Tiefe auf dem Meeresgrund der *Belheim Bomber*, ein Flugzeugwrack aus dem Zweiten Weltkrieg.

Ta Silġ (Tas-ßildsch): Die archäologisch bedeutende Ausgrabungsstätte Ta Silġ liegt nur 1 km nordöstlich von Marsaxlokk. Italienische Archäologen deckten hier Mitte der 1970er einen punisch-römischen Tempel auf. Die Punier hatten ihn der Göttin Astarte gewidmet (griechisch: Hera), der Römer, so nimmt man an, gestalteten ihn zu dem berühmten Junotempel um, der nach Ciceros Bericht von Verres geplündert wurde. Das Gelände ist ummauert und kann nach Terminvereinbarung (✆ 22954307, www.heritagemalta.com) besichtigt werden. Man kann jedoch auch nur einen Blick über die Mauer werfen – das Gelände ist einsehbar.

Anfahrt In Marsaxlokk fährt man vom Restaurant Harbour Lights an der Uferstraße gen Osten, also Richtung Kraftwerk. Die Straße führt am Restaurant Hunters Tower vorbei. Kurz darauf erreichen Sie die Zufahrtsstraße zum Kraftwerk, links halten. Nach ca. 300 m fahren Sie bei einem Kreisverkehr rechts bergauf. Parken Sie bei der nächsten Kreuzung bei der Kirche von Ta Silġ. Folgen Sie dann für ca. 100 m der Straße links bergauf Richtung Marsaskala und schauen Sie dann rechter Hand über die Mauer. Wer groß genug ist, findet eine Stelle, um darüber zu blicken, ansonsten muss man auf einen Stein steigen.

> **Luzzus**
>
> Die typischen maltesischen Fischerboote tragen zwar meist christliche Namen, ihren Bug aber ziert das Horusauge, eine altägyptische Hieroglyphe. Der falkenköpfige Horus, Sohn von Isis und Osiris, galt im alten Ägypten als Himmels- und Sonnengott. Das Horusauge, das auch die Schiffe der alten Ägypter zierte, soll den Fischern nicht nur Glück bringen und ihre Boote auf See schützen, sondern symbolisiert zugleich Wachsamkeit vor den Gefahren der Tiefe.

Birżebbuġa

Birsebudscha

Birżebbuġa ist das industrielle Zentrum des Südostens. Die Stadt an der Marsaxlokk Bay erstreckt sich wiederum selbst um zwei Buchten, die St. George's Bay und die Pretty Bay, Letztere mit einem beliebten Sandstrand. Die Attraktionen in und nahe der Stadt: eine Höhle, Tempelanlagen und der Playmobil Fun Park.

Blickt man auf den schönen Sandstrand in der Pretty Bay, fragt man sich, warum ausgerechnet unmittelbar vor Birżebbuġa (10.500 Einwohner) der Freeport, Maltas großer Containerhafen, entstehen musste und warum sich ausgerechnet hier die Öl- und Gasindustrie niederlassen musste, wirkt doch das Städtchen mit seinem hübschen Ortskern wie dafür geschaffen, die Rolle des touristischen Zentrums im Südosten Maltas zu spielen.

Die Antwort ist einfach. Ohne den riesigen Containerhafen hätte es den großen Sandstrand in der Pretty Bay nie gegeben. Er entstand mehr oder weniger über Nacht, als man den Freeport ausbaggerte und den Sand in der Pretty Bay ablud. Nun hat die Stadt also jenen herrlichen Strand, der mehr als einladend wäre – blickte man nicht auf den Freeport und die umliegenden Öl- und Gastanks. Ein paar Touristen scheint dieser Umstand jedoch kaum zu stören; es gibt zwei Hotels und ein Guest House, die allesamt fest in britischer Hand sind.

Busverbindungen Von und nach **Valletta** fährt Nr. 82, über **Marsaxlokk** nach **Marsaskala** alle 60 Min. Nr. 119. Zum **Flughafen** und weiter nach Valletta zudem alle 60 Min. X4. Für viele Ziele im Westen oder Norden der Insel steigt man am Flughafen (→ S. 32) um.

Einkaufen Jeden Do Markt in der Triq Santa Katarina nahe der Grundschule.

Festa Am ersten Sonntag im August.

Übernachten Neben den aufgeführten Hotels gibt es vor Ort auch Apartments zu mieten.

Water's Edge, das nagelneue Hotel sollte bis zu Ihrem Besuch eröffnet haben. 7-stöckiger Bau in erster Reihe neben dem Strand. Fast alle Zimmer mit Balkon und Hafenblick.

*** **Sea Breeze Hotel**, untere Mittelklasse hinter der Uferstraße. Schlichte, abgewohnte Zimmer nach hinten, etwas komfortablere zur Meerseite hin. Zudem Apartments für Selbstversorger. DZ mit Meerblick 64 €, ohne 55 €, Apartments für 2 Pers. günstige 30 €. Pretty Bay, ℡ 21651256, ✉ 21653898, www.seabreezehotelmalta.com.

Essen & Trinken Wer gut essen will, fährt die knapp 2 km nach Marsaxlokk. Vor Ort v. a. Fast Food. Eine Ausnahme:

Ferretti, in einer kleinen, runden Festung aus dem 18. Jh. Kühle Inneneinrichtung, draußen eine herrliche Terrasse am Meer. Gehobene mediterran-internationale Küche (Fettuccine mit Ente und Radicchio, Kalbsmedaillons mit Haselnusssoße), außerdem Pizza. Hg. 8–20 €. Triq il-Qajjenza (Küstenstraße Richtung Marsaxxlok), ℡ 21650247.

Sehenswertes in und um Birżebbuġa

Malta Freeport: Im Süden von Birżebbuġa, beim Stadtteil Kalafrana, liegt der Malta Freeport, ein Containerumschlaghafen, der seit 1988 den Westen der Marsaxlokk Bay dominiert. Aufgrund von Maltas günstiger Lage im Mittelmeer werden hier jährlich rund 2,5 Mio. TEU *(twenty feet equivalent units)* umgesetzt, also ein Volumen von umgerechnet 2,5 Mio. Containern mit der Standardlänge von 6,10 m. Vom Malta Freeport bestehen regelmäßige Verbindungen zu über 60 Häfen rund um das Mittelmeer und das Schwarze Meer. Die nahe dem Freeport gelegene ausgeschilderte alte Festungsanlage *Fortizza ta' Benghajsa* ist eher uninteressant.

Höhle Għar Dalam (Ahr Dalam): Die 214 m lange „Höhle der Finsternis" ist die bekannteste Karsthöhle Maltas. Ins Innere kann man 144 m weit vorstoßen. Bekannt wurde die Höhle durch Ausgrabungen in den Jahren 1933 bis 1937. Dabei konnten verschiedene Bodenschichten bestimmt werden: In den oberen Schichten stieß man auf Funde aus der nachphönizischen Epoche, der Bronzezeit und der Jungsteinzeit. Darunter lag eine dicke Schicht roter Erde, in der man Knochen von Rotwild fand. Als man daraufhin einen weiteren Meter tiefer grub, förderte man Knochen, Zähne und Hauer, überwiegend von Zwergelefanten und Flusspferden, ans Tageslicht. Zuunterst lag eine Tonschicht. Insgesamt zählten die Wissenschaftler bei den Ausgrabungen ca. 17.000 Knochen, etwa 2000 davon sind in dem kleinen Museum ausgestellt, das am Beginn des Pfades zur Höhle steht. Da Knochenfunde ähnlicher Tiere in Sizilien, jedoch nie in Afrika gemacht wurden, heizte dies eine Diskussion darüber an, ob Malta überhaupt je mit Nordafrika verbunden war.

Prähistorische Knochenfunde im Museum Għar Dalam

Aber nicht nur Tiere suchten die Höhle auf. Bereits 5000 v. Chr. sollen die ersten Menschen Għar Dalam als Behausung genutzt haben. 1911 wurden die letzten Bewohner aus ihr vertrieben. Keine Sorge übrigens vor den Bienen im Eingangsbereich – es sind harmlose Erdbienen.

Öffnungszeiten Tägl. 9–17 Uhr. 5 €, erm. 3,50 €, Kinder 2,50 €. www.heritagemalta.com.

Anfahrt Von Valletta kommend am Ortseingang von Birżebbuġa auf der rechten Seite (Hinweisschild). Davor befindet sich auch eine Bushaltestelle (Dalam). Achtung: aus der anderen Richtung kein Hinweisschild.

> **Hinweis:** Aufgrund der Gefahr eines Felsabbruchs ist die spektakuläre Höhle **Għar Hasan** (Ahr Hasan) in den steil abfallenden Klippen nahe dem Industriegelände Ħal Far bei Birżebbuġa offiziell nicht mehr zugänglich!

Ausgrabungsgelände Borġ in-Nadur (Bordschin-Nadur): Der Ausgrabungskomplex besteht aus den spärlichen Resten einer Tempelanlage und einer Siedlung, die zugleich Namengeber für die kulturelle Borġ-in-Nadur-Phase der Vorgeschichte (1500–750 v. Chr.) wurden. In dieser Epoche begann man, Siedlungen mit Steinwällen (bis zu 4 m hohe Wälle sind noch erhalten) zu befestigen und entwickelte eine Töpferware, deren Besonderheit ein Stellfuß ist. 1881 wurde mit den Ausgrabungen des Tempelbereichs begonnen, zwischen 1922 und 1927 wurde die Anlage vollends freigelegt. Das Areal kann jedoch nur nach vorheriger Absprache mit *Heritage Malta* (✆ 22 954000, Eintritt 5 €, erm. 3,50 €; www.heritagemalta.com) besichtigt werden.

Anfahrt/Fußweg Die Abzweigung zum Ausgrabungsgelände ist in der St. George's Bay von der stadtauswärts führenden Straße (Richtung Valletta) aus beschildert. 80 m nach der Abzweigung bei der Kapelle San Ġorġ links halten und weiter bergauf fahren bis zum Ende der Straße.

Birżebbuġa: Strandvergnügen mit gewöhnungsbedürftiger Kulisse

Ħal Far und Playmobil Fun Park: Das ehemalige Gelände des Militärflughafens Ħal Far südwestlich von Birżebbuġa ist heute ein trostloses Industriegebiet. Zwischen diversen Pharmaunternehmen und einem Camp für Bootsflüchtlinge steht auch ein Playmobil-Werk der Fürther Brandstätter-Gruppe, in dem fast 1000 Beschäftigte Jahr für Jahr 100 Mio. Playmobilmännchen produzieren. Dem Werk ist ein Spaßpark angeschlossen – ein Spielerlebnis für kleine Playmobilfans! Geboten werden ein Kinderspielplatz mit Rutschen und Pumpbrunnen, ein Sandkasten mit Plastikschweinen (!), eine Cafeteria, Spielzonen mit Wasserkanälen und Spielecken mit Burgen, Villen, Feuerwehren und Schiffen, dazu jede Menge Ritter, Piraten, Zirkusfiguren und dergleichen. Natürlich gibt es auch Showkästen, die die gesamte Produktpalette zeigen, und einen Playmobil-Shop (z. T. billiger, z. T. teurer als daheim!).

Anfahrt/Busverbindung Vor Ort ausgeschildert, von Valletta, Birżebbuġa und vom Flughafen mit Bus Nr. X4 alle 30 Min. zu erreichen.

Öffnungszeiten Funpark, tägl. 10–17.45 Uhr, im Sommer So nur bis 13 Uhr. Kinder 2,40 €, Erw. die Hälfte. **Fabrikführungen** finden i. d. R. Mo–Fr 2-mal tägl. statt (Anmeldung unter ✆ 22242445), 8,50 €/Pers. www.playmobilmalta.com/funpark

Żurrieq

Surrie

Das 10.000-Einwohner-Städtchen im Süden Maltas wird meist auf dem Weg zur Blue Grotto links liegen gelassen. Und ist man nicht gerade ein Fan von Mattia Preti oder von Kirchen und Kapellen, dann kann man auch guten Gewissens daran vorbeifahren. Ansonsten lohnt ein Besuch der **Pfarrkirche Santa Katarina** (tägl. 6–11 und 16.30–19.30 Uhr). Sie beherbergt mehrere schöne Gemälde Mattia Pretis; der Maler hatte während der Pest von 1675 sein Atelier in den Ort verlegt.

Ein für Żurrieq bedeutendes, für die Allgemeinheit aber eher uninteressantes Gebäude ist der im Verfall begriffene **Palazzo Armeria** aus dem 17. Jh., der den Großmeistern Pinto, Ximenes und Rohan als Waffenarsenal diente. Man erreicht ihn, wenn man vom Busterminus das Sträßlein Triq Il-Ħaddiema etwa 80 m ent-langgeht. Am östlichen Ortsrand wartet Żurrieq schließlich noch mit einer alten **Windmühle** auf.

Busverbindungen Von und nach **Valletta** Nr. 71 u. alle 30 Min. Nr. 73, zum **Airport** alle 60 Min. Nr. 117, 118 u. 201. Zudem tagsüber stündl. Nr. 201 über Ħaġar Qim und Siġġiewi nach **Rabat**. Von Mai bis Okt. fährt zudem tagsüber fast jeder vierte Bus der Linie Nr. 71 weiter nach Ħaġar Qim und Għar Lapsi, im Winter endet die Linie 71 in Żurrieq.

Einkaufen Jeden Donnerstagvormittag Markt am Hauptplatz.

Festas Um den 16. Juli und am ersten Sonntag im September.

Kapelle Ħal Millieri: Außerhalb der Stadtgrenze Żurrieqs liegt die Kapelle Ħal Millieri, einziges Überbleibsel der vor Jahrhunderten aufgegebenen und vergessenen gleichnamigen Siedlung. 1960 nahm sich *Din l'Art Ħelwa*, ein Verein, der sich um den Erhalt von Maltas kulturellem Erbe bemüht, ihrer an und leitete Renovierungsarbeiten ein. Heute zählt die spätmittelalterliche Kapelle zu den bedeutendsten Beispielen maltesischer Architektur des 15. Jh. Sie besitzt noch Wandmalereien aus jener Zeit. Leider ist sie nur jeden ersten Sonntag im Monat von 9.30–12 Uhr zugänglich (www.dinlarthelwa.org).

Fußweg Vom Busterminus Żurrieqs nahe der Pfarrkirche geht man die Triq Dun Ġużepp Zammit hinab, bis man die breite Zufahrtsstraße zur Blue Grotto erreicht, dann rechts halten und die nächste Straße wieder links. Nun müssen Sie die Rechtsabzweigungen beachten. Die zweite Möglichkeit ist Ihre. An Feldern vorbei gelangt man schließlich zu zwei Kapellen, die erste auf der rechten Seite ist die Kapelle Ħal-Millieri. Zu Fuß dauert der Weg ca. 15 Min., die Anfahrt ist auch mit dem Pkw möglich.

> **Hinweis**: Eine weitere freistehende mittelalterliche Kapelle ist **Santa Marija ta' Bir Miftuħ** (vermutlich um 1430). Sie liegt nahe der Straße von Gudja zum Flughafen, u. a. kommen die Busse Nr. X5 und X7 von Valletta zum Flughafen an ihr vorbei. Auch in dieser Kapelle sind Wandmalereien zu sehen, u. a. ein erst kürzlich unter viel Putz entdecktes Fresko des Jüngsten Gerichtes. Auch dieser Kirche nahm sich Din l'Art Ħelwa an. Leider nur So 9.30–12 Uhr geöffnet.

Qrendi

Rendi

Das Bauernstädtchen hat wenig zu bieten. Für die meisten Touristen ist es lediglich eine Durchgangsstation auf dem Weg zu den sehenswerten Tempeln Ħaġar Qim und Mnajdra. Die einzige Attraktion Qrendis liegt am Ortsrand, an der Straße zur Blue Grotto: **Il-Maqluba**, eine ca. 100 m breite und ca. 50 m tiefe Senke. Sie entstand durch den Einsturz einer unterirdischen Aushöhlung. Von der nahe gelegenen Kapelle San Mattew führt ein 150 m langer Weg bis an den Rand der Senke.

Fast spannender als ein Blick in den Il-Maqluba-Kessel ist ein Blick in die tiefen Steinbrüche Maltas (→ Kasten S. 154), die in großer Zahl rund um die nahe gelegene Ortschaft **Mqabba** liegen und die man u. a. auf dem Weg von Valletta nach Qrendi passiert. Viele verstecken sich jedoch hinter meterhohen Mauern.

Busverbindungen Nr. 72 alle 30 Min. von und nach **Valletta**.

Festas Patronatsfeste von Qrendi und Mqabba am 15. August.

Touristenattraktion – Blue Grotto

Blue Grotto

Sie zählt zu den bekanntesten und beliebtesten Ausflugszielen Maltas. Durch eine über 20 m hohe, bogenartige Felsformation namens **Taħt Il-Ħnejja** gelangt man auf einem Fischerboot in die ca. 50 m tiefe Grotte. Die Engländer gaben ihr ihren Namen in Anlehnung an das Pendant auf Capri – nicht zu Unrecht: Das Wasser darin bietet ein prächtiges Farbenspiel von Türkisblau bis Tiefschwarz.

Die Ausflugsboote in die Grotte starten von der Bucht **Wied iż-Żurrieq**, einst der Fischerhafen Żurrieqs, heute eine kleine Häuseransammlung, bestehend aus Souvenirshops, Bars und Restaurants, die auf den schnellen Euro aus sind. Es lohnt sich, die Grotte vormittags zu besichtigen, wenn das einfallende Sonnenlicht das Wasser der Höhle in allen Blautönen leuchten lässt.

Busverbindungen Wied iż-Żurrieq (Haltestelle Grotto) passiert Bus Nr. 201 stündl. auf dem Weg vom Flughafen nach Rabat, zudem von Mai bis Okt. stündl. Nr. 71 von und nach **Valletta**. Falls Sie im Anschluss die Tempel Ħaġar Qim und Mnajdra besuchen wollen, müssen Sie nicht unbedingt auf den Bus warten – zu Fuß sind es ca. 2 km.

Bootsausflug Eine Fahrt zur Blue Grotto und zu 6 weiteren Höhlen kostet 7 €, für Kinder die Hälfte. Dauer der Tour ca. 25 Min. Die ersten Boote starten gegen 9 Uhr, um 17.30 Uhr (im Winter 16 Uhr) ist Feierabend. www.bluegrotto.com.mt.

> Bei rauer See bleiben die Boote im Hafen. Bei unsicheren Wetterverhältnissen erkundigen Sie sich am besten vor Antritt der Fahrt zur Blue Grotto unter ☎ 21640058, ob die Boote überhaupt ablegen.

Parken Bewachter Parkplatz oberhalb der Souvenirgeschäfte, Trinkgeld wird erwartet.

Tauchen Nahe der Blue Grotto lassen sich spektakuläre Höhlentauchgänge (bis knapp 30 m Tiefe) unternehmen.

Tempelanlagen von Ħaġar Qim und Mnajdra

Hadschar-im und Imnaidra

Die Tempelkomplexe von Ħaġar Qim und Mnajdra – beide in der UNESCO-Welterbeliste verzeichnet – zählen ohne Zweifel zu den beeindruckendsten Sehenswürdigkeiten Maltas.

Auf der Postkartenhitliste Maltas rangieren die Tempel von Ħaġar Qim und Mnajdra ganz oben. Doch so, wie die Tempel dort meist abgebildet sind – frei in der Natur, in einsamer, dem Meer zugewandter Lage –, sieht man sie heute nicht mehr. Mittlerweile wurden die Tempel mit zirkuszeltähnlichen Schutzdächern versehen. Was dem Erhalt der steinernen Reste zugutekommt, tut dem Auge nun leider ein bisschen weh.

Gerade 500 m liegen die beiden Tempelkomplexe auseinander. Von hier stammen u. a. die im Archäologischen Museum in Valletta zu besichtigenden Fundstücke *Venus von Malta* und die *Sitzende Frau*. Vom Grundriss her ähneln die Anlagen anderen Tempeln auf Malta und Gozo. Da sie aber eher ein Abbild als ein Vorbild für andere Tempelbauten waren, stehen sie, verglichen mit den Tempeln von Mġarr oder Ġgantija, in wissenschaftlichen Diskursen in deren Schatten. Für den Laien jedoch gehören sie zu den imposantesten Beispielen der Tempelbaukunst der maltesischen Frühgeschichte. Selbst wenn man nur zum Baden nach Malta gefahren ist, sollte man sich einen Besuch dieser eindrucksvollen Tempel nicht entgehen lassen. Als kleine Zugabe erhält man einen Blick auf Filfla (→ S. 155), ein kleines, der Küste Maltas vorgelagertes Inselchen.

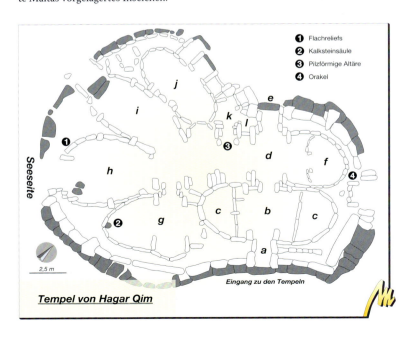

Tempel von Hagar Qim

Mit den Ausgrabungen von Ħaġar Qim, den „Stehenden Steinen", die aus einem Erdhügel schauten, wurde 1839 auf Anregung des britischen Gouverneurs Sir Henry Bouveri begonnen. Die Malteser glaubten bis dato, die rätselhaften Steinformationen seien Behausungen von Riesen gewesen, die einst die Insel bewohnten. Bis 1954 machten sich Archäologen aus verschiedenen Nationen ans Werk. Ein 600 m langer und 300 m breiter Komplex aus zwei großen Tempelanlagen und einer Zisterne kam zutage, dabei der größte je in einer maltesischen Tempelanlage verwendete Monolith mit einer Höhe von 4,5 m, einer Breite von 7 m und einem Gewicht von ca. 20 t.

Auf den Besuch der Tempelanlagen stimmt ein modernes Informationszentrum neben dem Parkplatz ein. Hier wird ein eher informationsfreier 5-minütiger Film gezeigt, dazu eine kleine Ausstellung mit Informationen zur Entstehungsgeschichte und einigen Kleinfunden präsentiert. Von besonderem Interesse ist ein Lichtmodell, das u. a. auf die astronomische Ausrichtung der Tempelanlagen eingeht. Die Hauptachse von Ħaġar Qim ist z. B. entsprechend der maximalen nördlichen und südlichen Neigung des Vollmondes angelegt. Bis zu den Orakelöffnungen drang nur am Tag der Sonnenwende ein Lichtstrahl vor.

Öffnungszeiten Die Tempel sind tägl. 9–17 Uhr geöffnet, im Sommer bis 19 Uhr. Eintritt für beide Tempel 9 €, erm. 6,50 €, Kinder 4 €. Für Blocktickets → S. 56. www.heritagemalta.com.

Busverbindungen Die Tempelanlagen (Haltestelle Ħaġar) passiert Bus Nr. 201 stündl. auf dem Weg vom **Flughafen** nach **Rabat**, zudem Mai–Okt. stündl. Nr. 71 von und nach Valletta.

Anfahrt/Parken Ab Qrendi bestens ausgeschildert. Bewachter Parkplatz. Trinkgeld wird erwartet.

Ħaġar Qim: Die Tempelanlage entstand, so wird vermutet, ca. 2800 v. Chr. Als Baumaterial diente Globigerinenkalkstein, der sonst nur bei wenigen maltesischen Tempelbauten in solchem Maße Verwendung fand. Insbesondere zur Seeseite zeigen die Monolithen des Komplexes daher starke Erosionsspuren. Die Tempelstätte wurde im Laufe der Jahrhunderte mehrmals umgebaut, der mit fünf Kammern dem Nordtempel von Ġgantija (→ S. 235) ähnliche Plan durch ovale Räume ergänzt. Die strenge Geschlossenheit der Fassade lässt die fast verwirrende Unregelmäßigkeit dahinter kaum vermuten. Man nimmt an, dass die Anlage eine Art Haupttempel

Die Tempelanlage von Mnajdra

Tempelanlagen von Ħaġar Qim und Mnajdra

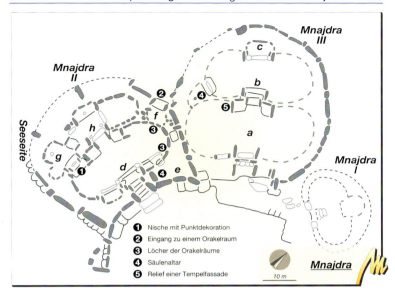

❶ Nische mit Punktdekoration
❷ Eingang zu einem Orakelraum
❸ Löcher der Orakelräume
❹ Säulenaltar
❺ Relief einer Tempelfassade

für einen heiligen Bezirk war. Sicher ist, dass darin Tieropfer dargebracht wurden. Zu jener Zeit wimmelte es auf Malta von Hirschen und Rehen, Kaninchen, Wildkatzen und Hermelinen. Anhand der Grabungsfunde nimmt man ferner an, dass auch Fruchtbarkeitsriten durchgeführt wurden. Ob den Tempeln Priesterinnen oder Priester vorstanden, weiß man nicht. Auf jeden Fall aber waren die Tempelbereiche so heilig, dass sie keinerlei Bedrohung fürchten mussten. Bei keiner Tempelanlage Maltas wurden jemals Waffen gefunden, auch besitzt kein Tempel Verteidigungswälle.

Rundgang Die die Tempelanlage umschließende Mauer verfügt über mehrere Eingänge, die alle eine Fassade hatten. Der imposante Trilitheingang, bestehend aus zwei aufrechten und zwei darüber liegenden Steinblöcken, war vermutlich auch der **Haupteingang (a)**. Er wurde nach den Ausgrabungen wieder aufgebaut. Durch ihn gelangt man in einen **Innenhof (b)**. Rechts und links davon sieht man Fenstersteine, durch die man in die **Seitenkammern (c)** blicken kann. Beim linken Fensterstein lassen sich noch gut die Ösen erkennen, die als Aufhängung einer Tür dienten. Solche Ösen wurden mit Hirschgeweihen in den Stein gebohrt. Rund um den Innenhof fallen Blockaltäre mit Punktdekor auf. Linker Hand vor dem Durchgang zum Mittelhof fand man die *Venus von Malta*.

Über einen Holzsteg gelangt man in den länglichen **Mittelhof (d)**. Gegenüber liegt ein weiterer **Eingang (e)**, der ursprünglich eine Hauptaltarnische war. Bei der rechten **Apside (f)** erkennt man ca. 40 cm über dem Boden ein Orakelloch (4), das in einen kleinen, nur von außen zu betretenden Raum mündet. Die linke Hälfte des Mittelhofs war einst ebenfalls eine Apside, bis vier Räume daran angebaut wurden. Während die **Räume (g), (i)** und **(j)** fast eine nierenförmige Form besitzen, weist **Raum (h)** eher eine ovale Form auf – leider zuletzt allesamt nicht mehr zugänglich.

Vom länglichen **Mittelhof (d)** erweckt der Zugang zu einer kleinen **Kammer (k)**, die durch die Umbauten an der Tempelanlage entstand, Interesse. Der dortige mit Punktsymbolik versehene Trilitheingang wird von zwei sog. Pilzaltären flankiert (3). Im versteckt gelegenen **Raum (l)** fand man Knochen und Hörner, aufbewahrt in zerbrochenen Keramikgefäßen. Man nimmt an, dass sie Andenken an die Brandopfer waren.

Mnajdra: Der Tempelkomplex von Mnajdra umfasst drei Einzeltempel, die zu den verschiedensten Zeiten errichtet wurden. Der kleinste und zugleich älteste davon, den man *Mnajdra I* nennt, soll bereits 3400 v. Chr. entstanden sein, der jüngste, *Mnajdra III*, etwa 2700 v. Chr.

Der beeindruckendste Tempel, speziell wegen seiner Punktornamentik, ist *Mnajdra II*. Die Tempel sind größtenteils von einer Mauer aus korallinem Kalkstein umgeben und deshalb weniger anfällig für die Verwitterung als Ħaġar Qim. Die Ausgrabungsgeschichte der Tempelanlage ähnelt der von Ħaġar Qim.

Rundgang Vom ältesten Tempel, **Mnajdra I**, ist nur noch wenig erhalten. Man erreicht ihn über sieben Stufen vom Vorplatz, um den die Tempel fast halbkreisförmig angeordnet sind. Das Bauwerk war kleeblattförmig angelegt; ohne eine künstliche Aufmauerung wäre dies kaum mehr zu erkennen. Nur noch die unterste Steinsetzung ist original.

Mnajdra III betritt man durch einen nur noch rudimentär vorhandenen Trilitheingang mit Fensterstein. Er ist der größte Tempel des Komplexes. Das Innere des Tempels ist übersichtlich, da unverbaut. Den Durchgang von **Raum (a)** zu **Raum (b)** flankieren zwei Altäre. Beachtenswert ist die hintere Steinplatte des linken Altars, worauf man mit viel Fantasie das Relief eines Megalith-Tempels **(5)** erkennen kann. Die zweite **Kammer (b)** wird durch die **Hauptapsis (c)** dominiert. Des Weiteren zieht linker Hand eine fensterähnliche Öffnung den Blick auf sich, hinter der ein Säulenaltar verborgen ist.

Maltas Universalbaustoff – Globigerinenkalkstein

Bis vor wenigen Jahren wurde nahezu jede Kirche, jeder Palast, jedes Haus der Insel aus Globigerinenkalk errichtet, jenem gelblichen Stein, der die Städte und Dörfer in der Abendsonne goldfarben erscheinen lässt. Globigerinenkalk war über Jahrtausende Maltas Baustoff Nummer eins. Durch seinen Abbau entstanden im Lauf der Zeit Hunderte von Brüchen, die, riesigen Gräben ähnlich (bis zu 50 m tief und flächenmäßig zwischen Fußball- und Handballfeldern), die Insel förmlich durchlöchern. In vielen aufgegebenen Brüchen blühen heute Zitronen- und Orangenhaine – und damit niemand hineinfällt, geschützt hinter hohen Mauern. In rund 15 Brüchen, vorrangig rund um Mqabba (→ S. 149), wird noch immer Globigerinenkalk abgebaut. Dabei wird der Stein feucht  und weich baufertig aus dem Boden gesägt. An der Luft härtet er zu einem hervorragenden Baustoff aus, den man nicht einmal mehr verputzen muss. Im nahe gelegenen Siġġiewi wurde ein alter Steinbruch in ein informatives Open-Air-Museum über den Globigerinenkalksteinabbau umgewandelt (→ Siġġiewi/Limestone Heritage, S. 176). Doch den Zenit als universeller Inselbaustoff hat der Globigerinenkalk längst überschritten. Zwar käme kein Malteser darauf, seine Fassade aus einem anderen Stein zu errichten, die Zwischenwände oder die Rückseiten der Gebäude werden aber zusehends mit billigerem Kunststein hochgezogen.

Die raue Küstenlandschaft des Südens, im Hintergrund die Insel Fifla

Mnajdra II betritt man durch einen aufwendig gestalteten Trilitheingang mit Stufe. Auf der rechten Seite des **Hauptraumes (d)** gelangte man einst über eine Treppe zu einer Öffnung und durch sie hindurch in eine kleine **Kammer (e)** mit Altären (4) und Nischen; wegen ihrer außergewöhnlichen Lage wird sie als Orakelkammer bezeichnet. Eine ähnliche **Kammer (f)** findet man an der Nordseite des Tempels; da sie nur von außen zugänglich ist, war auch sie vermutlich eine Orakelkammer (2). Ansonsten sind der üblichen Dreiblattstruktur seitlich noch zwei Räume angegliedert. Der kleine, kleeblattförmige **Raum (g)**, in den man einst durch eine Nische mit Punktornamentik (1) gelangte, ist lediglich durch einen Altar zur rechten von der an sich zentralen **Auslappung (h)** abgegrenzt. In dieser befindet sich ein schulterhoher Hauptaltar, dessen Oberfläche mit feinen Rillen verziert ist.

Nahebei liegen noch die **Misqa Tanks**, Zisternen aus neolithischer Zeit. Sie sind jedoch nicht zugänglich.

> Wanderung 1: Von Ħaġar Qim zu den Dingli Cliffs → S. 257
> Herrliche Küstenwanderung mit tollen Ausblicken.

Insel Filfla

Filfla

Keine 10 km vor der Südküste Maltas liegt das kleine Inselchen, ein Felskoloss im Meer. Das unbewohnte Fleckchen war lange Zeit militärisches Übungsziel. 1988 stellte man es unter Naturschutz. Ein Betreten der Insel wurde verboten, und so sparte man die Beseitigungskosten für Blindgänger. Und weil niemand auf die Insel darf und im Verborgenen stets etwas Geheimnisvolles sein muss, ranken sich diverse Geschichten um die Insel, genau genommen um eine dort lebende Eidechsenart namens *Podarcis filfolensis*. Diese Eidechsenart lebt nur auf dem maltesischen Archipel. Anders aber als auf Malta und Gozo sollen auf Filfla Chemiewaffen ihr Erbgut verändert haben. Zwei Schwänze seien das Ergebnis der Mutation. Links der Insel zeichnet sich die Ölplattform *Atwood Southern Cross* ab (Bj. 1976). Bis in 6000 m Tiefe kann sie bohren.

Weiter entlang der Westküste nach Għar Lapsi, → S. 178.

Żebbuġ: Gemütlicher Ort mit Geschichte

Der Westen

Der Westen Maltas zählt zu den reizvollsten Regionen der Insel. Er besticht durch das Rabat-Dingli-Plateau, eine vegetationsarme Hochebene, die von grünen, bewirtschafteten Tälern durchsetzt ist, in denen Obst, Wein und Gemüse angebaut werden.

Das Plateau erstreckt sich bis zur Küste, wo es in imposant abstürzenden Klippen, den Dingli Cliffs, sein Ende findet. Aber nicht nur die Landschaft macht den Reiz dieser Region aus, auch die alte, bezaubernde Hauptstadt Mdina trägt dazu bei. Am Rande des Plateaus gelegen, ragt ihre Silhouette weithin sichtbar über die Ebene Nord- und Zentralmaltas. Die verschlafenen Dörfer der Gegend haben dagegen außer Charme nur wenig zu bieten. Aber den kann man ihnen nicht absprechen.

Rabat

Rabat

Die ehemalige Vorstadt von Mdina hat an Größe und Einwohnerzahl die alte Hauptstadt bei Weitem übertroffen. Über 11.000 Einwohner zählt Rabat heute. Es ist das Zentrum der westlichen Inselhälfte.

Einen Vergleich zu Mdina, vor dessen Toren sich Rabat erstreckt, kann Rabat nicht standhalten. Doch welche Stadt kann das schon. Dafür sprüht Rabat, im Gegensatz zu Mdina, vor Leben. Enge Gassen mit urigen Läden laden zum Spazieren ein, zudem bietet das geschäftige Zentrum einige Sehenswürdigkeiten – insbesondere die Katakomben, die als Begräbnisstätten genutzt wurden, sind einen Besuch wert. Sie lagen einst nur wenige Meter vor den Toren der alten römischen Stadt *Melita*, die die Sarazenen aus Verteidigungsgründen auf die Größe des heutigen Mdina reduzierten.

Der Westen

Das rasche Wachstum Rabats jedoch, das mit einer nachlassenden Bedrohung durch die Türken einherging und den Schutz der Zitadelle nicht mehr erforderte, ließ sie ins Zentrum der Stadt rücken.

Noch heute expandiert Rabat, neue Wohngebiete in den Außenbezirken entstehen. Im Zentrum hat man sich auf das Geschäft mit den Tagestouristen eingestellt, Souvenirshops säumen den Weg von der zentralen Pfarrkirche San Pawl zu den Katakomben. Auch haben sich mehrere nette Bars rund um die Pjazza Tal Paroċċa vor der Pfarrkirche angesiedelt. Abends jedoch wirkt der Stadtkern verlassen, die Einwohner Rabats und Mdinas treffen sich dann vor den Toren Mdinas rund um die Pjazza Saqqajja.

Basis-Infos für Rabat und Mdina

Information Tourist Information, im Torre dello Stendardo hinter dem Main Gate von Mdina. Mo–Sa 9–17.30 Uhr, So Okt.–März 10–14 Uhr, sonst 9–13 Uhr. ✆ 21454480.

Verbindungen Bus: Zentrale Bushaltestelle beim Parkplatz vor der Roman Villa. Von und nach **Buġibba** fährt alle 30 Min. Nr. X3, nach **Baħrija** alle 60 Min. Nr. 109, nach **Għar Lapsi** ebenfalls die Nr. 109 (jedoch nur Mai–Okt., im Winter endet der Bus in Bajjada, 2 km vor Għar Lapsi). Nach **Dingli** fährt alle 30 Min. Nr. 52 u. alle 60 Min. Nr. 202, zum **Flughafen** über **Marsa** fährt alle 30 Min. Nr. X3, zudem stündlich Nr. 201, der die Route über die **Dingli Cliffs**, **Ħaġar Qim** und die **Blue Grotto** wählt. Vom Flughafen bestehen Verbindungen zu den Zielen im Süden Maltas (→ S. 32). Von und nach **Valletta** fahren alle 30 Min. Nr. 51, 52 u. 53. Und über **San Ġiljan** nach Sliema alle 60 Min. Nr. 202 u. 203.

Taxi: Stehen u. a. an der Pjazza Saqqajja bereit. Nach Valletta 22 €, zum Airport oder in die St. Paul's Bay ca. 20 €.

Insel Malta/Der Westen

Kutschen: Stehen vorm Main Gate von Mdina. Fahrt durch Rabat und Mdina für max. 4 Pers. (30–45 Min.) ca. 35 €.

Festa Patronatsfest von Rabat am ersten Sonntag im Juli. In Mdina wird dreimal gefeiert: am letzten Sonntag im Januar, am 29. Juni und Ende Juli.

Markt Jeden So 6–13 Uhr gegenüber der Pfarrkirche San Pawl in Rabat.

Öffentliche Toiletten Unter anderem in Rabat bei der Bushaltestelle an der Triq Santa Rita.

Parken Vor der Roman Villa, Trinkgeld wird erwartet.

Polizei In Mdina unmittelbar hinter dem Stadttor rechter Hand, in Rabat an der Triq Santa Rita. ✆ 112.

Post Neben der Polizei in Rabat.

Übernachten für Rabat und Mdina

Zuletzt gab es in Rabat und Mdina nur die hier aufgeführten Unterkünfte:

***** Xara Palace Hotel, innerhalb der Stadtmauern Mdinas, untergebracht im alten Palast der Familie Muscati-Parisio. Boutiquehotel, das der Stadt würdig ist, einfach traumhaft. 17 stilvolle Zimmer, z. T. mit Antiquitäten bestückt (manche Stücke jedoch etwas restaurierungsbedürftig), 2 gute Restaurants. Für die stolzen Preise leider ziemlich schwacher Service – Leser bemängelten, dass sie ihre Koffer selbst auf das Zimmer schleppen mussten. DZ 200–665 €. Misraħ il-Kunsill, ✆ 21450560, ℻ 21452612, www.xarapalace.com.mt.

Maple Farm B & B 7, 2012 eröffnet. Nettes familiengeführtes, komfortables Guesthouse ca. 1 km abseits des Zentrums (auf dem Weg zu den Buskett Gardens linker Hand). Nur 5 rustikal möblierte, verschieden große Zimmer mit Fliesenböden, Minibar, Klimaanlage, das günstigste davon hat sein privates Bad auf dem Flur. Das besondere Plus ist der nette Poolbereich mit gemütlichen Sitzecken und Landblick. Die Betreiberfamilie Agius besitzt auch Weingärten und Olivenhaine, die auf Wunsch besichtigt werden können. Reservierung erwünscht. DZ 65–75 €. Triq il-Buskett, ✆ 27480049, www.maplefarmbedandbreakfast.com.

Point de Vue Guest House 1, altes Stadthaus an der Pjazza Saqqajja vor den Toren Mdinas. 9 Zimmer mit gefliesten Böden, manche mit herrlichem Blick über die halbe Insel (diese liegen jedoch zur Hauptstraße hin und sind etwas laut). Ordentlich, jedoch etwas lieb- und stillos ausgestattet – schade um die historische Bausubstanz. Du/WC z. T. ohne Fenster, da nachträglich integriert. Sehr freundlicher Service. Restaurant. DZ mit Frühstück 64 €, ohne 54 €. Pjazza Saqqajja 2/7, ✆ 21454117, ℻ 21450195, www.pointdevuemalta.com.

Essen & Trinken/Nachtleben

Restaurants The Grotto Tavern 6, kühler, gepflegter Keller neben der Pfarrkirche San Pawl. Sehr gute französisch-maltesische Küche: Ravioli, Kaninchen in Rotwein, aber auch Fondue. Zuvorkommender Service. Hg. 9–20 €. Mo Ruhetag. ✆ 21455138.

Ristorante Cosmana Navarra 5, hübsches Lokal nebenan. Benannt nach der edlen Spenderin der Pfarrkirche. Pizza, Pasta und Gegrilltes. Hg. 7–20 €. Viele Reisegruppen. ✆ 21450638.

Die Restaurants und Cafés Mdinas finden Sie unter Mdina ab S. 164.

Cuckoos Nest Tavern 3, der Wirt ist mit seiner Kneipe alt geworden. Morbider Charme. Verstaubte Bilder und Wimpel an den Wänden. Spaghetti, Fisch oder herzhafte Fleischgerichte zu günstigen Preisen (So ist die Küche jedoch dicht!). Triq San Pawl 9.

Palazzo Xara 4, gleich nebenan. In diesem historischen Stadtpalais sitzt heute der L'Isle-Adam-Band-Club. Im netten Neorenaissanceambiente gibt es günstige Gerichte wie Kaninchen, Pasta oder Burger zu 6–12 €. Triq San Pawl.

》》 Mein Tipp: Crystal Palace 2, schräger Laden voller derber Männer (viele Jäger), die hier die besten *Pastizzi* der Insel verdrücken, die stets frisch aus dem Ofen

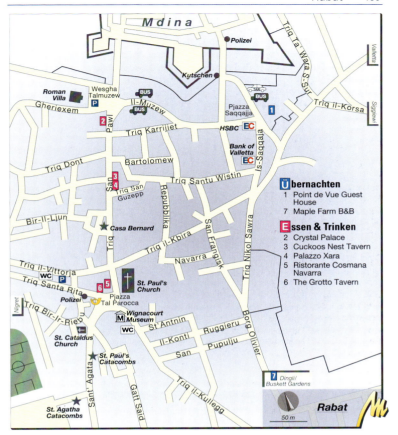

geholt werden. Der Boden ist komplett verbröselt! Tägl. 4–23 Uhr (!). Nahe der Roman Villa. «

Nachtleben Gianpula, Maltas größter Open-Air-Club (seit 1980!), zwischen Mdina und Żebbuġ, am besten mit dem Taxi anfahren. In Stoßzeiten tanzen hier bis zu 4000 Partypeople. Tolles Ambiente: altes Farmhaus, Garten, Pool, drum herum Felder, auf denen auch Festivals stattfinden. Oft hochrangige DJs. Nur im Sommer. Auf Plakate achten. www.gianpula.com.

Für den Club **Numero Uno** in Ta'Qali nahe Mdina → S. 195.

Sehenswertes

Die Sehenswürdigkeiten von Rabat und Mdina lassen sich spielend an einem Tag erkunden. Die kürzeste Verbindung zwischen Mdina und dem Zentrum Rabats stellt die Triq San Pawl dar, die an der Roman Villa vorbeiführt. Sonntags lohnt sich ein Ausflug nach Rabat nicht, da dann die meisten Sehenswürdigkeiten geschlossen haben.

Domvs Romana (Roman Villa): 1881 entdeckte man bei Straßenbauarbeiten Grabsteine eines arabischen Friedhofs und darunter die Reste eines römischen Stadthauses aus dem 1. Jh. n. Chr. – keiner Villa, wie der Name vermuten lässt. Zum Schutz der Anlage wurde jedoch 1924 ein Überbau errichtet, der einer klassizistischen Villa ähnelt. Darin befindet sich heute ein Museum, das an jene Zeit erinnert, als Mdina noch *Melita* hieß und Hauptstadt der Insel unter Roms Segen war. Neben einer kleinen Ausstellung, die auf Englisch über damalige Traditionen und Bräuche informiert, sind v. a. die Mosaiken im Untergeschoss, darunter ein großes Bodenmosaik, sehenswert. Des Weiteren gibt es römische Glasware zu bewundern, einen glänzenden Marmorkopf, eine Claudius-Büste mit kaputter Nase, Töpferware, Architekturfragmente usw.

Tägl. 9–17 Uhr, letzter Einlass 16.30 Uhr. 6 €, erm. 4,50 €, Kinder 3 €. www.heritagemalta.com.

> **Hinweis:** Für Rabat und Mdina gibt es ein **Kombiticket**, das die **Roman Villa** (Domvs Romana), die St. Paul's Catacombs und das National Museum of Natural History (Naturkundliches Museum) beinhaltet. 12 €, erm. 9 €, Kinder 6 €. Blocktickets → S. 56.

Casa Bernard: In den 1990er-Jahren erwarben Georges und Josette Magri diesen schönen Stadtpalast aus dem 16. Jh. und ließen ihn liebevoll restaurieren. Heute führt das Besitzerpaar Besucher persönlich und recht detailverliebt durch einen Teil seiner Privaträume. Zur umfangreichen Sammlung des Hauses gehören Waffen, französische und italienische Keramik, wertvolle Gemälde (u. a. von Mattia Preti), Taschenuhren und -messer etc.

Triq San Pawl 46. Mo–Sa 10–16 Uhr Führungen (auf Englisch oder Französisch). 8 €, Kinder die Hälfte. www.casabernard.eu.

In der Roman Villa

Kirche San Pawl (St. Paul's Church): Die Pfarrkirche Rabats erhebt sich über der legendären Grotte, in welcher der Apostel Paulus nach seinem Schiffbruch in Gefangenschaft gelebt haben soll (→ Kasten S. 182). 1617 wurde von dem Eremiten Giovanni Beneguas die erste Kapelle über der Grotte gebaut, damals noch frei stehend. Später wurde sie dem heiligen Publius geweiht. 1653 legte man den Grundstein für den Bau der Pfarrkirche direkt neben der Kapelle, schon bald übernahm Lorenzo Gafà die Leitung. Seit Mitte des 18. Jh., als man unter Großmeister Pinto die große Schaufassade errichtete, bildet die Kapelle von außen gesehen mit der Pfarrkirche eine Einheit. 1924 wurde das Gotteshaus durch ein Erdbeben stark beschädigt und musste mühevoll wieder aufgebaut werden. Im Inneren beherbergt es diverse Kunstschätze, die jedoch wegen mangelnder Beleuchtung kaum Beachtung finden, so z. B. das Altarbild von Stefano Erardi, auf dem Paulus eine Schlange ins Feuer schleudert.

Der Eingang rechts des Hauptportals führt in die *Kapelle des heiligen Publius* und zugleich hinab zur *Paulusgrotte (Grotta Ta' San Pawl)*. In der Kapelle wird in einer vergitterten Wandnische links vor dem Hauptaltar ein aus Gold gearbeiteter Arm mit einer Reliquie des heiligen Paulus aufbewahrt, der den Publius unten in der Grotte zum Bischof geweiht haben soll. In der Grotte selbst steht eine lebensgroße Marmorstatue des Apostels. Touristen betreten die Grotte heute jedoch über das Wignacourt-Museum.

Kirche, tägl. 9–17 Uhr (zuweilen jedoch über die Mittagszeit geschlossen).

Wignacourt-Museum: Das Kirchenmuseum befindet sich in einem ehemaligen Priesterkolleg neben der Kirche San Pawl. Während das Erdgeschoss wechselnden Ausstellungen vorbehalten ist, beherbergt die erste Etage eine große Gemäldesammlung, darunter viele Bilder aus der Schule Mattia Pretis und einige wenige von Antoine Favray. Unter den sonst üblichen Ausstellungsstücken eines Kirchenmuseums fallen eine alte Wahlurne auf, eine Hostienpresse, Wiederaufbaupläne der Pfarrkirche nach dem Erdbeben von 1924 und ein tragbarer Altar aus dem 17. Jh., den die Ritter mit auf die Ordensgaleeren nahmen. Über eine schmale Treppe gelangt man zu den unter dem Gebäude liegenden Luftschutzräumen, die während des Zweiten Weltkriegs aus dem Stein geschlagen wurden. Zudem führt auch ein unterirdischer Gang zur Paulusgrotte.

Mo–Sa 9.30–17 Uhr. 5 €, erm. 3,50 €, www.wignacourtmuseum.com.

Kirche San Katald (St. Cataldus Church): Die kleine, hübsche Kirche aus dem 18. Jh. liegt schräg gegenüber der Pfarrkirche San Pawl. In ihrem Inneren führt links des Altars eine schmale Treppe hinab zu den darunter liegenden Katakomben, die von ihrem Ausmaß jedoch bei Weitem nicht mit den St. Paul's- oder St. Agatha-Catacombs mithalten können.

Offiziell Di/Do 10–12 u. 14–16 Uhr, in der Praxis eher nach Lust und Laune. Spende erwünscht.

St. Paul's Catacombs: Sie sind die größten Katakomben Rabats, und wie alle Katakomben des Ortes wurden sie außerhalb der alten Stadt *Melita* angelegt, da die Römer Bestattungen innerhalb der Stadtmauern verboten. Man vermutet, dass sie zwischen dem 4. und 5. Jh. nach Chr. entstanden sind; alte punische Schachtgräber wurden dafür ausgebaut. Die erste Ausgrabung und Erforschung führte 1894 Dr. Annetto Antonio durch. Die Katakomben erstrecken sich über eine Gesamtfläche von 2166 m², von denen jedoch nur ein kleiner Teil zugänglich ist. Im Durchschnitt liegen sie ca. 5,4 m unter der Erde.

Steigt man zu den Katakomben hinab, liegt rechts die Haupthalle und links die Krypta. In der Haupthalle befinden sich zwei Agapetische, kreisförmig erhöhte Plattformen, an denen die Trauernden ein Mahl zu Ehren des Verstorbenen einnahmen. In der Krypta links davon bemerkt man eine große rechteckige Vertiefung, in der – so vermutet man – der Opferaltar stand. Streift man zwischen den Katakomben umher, fallen ferner Gräber mit Überdachungen auf, die man daher auch *tombe a baldachino* nennt; zudem Gräber in Form einer grubenähnlichen Vertiefung, die man mit Steinplatten schloss. Die Körper der Toten wurden einbalsamiert, Myrrhe und süß duftende Kräuter sollten den Verwesungsgeruch überlagern.
Tägl. 9–17 Uhr, letzter Einlass 16.30 Uhr. 5 €, erm. 3,50 €, Kinder 2,50 €.

St. Agatha Catacombs: Sie sind die beeindruckendsten Katakomben Rabats. Neben christlichen besitzen sie auch punische und jüdische Gräber. Geweiht wurden sie der heiligen Agatha, die als junges Mädchen wegen der Christenverfolgung aus Catania nach Malta floh. Für die Christen der Insel waren die Katakomben Rabats jedoch keine Zufluchtsorte, sondern reine Begräbnisstätten.

Eine Besonderheit der St.-Agatha-Katakomben ist die Krypta, die erst im 15. Jh. aus dem Stein gehauen und kunstvoll mit Fresken ausgemalt wurde. Diese zeigen verschiedene Heilige, deren Gesichter beim Einfall der Türken 1551 zerkratzt wurden. Die Wandmalereien, 1880 erstmals restauriert, erlitten während des Zweiten Weltkriegs erhebliche Schäden, als die Krypta als Zugang zu den Luftschutzkellern diente. Die letzte Restaurierung fand 1983–1989 statt. Etwa 10 % des gesamten Katakombensystems können besichtigt werden.

Über den Katakomben befindet sich ein kleines, nettes *Museum*, dessen ohnehin nur schwer zu erkennende Einheit durch ein ausgestopftes Krokodil weiter aufgelockert wird. Beachtenswert sind verschiedene Grabbeigaben, darunter viele Terrakottafiguren und die erstaunliche Mineraliensammlung im Treppenaufgang.
 Museum und Katakomben, Mo–Fr 9–16.30 Uhr, Sa 9–12.30 Uhr, im Sommer Mo–Fr 10–18 Uhr, Sa 10–14 Uhr. 5 €, erm. 4 €, Fam. 12 €. Die Katakomben sind nur mit englischsprachiger Führung (ca. 20 Min.) zu besichtigen. Fotografierverbot.

Rabat – die Krypta in den St. Agatha Catacombs

Mdina – die schweigsame Verborgene

Mdina

Imdina

3000 Jahre Geschichte thronen auf einem Plateauabbruch. Ehrwürdig und erhaben präsentiert sich die Stadt der Kirchen, Klöster und Paläste – die alte Hauptstadt Maltas ist mit das Schönste, was die Insel zu bieten hat.

Es ist egal, ob man, in die Historie der Stadt eintauchend, Mdina am Tage besichtigt oder ob man in der Nacht im geheimnisvollen Licht- und Schattenspiel der alten Laternen Arm in Arm ziellos durch die verwinkelten Gassen schlendert – Mdina ist zauberhaft, zu jeder Tages- oder Nachtzeit. Der alten Hauptstadt Maltas wird selbst der größte Kulturbanause einen gewissen Reiz nicht absprechen können. Sie ist ein kleines Schmuckkästchen, dessen Vergangenheit man spürt, die aber nicht mit Verfall einhergeht. Knapp 240 Einwohner leben noch innerhalb der Stadtmauern, einkaufen könnten sie nur in Andenkenläden, kein Minimarket weit und breit. Die Souvenirshops wirken aber nicht störend, selbst die Busladungen, denen stets ein Führer mit hochgehaltenem Fähnchen oder Schirm vorauseilt, können dem Charme der Stadt nichts anhaben.

Geschichte

Bereits in der Bronzezeit soll die Plateauzunge, auf der die alte Hauptstadt fußt, besiedelt gewesen sein. Bei Ausgrabungsarbeiten stieß man auch auf Mauerreste aus phönizisch-punischer Zeit. Den Grundstein für eine befestigte Stadt legten die Römer. Etwa 200 v. Chr. erklärten sie die Siedlung zur Hauptstadt der Insel und nannten sie wie das Eiland selbst *Melita*. Die Stadt erstreckte sich damals weit in das heutige Rabat. Teile der römischen Kanalisation werden übrigens noch heute genutzt. Die Sarazenen reduzierten die Stadt 870 n. Chr. auf die Größe der Zitadelle, bauten die Befestigungsanlagen aus und gaben ihr den Namen Mdina, die arabische

Insel Malta/Der Westen

Bezeichnung für eine von Mauern umgebene Stadt. Als 1090 Roger von Sizilien Malta von den Arabern befreite, ließ er sich in Mdina feiern. Anfang des 15. Jh. wurde Mdina von 18.000 Türken angegriffen, die Stadt wurde zwar stark in Mitleidenschaft gezogen, fiel aber nicht. König Alonso von Aragon verlieh ihr daraufhin den Titel *Città Notabile*, der die Tapferkeit ihrer Bürger bezeugen sollte. Als die Johanniter Malta 1530 zu ihrem neuen Sitz wählten, ließ sich der Orden kurzfristig in Mdina nieder, zog aber nach einem Jahr bereits nach Birgu um – die Nähe zur Flotte war dafür ausschlaggebend. Unter dem Orden wurden auch die Bastionen neu ausgebaut. Während der Großen Belagerung von 1565 spielte Mdina eine bedeutende Rolle für die Übermittlung von Nachrichten nach Sizilien. Türkische Angriffe verhinderten die Einwohner dadurch, dass sie mit als Soldaten verkleideten Frauen auf den Außenmauern eine gewaltige Armee vortäuschten.

Mit dem Bau Vallettas verlor Mdina an Bedeutung, eine Abwanderung aus der alten Hauptstadt setzte ein. Um sie von der neuen zu unterscheiden, nannte man sie *Città Vecchia*. 1693 erlitt die Stadt durch ein großes Erdbeben schweren Schaden, viele der mittelalterlichen Bauten wurden zerstört. Manoel de Vilhena versuchte daraufhin, der Stadt wieder neuen Glanz zu geben, doch von seinen geplanten Bauwerken wurden nur wenige realisiert. Mit der Machtübernahme der Franzosen 1798 wurde Mdina zum Zentrum der Gegenbewegung. Es war das letzte Aufflackern Mdinas in der Geschichte Maltas. Seitdem herrscht Ruhe, die lediglich von Touristengruppen unterbrochen wird.

Informationen

Praktische Infos (Verbindungen, Übernachten usw.) finden Sie bei **Rabat** ab S. 157.

Multimedia-Shows/permanente Ausstellungen The Mdina Experience, Dia- und Filmshow zur Geschichte der Stadt. Begleitkommentar über Kopfhörer auf Deutsch. Dauer ca. 35 Min., 6 €, erm. 5 €. Tägl. 10–17 Uhr ca. alle 40 Min. Pjazza Mesquita, ausgeschildert. www.themdinaexperience.com.

Mdina Dungeons, eine Foltershow. Über 60 lebensgroße Figuren mit abgeschlagenen Händen oder Köpfen (dazu Gestöhne und Geschrei vom Tonband) führen in die Kerkergeschichte Maltas von den Römern bis Napoleon ein. Infos dazu auf Tafeln (auch auf Deutsch). Geschmacklos und lächerlich, für Kinder ziemlich gruselig. Im UG des Palazzo Vilhena (→ Sehenswertes), z. T. in wirklich alten Kerkern. Tägl. 10–16.30 Uhr, im Sommer länger. 4 €, erm. die Hälfte, Fam. 9,50 €. www.dungeonsmalta.com.

Medieval Times, ähnlich aufgebaut wie Mdina Dungeons, nur spielen diesmal 35 Fiberglasfiguren Szenen aus dem Alltag des Mittelalters nach. Dabei wirft man einen Blick in die Stube des Goldschmieds und des Baders, man schreitet am Brotverkäufer vorbei, schaut dem Töpfer bei seinem Handwerk zu usw. Tägl. 10–16.30 Uhr, Sa teils auch Abendvorstellungen (19–23 Uhr). 5 €, erm. die Hälfte. Im Palazzo Costanzo an der Triq Villegaignon (→ Sehenswertes). www.medievalmdina.eu.

The Knights of Malta, zeichnet in 34 Dioramen die wichtigsten Stationen der Geschichte des Johanniterordens nach. Kommentar dazu auch auf Deutsch über Kopfhörer. In den alten Pulvermagazinen in der Triq l-Imħażen. Tägl. 10–17 Uhr, letzte Vorstellung um 16.30 Uhr. 5 €, erm. 2,50 €. www.theknightsofmalta.com.

Restaurant/Cafés Bacchus **5**, drinnen wie draußen recht charmantes Ambiente. Internationale Küche mit vielen Überraschungen: Entensalat mit Birnen und Sherry, Kaninchen in Cabernet-Bier-Soße, Pfefferlachs mit Whiskeysahnesoße usw. Hg. 10,50–22,50 €. Triq Inguanez, ✆ 21454981.

Mdina 165

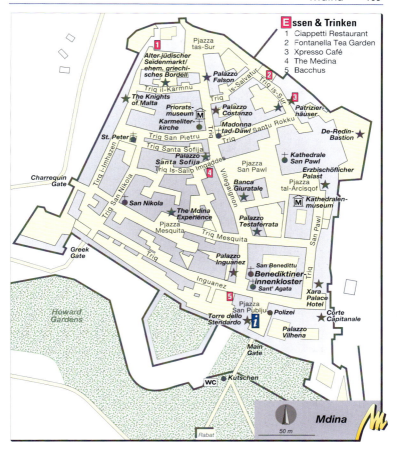

E ssen & Trinken
1 Ciappetti Restaurant
2 Fontanella Tea Garden
3 Xpresso Café
4 The Medina
5 Bacchus

The Medina 4, ebenfalls sehr stimmungsvoll. Bei kühlem Wetter diniert man in steinalten Gemäuern im Schein des Kaminfeuers, im Sommer im idyllischen Hof. Gute Starter und außergewöhnliche maltesisch-internationale Küche. Kosten Sie z. B. *Stuffat Tal-Qarmit* (Oktopus-Eintopf mit Rosinen) oder *Summien mixwi* (Wachteln mit Gozo-Honig und Pilzen). Hg. 15,50–26 €. Ab 19 Uhr, So Ruhetag. Triq Is-Salib Imqaddes, ✆ 21454004.

Ciappetti Restaurant 1, populärer Familienbetrieb mit kleiner Karte voller Köstlichkeiten, Hg. 13,60–21,50 €. Gemütliche Terrasse und schöner Garten. Lunch tägl. (außer Mo), Dinner zuletzt nur Do–Sa (was sich aber ändern kann). Triq Sant' Agata, ✆ 21459987.

Xpresso Café 3, gehobenes Caférestaurant im Palazzo de Piro (→ Sehenswertes). Minimalistischer Schick, durch die Kunststoffbestuhlung fast etwas zu steril, Terrasse. Bis 18 Uhr feine Snackküche, zum Dinner kleine Karte mit extravaganter international-mediterraner Küche, Hg. 17,50–22,50 €. ✆ 2010056.

Fontanella Tea Garden 2, Teegarten mit einladender Fernblickterrasse. Superleckere Kuchen! Triq is-Sur.

Sehenswertes

Mdina lädt, zumal die Stadt stark verkehrsberuhigt ist, zum Schlendern ein. Die meisten Sehenswürdigkeiten innerhalb der Stadtmauern liegen nur wenige Schritte auseinander – gelegentlich braucht man sich nur umzudrehen. Die im Folgenden beschriebenen Sehenswürdigkeiten sind so angeordnet, dass sie als Rundgang abgelaufen werden können.

Main Gate: Die alte Hauptstadt betritt man für gewöhnlich durch das Haupttor, das Main Gate. Die Brücke dahin überquert einen Trockengraben, den einst die Araber aushoben und der heute begrünt ist. Das triumphbogenartige Tor, früher zugleich die Zollstation, ließ Manoel de Vilhena 1724 nach dem Erdbeben von 1693 wieder aufbauen; es trägt unter einer Inschrift sein Wappen. Die Umrisse des alten Tores, das man über eine Zugbrücke betrat, sind noch ca. 10 m rechts vom neuen Haupttor zu erkennen. Blickt man von der dahinterliegenden kleinen Pjazza San Publju auf das Main Gate, fallen die Darstellungen der drei Schutzpatrone Mdinas auf, nämlich die des Paulus, des Publius und die der Agatha.

Palazzo Vilhena/Naturkundemuseum: Der Palazzo Vilhena liegt unmittelbar hinter dem Main Gate rechter Hand. Wie das Tor ließ Manoel de Vilhena die ebenfalls 1693 durch das Erdbeben in Mitleidenschaft gezogene Università, den Sitz der Zivilverwaltung, 1732 wieder aufbauen, jedoch als seine Sommerresidenz. Architekt des neu gestalteten Palasts war Giovanni Barbara. Über dem schönen Portal schmückt ein Bronzemedaillon mit dem Porträt Vilhenas die Hauptfassade. Heute befindet sich dahinter ein *Naturkundemuseum*. Es besitzt eine geologische und paläontologische Sektion, zudem Sammlungen von Mineralien, Schmetterlingen, Muscheln und Schnecken, eine beachtliche Anzahl ausgestopfter Vögel in Schaukästen und präparierter Säugetiere in Terrarien. Unter dem Palast liegen die ehemaligen Verliese von Mdina, die Mdina Dungeons (→ Mdina Shows).
Tägl. 9–17 Uhr. 5 €, erm. 3,50 €, Kinder 2,50 €. Oder per Kombiticket, → S. 160. www.heritagemalta.com.

Mdina, die Perle der westlichen Inselhälfte

Torri tal-Istandard (auch: **Torre dello Stendardo**): An der Pjazza San Publju, gegenüber dem Vilhena Palace, steht der Torre dello Stendardo aus dem frühen 16. Jh. Er diente überwiegend als Signalturm. Seine Fundamente sind aus römischer Zeit. Auch er trägt das Wappen Vilhenas (oben links). Heute ist hier die Touristeninformation untergebracht.

Benediktinerinnenkloster und Kapelle Sant' Agata: Auf der gegenüberliegenden Seite des Stadttors wird die Pjazza San Publju von den Mauern eines

Pferdekutschenromantik in Maltas alter Hauptstadt

Benediktinerinnenklosters begrenzt. Es stammt aus dem frühen 15. Jh. und beherbergte einst auch ein Frauenhospital. Die noch heute darin verweilenden sechs Nonnen leben sehr zurückgezogen, eine Besichtigung des Klosters ist nicht möglich.

Hält man sich vor den Klostermauern links und kurz danach rechts, gelangt man auf die Triq Villegaignon, die Hauptstraße Mdinas. Rechter Hand passiert man dabei die kleine, in den Klosterbau einbezogene Kapelle Sant' Agata. Sie wurde 1410 errichtet, Ende des 17. Jh. von Lorenzo Gafà erneuert und besitzt ein bemerkenswertes Altarbild von Giuseppe d'Arena. Leider ist die Kapelle so gut wie immer verschlossen, meist kann man jedoch durch ein Gitter in der Tür hineinblicken.

Nur wenige Meter weiter liegt ebenfalls rechter Hand der Eingang zur Klosterkirche San Pietru u San Benedittu (keine festen Öffnungszeiten). Ihr sehenswertes Altargemälde stammt von Mattia Preti.

Palazzo Inguanez und Banca Ġiuratale: Den mit Fackeln geschmückten Palast gegenüber der Klosterkirche ließen die Inguanez, die älteste Adelsfamilie Maltas, errichten. Bis zur Ankunft der Ritter stellten sie den Statthalter, der Titel wurde innerhalb der Familie weitervererbt. Die Grundmauern des mehrmals umgebauten Palastes stammen aus dem Jahr 1370. Er ist der Öffentlichkeit nicht zugänglich, es sei denn, man gehört zum spanischen Königshaus; dieses besitzt darin seit 1432 Wohnrecht – zweimal machte es bisher davon Gebrauch.

Geht man die Triq Villegaignon weiter (sie ist übrigens nach dem französischen Ritter Nicolas Durand de Villegaignon benannt, der Mdina 1551 gegen einen türkischen Angriff verteidigte), steht rechter Hand, nachdem man die kreuzende Triq Mesquita überquert hat, der *Palazzo Testaferrata*, ein herrschaftliches Palais mit rotem Tor. Das darauf folgende Gebäude unmittelbar vor der Pjazza San Pawl ist die Banca Ġiuratale, das ehemalige Rathaus Mdinas. Manuel de Vilhena ließ es 1730 nach Plänen von François de Mondion errichten, schließlich hatte er die alte Università zu seinem Sommerpalast umgebaut. 1798 entschloss sich hier die

Nationalversammlung, Nelson um Unterstützung gegen die Franzosen zu bitten. Heute beherbergt die Banca Ġiuratale das Nationalarchiv des Archipels.

Pjazza San Pawl (St. Paul's Square): Der Hauptplatz Mdinas, der von der gleichnamigen Kathedrale beherrscht wird, zeigt eine harmonische Geschlossenheit, die nur auf der Nordseite durch ein Pfarrhaus in viktorianischer Gotik gestört wird. Vor dem tragischen Erdbeben von 1693 war der Platz nur etwa ein Drittel so groß wie heute. Glück im Unglück hatten damals all jene, die die Trümmer beiseite schafften – eine Kupfervase voller Goldmünzen kehrten sie dabei zusammen. Folgt man dem Rundgang, passiert man die Kathedrale (s. u.) später.

Palazzo Santa Sofija und Kirche Madonna tad-Dawl: Spaziert man von der Pjazza San Pawl weiter die Triq Villegaignon entlang, fällt als erstes Gebäude linker Hand der Palazzo Santa Sofija ins Auge, der das gleichnamige abzweigende Sträßlein überbrückt. Das Erdgeschoss stammt vermutlich aus dem 11. Jh.; das Datum 1233 der Inschrifttafel ist sehr umstritten. Das im sizilianisch-normannischen Stil errichtete Obergeschoss soll erst 1938 hinzugefügt worden sein. Der Palast ist in Privatbesitz und nicht zugänglich.

Ihm schräg gegenüber liegt die kleine Kirche Madonna tad-Dawl, die dem Pestheiligen San Rocco geweiht ist. Seit der Ausrottung der Seuche in Europa ist das kleine Kirchlein meist verschlossen.

Karmeliterkirche Madonna tal-Karmnu und Prioratsmuseum: Die nächste Kirche an der Triq Villegaignon linker Hand ist die Karmeliterkirche, mit deren Bau nach Plänen von Francesco Zammut 1630 begonnen wurde. Eine Karmelitergemeinde hatte sich bereits 1370 in Rabat gegründet und zog 1659 nach Mdina um. Auslöser des Aufstands gegen die Franzosen 1798 war die Beschlagnahmung von Kunstwerken der Kirche, insbesondere von Teppichen. Der französische Kommandant Masson wurde deshalb kurzerhand aus dem Haus des Notars Bezzina (gegenüber dem Palazzo Testaferrata) geworfen – jedoch nicht zur Tür heraus, sondern vom Balkon herab! Die Kirche gehört heute zum Carmelite Priory Museum (Prioratsmuseum). Das angeschlossene Karmeliterpriorat wurde 1678 von Lorenzo Gafà erbaut. Der Rundgang beschränkt sich auf das Erdgeschoss des Barockgebäudes: Man sieht die ehemalige Versammlungshalle der Mönche, die alte Klosterküche, eine Mönchszelle und das farbenprächtig ausgemalte Refektorium. Hier musste schweigend gegessen werden, während Texte aus der Heiligen Schrift rezitiert wurden. Angeschlossen ist ein modernes Café in den altehrwürdigen Mauern.

Tägl. 10–17 Uhr. Eintritt für Kirche und Museum 4 €, erm. 3 €. www.carmelitepriory museum.com.

Palazzo Falson: Weiter nördlich an der Triq Villegaignon liegt, nachdem man den Palazzo Costanzo (mit der Ausstellung Medieval Times, → S. 164) passiert hat, rechter Hand der Palazzo Falson. Er ist einer der am besten erhaltenen mittelalterlichen Paläste Mdinas und ein typisches Beispiel für die sizilianisch-normannische Architektur, die bis zum Eintreffen der Ritter den Baustil der Insel prägte. Man nimmt an, dass das Erdgeschoss gegen Ende des 11. Jh. entstand und das Obergeschoss zu Anfang des 15. Jh. aufgesetzt wurde. Großmeister L'Isle Adam soll bei seinem ersten Besuch in Mdina dort gewohnt haben. Der letzte Palastbewohner war der Reeder Olof Frederick Gollcher (1889–1962), ein leidenschaftlicher Sammler von Kunst, Schmuck, Waffen, Gläsern, Porzellan, Teppichen, Pfeifen und sonstigen Antiquitäten aus aller Welt – heute der Fundus des im Palast eingerichteten Museums. Eine Visite lohnt sich, zumal allein das Gebäude sehenswert ist, man beachte Details wie den Kachelschmuck des Kamins in der Küche. Die Sammlung selbst beinhaltet so manche Kuriosität, wie z. B. die aus Silber gearbeiteten Schiffchen im Speisezimmer. Sie waren nicht nur Tischdekoration, sondern hatten auch einen praktischen Zweck als rollbare Salz- und Pfefferstreuer sowie als Halter für Besteck. Eine Seltenheit ist auch die französische „Robert-Robin-Revolutionsuhr" aus dem Jahr 1791. Von der Taschenuhr, die den Tag in zehn Stunden mit 100 Minuten und 100 Sekunden einteilte, gibt es nur noch drei Exemplare weltweit. Das Gesetz über eine dezimale Tageseinteilung trat in Frankreich jedoch nie in Kraft.

Das Wappen Vilhenas

Tägl. (außer Mo) 10–17 Uhr, letzter Einlass 16 Uhr. 10 €, erm. 5 €. www.palazzofalson.com.

Pjazza tas-Sur (Bastion Square) und Triq is-Sur (Bastion Street): An einer ehemaligen Kanonenplattform fast am nördlichsten Punkt der Stadt endet die Triq Villegaignon. Von der breiten Befestigungsmauer genießt man einen herrlichen Ausblick über die Ortschaften Zentralmaltas hinweg bis zum Meer. Nordöstlich (linker Hand), über dem Ħemsija-Tal, liegt das Dorf Mtarfa; auf dem Hügel hatten 1552 die Sarazenen bei ihrem Angriff auf Mdina Stellung bezogen. Weiter östlich (rechts) erkennt man in der Ferne die mächtige Kuppel der Kirche von Mosta. Davor sieht man die Flutlichtmasten des Nationalstadions nahe Ta'Qali. Auffällig ist zudem, wie jeder Quadratmeter nicht überbauter Erde landwirtschaftlich genutzt wird – ein Fleckenteppich aus Feldern bestimmt das Bild zwischen den cremefarbenen Ortschaften.

Von der Pjazza tas-Sur führt in östliche Richtung und zurück zur Kathedrale die Triq is-Sur vorbei am Fontanella Tea Garden (→ Essen & Trinken) und den *Patrizierhäusern De Piro und Mifsud*, die durch eine Häuserbrücke miteinander verbunden sind. Im Mifsud-Palais befindet sich heute eine vom St. Dorothy Convent geführte Mädchenschule. Das De-Piro-Haus beherbergt ein Konferenzzentrum und zeigt temporäre Ausstellungen des Kathedralenmuseums (s. u.).

Kathedrale San Pawl (St. Paul's Cathedral): Die heutige Kathedrale entstand nach dem schweren Beben von 1693. Ihr Architekt war Lorenzo Gafà, der ihren Grundriss in Gestalt eines lateinischen Kreuzes anlegte und ihr eine für die Zeit nüchterne, zweistöckige Fassade verlieh. Von den beiden Turmuhren zeigt nur die rechte die Zeit an, die linke Tag und Monat. Die Kathedrale hatte verschiedene Vorgängerbauten, die bis ins 4. Jh. zurückreichen. Nach mündlicher Überlieferung soll sie an jener Stelle stehen, wo sich einst die Villa des römischen Prokurators Publius befand. Der hatte sich von Paulus, nachdem dieser Publius' Vater vom Fieber geheilt hatte, zum Christentum bekehren lassen.

Im Innern ist der Boden wie in der Ko-Kathedrale San Ġwann (St. John's Co-Cathedral) zu Valletta über und über mit Grabplatten bedeckt. Das Gewölbe zeigt Szenen aus dem Leben der Apostel Paulus und Petrus und wurde von den sizilianischen Brüdern Manno 1794 ausgemalt. Der marmorne Taufstein (1495) links des Hauptportals stammt noch aus der alten normannischen Kathedrale und war ein Geschenk des Bischofs Valguarnera. Die einstigen Hauptportaltüren des Vorgängerbaus aus irischer Torfeiche wurden als Eingang zur Sakristei (dritte Seitenkapelle links) wieder verwendet. Fast auf gleicher Höhe steht eine Büste, die an Bischof Caruna erinnert, einen der Anführer der Revolte gegen die Franzosen 1798. Neben Mattia Pretis Fresko *Schiffbruch des heiligen Paulus* in der Apsis, die das Beben überstand, ist ein weiteres Gemälde von Preti beachtenswert; es schildert die wundersame Erscheinung des Paulus bei einem Sarazenen-Überfall in Jahr 1422. Man findet es im Nordquerhaus links über dem Bogen zu den Seitenkapellen.

Die gegenüberliegende Sakramentskapelle (links des Chors) besitzt eine wertvolle Ikone, die vermutlich aus dem 12. Jh. stammt und dem Apostel Lukas zugeschrieben wird. Die Kreuzkapelle auf der anderen Seite (rechts vom Chor), beinhaltet ein Kreuz von Fra Innocenzo da Petrella aus dem frühen 17. Jh.

An das südliche Querhaus wurde 1733 der Erzbischöfliche Palast angefügt. Er ist noch immer Sitz des Bischofs und nicht zu besichtigen.

Mo–Sa 9.30–16.45 Uhr, So 15–16.45 Uhr. **Hinweis**: Besucher dürfen die Kirche nur besichtigen, wenn sie im Besitz eines Tickets für das Kathedralenmuseum sind (s. u.). Angemessene Kleidung wird erwartet!

Kathedralenmuseum: Es ist in einem 1733 als Priesterseminar von Giovanni Barbara erbauten Barockgebäude untergebracht und geht auf eine Stiftung des Grafen Marchesi von 1833 zurück. Im Innern überrascht eine große Albrecht-Dürer-Sammlung, darin die vollständige Serie *Marienleben* und über 30 Holzschnitte der *Kleinen Passion*. Des Weiteren beherbergt das Museum Messgewän-

Blick von Mdina hinüber nach Mosta

der, Choralbücher, kostbare Silberarbeiten, Gemälde maltesischer, italienischer, flämischer und österreichischer Maler des 14.–19. Jh., eine Münz- und eine kleine Stempelsammlung, Töpferware aus punischer und römischer Zeit und so fort. Ein Raum informiert zudem über den Dichter Dun Karm (s.u.), ein anderer ist der Familie Nani gewidmet, die über Generationen hinweg immer wieder bekannte Musiker hervorbrachte: Die Reihe beginnt mit Angelo Nani, dessen Karriere unter Großmeister Pinto 1768 im Manoel-Theater begann, und endet mit Maestro Paul Nani, der das Maltesische Symphonieorchester 1938 für das Royal Opera House in Valletta aufbaute.

Mo–Fr 9.30–16.30 Uhr (letzter Einlass 16 Uhr), Sa 9–14 Uhr. 5 €, erm. 3,50 €. Das Ticket gilt auch für die Kathedrale und die Ausstellungen im De-Piro-Haus. **Hinweis:** 2012 fanden umfangreiche Umbauarbeiten im Museum statt, die z. T. eine Neugestaltung der Ausstellung zur Folge haben werden. www.mdinacathedral.com.

Jedes Land hat einen großen Dichter – Malta hat Dun Karm

Dun Karm und sein Werk sind Eckpfeiler des maltesischen Selbstverständnisses und bilden eine der Wurzeln der maltesischen Identität. Niemand anders als Dun Karm machte die maltesische Sprache salonfähig.

Dun Karm, 1871 in Żebbuġ geboren, wuchs in der Obhut seiner Mutter auf, sein Vater fuhr zur See. Schon früh entdeckte er seine Liebe zur Dichtkunst – einer in den jungen Jahren eines Künstlers für gewöhnlich brotlosen Kunst, die sich nur Söhne reicher Familien leisten konnten. Dun Karm kam aus ärmeren Verhältnissen. Dennoch schrieb er, oft in der Nacht bei Kerzenlicht. Seine ersten Schriften verfasste er auf Italienisch, der Sprache der Intellektuellen. Der Nachbar im Norden stand für Kultur – Maltesisch war eines Gebildeten nicht würdig.

Im Alter von 18 Jahren veröffentlichte Dun Karm seinen ersten Lyrikband mit dem Titel *La dignità episcopale* („Die bischöfliche Würde"). Um der Familie nicht zur Last zu fallen, ging er nach Mdina in die Priesterschule, mit 23 Jahren legte er sein Gelübde ab, später übernahm er die Ausbildung junger Theologen. Seine freien Stunden verbrachte er mit der Arbeit an seinem ersten in maltesischer Sprache verfassten Roman *Il-Ħabib* („Der Freund"). Das Buch wurde 1912 veröffentlicht und war sofort ein Erfolg, eine Sensation. Zwar gab es Kritiker, die in dem Werk einen Verrat an der italienischen Dichtkunst sahen – aber dies war zugleich ein Gütesiegel, denn welche maltesischen Zeilen waren bis dahin überhaupt einen Vergleich wert gewesen? *Il-Ħabib* gilt heute als der Grundstein für die Emanzipation der maltesischen Sprache. Der Dichter aber blieb trotz seines Ruhms bescheiden. Es folgten verschiedene Lyrikbände, in denen er immer wieder seine Heimat thematisierte. Feinfühlig skizzierte er seine Landsleute, betonte deren Eigenarten, die Unterschiede zu Italien und offenbarte all das, was ein nationales Selbstverständnis erforderte. Auf großartige Weise spiegelten seine Schriften seine Vision von einem eigenständigen Malta wider. 1961 starb der Autor einsam. Drei Jahre später erlangte seine Insel die Unabhängigkeit – Dun Karm trug einen Teil dazu bei. Oliver Friggieri, Literaturprofessor an der Universität von Malta, nennt ihn den „Schöpfer der Identität des modernen Malta".

Xara Palace und Corte Capitanale: Links des Kathedralenmuseums beginnt die Triq San Pawl. Sie führt am Xara Palace, einst Sitz der Familie Muscati-Parisio und heute das einzige Hotel innerhalb der Stadtmauern Mdinas, vorbei zum alten Gerichtshof, dem Corte Capitanale (heute Sitz des Gemeinderats). Über dem Eingang erinnern noch die allegorischen Figuren der Gnade und der Gerechtigkeit daran.

Türklopfer in Mdina

Von der Loggia zwischen dem Xara Palace und der Corte Capitanale verkündete der Stadtschreier, der im Volksmund *Banditore* oder kurz *Bandi* hieß, die Erlasse und Gesetze der Università, der städtischen Selbstverwaltung.

Der westliche Teil Mdinas: Er hat im Vergleich zur östlichen Hälfte nur wenige Prunkbauten zu bieten, ist jedoch wegen der vielen hübschen Details und der Ruhe ebenfalls einen Spaziergang wert. In den Westen Mdinas gelangt man von der Corte Capitanale auf der Triq Inguanez, die die Stadt von Ost nach West durchquert. Sie endet im ehemals griechischen Viertel. Durch das vom Namen noch daran erinnernde *Greek Gate* gelangt man zur Roman Villa (→ S. 160). Ein paar Schritte weiter befindet sich das *Charrequin Gate*, das Ende des 19. Jh. gebaut wurde und den Weg zum einstigen Bahnhof von Mdina wies. Die nahe gelegene *Nikolauskirche* ist leider fast immer verschlossen. Weiter nordwestlich kann man in der Triq San Pietru noch an der gleichnamigen Kapelle und in der Triq il-Karmnu am *alten jüdischen Seidenmarkt* und an einem ehemaligen griechischen Bordell vorbeischlendern. Von sämtlichen Gebäuden bekommt man i. d. R. leider nur die Außenmauern zu Gesicht.

 Wanderung 2: Von Rabat durch den einsamen Westen Maltas bis zur Golden Bay → S. 260
Abwechslungsreiche Tour vorbei an herrlichen Buchten.

Verdala Palace und die Buskett Gardens

Knapp 2 km westlich von Rabat thront der mächtige **Verdala Palace** über den Buskett Gardens. Großmeister Hugh de Verdala ließ ihn 1595 nach Plänen von Girolamo Cassar bauen. Sein Grundriss gleicht einem befestigten, grabengesicherten Turmhaus. Seit der Unabhängigkeit Maltas dient der Palast maltesischen Staatspräsidenten als Sommersitz und zum Empfang von Staatsgästen aus aller Welt. Normalsterblichen ist ein Blick ins Innere leider nicht möglich.

Mnarja – das beliebteste Volksfest der Malteser

Mnarja (vom italienischen *Luminaria* für „Beleuchtung" abgeleitet) ist das Lichterfest der Insel. Einst erhellten an den Festtagen zu Ehren von St. Peter und Paul Fackeln und Freudenfeuer die Bastionen Maltas, insbesondere die Mdinas. Freude, Spannung und manchmal auch Enttäuschung kam v. a. bei den jungen Männern und Frauen auf, denn das Fest hatte zugleich die Funktion einer Heiratsvermittlung. Die Bauern steckten ihre heiratsfähigen Töchter in die edelsten Gewänder; für sie hieß es, Ehekontrakte auszuhandeln, und so viele wie an diesem Tag wurden an keinem anderen Tag des Jahres geschlossen. Noch heute putzen sich die Malteser für die Feierlichkeiten heraus, Kapellen spielen auf, Wein und Delikatessen werden gereicht – nirgendwo sonst, so sagt man, sollen die gebratenen Kaninchen so gut schmecken. Den Abschluss bilden noch immer die berühmten Pferde- und Eselrennen vor den Toren Mdinas. Die Rennstrecke befindet sich übrigens seit alters her am Fuße des Saqqajja-Hügels und ist heute zugleich die Straße nach Siġġiewi. Die Haupttribüne des Großmeisters existiert noch.

In den **Buskett Gardens** davor darf hingegen jeder herumspazieren. Das kleine Wäldchen mit Aleppokiefern und Zitrusbäumen ließ Großmeister Verdala als Jagdrevier anlegen. Heute ist der schattige Ort mit einem ebensolchen Lokal in den Sommermonaten ein beliebtes Ausflugsziel. Tagsüber treffen sich im Park ältere Frauen zum Bingo, abends Familien zum Grillen (die leider manchmal vergessen, ihren Müll wieder mitzunehmen). Jedes Jahr findet hier an dem Wochenende, das dem 29. Juni vorausgeht, das beliebteste Fest der Malteser statt – Mnarja.
Busverbindungen: Bus Nr. 202, der stündl. von Rabat nach Dingli fährt, kommt auf seinem Rückweg an den Buskett Gardens (Haltestelle Buskett, von dort an dem Gebäude mit dem Lanzengitterzaun vorbei bergab gehen) und am Verdala Palace vorbei.

> **Wanderung 3: Von den Buskett Gardens durch das Girgenti-Tal nach Siġġiewi** → S. 263
> Leichte Wanderung auf schmalen Sträßchen durchs Inselinnere.

Clapham Junction und Għar il-Kbir Ahr-ilkbir

Auf einem Felsplateau südlich des Verdala Palace und der Buskett Gardens liegen das alte Höhlendorf Għar il-Kbir und eines der größten Schleifspurenfelder Maltas: die Clapham Junction.

Das imposanteste Schleifspurenfeld Maltas erhielt seinen Namen nach dem Londoner Güterbahnhof – ein englischer Wissenschaftler verglich auf amüsante Art das Durcheinander des Schienensystems mit dem der Schleifspuren. Etwa 30 Rillenpaare führen über das Felsplateau, überschneiden und kreuzen sich. Mitten im Rillenfeld befindet sich auch ein punisches Schachtgrab.

Etwas weiter westlich liegt die große eingestürzte Höhle Għar il-Kbir. Bis in die erste Hälfte des 19. Jh. war die Höhle bewohnt, ein kleines unterirdisches Dorf war

Cart-Ruts – das Rätsel um Maltas Kratzer

Cart-Ruts sind Spurrillenpaare, bestehend aus zwei rinnenähnlichen Furchen im Stein. Wann, wie und warum sie entstanden sind, weiß man nicht, lediglich wo. Man findet sie auf Malta und Gozo, am häufigsten auf den kahlen, felsigen Hügelrücken des Archipels. Erstaunlich ist ihre meist gleichmäßige Spurbreite von 1,40 m. Cart-Ruts zählen zu den großen Geheimnissen aus der Frühzeit des Menschen. Auch die moderne Archäologie kann das Rätsel um sie nicht lüften, kann nur Vermutungen anstellen, die allesamt umstritten sind.

Allein schon ihr Name ist ein fragwürdiger und nicht allgemein anerkannter Begriff. Denn Cart-Ruts wären Karrenspuren, und unter Karren versteht man gewöhnlich Räderfuhrwerke; viele Wissenschaftler wollen den Karren aber die Räder absprechen und Kufen darunter sehen. Andere halten die ganze Fuhrwerkgeschichte für Humbug und sehen in den Rillen von Hand gemeißelte Bewässerungsgräben. Einige selbst ernannte Forscher glauben gar an das Werk von Außerirdischen.

Cart-Ruts

Die Theorie, dass die Spurrillen eine Art Verkehrsnetz bilden, wurde lange Zeit für die wahrscheinlichste gehalten. Sie verlor jedoch immer mehr an Zuspruch, je länger man auf verschiedene Fragen keine zufriedenstellenden Antworten fand: Was sollte überhaupt auf irgendeine Art von Karren transportiert werden? Megalithen für die Tempelbauten waren es sicherlich nicht – es fehlen Spurrillen zu den Tempeln. Wer soll die Karren gezogen haben? Bei bis zu 40 cm tiefen Spurrillen hätten Zugtiere auch Hufspuren hinterlassen müssen, aber auch diese fehlen. Waren es Sklaven, die sich mit den Karren über Hügel quälten? Möglich, aber dennoch bleibt dann die Frage: Was hätten sie von einem Eck der Insel ins andere bringen sollen, was es dort nicht gab? Und welche Gesellschaft hätte sich eine große Zahl von Karren ziehenden Sklaven leisten können?

Heute vermutet man, dass die Karrenspuren nichts mit einem inselweiten Verkehrsnetz zu tun hatten, sondern dass sie beim Bau der Terrassen entstanden, durch die man zusätzliches Ackerland gewann und die noch heute für die Landschaft der Inseln charakteristisch sind. Das stufenartige Fundament der Terrassen soll durch Steine geschaffen sein, die man mit Karren – ob mit Kufen oder Rädern bleibt dahingestellt – von den Hügelrücken abtransportierte. Wann dies stattgefunden haben soll, ist jedoch fraglich: Verschiedene Wissenschaftler vermuten, während der Bronzezeit, andere glauben, dass die Cart-Ruts aus punischer Zeit stammen.

darin verborgen. Bereits im 17. Jh. hatte es die Aufmerksamkeit des Jesuiten und Universalgelehrten Athanasius Kircher auf sich gezogen, der das Leben der Dorfgemeinschaft studierte. Die Engländer, denen Höhlenwohnungen ein Dorn im Auge waren, siedelten die Einwohner um und zerstörten viele der Kammern. Dennoch ist die Besichtigung der Höhle ein interessantes Erlebnis, noch immer sind Räume unter der Abbruchkante zu erkennen.

Anfahrt Von Mdina der Beschilderung „Buskett Gardens/Dingli" folgen, dann ausgeschildert. Frei zugänglich.

Busverbindungen Bus Nr. 202, der stündl. von Rabat nach Dingli fährt, passiert auf dem Rückweg die Haltestelle Buskett.

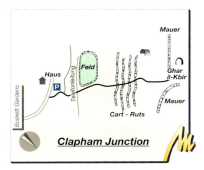

Von der Haltestelle bergab gehen, an dem Gebäude mit dem Lanzengitterzaun vorbei. Direkt dahinter ausgeschildert, → Wanderung 3, S. 263.

Żebbuġ
Sebbudsch

Die rund 11.500 Einwohner zählende Stadt gehört zu den ältesten der Insel. Żebbuġ ist das maltesische Wort für Oliven und erinnert noch an die Zeit, als Olivenhaine die Ortschaft umgaben. Piraten sollen sie übrigens abgebrannt haben. Später bauten die Einwohner Baumwolle an, und das daraus gefertigte Segeltuch machte Żebbuġ berühmt. Aber wo einst Baumwollplantagen lagen, stehen heute Häuser oder wachsen Obst und Gemüse.

Ende des 18. Jh. trug die Stadt vorübergehend den Namen *Città de Rohan*, nach dem französischen Großmeister Emmanuel de Rohan-Puldoc. An ihn erinnert noch der De-Rohan-Bogen an der Triq il-Kbira, der alten Hauptstraße. Der Name bürgerte sich aber nie ein, Città de Rohan war schon vergessen, bevor eine modernere Straße ins Zentrum führte.

Antonio Sciortino – ein Bildhauer mit Profil

Kaum einem anderen maltesischen Künstler wurde weltweit so viel Anerkennung zuteil wie dem Bildhauer Antonio Sciortino. Seine Ausbildung erhielt er in Rom, Paris und London, schon seine ersten Werke fanden reichen Zuspruch und wurden mit Preisen honoriert. Er war beeinflusst von Rodin und Trubetzkoj, was seine besten Arbeiten zeigen. Sciortinos größte Schaffensphase vermutet man während seiner Zeit in Rom, wohin er nach den Lehrjahren und verschiedenen Auslandsaufenthalten wieder zurückgekehrt war, und wo er zum Direktor der *Accademia Britannica* ernannt wurde. Sein Lebenswerk verteilt sich heute rund um den Globus, von Kiew bis Johannesburg. Antonio Sciortino, 1879 in Żebbuġ geboren, starb im Alter von 68 Jahren nach einer langen Reise um die Welt in seiner Heimat. Manche seiner Arbeiten kaufte die maltesische Regierung im Laufe der Zeit auf, sie sind im Museum der Schönen Künste in Valletta zu sehen.

Wer es heute betritt, findet einen gemütlichen Dorfplatz, der von der San-Filippu-Kirche aus dem Jahr 1599 überragt wird (5–12 und 16.30–18.30 Uhr). Links von ihr liegt das Gebäude des St.-Joseph-and-de-Rohan-Band-Clubs *(Każin Banda San Ġużepp u Banda de Rohan)* mit einer netten Bar. Nahebei kann man sich ein wenig in den schnuckeligen Regenwurmgassen der Altstadt treiben lassen.

Żebbuġ hat viele berühmte Söhne hervorgebracht, da sind z. B. Dun Mikiel Xerri und F. X. Caruana, Helden im Aufstand gegen die Franzosen und heute Namengeber vieler Straßen. Ein anderer ist Dun Karm (→ S. 171), Maltas Nationaldichter. Eine Büste von ihm steht in dem kleinen, länglichen, baumbestandenen Areal, das nördlich an den Dorfplatz angrenzt. Es ist von der Triq Sciortino umgeben, die nach dem ebenfalls in Żebbuġ geborenen Bildhauer Antonio Sciortino (s. o.) benannt ist. An ihn erinnert am gleichen Platz ein modernes Denkmal, zudem eine Gedenktafel am Gebäude des St.-Philip's-Band-Clubs *(Każin Banda San Filep)*. Übrigens stritt sich dieser Band-Club mit dem St.-Joseph-and-de-Rohan-Band-Club jahrzehntelang heftigst darüber, wer denn der ältere von beiden sei. Als sich in den 1980ern ein dritter Band-Club in Żebbuġ formierte, in dem nach Meinung der beiden anderen nur erbärmliche Dilettanten Krach machen, hat man die Diskussion beigelegt.

Busverbindungen Nr. 61 u. alle 30 Min. Nr. 62 von und nach **Valletta**.

Festa Am zweiten Sonntag im Juni.

Siġġiewi

Sidschiewi

Auf der zentralen Hochebene Maltas, keine 2 km von Żebbuġ entfernt, liegt Siġġiewi, ein Bauerndorf im Großformat, in dem – kurz auf den Punkt gebracht – der Hund begraben ist: Herz der aus kleinen Weilern zusammengewachsenen Gemeinde ist die wohl größte *Pjazza* Maltas, deren drei Ecken von zwei kleinen Gotteshäusern und der eindrucksvollen **Kirche San Nikola** (6–11 und 17–19 Uhr) markiert werden. Die von Lorenzo Gafà 1676–92 erbaute Pfarrkirche gilt als eines der prächtigsten Barockbauwerke auf Malta; die Fassade stammt jedoch erst aus der zweiten Hälfte des 19. Jh. Zu ihren Füßen liegen ein paar Bars und die Tankstelle des Orts – Treffpunkte einer kleinen, friedlichen Welt.

Die Touristenattraktionen Siġġiewis liegen am Ortsrand: Das bestens ausgeschilderte **Limestone Heritage**, eine Art Freilichtmuseum in einem alten Steinbruch, informiert über die Abbaugeschichte des Globigerinenkalksteins (→ S. 154) auf Malta – im Ganzen schön gemacht, aber nicht allzu spannend. Von dort ist auch das etwas weiter im Abseits gelegene **Malta Falconry Centre** ausgeschildert, wo die alte maltesische Tradition der Abrichtung von Falken wiederbelebt wurde. Den majestätischen Jagdvögeln kann man beim Fliegen zusehen. Der durch Dashiell Hammetts Roman berühmt gewordene *Malteser Falke* konnte übrigens nicht fliegen, er war aus Gold und mit Edelsteinen besetzt.

Öffnungszeiten Limestone Heritage, Mo–Fr 9–16 Uhr, Sa bis 12 Uhr, So geschl. 7 €, Kinder 3 €. www.limestoneheritage.com. **Malta Falconry Centre**, im Sommer tägl. (außer Mo) 9–12.30 Uhr, im Winter tägl. (außer Mo) 9–15 Uhr. Falkenshows im Sommer um 11 Uhr, im Winter um 11 und 14 Uhr. 6 €, erm. 3,50 €. Mit kleinem Shop und Café. www.maltafalconrycentre.com.

Busverbindungen Nr. 62 alle 30 Min. von und nach **Valletta**. Nr. 201 passiert auf der Strecke zwischen **Flughafen** und **Rabat** stündl. **Siġġiewi**. Zudem Nr. 109 stündl. nach **Rabat** und Mai–Okt. nach **Għar Lapsi**.

Festa Am letzten Sonntag im Juni.

Għar Lapsi (Ahr Lapsi): Die kleine Fischerbucht bei der Höhle der Himmelfahrt liegt ca. 4 ½ km südlich von Siġġiewi. Die Bucht mit einem kleinen Felsstrand ist ein beliebter Badeplatz der Malteser, ins Meer springen kann man jedoch nur bei ruhiger See. Von der Bucht genießt man einen schönen Blick auf die Felseninsel Filfla (→ S. 155). Über der Bucht befinden sich zwei Restaurants und der Għar-Lapsi-Park, nicht viel mehr als ein Kinderspielplatz mit öffentlichen Toiletten. Unter Wasser zwei Höhlen und ein Riff, das wegen seines Fischreichtums viele Taucher anlockt. Nahebei liegt eine der ältesten Meerwasserentsalzungsanlagen Maltas.

Busverbindungen Von Mai bis Okt. stündl. Nr. 71 von und nach **Valletta**, zudem Nr. 109 nach **Rabat**.

Essen & Trinken Im **Blue Creek Restaurant** kann man entweder zu feinen Snacks greifen (z. B. Sashimi) oder richtig essen (neben Pizza, Fisch und Mediterranem auch Känguru und Ribeye-Steak). Hg. 14–25 €. Schöne Terrasse. Im Sommer Di geschl., im Winter zuweilen nur am Wochenende geöffnet. ✆ 21462800.

Einfacher (Kantinenambiente) und günstiger, aber ebenfalls gut ist das **Lapsi View** schräg gegenüber.

Die Fischerbuch von Għar Lapsi

> Weiter die Küste entlang zu den Tempelanlagen von Mnajdra und Ħaġar Qim → S. 151.

Laferla Cross: 1903 wurde das weithin sichtbare 10 m hohe Kreuz, das auch unter dem Namen *Salib-Tal-Għolja* (oder kurz *Tas-Salib*) bekannt ist, auf einer Anhöhe (219 m) aufgestellt. Ihm zu Füßen bieten sich herrliche Ausblicke auf die nördliche Inselhälfte Maltas. Den Fußweg vom Tal bis zum Kreuz säumen Statuen eines Kreuzwegs. Ein paar Hundert Meter weiter westlich liegt Maltas höchste Erhebung (257 m). Am Laferla Cross führt Wanderung Nr. 3 vorbei.
Von der Straße Siġġiewi – Dingli Cliffs (zunächst Richtung Rabat/Girgenti halten) ist die Abzweigung zum Kreuz ausgeschildert. Parkplatz rund 100 m davon entfernt.

Dingli Cliffs/Dingli

Die Südwestküste Maltas fällt vielerorts in steilen Klippen ab. Den imposantesten Abschnitt bilden die Dingli Cliffs, wo die über 200 m hohe Küste fast senkrecht ins Meer stürzt. Einen tollen Blick über die Klippen hinweg hat man vom Straßenabschnitt südöstlich der Madalena-Kapelle (→ Wanderkarte S. 259, aussteigen und zum Abgrund vorgehen!). Ein imposanter Anblick offenbart sich zudem, wenn Sie auf Höhe der Bushaltestelle Zuta zum über die Küste hinausragenden Felssporn gehen, dort lassen sich darüber hinaus Zisternen aus der Bronzezeit entdecken.

Vom Laferla Cross genießt man einen schönen Rundumblick

An Wochenenden sieht man nicht selten ganze Familie bei den Cliffs Stein um Stein umdrehen – sie sind auf der Suche nach Schnecken, die im Anschluss in den Kochtopf wandern. Das nahe gelegene Dingli (knapp 3400 Einwohner), von dem die Klippen ihren Namen erhielten, ist übrigens Maltas höchstgelegene Ortschaft.

Busverbindungen Bus Nr. 201, der stündl. zwischen **Flughafen** und **Rabat** verkehrt, passiert **Dingli und die Dingli Cliffs**. Zwischen Dingli und **Sliema** verkehrt zudem alle 60 Min. Bus Nr. 202 (Achtung, manche Busse enden in Rabat), zwischen Dingli und **Valletta** alle 30 Min. Bus Nr. 52.

Festa Patronatsfest von Dingli um den 20. August.

Essen & Trinken The Cliffs, ca. 500 m nordwestlich der Madalena-Kapelle. 2012 eröffnetes, sich selbst versorgendes „Biohaus" mit Restaurant (in erster Linie) und „Interpretationszentrum" (ein paar Schautafeln zu Flora, Fauna und Sehenswürdigkeiten Maltas). In der Küche achtet man darauf, fast ausschließlich Produkte heimischer Bauern zu verwenden. Kredenzt werden maltesische, teils recht außergewöhnliche Gerichte mit interessanten Kräutern. Hg. 11–18 €. Im Sommer tägl. ab 10.30 Uhr bis in die Nacht hinein, im Winter tägl. 10.30–16 Uhr, Dinner dann nur Fr–So. ✆ 21455470. ■

Dingli Cliffs

Fomm ir-Riħ Bay

Fomm-irri-bey

Eine herrliche Bucht mit einem schönen Kiesstrand, den man meist ganz für sich alleine hat. Das hat seine Gründe: Der Strand ist nicht mit öffentlichen Verkehrsmitteln zu erreichen, und selbst wer mit dem Pkw kommt, muss das letzte Stück zu Fuß zurücklegen. Deshalb fühlt sich zuweilen leider auch niemand dafür verantwortlich, den angeschwemmten Müll wegzuräumen. Schwimmen Sie wegen gefährlicher Strömungen nur nahe am Ufer! Der Strand ist übrigens nicht in Privatbesitz, auch wenn die vielen Keep-out-Schilder den gegenteiligen Eindruck erwecken.

Anfahrt Die Bucht liegt nahe dem Dorf Bahrija. Fahren Sie, von Rabat kommend, geradewegs hindurch, so kommen Sie am Ortsausgang am Kinderspielplatz vorbei. Zweigen Sie dort bei einem Telefonmast mit Straßenlampe rechts ab. Die Straße verläuft bald darauf steil bergab. Nach einer Linkskurve, unmittelbar bevor man die gegenüberliegende Hangseite über eine Brücke erreicht, rechts abbiegen. Vom Parkplatz am Ende der Straße hat man einen schönen Blick auf die Bucht, zu der ein Pfad – bei nasser Witterung gefährlich! – hinabführt. Zwischen den Gärten mit den Keep-out-Schildern findet man auch Wegmarkierungen zum Strand.

Strand der Mellieħa Bay

Der Norden

Der Norden ist wie der Westen Maltas landschaftlich reizvoll, die oft kargen Hügelrücken sind von grünen Tälern durchzogen – das Gebiet lässt sich herrlich zu Fuß erkunden. Die Sandstrände dieser Region zählen zu den besten der Insel, schon die Piraten schätzten sie, allerdings weniger zum Baden als vielmehr als Landungsplatz für ihre Raubzüge.

Zum Schutz der südlichen Inselhälfte errichteten die Briten 1880 die Victoria Lines entlang der Great Fault, einer Senke, welche die Insel von Ost nach West durchzieht. Dieser Verteidigungswall bildet seitdem die Trennlinie zur nördlichen Inselhälfte, die bis Ende des 19. Jh. nur äußerst dünn besiedelt war. Im Vergleich zum Rest der Insel ist das noch heute so. Im Schatten der Victoria Lines stieg im 20. Jh. Mosta zum bedeutendsten wirtschaftlichen Zentrum des Inselnordens auf. Auch die St. Paul's Bay und die Mellieħa Bay erlebten im Zuge ihrer touristischen Erschließung einen grandiosen Bauboom.

St. Paul's Bay

Rund um die St. Paul's Bay gehen die Orte Qawra (Aura), Buġibba (Budschibba), San Pawl il-Baħar (San-paul-il-bahhar) und Xemxija (Tschemschija) nahezu fließend ineinander über. Dabei bilden Qawra und Buġibba den touristischen Hotspot der Insel – hier steigt das Gros der Besucher ab, die aus dem Prospekt gebucht haben.

Malta ist woanders, doch nah genug, um es in Tagesausflügen zu erkunden. Fast 5 km Küste sind um die St. Paul's Bay verbaut. Am dichtesten konzentriert sich der

Der Norden

Tourismus auf der **Halbinsel Qawra**, auf der die Ortschaften Qawra und Buġibba liegen. Sie bestehen aus einem stillosen, etwas schäbigen Durcheinander von Apartmenthäusern, Restaurants, Pizzerien, Bars, Cafés, Souvenirshops und Hotels. Vieles machte in den letzten Jahren dicht, der Krise in England geschuldet. Als schön kann man das Gros der Unterkünfte nicht bezeichnen. Die Architekten, vermutlich allesamt einst Praktikanten an der Costa Brava, wussten, dass man hier nur zum Schlafen verweilt; den Tag verbringt man an den nahen goldenen Sandstränden des Nordwestens oder im Pub (fast alle übrigens mit *Big Screens* für Fußballübertragungen). In den Restaurants sind die Speisekarten i. d. R. mehrsprachig; als Tourist kann man sich geborgen und umsorgt fühlen, Unterhaltung findet man unter seinesgleichen – das Fremde liegt außerhalb der Stadtgrenzen.

Bedeutendster Platz auf der Landzunge ist die **Pjazza tal-Bajja**, zugleich der Treffpunkt am Abend, um den sich eine Vielzahl von Bars und Restaurants angesiedelt hat. Er ist häufig Ausgangs- oder Endpunkt eines Spaziergangs an der belebten Uferpromenade. Von dort sind es nur ein paar Schritte zum **Dolmen Hotel** (→ Übernachten), das sich nach den archäologischen Funden vor dem Pool benennen wollte. Nur brachte man da etwas durcheinander: Bei den verwitterten Quadern handelt es sich nicht um Dolmen, prähistorische Brandgrabstätten (→ S. 245), sondern um Reste eines neolithischen Tempels. Wer freundlich fragt, kann die Steine besichtigen. Gleich in der Nähe, an der Triq it-Turisti, befindet sich Buġibbas einziges Museum: die **Malta Classic Car Collection**. Das Automuseum ging aus der Privatsammlung von Carol Galeas hervor. Rund 80 Old- und Youngtimer kann man hier bewundern, darunter einen *Jaguar E-Type* (Mo–Fr 9–18 Uhr, Sa 9–13.30 Uhr; 7 €, erm. 4,50 €; www.classiccarsmalta.com).

Zur **Salina Bay** hin kann Buġibba mit einem der winzigsten Nationalparks der Welt auftrumpfen: dem **Park Nazzjonali Tas-Salini**, einer kleinen Grünfläche mit Nadel- und Olivenbäumen, einem Springbrunnen und einem Café. Südöstlich der Salina Bay wartet der 2012 eröffnete **Birdpark Malta** mit Eulen, Papageien, Wellensittichen, Schildkröten und Leguanen (zum Anfassen!) auf Besucher – insgesamt über 200 Tiere tummeln sich hier, aber oft noch mehr Kinder (nur Sa/So 10–17 Uhr, 8 €, erm. 5 €, www.birdparkmalta.com). Die neueste Attraktion der Halbinsel – zur Hälfte mit EU-Fördermitteln finanziert – wird angeblich Anfang 2013 ihre Pforten öffnen: das **Malta National Aquarium** (www.aquarium.com.mt) in Qawra an der Spitze der Landzunge. In dem Bau, der zwei übereinanderliegenden Seesternen gleichen soll, sind 26 Becken mit Fischen aus dem Mittelmeerraum, aber auch aus dem Indischen Ozean geplant.

Der Schiffbruch des Paulus

Es gibt nur wenig, was Malta in gleichem Maße beeinflusste wie der Schiffbruch des Apostels Paulus – auch wenn sich die Wissenschaft heute streitet, wann und wo sich jenes Ereignis zugetragen haben soll. Es gibt Quellen, die den Schiffbruch auf den Herbst des Jahres 58, den Herbst 59 und den Herbst 60 datieren, und es gibt Stimmen, die am maltesischen Glauben rütteln und den Schiffbruch auf eine westgriechische Insel verlegen wollen. Für die Malteser bleibt es jedoch eine unverrückbare Tatsache, dass Paulus – wie in der Apostelgeschichte (Kapitel XXVII, in mehreren Sprachen an der Kapelle San Pawl in San Pawl il-Baħar) nachzulesen – auf ihrer Insel strandete und das Evangelium verkündete.

Der Apostel war damals wegen einer Gerichtsverhandlung auf dem Weg nach Rom, als ein Sturm das Schiff nach einer zweiwöchigen Irrfahrt an der Insel Selmunett (s. u.) zerbersten ließ. In der Bucht, die heute den Namen des Apostels trägt, demonstrierte dieser den Inselbewohnern durch zwei Wunder seine gottgegebene Macht. Man hatte für die Schiffbrüchigen Feuer angezündet, damit sie sich trocknen konnten. Als Paulus Reisig ins Feuer warf, schnellte eine Schlange heraus und verbiss sich in seine Hand. Man erwartete seinen plötzlichen Tod, doch Paulus geschah nichts – klar, es gibt ja auch keine Giftschlangen auf Malta ... Anstatt zu sterben, berührte Paulus einen Felsen, aus dem daraufhin eine Quelle entsprang. Drei Monate währte Paulus' Zeit auf Malta, genauer: in einer Grotte in Rabat. Der Überlieferung nach soll er währenddessen den damaligen Statthalter Publius bekehrt haben, der der erste Bischof von Malta und später von Athen wurde.

Bis heute sind die Malteser stolz darauf, von niemand Geringerem als von Paulus persönlich christianisiert worden zu sein; Kirchen und Orte, die seinen Namen tragen, bezeugen dies. Auch Legenden, in denen Paulus eine Rolle spielt, gibt es zuhauf.

San Pawl il-Baħar, der älteste Badeort in der Bucht, besitzt im Vergleich zu Buġibba, Qawra und Xemxija noch maltesischen Charakter. Schon um 1900 leisteten sich hier wohlhabende Insulaner einen Sommersitz. Das Gros der Bauten ist nur zweistöckig mit den typischen Holzerkern davor – aber auch diese werden, v. a. im

Küstenbereich, immer mehr durch moderne Blocks ersetzt. Im Zentrum findet man einen Band-Club und ein Parteibüro. Am kleinen Hafen steht der **Wignacourt Tower** aus dem Jahr 1610. Er diente zur Überwachung der St. Paul's Bay. Wenn sich feindliche Schiffe näherten, konnte die Bedrohung per Flaggen- oder Spiegelsignal über den Ring von Wachtürmen an der Küste nach Valletta übermittelt werden. *Din L-Art Ħelwa*, ein Verein, der sich Maltas kulturellen Erbes annimmt, restaurierte den Turm und präsentiert darin heute eine Ausstellung über maltesische Festungswerke (tägl. 10–13 Uhr; 2 €; http://dinlarthelwa.org). An der Straße, die zum Ende der Bucht führt, liegt linker Hand noch die Quelle **Għajn Razul**, die der Apostel Paulus aus dem Fels entspringen ließ (s. o.).

Die Malteser Hochzeitsvillen

Eine Hochzeit auf Malta ist das große Fest jeder Familie. Empfänge für die Verwandten und den Freundeskreis mit oft mehr als 400 Personen gehören zu einer standesgemäßen Trauung. Und dafür bedarf es der entsprechenden Räumlichkeiten. So gibt es überall auf den maltesischen Inseln Hochzeitsvillen – oft einstige Schlösschen des Adels, manchmal auch neu errichtete Gebäude im traditionellen Stil. Häuser mit besonders gutem Ruf sind oft monatelang im Voraus ausgebucht. So richtet sich der Trauungstermin mancher Paare danach, wann die gewünschte Villa verfügbar ist, denn auch Parteien, Kirche, Gemeinde und Sportvereine leisten sie sich für besondere Anlässe. All diese Häuser laden zu einem Tag der offenen Tür ein oder haben feste Besichtigungszeiten, in denen der Kunde beraten wird, wie die Feier gestaltet werden kann, von der Menüauswahl bis hin zum Blumenschmuck und der Tanzkapelle.

Wer eine außergewöhnliche Party plant oder einfach nur neugierig darauf ist, in welch herrschaftlichem Ambiente die Malteser zuweilen feiern, kann einen Ausflug in den Villen-Weiler Wardija oberhalb der St. Paul's Bay mit herrlichem Blick über die Bucht unternehmen. Sehenswert ist dort z. B. der festungsähnliche Palast Castello dei Baroni (unregelmäßige Besichtigungszeiten), der dem Johanniterorden gehört, oder der Palazzo Promontorio (Di/Do 16–19 Uhr). Auch wenn Wardija in Luftlinie nicht weit entfernt ist, müssen Sie über Burmarrad (dort beim Scotts Supermarket rechts bergauf) anfahren. Die Hochzeitsvillen sind vor Ort ausgeschildert.

Auf der anderen Seite der St. Paul's Bay erstreckt sich **Xemxija**, eine Ansammlung von leer stehenden Neubauten, Neubauruinen und heruntergekommenen älteren Gebäuden. Von den hiesigen einst zahlreichen Hotels und Restaurants haben – nicht zuletzt wegen der verkehrsreichen Durchgangsstraße – nur die wenigsten überlebt. Projekte zur Wiederbelebung wollen ebenfalls nicht vorankommen. Vom sog. *Mistra Heights Project*, das den Bau eines bis zu elf Stockwerke hohen Komplexes mit über 800 Apartments vorsah, war zuletzt jedenfalls nichts mehr zu hören.

Den Nordosten der Bucht schließen die **St.-Paul's-Inseln** ab, ein paar Felsen im Meer, an denen das Schiff des Apostels Paulus zerschellte. Die größte der Inseln trägt den maltesischen Namen **Selmunett**, auf ihr steht weit sichtbar seit 1845 eine weiße Statue des Apostels.

Insel Malta/Der Norden

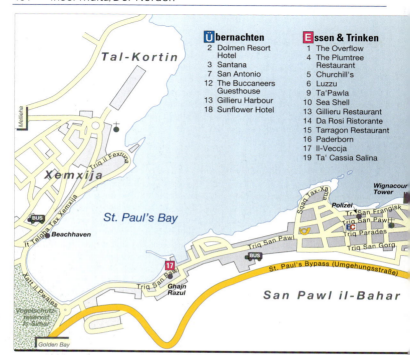

Übernachten
- 2 Dolmen Resort Hotel
- 3 Santana
- 7 San Antonio
- 12 The Buccaneers Guesthouse
- 13 Gillieru Harbour
- 18 Sunflower Hotel

Essen & Trinken
- 1 The Overflow
- 4 The Plumtree Restaurant
- 5 Churchill's
- 6 Luzzu
- 9 Ta'Pawla
- 10 Sea Shell
- 13 Gillieru Restaurant
- 14 Da Rosi Ristorante
- 15 Tarragon Restaurant
- 16 Paderborn
- 17 Il-Veccja
- 19 Ta' Cassia Salina

Basis-Infos

Information Es gibt keine offizielle Tourist Information rund um die St. Paul's Bay.

Busverbindungen Bus: Der Buġibba Bus Terminus, der Busbahnhof (mit Ticketverkauf und Infoschalter) über dem Hotel Dolmen, ist Start und Endpunkt folgender Linien:

Richtung Süden: Bus Nr. 12 über **San Ġiljan** u. **Sliema** nach **Valletta**, Nr. 31 über **Mosta** nach **Valletta**, Nr. X3 alle 30 Min. über **Rabat** zum **Flughafen**.

Für **Ziele im Süden** der Insel steigt man in Valletta oder am Flughafen (→ S. 32) um.

Richtung Westen und Norden: Die Busse gen Norden passieren automatisch **San Pawl il-Baħar** und **Xemxija**. Von und nach **Ċirkewwa** (Fähre Gozo) fährt über **Mellieħa** Bus Nr. 221, in die **Għain Tuffieħa Bay** und die **Golden Bay** alle 30 Min. Bus Nr. 223 u. 224 (im Winter nur Nr. 223 alle 60 Min.), nach **Wardija** Nr. 401 (nur 6 Fahrten/Tag).

Achtung: Folgende Busse halten nicht am Buġibba Terminus, sondern passieren die St. Paul's Bay nur an ihrem westlichen Ende (Zusteigemöglichkeiten u. a. an der Xatt il-Pwales in Xemxija): Nr. 222 alle 30 Min. auf der Strecke **Sliema – Ċirkewwa** (Fähre Gozo), Nr. 37 alle 60 Min. von **Valletta** in die **Mellieħa Bay** (im Sommer fährt der Bus weiter bis zur **Armier Bay**), Nr. X1 alle 45 Min. zwischen Flughafen und Ċirkewwa und Nr. 41 u. 42 alle 30 Min. von **Valletta** nach Ċirkewwa.

Taxi: Taxis findet man fast an allen größeren Plätzen, insbesondere an der Pjazza tal-Bajja. Am günstigsten fährt man mit den schwarzen Taxis (z. B. über **Agius**, ☎ 21 575884, mobil 99495604): Fahrt nach Sliema oder in die Golden Bay ca. 15 €, nach Valletta oder zum Airport 19 €, nach Marsaxlokk 25 €.

St. Paul's Bay 185

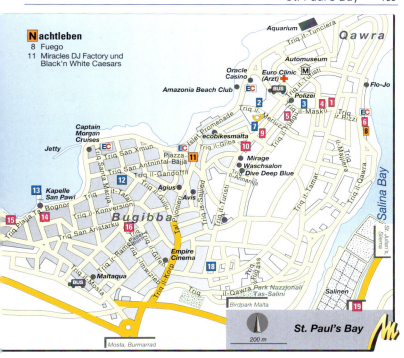

Ärztliche Versorgung Vor Ort hilft u. a. Dr. Frendo in der Euro Clinic neben dem Buġibba-Busterminus weiter. ✆ 21571622, mobil 79430000. Weitere Adressen → Ärztliche Versorgung, S. 46.

Ausflugsfahrten Egal, ob zu Land oder zu Wasser (April–Okt.), die gängigen Ausflugsfahrten in alle Ecken der Inseln werden überall offeriert (→ Organisierte Rundfahrten, S. 38). Sonderangebote gelegentlich bei Captain Morgan Cruises (Office beim Steg der Ausflugsboote).

Vom Jetty (dem Steg der Ausflugsboote) legen auch die Boote von Seahorse (ein Zweimaster), Romantika Cruise, Triton Cruise, Mermaid und Hornblower zu Hafenrundfahrten nach Valletta (Tipp!) und zu Tagesfahrten ab, die an den St. Paul's Islands vorbei nach Comino führen. Preise 10–20 €/Pers. Zuweilen werden auch spaßige Nachtausfahrten mit Grillfesten veranstaltet. Alternativ dazu bietet im Sommer auch ein Luzzu-Eigner kleinere *Fishing Trips* an.

Auto- und Zweiradverleih Autoverleiher gibt's an jeder zweiten Straßenecke. Zwei Adressen in Buġibba: Avis, Triq il-Korp tal Pijonieri, ✆ 25677550, www.avis.com.mt. Mirage, Triq it-Turisti, ✆ 21580313, www.miragecarhire.com.

Fahrräder (8 €/Tag) und Scooter (35 €/Tag, ab 3 Tagen 25 €/Tag) vermietet z. B. Agius in Buġibba an der Triq il-Korp tal Pijonieri, ✆ 21575884, www.agiuscarhire.vpweb.co.uk.

ecobikesmalta veleihen E-Bikes (15 €/Tag) und Mountainbikes (10 €/Tag). Triq L-Imsell 8, ✆ 27500022, www.ecobikesmalta.com.

Casino Oracle Casino, gehört zum New Dolmen Hotel. Geboten wird alles vom einarmigen Banditen über Black Jack bis Roulette (Mindesteinsatz 0,50 €). Kein Eintritt, Mindestalter 18 Jahre, Ausweis mitbringen! Kein Dresscode. Tägl. 9–6 Uhr.

Einkaufen Selbstversorger finden in der Triq il-Mosta in San Pawl il-Baħar Supermärkte, Fischläden, Bäcker etc. Ansonsten gibt's überwiegend Touristenkram.

Festa Patronatsfest von San Pawl il-Baħar meist am letzten Sonntag im Juli.

Polizei In Buġibba beim Busbahnhof, in San Pawl il-Baħar an der Triq San Pawl. ✆ 112.

Post In Buġibba an der Uferfront im Gebäudekomplex des Grand Dolmen Hotels. In San Pawl il-Baħar an der Sqaq Tax-Xama/Ecke Triq San Pawl.

Waschsalons Lion Service Laundrette in der Triq it-Turisti in Buġibba.

Zeitungen Deutschsprachige Zeitungen halten viele Souvenirshops bereit, abends ist meist schon die aktuelle Tagesausgabe erhältlich.

Übernachten → Karte S. 184/185

Zu den kleineren, aber dennoch unpersönlichen Hotels und den größeren Bettenburgen gesellen sich rund um die St. Paul's Bay unzählige Apartmentanlagen für Selbstversorger, die man z. T. jedoch nur über das Internet oder einen Reiseveranstalter buchen kann. Empfehlenswerte Häuser sind in jeder Kategorie rar, insbesondere die Mittelklassehotels sind oft recht abgewohnt. Das Preis-Leistungs-Verhältnis ist bei einer Vor-Ort-Buchung meist miserabel, im Pauschalpaket dagegen oft sehr gut. Wer nicht ausdrücklich ein Zimmer mit Meerblick gebucht hat, muss häufig vom Balkon auf Bauschutt oder Müll blicken. Auch Hotels in ruhiger Lage sind in Qawra und insbesondere in Buġibba eher selten. Viele Hotels haben nur von Mai bis Oktober geöffnet. Unsere Preisangaben beziehen sich auf den August – davor und danach werden extreme Rabatte von bis zu 75 % gewährt! Ein paar Adressen:

**** Dolmen Resort Hotel 2, ältere Anlage mit über 400 komfortablen Zimmern, die meisten davon mit Balkon. Auch wenn außen die Farbe etwas abblättert, die Zimmer wurden schon mehrmals restauriert. 4 Pools, Hallenbad, 2 Tennisplätze, Sauna, Konferenzsaal usw. DZ ab 150 € mit Meerblick. Zwischen Busbahnhof und Küste, ✆ 23552355, ✉ 23555666, www.dolmen.com.mt.

**** San Antonio 7, großes, zentral gelegenes Haus. 295 größtenteils helle (und auch etwas hellhörige), geräumige Zimmer. Poolbereich. Leser loben das Frühstück. EZ ab 100 €, DZ ab 125 €. In Buġibba in der Triq it-Turisti, ✆ 21583434, ✉ 21572481, www.sanantonio-malta.com.

**** Gillieru Harbour 13, überschaubares Haus mit 74 Zimmern. Eher rustikal eingerichtet. Eine kleine Beautykur wäre angeraten, dennoch okay. Sehr gutes Restaurant (→ Essen & Trinken). DZ 97 € mit Meerblick (lohnt!). Zwischen San Pawl il-Baħar und Buġibba in schöner Lage auf einer kleinen Landzunge, ✆ 21572720, ✉ 21572745, www.gillieru.com.

**** Santana 3, 200-Zimmer-Viersterner in zentraler Lage in Qawra. Zimmer mit klassischer Standardeinrichtung und Hang zum Biederen, alle mit Balkon. Pool auf dem Dach, Indoorpool, Sauna. EZ ab 68 €, DZ ab 90 €. Triq il-Maskli, ✆ 21583451, ✉ 21583450, www.hotelsantana.com.

*** Sunflower Hotel 18, das etwas einfachere Schwesterhotel in ruhiger Lage in Qaw-

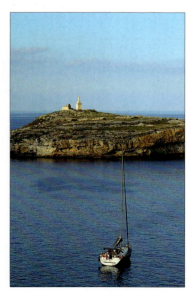

Ankerplatz vor den St. Paul's Islands

St. Paul's Bay

ra. 106 Zimmer (leicht in die Jahre gekommen, aber viel freundlicher, als die Fassade vermuten lässt) mit Naturholzmöbeln, Balkon, Fliesenböden und Safe. Pool auf dem Dach, kleiner Indoorpool. Hilfsbereiter Service. DZ ab 75 €. Triq Toledo de Garcia, ℡ 21575111, ℻ 21570651, www.sunflowerhotel.com.mt.

The Buccaneers Guesthouse 12, eine der wenigen einfachen und empfehlenswerten Unterkünfte der St. Paul's Bay. Familienbetrieb. 30 ordentliche Zimmer mit Fliesenböden, Aircondition und recht neuen Möbeln. Kleiner Pool auf dem Dach, Restaurant. DZ mit Frühstück 40 €, HP möglich. Triq il-Ġulju, ℡/℻ 21571671, www.buccaneers.com.mt.

Essen & Trinken/Nachtleben → Karte S. 184/185

Das Restaurantangebot ist riesig, man hat die Qual der Wahl. Aber egal, ob Sie vornehm oder einfach dinieren wollen, die Küche vieler Restaurants ist auf den englischen Gaumen abgestimmt. Für Abwechslung sorgen u. a. indische und chinesische Lokale. Dazu gibt es viele Pubs – das Bier ist überall recht günstig. Und noch günstiger als maltesisches Bier und dazu oder genau deswegen sehr beliebt ist unter den englischen Touristen *Grafenwalder*-Dosenbier, das die Wirte bei *Lidl* (seit 2008 auf Malta ansässig) einkaufen.

Restaurants Ta' Cassia Salina 19, abseits des großen Trubels in der Salina Bay, immer einen Spaziergang wert und von Lesern hochgelobt. Über 180 Jahre altes Farmhaus unter Leitung des deutsch-maltesischen Paars Sabine und Manuel. Schönes Ambiente innen (weiße Tischdecken, Kamin für kalte Tage) wie außen (nette Gartenterrasse). Sehr gute internationale Küche, aber auch maltesische Klassiker finden sich auf der Karte: Witwensuppe, Spaghetti mit Kaninchensoße, *Ravjul* oder *Braġioli*. Hg. 15–26 €. Im Sommer nur Dinner, im Winter Mo–Sa nur Dinner, So nur Lunch. Wegbeschreibung: Von Buġibba kommend in der Salina Bay Richtung Sliema halten. Wenn es rechts nach Naxxar abgeht, ebenfalls rechts halten, kurz darauf linker Hand. Triq il-Katakombi, ℡ 21571435.

Tarragon Restaurant 15, am Ufer nahe dem Wignacourt Tower und der Kapelle San Pawl. Es wird Wert auf Qualität gelegt: bestes Fleisch, selbst gezogenes Gemüse. Internationale Küche (Barbarie-Ente, Lamm, Oktopus in Chardonnaysoße), frischer Fisch nach Tagesangebot. Gepflegt-gediegenes Ambiente, 2 Etagen. Von den großen Fenstern schöner Blick aufs Meer. Hg. 20–30 €. Mo–Sa nur Dinner, So nur Lunch. Triq il-Knisja, ℡ 21573759.

Da Rosi Ristorante 14, populärer Familienbetrieb. Drinnen geräumig, draußen ein paar Tische an der Straße. Frischer Fisch und Meeresfrüchte (kosten Sie die King Prawns, gegrillt oder mit Brandysoße), leckere hausgemachte Ravioli (u. a. mit Ziegenkäse), aber auch gute Fleischgerichte (Entenbrust mit Madeirasoße). Hg. 11–25 €. Mo Ruhetag, bis auf So nur Dinner. Triq il-Knisja 44 (nahe der St.-Paul's-Kapelle), ℡ 21571411.

Gillieru Restaurant 13, bei Maltesern sehr beliebtes Restaurant des gleichnamigen Hotels. Auf einer Felszunge gelegen, tolle Terrasse mit herrlichem Blick, großer Speisesaal. Auf Fisch (man versucht, das Gros der Ware von lokalen Fischern zu beziehen, ab 16 €) und Meeresfrüchte (Hummer frisch aus dem Becken, ab 35 €) spezialisiert. Reservierung empfehlenswert. Triq il-Knisja 66, ℡ 21573269.

》》 Mein Tipp: Paderborn 16, in der gleichnamigen Straße in Buġibba. Gediegen-gepflegtes Lokal mit sehr gutem Service und fast ausschließlich maltesischem Publikum. Hier kommen keine westfälischen Spezialitäten auf den Tisch, sondern gute italienische Pasta und Risotto aus frischen Zutaten (ab 9,50 €), außerdem leckere Fleischgerichte (ab 15 €). Dazu Tagesspecials. Mi–Sa nur Dinner, So nur Lunch. Triq Paderborn, ℡ 21581205. **《《**

Ta' Pawla 9 beliebtes, gemütliches Touristenlokal, ländlich-verspielt eingerichtet, draußen nur ein paar wenige Tische. Neben Pizza, Steaks und Fisch (den man aus einer Vitrine auswählen kann) auch maltesische Küche wie *Octopus Stew* (12,50 €) oder *Rabbit Stew* (9,90 €). Alles in großen Portionen. Gutes Preis-Leistungs-Verhältnis. Triq it-Turisti, ℡ 21576039.

Churchill's 5, recht familiäres Restaurant, in dem sich auch Mama und Papa wohlfühlen. Ein Muss ist die *Aljotta*, die maltesische Fischsuppe. Zu den Spezialitäten gehören außerdem die halbe Ente und die Lammkeule. Hg. 8–19 €. Mo Ruhetag. Triq il-Fliegu, ✆ 21572480.

The Overflow 1, recht schlichtes, aber populäres Terrassenlokal in Qawra. Maltesisch-italienisch-internationale Küche, die mal sehr gut (Oktopus in maltesischer Soße) und mal ein Flop (Salat, Spaghetti Marinara) sein kann. Spezialitäten wie Kaninchenbraten oder *Braģioli* (Rouladen) sollten 24 Std. im Voraus bestellt werden. Hg. 8,50–18,50 €. Nur Dinner, So auch Lunch. Triq il-Maskli, ✆ 21582519.

The Plumtree Restaurant 4, eine mehrfache Leserempfehlung nebenan. Altbackenes Lokal, extrem beliebt beim englischen Rentnerpublikum, oft ist nur noch schwer ein Platz zu bekommen. Terrasse, sehr freundliche Bewirtung. Maltesisch-internationale Küche zwischen Knoblauch-Oktopus, Pasta und Steaks zu 8,50–18,50 €, unserer Meinung nach aber eher lieblos-fade zubereitet. Hinterher gibt es dafür einen Orangenlikör. Nur Dinner, Mo Ruhetag. Triq L-Imħar, ✆ 21575970.

Il-Veccja 17, in San Pawl il-Baħar. Etwas abseits der großen Massen und auch gerne von jungen Maltesern besucht. Gute Pasta, Snacks und Salate, Hg. 7,50–9 €. Urgemütliche, fast alternative Terrasse zum Meer hin. Regelmäßig Livejazz. Triq San Pawl 372, ✆ 21582376.

Luzzu 6, günstige Adresse in schöner Lage mit netter Terrasse zum Meer hin. Lichtes, verglastes Schnellrestaurant mit Plastikambiente. Große Karte: variantenreiche Salate, Pizzen (ab 5,50 €), Pasta (ab 7,25 €), Steaks, Fisch, Sandwichs und Baguettes. Mo nur Dinner, im Winter zuweilen geschl. Triq il-Qawra, ✆ 21584647.

Sea Shell 10, bei Maltesern wie bei Touristen recht beliebtes, kleines Schnellrestaurant. Der Renner sind die verschiedenen Sorten *Fish & Chips* (ab 5 €), aber auch Burger sind zu haben. Tägl. ab 12 Uhr. Triq it-Turisti.

Nachtleben Der Night Spot am Abend ist die **Pjazza tal-Bajja**. Die DJs der Clubs **Miracles DJ Factory 11** und **Black 'n White Caesars 11** geben dann ihr Bestes. Im Frühjahr und Herbst ist hier auch Sonntagnachmittags die Hölle los, wenn sich aufgetakelte Teenies zum Schaulaufen treffen und das Bier in Strömen fließt. Direkt am Wasser bieten sich folgende Locations an:

Fuego 8, an der Triq il-Qawra. Empfehlenswerter Salsaclub mit schönem Außenbereich zum Meer hin. In der Saison tägl. geöffnet (Mi Schaumpartys), im Winter nur Fr/Sa. Kein Eintritt.

Amazonia Club, zum gleichnamigen Beach-Club gehörend (s. u.). Im Sommer kann man hier tägl. ab 22 Uhr tanzen bis zum Umfallen. Neben DJs hin und wieder auch Liveacts.

Das touristische Zentrum Maltas – St. Paul's Bay

Baden

Von der St. Paul's Bay erreicht man mit dem Bus innerhalb weniger Minuten die besten Sandstrände Maltas. Verfügt man über einen Mietwagen, ist das Angebot an Bademöglichkeiten gar noch größer und attraktiver. An der St. Paul's Bay und der Salina Bay dominieren Felsstrände. Diese belegen z. T. Hotel-Lidos, die in der HS zuweilen nur Hotelgästen zugänglich sind. Einen künstlichen, frei zugänglichen Sandstrandabschnitt von ca. 80 m Länge hat man vor dem New Dolmen Hotel geschaffen.

Für jedermann zugängliche Lidos
Amazonia Beach Club, beim New Dolmen Hotel. Bar, Restaurant und kleiner Pool. Ganz gemütlich, palmenbestückt. Eintritt je nach Tag 7–13 €, dafür gibt's einen Liegestuhl und einen Sonnenschirm. Diverse Wassersportmöglichkeiten.

Beachhaven, in Xemxija. Holzplattform über dem Wasser, Bar, Restaurant, hin und wieder Barbecue und diverse Partys (außerhalb der Saison tote Hose). Liegestuhl und Sonnenschirm 6 €/Tag.

Wassersportmöglichkeiten Mehrere Anbieter, z. B. Flo-Jo, mit einem Stand im Amazonia Beach Club (s. o.) und gegenüber dem Qawra Palace Hotel. Bietet Speed Boats, Kanus, Surfbretter, Jet-Ski, Wasserski usw. (Preise → S. 59).

Nahe gelegene Strände Mit dem Bus (→ Busverbindungen) sind von Buġibba aus die Golden Bay, die Għajn Tuffieħa Bay, die Mellieħa Bay und die Paradise Bay (→ S. 208) spielend zu erreichen. Um in die Għnejna Bay oder in die Armier Bay zu gelangen, steigt man in Mellieħa um.

Tauchen

Die St. Paul's Bay ist eines der Tauchzentren auf Malta, kein anderer Ort der Insel besitzt so viele Tauchbasen und -schulen. Die beiden von uns aufgeführten Anbieter wurden von Lesern hochgelobt, andere teils recht heftig verrissen. Der Hit bei Tauchern ist v. a. das den St.-Paul's-Inseln vorgelagerte Riff (Tauchtiefe bis zu 34 m). Gut tauchen lässt es sich ferner in der Anchor Bay mit einer großen Unterwasserhöhle (Tiefe ca. 13 m) und nahe Ċirkewwa: Dort befinden sich ein Unterwasserbogen, der Ċirkewwa Arch, und der 2008 versenkte Minenleger P 29. Zudem kann man nahe dem Marfa Point mehrere Höhlen und eine Madonnenstatue aufsuchen (alles Tauchgänge bis zu 35 m Tiefe). Ein weiteres beliebtes Ziel der Gegend um Ċirkewwa ist der ebenfalls versenkte Schlepper Rozi (Tiefe 35 m). Mit dem Boot sind in relativ kurzer Zeit außerdem die besten Tauchreviere rund um Comino zu erreichen. Preise für Schnuppertauchen, Kurse oder Flaschenfüllung → S. 60. Falls Sie übrigens einen neuen Anzug brauchen: Die Tauchbasis Maltaqua (℡ 21571873, www.maltaqua.com) an der Triq il-Mosta in San Pawl il-Baħar besitzt ein gut sortiertes Geschäft, das auch Anzüge nach Maß fertigt.

Octopus Garden, die deutsche Tauchschule vor Ort, im Gillieru Harbour Hotel (Hauptsitz) und im Lido des Seashell Resorts (Ableger). Mit den klassischen Luzzus geht's zum Tauchvergnügen. Nahezu sämtliche Kurse. März–Nov. ℡ 21578725, www. octopus-garden.com.

Dive Deep Blue, in Buġibba an der Triq Il-Annanija. Nettes Team, das auf die Treue seiner Kunden setzt, ähnlich wie Octopus Garden. Jan. bis Mitte Feb. geschl. ℡ 2158 3946, www.divedeepblue.com.

Wanderung 4: Vorbei an den St. Paul's Islands → S. 265
Leichte Wanderung mit Bademöglichkeit.

Wanderung 5: Von der St. Paul's Bay in die Golden Bay → S. 266
Einmal quer durch den Norden der Insel.

St. Paul's Bay/Umgebung

Mistra Bay: Auf der Nordseite der St. Paul's Bay, jedoch abseits jeglichen touristischen Rummels und auch nicht mit öffentlichen Verkehrsmitteln zu erreichen, liegt die Mistra Bay. Sie besitzt einen sehr schmalen Sand-Kies-Strand, auf dem es sich vornehmlich maltesische Rentner im mitgebrachten Klapp- oder Liegestuhl bequem machen. Abends, insbesondere an Wochenenden, trifft sich hier auch die Jugend zum Grillen. Das einzige Gebäude unmittelbar an der Bucht, ein hübsches Natursteinhaus, beherbergt ein gutes Restaurant.

Anfahrt Die Straße von Xemxija nach Ċirkewwa (Fähre Gozo) nehmen, ca. 400 m hinter Xemxija geht es links ab (übersehbares Hinweisschild).

Essen & Trinken Margos, in einem Trakt des Palazzo Santa Rosa direkt an der Bucht untergebracht. In dem gepflegten Lokal gibt es beste neapolitanische Pizzen aus dem Holzofen, kosten Sie die *Al Tonno Fresco* mit frischem Thunfisch und Büffelmozzarella. Olivenöl, Tomatensoße, Käse – alles bio. Wer hier ganz dekadent dinieren will, sollte im einwöchigen Vorlauf eine Pizza mit weißen Trüffeln bestellen. Die Trüffeln werden direkt aus dem Piemont eingeflogen und auf der Pizza zusammen mit einem 24-karätigen Goldblatt (!) serviert. Kostenpunkt: 1800 €! Alle anderen Pizzen halten sich preislich sehr im Rahmen: 6–10 €. Nur Do–So am Abend geöffnet. ✆ 27627467. ■

Kapelle San Pawl Milqi (San Paul Mil'i): Oberhalb des Dorfes Burmarrad, keine 2 km von Buġibba entfernt, liegt die kleine Kapelle San Pawl Milqi. Die Kapelle wurde zwischen 1616 und 1622 unter Großmeister Wignacourt errichtet. Italienische Archäologen haben unter der Kapelle Mauerreste dreier älterer Kapellen feststellen können, zudem daneben die Fundamente einer römischen Villa ausgegraben. Sie soll das Landgut des Publius gewesen sein und später als Ölmühle gedient haben. Die Vorrichtungen zur Olivenölgewinnung sind noch zu erkennen. Leider war die Kapelle zuletzt nur nach telefonischer Vereinbarung mit *Heritage Malta* (✆ 22954000; 5 €, erm. 3,50 €) zu besichtigen.

Wegbeschreibung/Busverbindungen
Von den St. Paul's Bay kommend in Burmarrad ca. 150 m nach dem Scotts Supermarket (rechter Hand) rechts ab in die Triq Ġebel Għazzara, die folgende Straße links und die nächste wieder rechts. In **Burmarrad** halten u. a. die Busse Nr. 31 von Buġibba über **Mosta** nach **Valletta** und Nr. 41 und 42, die alle 30 Min. zwischen **Mellieħa** über **Mosta** nach **Valletta** und umgekehrt unterwegs sind.

Festa Patronatsfest von Burmarrad an dem Sonntag, der dem 29. Juni vorausgeht.

Baħar iċ-Ċagħaq (Bahar-itsch-tscha): Auf der Strecke zwischen Buġibba und San Ġiljan/St. Julian's passiert man Maltas größte Müllhalde (mehr Berg als Hügel) und danach den kleinen Ort Baħar iċ-Ċagħaq. Die Küstenstraße lässt ihn rechts liegen, viel zu sehen gibt es auch nicht – von einer kleinen Bucht vor dem Ort, wo gerne Pferde baden, einmal abgesehen. Größere Aufmerksamkeit erregt der *Splash & Fun Park*. Er ist für diesen Küstenabschnitt eine wirkliche, aber nicht unbedingt preiswerte Badealternative. Zwar findet man entlang der Küste mehrere Felsstrände, doch liegt das Gros unattraktiv nahe der Straße. In der Nachbarschaft gibt es noch das *Mediterraneo*, eine Art Seaworld mit Seelöwen-, Delfin- und Papageienshows – hoffentlich nicht mehr lange, kein Delfinarium kann eine artgerechte Haltung der Tiere gewährleisten, über ein grundsätzliches Verbot von Delfinarien in der EU wird diskutiert.

Busverbindungen Von **Valletta** über **Sliema** und **San Ġiljan** nach **Baħar iċ-Ċagħaq** fährt von Mai bis Okt. Bus Nr. 14. Ganzjährig passieren den Ort Bus Nr. 12, der von **Buġibba** über **San Ġiljan** und **Sliema** nach **Valletta** und zurück fährt,

Maltas Norden – dünn besiedelt

Nr. 222 alle 30 Min. auf der Strecke von **Sliema** über **Mellieħa** nach **Ċirkewwa** (Fähre Gozo) und X1, der alle 45 Min. zwischen **Flughafen** und **Ċirkewwa** pendelt.

Öffnungszeiten Splash & Fun Park, mit Riesenrutsche und Pool für die Relaxten. Ende Juni bis Anfang Sept. tägl. 9–21 Uhr, Mai u. Sept./Okt. 9.30–18 Uhr. Ganztags 20 €, Kinder 12 €. www.splashandfun.com.mt.

Naxxar
Naschar

Rund 12.800 Einwohner zählt das hübsche Städtchen, das meist links liegen gelassen wird, da es abseits aller wichtigen Inselstraßen liegt. Das Zentrum Naxxars erstreckt sich rund um die **Pfarrkirche Tal-Vitorja** (Our Lady of Victory; 5.30–12 und 16.30–19 Uhr), an die ein kleines Museum angeschlossen ist; Straßencafés laden hier zum Verweilen ein. Schräg gegenüber dem Portal der Kirche, deren Fassade breiter ist als das Langhaus, beeindruckt der **Palazzo Parisio** der Adelsfamilie Scicluna, der noch immer in Familienbesitz und zu besichtigen ist (tägl. 9–18 Uhr; 12 €, erm. 7 €; www.palazzoparisio.com). Die Erben haben darauf Wert gelegt, das Interieur bis heute unverändert zu belassen. Das sehenswerte Gebäude mit seiner herrschaftlichen Gartenanlage wird u. a. für Hochzeiten genutzt (→ Kasten, S. 183). Nahebei beginnt die Triq Santa Lucija, die in die schmucke **Altstadt** mit ihren schönen Topfblumengässchen führt.

Am Ortsrand von Naxxar steht die geschichtsträchtige **Kirche San Pawl tat Tarġa** (nur selten geöffnet) aus dem 17. Jh., von deren Vorhof man über die Burmarrad-Ebene hinweg bis nach San Pawl il-Baħar blickt. An diesem Ort soll einst der Apostel Paulus gepredigt haben. Hinter der Kirche erhebt sich der Cikko-Gauci-Turm und nördlich der Torri tal-Kaplan, ebenfalls ein Turm. Beide entstanden Mitte des 16. Jh. und sind heute in Privatbesitz. Naxxar ist zudem bekannt für seine tiefen **Cart-Ruts**, die etwas weiter nordwestlich am Ortsrand zu finden sind.

Busverbindungen Vor der Kirche fährt Bus Nr. 31 nach **Buġibba**, Nr. 205 alle 60 Min. nach **Rabat** und Nr. 225 zur **Għajn Tuffieħa Bay** (im Sommer alle 30 Min., im Winter alle 60 Min.). Hinter der Kirche starten Nr. 31 und alle 60 Min. Nr. 35 u. 36 nach **Valletta**, mit Nr. 225 geht es nach **Sliema**.

Wegbeschreibung San Pawl tat-Tarġa: Man zweigt links der Pfarrkirche in ein kleine Sträßlein ab, für das die Durchfahrt für Lkws verboten ist, und danach gleich wieder links in die Triq il-Markiz Scicluna. Der Weg führt, vorbei an der Pjazza Celsi und einem großen Parkplatz, bis zu einer breiten Querstraße. Hier hält man sich wieder links. Nach ca. 150 m erreicht man linker Hand die Kirche.

Cart Ruts: Die imposantesten Schleifspuren befinden sich nahe der in Serpentinen zur St. Paul's Bay hinabführenden Straße.

Palazzo Parisio von Naxxar

Am besten oben parken und zu Fuß hinunterlaufen. Die Cart Ruts erstrecken sich bis zu den westlich gelegenen Steinbrüchen.

Festa Am 8. September.

Einkaufen Jeden Do kleiner **Markt** an der Vjal il-21 Ta Settembru.

Übernachten Chapel 5 Suites, schönes, komfortables B & B in einem historischen Altstadthaus mit Hof (Minipool) und hübscher Dachterrasse, sehr ruhige Lage. Nur 5 farbenfrohe, individuell eingerichtete Zimmer hinter dicken Mauern, alle mit privaten Bädern. DZ ab 70 €. Wegbeschreibung: Von der Pfarrkirche der Triq Santa Lucija folgen, die Unterkunft liegt neben der dortigen Kapelle (rechts), weißes Haus mit blauen Türen. 5 Sqaq Alley 5, Triq Santa Lucija, ✆ 27577555, www.bedandbreakfast-malta.com.

Essen & Trinken ≫ **Mein Tipp:** Caffé Luna, gediegenes Caférestaurant im Palazzo Parisio. Weiße Tischdecken, feines Porzellan. Sehr hochwertige, zeitgemäße Mittelmeerküche zu gehobeneren Preisen (Hg. 16–28 €). Dazu Frühstück und *Afternoon Tea*. Auch draußen herrliches Ambiente im wunderschönen Barockgarten. Tägl. geöffnet, Dinner jedoch nur Mi–Sa (reservieren!). ✆ 21412461. ≪

Mosta

Mosta ist eine boomende und lebendige Stadt. Die einzige Touristenattraktion ist die gewaltige Kuppel der **Marienkirche** *(Knisja Arċipretali ta Santa Marija Assunta)*. Sie zählt zu den größten der Welt, ihr Durchmesser wird mit 55 m (außen) und 40 m (innen) angegeben. Als sie erbaut wurde, besaßen nur der Petersdom in Rom und die Kirche Santa Maria del Fiore in Florenz eine größere Kuppel. Mit dem Bau der gigantischen Kirche, die deutliche Parallelen zum Pantheon in Rom zeigt, wurde 1833 nach Entwürfen von Giorgio Grognet begonnen. Kirche und Kuppel wurden damals um eine ältere Kirche aufgemauert, so konnte man sich ein Gerüst sparen. Bis zur Fertigstellung vergingen 27 Jahre, dann folgte der Abriss der alten Kirche im Innern. 10.000 Gläubige finden in dem Gotteshaus Platz. Als die Kirche entworfen wurde, hatte Mosta weniger als halb so viele Einwohner – heute sind es 19.650, und der Zuzug hält weiter an. Im Zweiten Weltkrieg durchschlug eine deutsche Bombe die Kirchenkuppel, glücklicherweise explodierte sie jedoch nicht. Eine Nachahmung des Geschosses wird in der Sakristei aufbewahrt. Eine weitere Bombe, ein Blindgänger, beschädigte einen der Glockentürme.

Öffnungszeiten Marienkirche, das innen blau-weiß-gold gehaltene Gotteshaus ist tägl. 9–11.45 u. 15–17 Uhr zu besichtigen.

Busverbindungen Durch das Zentrum Mostas (Haltestelle Rotunda bei der Marienkirche) fahren die Busse zwischen **Buġibba** und **Valletta** (Nr. 31), **Valletta** und **Ċirkewwa** (Nr. 41 u. 42 alle 30 Min.), **Valletta** und

Die gigantische Kuppelkirche von Mosta

der Għajn Tuffieħa Bay (Nr. 44, im Sommer alle 30 Min., im Winter alle 60 Min.), genauso Nr. 225 zwischen **Sliema** und der **Għajn Tuffieħa Bay** (Nr. 225, ebenfalls im Sommer alle 30 Min. und im Winter alle 60 Min.).

Essen & Trinken Lord Nelson, beliebtes Restaurant in einem historischen Gebäude, seit über 50 Jahren geführt von der Familie Camilleri. Köstliche, variantenreiche Fleischgerichte, nettes Ambiente auf 2 Etagen. Kleine Karte. Hg. 19–30 €. Nur Dinner, So/Mo geschl. Nahe der Marienkirche in der Triq il-Kbira 278 (nach Verlassen der Kirche im 90°-Winkel links halten), ✆ 21432590.

Ta' Marija, ebenfalls ein Familienbetrieb. An der Triq il-Kostituzzjoni, keine 100 m von der Kirche entfernt (nach Verlassen der Kirche im 180°-Winkel rechts halten). Authentisch-maltesische Küche, dazu mehrmals wöchentl. abendliche Folkloreveranstaltungen. Sehr beliebt bei Busgruppen. Sa abends und So mittags Büfett. Mo mittags geschl. Hg. 13–30 €. ✆ 21434444.

Einkaufen Jeden Mo 7–11 Uhr **Markt** an der Triq il-Kostituzzjoni.

Festa Das Patronatsfest am 15. August zählt zu den schönsten der Insel.

Ta'Qali

Ta-ali

Auf dem Gelände des ehemaligen Militärflughafens der Royal Air Force richtete man nach dem Abzug der Engländer Maltas größtes **Kunsthandwerkszentrum** (mit „Crafts Village" ausgeschildert) ein. Die alten, rostigen Hangars dienen heute Silber- und Kunstschmieden als Werkstätten, aus den heruntergekommenen Baracken wurden Andenkenläden – Charme besitzt das Areal nicht. Doch wer schon immer eine Ritterrüstung haben wollte, wird hier fündig. Es gibt sie übrigens auch mit aufklappbarem Brustteil, hinter dem sich eine Bar verbirgt. Das Angebot an gewöhnlichen Malta-Mitbringseln dominiert jedoch: Woll- und Lederwaren, Schmuck, kitschige Keramik, Bierdeckel und Krawatten mit Malteserkreuz, Hausnummern, Töpferware usw.

Nahe dem Kunsthandwerkszentrum hat auch das **Aviation Museum**, ein Flugzeugmuseum, seinen Platz gefunden. Die Attraktionen sind eine *Hurricane* Bj. 1941, die

45 Jahre lang im Meer lag und aufwendig restauriert wurde, eine *Supermarine Spitfire* Bj. 1942 und eine *Havilland Tiger Moth* aus den 1930ern, die gar noch abheben kann. Präsentiert werden insgesamt rund 15 Maschinen, an denen rund 20 Luftfahrtbegeisterte regelmäßig schrauben. Außerdem: ein paar hundert Fotos, Schleudersitze und Flugzeugwracks – die Sammlung wächst von Jahr zu Jahr (tägl. 9–17 Uhr; 6 €, erm. 5 €, Kinder 2 €; www.maltaaviationmuseum.com).

Ta'Qali ist zugleich auch der Name des **Nationalstadions**, das im Westen des Areals steht. Internationale Fußballmannschaften, die hier nicht hoch gewinnen, machen stets den „Acker" dafür verantwortlich, nie die eigene Schwäche oder die Leistung der Malteser – eine Beleidigung! Neben dem Stadion hat man auch einen „Nationalpark" angelegt, mit dessen Pflege aber bislang noch niemand betraut ist.

Busverbindungen Von und nach Mosta, Rabat, Sliema und San Ġiljan fahren alle 60 Min. die Busse Nr. 202 u. 203. Auch Bus Nr. X3, der alle 30 Min. zwischen Buġibba, Mosta, Rabat und dem Flughafen verkehrt, passiert Ta'Qali. Direkt am Stadion fährt Bus Nr. 106 von Valletta alle 30 Min. vorbei.

Einkaufen Mdina Glass, einer der bekanntesten Glasbläserbetriebe Maltas. Bei der Herstellung kann man zuschauen. Etwas abseits des Kunsthandwerkszentrums, bestens ausgeschildert. Wem hier die Auswahl an Vasen, Aschenbechern usw. nicht groß genug ist, kann es auch noch bei den Phoenician Glassblowers oder bei Valletta Glass probieren. Ebenfalls ausgeschildert.

Malta Pipes, eine Verkaufsstelle des in Marsa ansässigen Handwerksbetriebs Briar Pipeworks, der Pfeifen aus Olivenbaumholz produziert. Eine Besonderheit sind die Torpedo-Pfeifen, die die Fischer bei rauer See anstecken.

> Das Gros der Geschäfte hat Mo–Fr 8.30–16.30 Uhr und Sa 9–13 Uhr geöffnet.

Weinprobe Meridiana Wine Estate, keltert mit die besten Weine Maltas, jährlich rund 200.000 Flaschen (u. a. *Cabernet Sauvignon*, *Syrah*, *Merlot* und *Chardonnay*). Weinverkaufsstelle vor Ort. Eine Führung durch das Weingut dauert 45–60 Min., mind. 2 Tage im Voraus anmelden, ☎ 2141 3550, www.meridiana.com.mt. Unkosten-

Felszunge nördlich der Ġnejna Bay

beitrag 10 € (mit Degustation). Nahe dem Ta'Qali-Kunsthandwerkszentrum, von dort und von Mosta ausgeschildert.

Nachtleben Numero Uno, innovativer Danceclub. Offen nur im Sommer (i. d. R. nur Sa). Nettes, trendiges Völkchen (zuweilen über 1000 Leute), Musik zwischen Rock und House, aber auch Paul Kalkbrenner legte hier schon auf. In der Nähe von Mdina Glass.

Mġarr und Umgebung
Imdschar

Einer der schönsten Strände Maltas, die Ġnejna Bay, prähistorische Tempelanlagen wie Skorba und Ta'Ħaġrat, römische Bäder, Höhlengräber und die Dwejra Lines – um die stille Ortschaft Mġarr gibt es viel zu entdecken.

Seit Jahrtausenden ist die Gegend rund um Mġarr besiedelt, doch aus dem kleinen Dorf wollte nie eine richtige Stadt werden. Selbst nicht, als die Bauern Ende des 19. Jh. zusammenlegten und sich eine unverhältnismäßig große Kirche leisteten, die einer Stadt würdig wäre. Zwar setzte daraufhin ein Bauboom ein, jedoch nicht in Mġarr. Der davor liegende Weiler **Zebbiegħ** wuchs auf einmal an und entwickelte sich zu einer eigenständigen Ortschaft.

Bis heute ist Mġarr (3450 Einwohner) ein friedliches Bauernstädtchen geblieben, wo sich nachmittags ältere Männer vor der Kirche versammeln und über ihr Städtchen, Malta und die Welt sinnieren. In seiner Abgeschiedenheit und Vergessenheit strahlt Mġarr eine angenehme Ruhe aus; sie wird einzig und allein von den durchfahrenden Urlaubern auf dem Weg zur Ġnejna Bay unterbrochen.

Die Attraktionen unmittelbar vor Ort sind die **Mġarr Shelters**, eine Bunkeranlage aus dem Zweiten Weltkrieg, und der **Ta'Ħaġrat-Tempel**, eine archäologische Ausgrabungsstätte, die bei den Touristen nur wenig Beachtung findet.

Busverbindungen Bus Nr. 38 fährt alle 60 Min. von **Valletta** nach Mġarr. Bus Nr. 44 passiert Mġarr auf dem Weg von **Valletta** über **Mosta** in die **Għajn Tuffieħa Bay** alle 30 Min., genauso Nr. 225 von **Sliema** in die **Għajn Tuffieħa Bay** (im Winter verkehren die Busse Nr. 44 u. 225 nur alle 60 Min.). Von Mai bis Okt. kommen in Mġarr auch alle 60 Min. die Busse Nr. 101 o. 102 auf dem Weg von **Ċirkewwa** in die **Ġnejna Bay** vorbei.

Festa Um den 20. August.

Essen & Trinken Mġarr ist Maltas Kaninchenhauptstadt – bessere Karnickel bekommt man kaum irgendwo.

Im Restaurant Il-Barri neben der Kirche gibt es deftige Landküche in einem großen, seit Neuestem sehr schicken Speisesaal, der so gar nicht zum Dorf passen will. Lesermeinung: „Ausgezeichnetes Essen in einheimischer Atmosphäre, ein kulinarisches Highlight!" Kaninchen in allen Varianten, dazu auch Pferdefleisch und Wachteln. Hg. 11,50–17 €. Mo nur Dinner. ✆ 21573235.

Sunny Bar & Restaurant daneben bietet gehoben-uriges Ambiente im Natursteinemäuer, faire Preise und ebenfalls gute Kaninchengerichte. Auch dieses Lokal wird von Lesern sehr gelobt. Nur am Abend geöffnet. ✆ 21573705.

Mġarr Shelters: Die 12 m tief gelegene und 225 m lange Bunkeranlage, die aus dem Globigerinenkalkstein geschlagen wurde, betritt man über das Restaurant Il-Barri (→ Essen & Trinken). Ein paar Räume in den Bunkern wurden mit dem Inventar jener Zeit ausgestattet (Di–Sa 9–13 Uhr, So nur 10–11 Uhr; 3 €).

Ta'Ħaġrat (Ta'adscherat): 1923 weckte ein ungewöhnlicher „Steinhaufen" – die wörtliche Übersetzung von Ta'Ħaġrat – inmitten von Feldern das Interesse von Maltas bekanntestem Archäologen Sir Themistocles Zammit. Bei Ausgrabungsarbeiten stieß er auf zwei Tempel, deren ausgeprägte kleeblattförmige Grundstruktur vielleicht wegbereitend für viele weitere maltesische Tempelbauten war. In der

Wissenschaft herrschte lange Zeit Uneinigkeit darüber, in welche Periode man die Tempel einordnen sollte – waren es die ersten Tempel auf den Inseln überhaupt? Mittlerweile geht man davon aus, dass sie zwischen 3600 und 2500 v. Chr. errichtet wurden. Auch wenn das Tempelareal seit 1992 auf der UNESCO-Welterbeliste steht – sehenswert für den Laien sind, wenn überhaupt, lediglich die gut erhaltene Fassade und das Trilithtor des „Steinhaufens". Das Ausgrabungsgelände ist umzäunt, jedoch gut einsehbar.

Öffnungszeiten Nur Di/Do/Sa 9–12 Uhr. 5 €, erm. 3,50 €.

Anfahrt Von Mosta auf der Hauptstraße kommend ca. 150 m vor der Kirche, gegenüber dem Obstladen Shamba, links ab (Hinweisschild), dann noch ca. 100 m.

Skorba-Tempel (Skorba): Erst 1961 wurde mit den Ausgrabungen des Tempelkomplexes am Ortsrand von Zebbiegh begonnen. Über zwei Jahre zogen sich die Arbeiten hin. Zum Vorschein kamen ebenfalls zwei Tempel, einer kleeblattförmig und einer doppelnierenförmig. Spannender als die eigentliche Entdeckung der Tempel waren für die Wissenschaft die Funde von roter und grauer Keramik, die auf dem Gelände in zwei übereinander liegenden Hüttensiedlungen zum Vorschein kamen. Heute sind sie namensgebend für zwei kulturelle Phasen der Vorgeschichte: die erste Hälfte des 5. Jt. v. Chr. wird seitdem *Grey Skorba* genannt, die zweite Hälfte des gleichen Jahrtausend *Red Skorba*. Auch der Skorba-Tempel ist seit 1992 auf der Welterbeliste der UNESCO verzeichnet.

Öffnungszeiten Das Ausgrabungsgelände (in Zebbiegh ausgeschildert) ist umzäunt. Nur Di/Do/Sa 9–12 Uhr. 5 €, erm. 3,50 €.

Busverbindungen Die Busse Nr. 38, 101 u. 102 (→ Mġarr) passieren Zebbiegh. Steigen Sie an der Haltestelle Temi aus.

Roman Baths: 1929 wurden nahe der Zufahrtsstraße von Zebbiegh zur Għajn Tuffieħa Bay die spärlichen Reste einer römischen Villa samt einer gut erhaltenen römischen Badeanlage mit *Tepidarium* (Warmwasserbad), *Frigidarium* (Kaltwasserbad) und *Caldarium* (Warmzelle), Toiletten und Umkleideräumen ausgegraben. Sehenswert sind insbesondere die Mosaiken, die 1961 restauriert und überdacht wurden. Wegen Konservierungs- und Grabungsarbeiten ist das Gelände derzeit nicht zugänglich. Die Wiedereröffnung ist für 2014 geplant.

Anfahrt Von der Zufahrtsstraße von Zebbiegh zur Għajn Tuffieħa Bay ausgeschildert (Schild schlecht zu erkennen).

Busverbindungen Die Busse Nr. 44, 101, 102 u. 225 (→ Mġarr) passieren die Roman Baths. Steigen Sie an der Haltestelle Banjijiet aus.

Ġnejna Bay (Dschneyna-bey): Die abgeschiedene Bucht ist mehr oder weniger unverbaut – sieht man von einigen Bootshäusern und einem Wachturm aus der Ordenszeit ab. An Wochenenden ist die Bucht ein beliebtes Ziel maltesischer Familien und nur dann ansatzweise überlaufen. Der goldbraune Sandstrand vor dem türkisblauen Meer ist zwar im Vergleich zu den Nachbarbuchten Għajn Tuffieħa und Golden Bay vielleicht nicht ganz so fein, dafür sieht man am Tage dessen Farbe und nicht nur das Kunterbunt der Handtücher darauf. Aber auch hier gilt wie für alle Buchten im Nordwesten: Wegen heimtückischer Unterwasserströmungen nur bei ruhiger See baden! Von der Ġnejna Bay führt ein Fußweg entlang der Küste zur Għajn Tuffieħa Bay und weiter bis zur Golden Bay (→ Wanderung 2, S. 260). Der Küstenabschnitt zwischen Ġnejna Bay und Għajn Tuffieħa Bay ist ein beliebter Nacktbade- und Schwulentreff.

Mġarr und Umgebung

Die Nordwestküste Maltas

Busverbindungen In die Ġnejna Bay fahren von Mai bis Okt. stündl. die Busse Nr. 101 o. 102 von Ċirkewwa aus. Die Busse fahren über Mellieħa, die Għajn Tuffieħa Bay und Mġarr.

Anfahrt/Parken Von Mġarr ausgeschildert. Bewachter Parkplatz von April bis Okt. Trinkgeld wird erwartet.

Verpflegung/Diverses Imbissbuden und Wassersportmöglichkeiten. Am Parkplatz hinter dem Strand öffentliche Toiletten.

Binġemma-Kapelle (Bintschemma): Etwa 1 km südlich von Mġarr reihen sich im Binġemma-Tal die Häuser des gleichnamigen Dorfes entlang der Straße. Die Kapelle des Orts, 1680 gebaut, befindet sich auf der dahinter liegenden Anhöhe. Von ihr genießt man einen herrlichen Ausblick auf den Norden der Insel. Das Innere der Kapelle – leider nur selten zugänglich – schmückt ein Altarbild von Stefano Erardi (Kopie, Original im St.-Agatha-Museum von Rabat). Unterhalb der Kapelle befinden sich Gräber aus punisch-römischer Zeit. In der Felswand gegenüber sind Höhlengräber auszumachen, die im 1. Jh. entstanden. Wenn man von dem Geländer hinter der Kirche nach links auf die Felswand darunter blickt, entdeckt man Nischen, die wie Vogelnester aussehen. Auch dies waren Gräber, Urnengräber. Nahe der Kirche sind zudem *Cart-Ruts* (→ S. 174) zu finden.

Dwejra Lines nennt sich der befestigte Hügelkamm, der sich nordöstlich der Kirche (also hinter ihr) erstreckt. Er ist Teil der Victoria Lines, eine von den Briten geschaffene Verteidigungslinie, die den Norden der Insel abgrenzt.

Anfahrt/Busverbindung: → Wanderung 6; dort auch Wegbeschreibung zu den Cart-Ruts.

Wanderung 6: Die Dwejra Lines → S. 268
Einfache Rundwanderung mit schönen Ausblicken.

Golden Bay

Golden Bay und Għajn Tuffieħa Bay Ain-tuffiehha-bey

Die beiden Buchten zählen zu den schönsten der Insel. Goldgelber Sandstrand vor einem so klaren und so blauen Meer, dass man schon vom Reinschauen besoffen wird. Was will man mehr?

Die Golden Bay ist durch eine Landzunge, auf der ein Wachturm aus der Ordenszeit und eine Hotelruine aus der Neuzeit stehen, von der südlicher gelegenen Għajn Tuffieħa Bay getrennt. Den größeren Sandstrand bietet die Golden Bay. Dort ist jedoch auch der Besucherandrang erheblich größer, nicht zuletzt wegen des Radisson-Hotels auf der Nordseite der Bucht, das aus drei apricotfarbenen Klötzen mit insgesamt über 330 Zimmern besteht.

Wer es ruhiger und weniger überlaufen mag, dem sei die Għajn Tuffieħa Bay empfohlen (auch: Riviera Bay), die über eine lange Treppe von der Zufahrtsstraße zur Golden Bay zu erreichen ist. Der Sandstrand hier ist jedoch um einiges schmaler. Wegen heimtückischer Unterwasserströmungen gilt für beide Buchten: nur bei ruhiger See baden und die Flaggensignale (→ S. 47) beachten!

Das Gebiet rund um die Għajn Tuffieħa Bay steht – anders als das Terrain rund um die Golden Bay – unter Naturschutz. Hier gedeiht eine Reihe seltener Pflanzen. Wer mehr darüber erfahren will, kann dem **Elysium Visitor Centre** der Naturschutzorganisation *Gaia Foundation* zwischen der Għajn Tuffieħa Bay und der Golden Bay einen Besuch abstatten (Mo–Sa 8–14 Uhr, vor Ort wird auch Bio-Olivenöl aus eigenem Anbau verkauft, www.projectgaia.org).

Busverbindungen Wer zur Golden Bay möchte, steigt an der Busendhaltestelle aus; für die Għajn Tuffieħa Bay eine früher (Haltestelle Riviera). Am späten Nachmittag, wenn alle Leute ihr Strandvergnügen beenden, sind die Busse oft restlos überfüllt und halten häufig nicht mehr an der Bushaltestelle oberhalb der Għajn Tuffieħa Bay. Dann bleibt einem nichts anderes übrig, als die 300 m bis zur Endstation zu laufen.

Von Ċirkewwa und Mellieħa erreichen Sie die Buchten stündl. mit Bus Nr. 101 u. 102, von Buġibba alle 30 Min. mit Bus Nr. 223 u. 224 (im Winter nur mit Nr. 223 alle 60 Min), von Sliema und San Ġiljan alle 30 Min. (im Winter stündl.) mit Nr. 225 und von Valletta mit Bus Nr. 44 (im Sommer alle 30 Min., von Nov. bis April alle 60 Min.).

Parken Bewachter Parkplatz oberhalb beider Buchten. Trinkgeld wird erwartet. Lassen Sie keine Wertsachen im Auto!

Reiten Golden Bay Horse Riding, etwas versteckt hinter der Golden Bay, ausgeschildert. Ausritte entlang der Küste. Lange Hosen mitbringen, Reitkappen vorhanden. Auch Anfänger werden mitgenommen. Anmeldung 1–2 Tage im Voraus erwünscht. Kostenloser Pick-up-Service von der St. Paul's Bay. 1 Std. 20 €, 90 Min. zum Sonnenuntergang 30 €. ✆ 21573360, www.goldenbayhorseriding.com.

Verpflegung/Wassersport Beide Strände bieten Sonnenschirm- und Liegestuhlverleih (9 € in der Golden Bay, in der Nachbarbucht etwas billiger), Duschen sowie Snackbars. In der Golden Bay gibt es zudem die Möglichkeit zum Speedboat- oder Jetskifahren, auch Paragliding wird angeboten. Von hier starten auch Speedboattrips in die Blue Grotto (10 €) und in die Blue Lagoon (16 €). Kein Wassersportangebot in der Għajn Tuffieħa Bay.

Übernachten ***** Radisson Blu Golden Sands Resort & Spa, Komplex aus 3 Gebäuden. Innen ganz nett: elegant-lichte Lobby, großzügige, sehr komfortable Zimmer mit Balkon und oft schönen Ausblicken. Mehrere Restaurants, 4 Pools, diverse Wellnessangebote, Tennisplatz. Tauchschule. Sehr zuvorkommendes Personal. Angeblich wird großer Wert auf Nachhaltigkeit gelegt: eigene Meerwasserentsalzungs- und eigene Kläranlage. Aber Achtung: Wer hier absteigt, hat am Abend so gut wie keine Ausgehmöglichkeiten. DZ ab 220 €. Golden Bay, ✆ 23561000, ✉ 23560001, www.radissonblu.com/hotels/malta.

Mellieħa und die Mellieħa Bay Mällijea

Mellieħa erstreckt sich abseits der Küste auf einem Hügelkamm hoch über der gleichnamigen Bucht. Das Städtchen zählt zu den beliebtesten Ferienadressen Maltas, zumal die Bucht darunter den längsten Sandstrand der Insel besitzt.

Das recht natürliche, wenn auch etwas nüchterne Zentrum des 8600-Einwohner-Städtchens Mellieħa steigt von der Kirche Our Lady of Victories entlang der Straße Triq Ġorġ Borġ Olivier bis zur gleichnamigen *Pjazza* an. Diese steile, schmale Straße, auf der die Busse ins Schnaufen kommen, säumen Hotels, Geschäfte, Banken, Bars und Restaurants. Schachbrettartig ist daneben der alte Stadtkern angelegt. Der Ort weist eine lange Geschichte auf, die meisten Häuser stammen jedoch aus der Mitte des 19. Jh. Wegen ständiger Piratenüberfälle wagten früher nur wenige Menschen, im einsamen, ungeschützten Norden zu siedeln, 1530 wurde der Ort sogar vorübergehend aufgegeben.

Mellieħas schöne Lage mit herrlichen Ausblicken über die Mellieħa Bay (→ Baden) erkannten auch viele wohlhabende Malteser. In jüngerer Zeit entstanden die Nobelvororte Santa Marija und Il-Kortin ta'Għajn Żejtuna an den hügeligen Ausläufern östlich des Städtchens. Die ruhigen, großflächig angelegten Villengegenden stehen im krassen Gegensatz zum Ortsteil **Għadira**, einer schäbig-tristen, leblosen Bettenburgensiedlung. Diese wurde unmittelbar an der Mellieħa Bay aus dem Boden gestampft.

Basis-Infos

Information Das Büro nahe der Kirche The Shrine of Our Lady war wegen Personalmangel zuletzt geschlossen. ✆ 21524666.

Verbindungen Bus: Durchs Zentrum von Mellieħa und in die Mellieħa Bay (auf Fahrplänen Għadira Bay) fahren von und nach Valletta über Mosta stündl. Nr. 37 und alle 30 Min. Nr. 41 u. 42. Die Busse Nr. 41 u. 42 fahren zudem weiter nach Ċirkewwa (Fähre Gozo), Bus Nr. 37 von Mai bis Okt. in die Armier Bay. Auch Nr. 221 von Ċirkewwa nach Buġibba und Nr. 222 (fährt alle 30 Min.) von Sliema über San Ġiljan nach Ċirkewwa passieren Stadt und Bucht. Die Busse Nr. 101 u. 102 passieren ebenfalls Zentrum und Bucht, auf dem Weg gen Norden fahren sie stündl. nach Ċirkewwa, in entgegengesetzter Richtung in die Għajn Tuffieħa Bay und von Mai bis Okt. weiter in die Ġneina Bay. Bus Nr. X1, der alle 45 Min. von Ċirkewwa zum Flughafen unterwegs ist, passiert nur Bucht und Stadtrand, hält aber nicht im Zentrum Mellieħas. Für Ziele im Westen, Süden und Südosten Maltas steigt man in Mosta, Valletta oder am Flughafen (→ S. 32) um.

> Mellieħa – Mellieħa Bay: Von der Triq Ġorġ Borġ Olivier im Zentrum Mellieħas gelangen Sie mit allen bergab fahrenden Bussen in die Mellieħa Bay, dazu gehören Nr. 37, 41, 42, 101, 102, 221 u. 222. Zu Fuß ist der Weg entlang der Straße wenig reizvoll, Dauer ca. 20 Min. (bergauf das Doppelte).

Taxi: Mit den Taxis von **Billy's** (✆ 99497575, mobil) kostet die Fahrt nach Valletta oder Sliema 30 €, zum Airport ebenfalls 30 €, nach Buġibba oder in die Golden Bay 15 € und nach Mdina 25 €.

Ärztliche Versorgung Als erste Anlaufstelle kann das **Ärztepaar Borg** weiterhelfen. Hinter der Karizia Pharmacy an der Hauptstraße. Mo–Sa 8.30–19 Uhr. ✆ 21523554.

Ausflugsfahrten Die meisten Ausflugsfahrten beginnen in Buġibba. Das Gros der Veranstalter (zu buchen über die lokalen Autoverleiher) offeriert jedoch einen Abholservice von Mellieħa/Għadira.

Von der Mellieħa Bay starten für 12 € Ausflugsboote von **Oh Yeah Watersports** (→ Baden) zu Tagesfahrten rund um Comino (inkl. eines kurzen Stopps in Mġarr auf Gozo). Zudem nächtliche Grillpicknickfahrten nach Comino. ✆ 21523258, www.ohyeahmalta.com.

Autoverleiher Mehrere an der Hauptstraße. Der renommierteste ist **Billy's** (✆ 9942 7575, mobil, www.billyscarhire.com).

Festa Am 8. September.

Öffentliche Toiletten An der Hauptstraße auf Höhe des Zugangs zur Kirche Our Lady of the Grotto.

Polizei An der Bushaltestelle bei der Kirche. ✆ 112.

Post Zweigstelle *(Sub Post Office)* in einem Souvenirgeschäft gegenüber der Bank of Valetta.

Supermarkt Größter Supermarkt Mellieħas ist der **Discount Supermarket Shoppers** an der Triq Il-Kbira stadtauswärts rechter Hand.

Zeitungen Bei **Drifters** an der Triq Ġorġ Borġ Olivier 75 kann man mit Glück deutsche Zeitungen und Zeitschriften finden.

Übernachten

Viele Hotels in Għadira sind nur über das Internet bzw. über Reiseveranstalter zu buchen. Das gilt noch mehr für Apartments (z. B. über www.holidaysinmalta.com, www.holidaylettings.co.uk, www.ownersdirect.co.uk oder www.ringwaymalta.com). Auch vermitteln diverse Autoverleiher Apartments in Għadira, in Santa Marija und im Zentrum (ab 20 €/Pers.).

In Mellieħa **** Antonine Hotel & Spa Maritim **8**, an der Hauptstraße. 170 Zimmer und 28 Suiten, alle mit Balkon und dem sternenüblichen Komfort. Hallenschwimmbad und Außenpool im gemütlichen Garten. Kurabteilung unter ärztlicher Aufsicht,

Mellieħa und die Mellieħa Bay 201

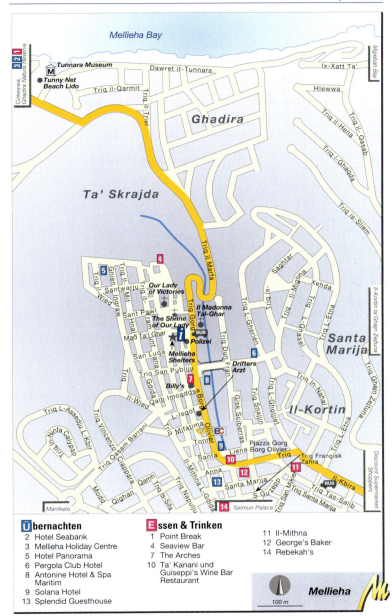

Übernachten
2 Hotel Seabank
3 Mellieha Holiday Centre
5 Hotel Panorama
6 Pergola Club Hotel
8 Antonine Hotel & Spa Maritim
9 Solana Hotel
13 Splendid Guesthouse

Essen & Trinken
1 Point Break
4 Seaview Bar
7 The Arches
10 Ta' Kanani und Guiseppi's Wine Bar Restaurant
11 Il-Mithna
12 George's Baker
14 Rebekah's

auch Beauty-Anwendungen und Massagen. Achtung: Die Zimmer zur Straße hin sind laut! DZ ab 120 €. Triq Ġorġ Borġ Olivier, ✆ 21520923, ℻ 21520930, www.maritim.com.mt.

**** **Solana Hotel** 9, ebenfalls an der Hauptstraße. Geräumige Zimmer, Studios und Apartments für bis zu 6 Pers., die meisten mit Balkon (nicht alle mit Aussicht und die zur Straße sind recht laut). Indoor- und Outdoor-Pool (Letzterer auf dem Dach), Sonnenterrassen mit schönen Ausblicken. Café. DZ ab 112 €, Studio ab 109 € (ohne Frühstück). Triq Ġorġ Borġ Olivier, ✆ 21522209, ℻ 21525032, www.solanahotel.com.mt.

**** **Pergola Club Hotel** 6, östlich des Zentrums. Von vielen Zimmern und Apartments schöne Aussicht. 3 Pools, 2 außen, einer innen. Insgesamt 92 Einheiten auf 7 terrassenartig angelegten Etagen. Darunter Zimmer (mit und ohne Balkon), Studios mit Kochnische und geräumigere Apartments mit Küche für bis zu 6 Pers. Minimumaufenthalt 3 Nächte. Viel deutsches Publikum. Studio ab 95 €. Triq Adenau, ✆ 21523912, ℻ 21521436, www.pergolahotel.com.mt.

*** Hotel Panorama 5, am Ortsrand. Wie der Name schon andeutet, von der Terrasse und von fast allen der 60 schlichten Zimmer (die meisten mit Balkon) schöner Panoramablick. Kleiner Pool. Ruhige Lage. Leser bemängeln das einfallslose Frühstück. DZ ab 70 €. Triq Dun Belin Azzopardi, ✆ 2152 1020, ℻ 21523400, www.panorama-hotel.com.

Splendid Guesthouse 13, einfachere, aber gepflegte Familienpension mit freundlichem, hilfsbereitem Service. 8 Zimmer mit Dusche, jedoch Etagentoilette, nur 2 Zimmer mit Dusche und privatem WC. Nur April–Okt. DZ 40 € ohne Toilette, mit 70 €. Triq il-Kappillan Magu, von der Pjazza Ġorġ Borġ Olivier ausgeschildert, ✆ 21521326 o. 79350484 (mobil), www.splendidguesthouse.com.mt.

In Għadira/Mellieħa Bay  **** Hotel Seabank 2, All-inclusive-Komplex mit 360 Betten. Konventionelle 4-Sterne-Zimmer mit Klimaanlage. Nur wenige Meter vom Strand entfernt, doch von diesem durch die laute Hauptverkehrsstraße nach Ċirkewwa abgetrennt. Großer Poolbereich. DZ/AI ab 204 €. Triq Il-Marfa, ✆ 22891000, ℻ 21521259, www.seabankhotel.com.

*** Mellieħa Holiday Centre 3, etwas zurückversetzt von der Bucht. Unter dänischer Leitung. Weitläufige, begrünte Anlage mit großem Poolbereich. Recht eng beieinander stehen 150 geräumige Bungalows mit Küche, nettem Vorhof und Dachterrasse, dazu gibt es Studios. Bungalow für 2 Pers. 104 €, Studio 84 €. Għadira, ✆ 2289 3000, ℻ 22893322, www.mhc.com.mt.

Mellieħa's Kirche Shrine of Our Lady

Mellieħa und die Mellieħa Bay

Essen & Trinken/Nachtleben → Karte S. 201

In Mellieħa The Arches **7**, im Zentrum an der Hauptstraße (Hausnr. 113). Eines der besten Lokale der Insel. Sehr gepflegte Bar im EG, gelegentlich mit Pianospieler. Das Restaurant darüber bietet Vorzügliches: Kosten Sie als Vorspeise Carpaccio vom Kobe-Rind mit gerösteten Feigen und danach Venison-Filet mit Selleriepüree. Hg. 25–31 €. Nur Dinner, So Ruhetag. ✆ 21523460.

Guiseppi's Wine Bar & Restaurant 10, das gemütliche Weinlokal des Ex-Fernsehkochs Michael Diacono, der traditionellen Gerichten einen neuen Pepp gibt. Häufig wechselnde Karte. Zu den Rennern gehören die *King Prawns* und das Kaninchen mit Schokoladensoße. Gehobenere Preisklasse. Nur Dinner, So Ruhetag. Im oberen Bereich der Hauptstraße (Hausnr. 25), ✆ 21574882.

Rebekah's 14, kleines, behagliches Lokal mit offenem Kamin in historischem Gemäuer, versteckt zwischen Neubauten. Kleine Karte, sehr außergewöhnlich und aufwendig zubereitete internationale Küche: Pferdefiletcarpaccio mit Wasserkresse, Entenbrust mit Orangen-Passoa-Soße, hervorragende Desserts. Nicht ganz billig: Hg. 19,50–27 €. Mo–Sa ab 19 Uhr. Wegbeschreibung: Von der Hauptstraße bei der George's Bakery in die Triq Franġisk Zahra einbiegen. Der Straße bis zu ihrem Ende folgen, dann rechts ab und die nächste wieder links. Triq it-Tgham 12, ✆ 21521145.

Il-Mitħna 11, außerhalb des Zentrums an der Hauptstraße Richtung St. Paul's Bay. Restaurant in einer alten Windmühle aus dem 17. Jh. Terrasse. Auf außergewöhnliche Fleisch- und Fischgerichte mit italienischen und selbst asiatischen (!) Einflüssen spezialisiert. Große Auswahl an fantastischen Desserts. Hg. 12,50–26 €. Nur Dinner. ✆ 21520404.

Ta' Kanani 10, der örtlichen Labour Party zugehörig, an der Pjazza Ġorġ Borġ Olivier. Einfaches Ambiente. Sättigende Gerichte (Fisch, Fleisch, Pizza, Pasta, hin und wieder Rabbit-Nächte) zu 7–20 €. ✆ 2152262.

Seaview Bar 4, hinter der Kirche Our Lady of Victories. Einfacher Kiosk mit ein paar Plastiktischen, günstig. Herrlicher Blick über die Bucht. Spielplatz.

George's Baker 12, Triq Il-Kbira. Leckeres Brot, dazu Snacks und süße Teilchen.

Mellieħa Bay Point Break Restaurant & Lounge **1**, lichtes Restaurant mit herrlicher Terrasse direkt am Strand. Pasta, Fisch und Seafood (gegrillter Lobster, Knoblauchgarnelen), aber auch gute Fleischgerichte (Wiener Schnitzel!). Hg. 8–26 €. ✆ 21523190.

Baden/Seakayaking/Tauchen

Baden Der weite Sandstrand der **Mellieħa Bay** (auch: **Għadira Bay**) ist nicht nur der größte Maltas, sondern auch der meistbesuchte. Die Uferlinie haben sich Sonnenschirm- und Liegestuhlverleiher reserviert. Richtung Ċirkewwa wird es etwas leerer, der Abschnitt nahe Għadira ist oft knallevoll – wer dort in der HS mit dem Handtuch kommt, findet noch ein Plätzchen in fünfter Reihe. Vom Strand geht es relativ flach ins Meer, Eltern können ihre Kinder bedenkenlos plantschen lassen. Im Gegensatz zu den Buchten an Maltas Westküste wird in der Mellieħa Bay selbst bei Sturm die See selten rau, auch durch gefährliche Strömungen droht kaum Gefahr. Einziger Nachteil der Mellieħa Bay: die parallel zum Strand verlaufende, stark befahrene Hauptverbindungsstraße nach Ċir-kewwa (Fähre Gozo). Snackbars. Wassersportmöglichkeiten (Paragliding, Paddelboote, Kanus, Jetski, Speedboats usw.) offeriert u. a. **Oh Yeah Watersports** im Tunny Net Beach Lido im Süden der Bucht. Für Busverbindungen in die Bucht → S. 200.

»> Mein Tipp: **Mġiebaħ Bay** (Imgschieba-bey): Wem der Strand in der Mellieħa Bay zu groß oder zu voll ist, der kann auf diesen abgeschiedenen und deshalb kaum besuchten, ca. 100 m langen Sandstrand ausweichen. Doch Achtung: In manchen Jahren kann der Sand auch mal verschwinden, und nur ein schmaler Kiesstreifen bleibt dann noch übrig. Eisverkäufer, Liegestuhlverleih und eine Busanbindung gibt es nicht. Einen 30-minütigen, anstrengenden Über-Stock-und-Stein-Fußmarsch muss man

Insel Malta/Der Norden

in Kauf nehmen. Der Weg beginnt am Ende der Küstenstraße in Mellieħas Stadtteil Il-Kortin ta' Għajn Żejtuna bei ein paar garagenähnlichen Wohnungen. Der Pfad verläuft parallel zur Küste am Kap Ras il-Griebeġ vorbei. Anfahrt mit dem Auto: Der Wegbeschreibung zum Selmun Palace folgen (s. u.), ca. 200 m vor dem Palast (rechter Hand eine kleine Kirche) nach links in die Triq L-Imġiebaħ abzweigen. Nach ca. 1,5 km bei einer engen Minikreuzung links halten. Das letzte Wegstück ist holprig – langsam fahren, Unterbodenschäden sind nicht versichert! «

Seakayaking Diverse Tages- (65 € inkl. Picknick) und Halbtagestouren (45 €) bietet **Sea Kayak Malta** im Big Blue Beach Club an der Mellieħa Bay (hinterm Strand im Norden der Bucht). ✆ 21564592, www.seakayakmalta.com.

Tauchen **Sea Shell**, im Tunny Net Beach Lido im Süden der Mellieħa Bay. Ganzjährig (in manchen Jahren im Jan. geschl.), im Sommer meist auch deutschsprachige Tauchlehrer. ✆/Fax 21522595, www.seashell-divecove.com.

Mġiebaħ Bay im Norden Maltas – ein Idyll

Sehenswertes in und um Mellieħa

Mellieħas Kirchen: Mellieħas große Pfarrkirche *Our Lady of Victories (Il-Knisja Parrokkjali)* aus der Mitte des 19. Jh. beherrscht zwar das Bild des Orts, steht aber bezüglich ihrer Bedeutung ganz im Schatten der kleinen, nahe gelegenen Kirche *The Shrine of Our Lady (Is-Santwarju tal-Madonna),* die eine alte Tradition als Gnadenort besitzt. Schon zu Zeiten des Johanniterordens war die kleine Kirche ein Pilgerziel. Ihr Altarbild, ein Fresko, das die Mutter Gottes mit dem Jesuskind zeigt, wird besonders verehrt. Wissenschaftler datieren es auf das 11. Jh.; Gläubige hingegen sehen in ihm ein Original des Apostels Lukas. In dem der kleinen Kirche angegliederten Museum hängen Votivbilder, Danksagungen für Heilungen und Wunder. Neben den typischen Danksagungen von Schiffbrüchigen überrascht die eines englischen Zweitligisten.

Auch in der kleinen Höhlenkapelle *Our Lady of the Grotto (Il-Madonna Tal-Għar),* die über eine Treppe von der Straße nach Għadira zu erreichen ist, sind die Wände mit Votivbildern bestückt; Mütter und Väter haben hier zum Dank für die Genesung ihrer Kinder deren Kleidung eingerahmt und aufgehängt.
Our Lady of Victories, tägl. 6–8.30 u. 17–19.30 Uhr. **The Shrine of Our Lady**, tägl. 8–12 Uhr, im Sommer zudem 17–19 Uhr, im Winter 16–18 Uhr. **Höhlenkapelle**, im Winter 8–18 Uhr, im Sommer eine Std. länger. Angemessene Kleidung!

Mellieħa Shelters: Ein kleines Schild macht am Eingang zur Kirche The Shrine of our Lady auf die Shelters aufmerksam. Dabei handelt es sich um Schutzräume

aus dem Zweiten Weltkrieg. Das bis zu 500 m weit ins Gestein geschlagene Tunnelsystem liegt bis zu 12 m unter der Erde und bot einst bis zu 5000 Menschen Schutz. Zwei Kammern dienten als Lazarett. Vorübergehend lagerten in den Räumen auch bedeutende Kunstschätze aus den Museen Vallettas.
Im Sommer tägl. (außer So) 9–15.30 Uhr, im Winter kürzer. 2,33 € (!), erm. 0,58 €.

Għadira Nature Reserve: Das von der Organisation *BirdLife Malta* (→ S. 53, www.birdlifemalta.org) ins Leben gerufene kleine Vogelschutzgebiet, das hinter der Mellieħa Bay liegt, ist von November bis Mai an Wochenenden zugänglich. Auf einem Ausguck erklären Ihnen hilfsbereite Ornithologen, wer wo gerade herumstelzt, landet oder abhebt. *Is-Simar*, ein weiteres Vogelschutzreservat unter gleicher Leitung, befindet sich in der St. Paul's Bay (Anfahrt → Wanderung 5, S. 266).

Tunnara Museum: In Għadira neben dem Tunny Net Beach Lido steht die kleine *Westreme Battery* (1715), die einst, mit acht Kanonen bestückt, die Landung feindlicher Schiffe in der Mellieħa Bay verhindern sollte. Heute befindet sich darin ein Museum über den Thunfischfang, wie er bis zur Mitte des 20. Jh. auf Malta praktiziert wurde. Aus Mangel an Besuchern ist das Museum jedoch so gut wie immer geschlossen.

Selmun Palace: Der einst einsam über der Mistra Bay gelegene Palast entstand nach dem Vorbild des Verdala-Palace im 18. Jh. Lange Zeit war er im Besitz der Stiftung *Monte di Redenzione*, die 1607 durch einen Pater namens Rafael gegründet wurde und die es sich zur Aufgabe gemacht hatte, christliche Sklaven aus der Gefangenschaft freizukaufen. Später diente der Palast als Teil eines Hotelkomplexes. Zuletzt war die gesamte Anlage geschlossen und stand zum Verkauf.
Von Mellieħa Richtung St. Paul's Bay fahrend, geht es am Ortsausgang von Mellieħa beim ersten Kreisverkehr links ab. Zudem hält Bus Nr. 102 von Mellieħa davor (ca. 11–19 Uhr alle 2 Std.).

 Wanderung 7: Von der Mellieħa Bay nach Ċirkewwa → S. 269
Schöne, aber etwas anspruchsvollere Küstenwanderung.

Anchor Bay mit Popeye Village

Die Anchor Bay, einst eine Bucht wie viele auf Malta, wurde durch den Bau von Popeye Village schlagartig zu einer Touristenattraktion. Paramount Pictures und Walt Disney Productions ließen dort für Robert Altmans 1980 entstandene *Popeye*-Verfilmung das Dorf Sweethaven entstehen. Um die Kulisse aus 17 Holzhütten herzustellen, benötigten 165 Arbeiter sieben Monate, in denen sie u. a. 8 t Nägel und 9000 l Farbe verbrauchten. Das Holz wurde extra importiert. Die Dreharbeiten dauerten sechs Monate, Popeye wurde von Robin Williams gespielt, sein Liebling Olivia von Shelly Duvall. Neben der Filmkulisse – durch die man heute gegen Eintritt spazieren oder die man von der gegenüberliegenden Hangseite umsonst bewundern kann (vielen genügt das) – findet man in der Anchor Bay zudem einen kleinen Vergnügungspark für Kinder, ein Andenkengeschäft und ein Restaurant.

Busverbindungen Eigener Zubringerservice (je nach Andrang etwa stündl.) von der Mellieħa Bay, von der man zu Fuß in rund 25 Min. zur Anchor Bay spaziert.

Anfahrt Von Valletta kommend stets Richtung Ċirkewwa (Fähre Gozo) halten, kurz vor der Mellieħa Bay links ab (Wegweiser).

Öffnungszeiten Popeye Village Mai–Juli u. Sept. tägl. 9.30–17.30 Uhr, Aug. bis 19 Uhr, Okt.–April bis 16.30 Uhr. Im Sommer 13,50 €, Kinder 9,50 €, in der NS billiger. Inbegriffen sind diverse Shows, eine Kurzfilmproduktion, bei der jeder mitmachen darf, ein 10-minütiger Werbefilm (in der Schneiderei Sweethaven Tailoring), der auf Englisch kurz auch die Entstehung des Dorfes dokumentiert, sowie eine 15-minütige Bootsfahrt. www.popeyemalta.com.

Marfa Ridge und Ċirkewwa
Marfa-ritsch und Tschirkeoua

Marfa Ridge nennt sich der Höhenzug im äußersten Norden der Insel. Man bezeichnet ihn gerne als die Schwanzflosse Maltas – einfacher nachzuvollziehen, wenn man die Karte auf den Kopf stellt. Ċirkewwa ist der bedeutendste Punkt darauf, aber auch nur, weil von hier die Fähren nach Gozo übersetzen.

Auf dem Marfa Ridge, in weiten Teilen ein Vogelschutzgebiet, gibt es keine richtige Ortschaft. Was man an den meisten Buchten als Ort auszumachen glaubt, sind recht einfache, illegal gebaute Feriensiedlungen. Selbst Ċirkewwa ist lediglich eine Fähranlegestelle mit einem nagelneuen Fährterminal neben einer großen Kaimauer, einem Parkplatz, Imbissbuden und einem nahen Hotel. Die schönsten Sandstrände des Marfa Ridges sind die **Paradise Bay** und die **Armier Bay** (s. u.). Heute ein Vergnügen für Badelustige, ließen sie Jahrhunderte lang keine Besiedlung zu; Piraten dienten sie als Versteck und Landungsplatz. Aus der Zeit des Johanniterordens stehen daher noch ein paar Wachtürme.

Auch die gleich östlich von Ċirkewwa gelegene Bucht **Ramla Tal-Bir** (mit „Ramla Bay" ausgeschildert) besaß übrigens einmal einen herrlichen Sandstrand. Doch mit dem Bau der Anlegestelle für die Fähren nach Gozo änderte

Popeye Village in der Anchor Bay

Marfa Ridge und Ċirkewwa 207

sich die Strömung, und der Sand verschwand. Jetzt sorgt das Ramla Bay Resort dafür, dass immer wieder frischer Sand mit dem Lkw angekarrt wird. Zudem gibt es an der Bucht den Hola Beach Club, ein künstlich aufgeschüttetes und mit Palmen versehenes Sand-Eckchen (kein Eintritt, hin und wieder DJ-Abende und Grillpartys). Die östlich an die Bucht Ramla Tal-Bir anschließende Bucht **Ramla Tal-Qortin**, von der man Zugang zum Ramla Bay Resort hat, lohnt keinen Abstecher.

Busverbindungen Von Ċirkewwa fahren folgende Busse ab: Nr. 41 u.42 alle 30 Min. über Mellieħa und Mosta nach Valletta, Nr. 101 o. 102 stündl. in die Għajn Tuffieħa Bay (von Mai bis Okt. fahren die Busse weiter in die Ġneina Bay), Nr. 221 über Mellieħa nach Buġibba, Nr. 222 (fährt alle 30 Min.) über Mellieħa und San Ġiljan nach Sliema, X1 (alle 45 Min.) zum Flughafen (dieser Bus fährt nicht durch das Zentrum von Mellieħa).

Für Ziele im Westen, Süden und Südosten Maltas steigt man in Mosta, Valletta oder am Flughafen (→ S. 32) um.

Fähren Ċirkewwa – Mġarr (Gozo): → Fähren zwischen den Inseln, S. 36.

Ċirkewwa – Comino: → Fähren zwischen den Inseln, S. 37.

Taxi: Nach Valletta oder zum Flughafen ca. 35 €, in die St. Paul's Bay 23 €.

Übernachten **** Paradise Bay Resort Hotel, nahe der Fähranlegestelle. Altbackene, aber ganz ordentliche Anlage. Der Sterneanzahl entsprechend ausgestattete Zimmer mit Balkon und Meerblick. 2 Restaurants, Cocktailbar, Tennisplätze, 3 Außenpools, ein Innenpool. Eigener kleiner Sandstrandabschnitt, Tauchschule (größtenteils deutschsprachige Instruktoren) und diverse Wassersportangebote. DZ in der HS 102 €, fast geschenkt in der NS. Ċirkewwa, ✆ 21521166, ℻ 21521153, www.paradise-bay.com.

> **Achtung:** Wer hier absteigt, hat am Abend so gut wie keine Ausgehmöglichkeiten vor Ort!

**** **Ramla Bay Resort**, ca. 1 km östlich des Paradise Bay Hotels, Zufahrt über den Höhenzug des Marfa Ridges. 180 großzügige, komfortable Zimmer mit rustikalem Mobiliar, Balkon oder Terrasse. Ziemlich triste Gänge. Auch wenn die Bucht nicht sehr aufregend ist, der Küstenabschnitt des Hotels samt Poolbereich ist okay. Ruhige Lage (jedoch viele Italiener). DZ ab 140 €. Ramla Bay, ✆ 22812281, ℻ 22812282, www.ramlabayresort.com.

Torri ta' Sant' Agata (St. Agatha's Tower): Der wegen seiner Farbe auch als „Roter Turm" (Torri l-Ahmar bzw. Red Tower) bekannte Wachturm thront weithin sichtbar auf dem Marfa-Ridge-Höhenzug. Er wurde 1647/48 unter Großmeister Lascaris erbaut und diente der Signalübermittlung nach Gozo, ferner zur Überwachung der Mellieħa Bay und der Għajn Tuffieħa Bay. 50 Mann waren hier einst stationiert. Der Turm besitzt eine eigene Zisterne, die im Belagerungsfall vorm Verdursten bewahrte. Von der obersten Turmbrüstung genießt man einen schönen Blick – die Nische neben der dortigen Tür war die Toilette.

Öffnungszeiten Mo–Sa 10–13 Uhr, Di bis 16 Uhr. 2 €. http://dinlarthelwa.org.

Anfahrt Zwischen Mellieħa und Ċirkewwa mit „Red Tower" ausgeschildert.

Verbindung Bus nach Ċirkewwa (Fähre Gozo) nehmen, auf der Anhöhe hinter der Mellieħa Bay aussteigen. Von da aus noch 5 Fußmin., → Anfahrt.

Paradise Bay: Wie der Name schon andeutet, bietet diese Bucht einen überaus einladenden Sandstrand – zwar klein, aber mit herrlich türkisfarbenem Wasser davor. Leider blickt man vom Paradies auf das Paradise Bay Hotel auf der gegenüberliegenden Seite der Bucht, ein großer Kasten, der die Aussicht trübt. Die Bucht eignet sich gut zum Schnorcheln. An Wochenenden überlaufen!

Busverbindungen Keine Busverbindung. Am besten nehmen Sie einen Bus nach Ĉirkewwa, steigen an der Haltestelle vorm Paradise Bay Resort Hotel aus, laufen ein paar Meter zurück und biegen dann rechts ab. Ca. 20 Min. zu Fuß.

Anfahrt/Parken Fährt man nach Ĉirkewwa, ist die Abzweigung unmittelbar vorm Hotel Paradise Bay beschildert. Oberhalb der Bucht gibt es (in der HS) einen bewachten Parkplatz, Trinkgeld wird erwartet.

Verpflegung/Einrichtungen Paradise Bay Lido, Snackbar und Restaurant. Sehr gemütlich, Bierbänke. Sonnenschirm- und Liegestuhlverleih. Duschen.

Armier Bay und Little Armier Bay: Die kleine, an sich unspektakuläre Armier Bay zählt zu den bekanntesten Sandstränden Maltas. Ein paar Palmen sind der Grund dafür – sie locken Besucher in Scharen per Bus oder Ausflugsschiff an. So ist die Armier Bay in der Hochsaison meist überlaufen, außerhalb der Saison wirkt sie hingegen recht trostlos. Als Alternative bietet sich ein paar Meter weiter die Little Armier Bay an, bislang noch ein einfacher Minisandstrand ohne Palmen. Beide Buchten haben ihre eigene Zufahrtsstraße. Zu Fuß liegen sie keine fünf Minuten auseinander. An beiden Buchten findet man Snackbars und Restaurants. Lidos halten Sonnenschirme und Liegestühle parat.

Busverbindungen Laut Fahrplan fährt von Mai bis Okt. (wegen mangelnder Nachfrage aber zuweilen nur Juni–Sept.) Bus Nr. 37 stündl. von Valletta über Mosta und Mellieĥa in die Armier Bay (Haltestelle Xilep). Außerhalb der Saison kann man von Marfa entlang der Küste bis zur Armier Bay spazieren.

Anfahrt Die Buchten sind vom Höhenkamm zwischen Mellieĥa und Ĉirkewwa beschildert.

Essen & Trinken Farlex Bar, an der Westseite der Armier Bay, die älteste Bar mit Restaurant in der Bucht. Einfach, preiswert und außerhalb der Stoßzeiten fast familiäre Atmosphäre. Hübsche, topfpalmenbestückte Terrasse.

Die Paradise Bay im Norden Maltas

Marfa Ridge und Ċirkewwa

Am Kap Daħlet ix-Xilep

White Tower Bay: Sie ist benannt nach einem Wachturm, der einst auf der nordöstlichen Landzunge die Bucht überragte. Auf seinen Fundamenten steht heute das einzige größere Haus der Bucht, ein nett anzusehendes Landhaus – mit weniger netten Hunden! Und so ist der einzige wirkliche Tower, auf den man von hier noch immer blicken kann, der Tower Cominos. Alle restlichen Gebäude der Bucht sind illegal gebaute Ferienhütten der Malteser. Sie sind z. T. recht schäbig und der Müll davor macht sie auch nicht schöner. Der hiesige schmale Sandstrand ist zur maltesischen Ferienzeit gut besucht. Bei gutem Wind ist die Bucht am Abend ein Treffpunkt der Kitesurfer – ein spannenderes Erlebnis als so manche Kirchenbesichtigung!

Anfahrt/Busverbindungen Zwischen Mellieħa und Ċirkewwa zweigt man auf dem Höhenzug zur Armier Bay rechts ab und fährt dann erst mal immer geradeaus. Dann die nächste Abzweigung hinter der zur Little Armier Bay nehmen. Kein Hinweisschild. Keine Busverbindung.

Camping Malta Campsite, der bislang einzige offizielle Campingplatz Maltas. Gepflegte, aber trotzdem etwas triste Anlage mit einem von Kunstrasen umgebenen Pool (vor Ort keine guten Bademöglichkeiten). Viele Dauercamper. Bar und Laden (verkauft auch Campinggas). Ganzjährig. Kaum Schatten (nur junge Bäumchen). Für Nichtmotorisierte liegt der Platz am A. der Welt. Ordentliche Sanitäranlagen. Zu mieten: möbliertes Mobile Home für bis zu 4 Pers. 60 €/Nacht, Zelt mit Kochzeile für 2 Pers. 30 €. Standgebühr: 2 Pers. mit Zelt 15–25 € (je nach Zeltgröße), 2 Pers. mit Wohnmobil 25 €. In Laufnähe zur White Tower Bay; Richtung Kap Daħlet ix-Xilep fahren, dann ausgeschildert, ✆ 21521105, www.maltacampsite.com.

Kap Daħlet ix-Xilep (Daalet isch-schilep): Die Kammstraße über den Höhenzug Marfa Ridge endet an einem kleinen Plateau oberhalb der Klippen. Eine weiße Marienstatue auf blauem Sockel und eine kleine Kapelle überblicken hier einsam die Mellieħa Bay. Auf der gegenüberliegenden Landseite hebt sich der Selmun Palace ab, eine Bucht weiter liegen Qawra und Buġibba. In der Ferne pflügen oft schwere Tanker oder Containerschiffe durchs Meer.

Zwischen Mellieħa und Ċirkewwa geht es an der Abzweigung zur Armier Bay ab und dann immer geradeaus.

Boote in der Blue Lagoon

Insel Comino

Einst suchten Piraten in den Buchten der Insel Unterschlupf – heute ankern darin Ausflugsboote. Der Winzling Comino ist ohne Zweifel eine Perle im Mittelmeer und die Blue Lagoon der Traum vom Baden. Wer hier aber übernachten möchte, steigt entweder im gehobenen Comino Hotel ab oder zeltet schlicht auf dem Campingplatz – dazwischen gibt es nichts.

Inmitten des *Fliegu*, des 6 km breiten Malta-Gozo-Kanals, liegt Comino samt der kleinen, unbewohnten Schwesterinsel **Cominotto**. Vier ständige Einwohner hat das Eiland, dazu zwei Polizisten. Letztere sind nicht etwa da, weil die vier Cominotten als überaus gefährlich gelten, sondern um die Einhaltung der Ankerbestimmungen und der Jagdschutzgesetze zu überwachen. Darüber hinaus grunzten 38 Jahre lang noch mehrere hundert Schweine auf dem Eiland, 2011 zog der Mastbetrieb nach Malta um. Sehr viel mehr als die ehemalige Schweinefarm, eine Hotelanlage, eine Campingfläche, eine Polizeistation, ein Kirchlein, eine alte Quarantänestation, einen Wachturm (geöffnet, wenn die Flagge gehisst ist, meist Mi u. Fr–So), einen Friedhof und einen Hubschrauberlandeplatz hat die autofreie Insel nicht zu bieten. Platz aber gäbe es noch, immerhin hat das Eiland 2,5 km² Fläche. Comino ist, um es auf einen Nenner zu bringen, nicht mehr als ein nackter Felsen, von Meer umgeben. Dieses lädt jedoch zum Baden ein wie sonst fast nirgendwo rund um die maltesischen Inseln – glasklar und türkisblau.

Meist geht es auf dem Eiland ruhig und beschaulich zu – für manchen fast zu ruhig. Nur an Wochenenden erlebt die Insel großen Andrang, sie zählt dann zu den besonderen Ausflugszielen der Malteser. Unter der Woche dagegen sieht man gerade ein paar Tagesausflügler über die Insel wandern. Einzig und allein in der **Blue Lagoon**, der Traumbucht des maltesischen Archipels schlechthin, liegt der Sach-

Insel Comino

verhalt etwas anders. Hier herrscht in der Badesaison, wenn die Ausflugsboote aus Malta und Gozo eintreffen, Hochbetrieb, und der Geräuschpegel erinnert an ein großes, öffentliches Freibad. Sämtliche Liegeflächen sind dann belegt, nicht selten ist nur noch ein Stehplatz zu ergattern. Comino besitzt neben der Blue Lagoon aber eine weitere attraktive Bademöglichkeit in der **Santa Marija Bay** – eine Alternative, wenn die Blue Lagoon überlaufen ist.

Geschichte

Obwohl auf Comino nie Ausgrabungen erfolgten, lässt die durch Wind und Regen immer wieder freigelegte bronzezeitliche Keramik auf eine frühe Besiedlung des kleinen Eilands schließen. Aus römischer Zeit entdeckte man zudem Gräber. Bis ins Mittelalter war Comino häufig Stützpunkt von Sarazenen und Piraten, die dort ihre Beutezüge auf Malta und Gozo vorbereiteten. In jener Zeit diente die Insel auch als Verbannungsort für Schwerverbrecher. Diese waren dazu verurteilt, Kümmel anzubauen, der im maltesischen „Kemmuna" heißt und von dem die Insel ihren Namen hat. Wegen ständiger Piratenüberfälle baten die Malteser im Jahr 1416 den sizilianischen Vizekönig um den Bau eines Wachturms. Eine Weinsteuer sollte ihn finanzieren, doch das dafür gesparte Geld riss sich König Alonso V. von Spanien unter den Nagel. So machte Comino bis zu Anfang des 17. Jh. lediglich als Seeräubernest hin und wieder von sich reden. Großmeister Alof Wignacourt ließ schließlich 1618 einen Wachturm errichten und erhob Comino zu seinem privaten Jagdrevier. 1715 ergänzte man den Turm weiter östlich um eine Redoute, eine trapezförmige Befestigungsanlage. Als keine Großmeister mehr jagten und die Zeit des Ordens vorüber war, pachteten Bauern gegen Ende des 18. Jh. das Eiland. Mehr als 200 Personen sollen auf Comino einen Existenzversuch unternommen haben. Wegen mangelnder Erträge verließen die meisten aber schon bald wieder die Insel. Während des Ersten Weltkriegs bauten die Briten ein Quarantänehospital darauf. In dieser Zeit soll es auch ein Postamt, einen Lebensmittelladen und ein Café gegeben haben. Nach der Unabhängigkeit Maltas 1964 kam das erste und bislang einzige Hotel hinzu. Der letzte größere Trubel herrschte im Jahr 2000 auf Comino, als hier Teile des Films *Der Graf von Monte Christo* gedreht wurden.

Abraham Ben Samuel Abulafia – der Messias, der Comino besuchte

Die Meinungen über Abraham Ben Samuel Abulafia gehen weit auseinander: Seine Jünger hielten ihn für den Messias, andere für einen unsteten Fantasten oder Abenteurer. Den Juden des Mittelalters war er als Philosoph bekannt. Seine Biografie liest sich wie die eines Mannes, der nie zur Ruhe kam. 1240 wurde er im spanischen Saragossa geboren, im Alter von 18 Jahren zog es ihn nach Sizilien, dem Studium der Philosophie wegen. Zwei Jahre später packte er sein Bündel wieder und machte sich auf den Weg, die zehn verlorenen, altisraelischen Stämme am sagenhaften Fluss Sambation im Orient zu suchen. Wegen Kriegswirren in Syrien kam er aber nicht weit und musste umkehren.

Zurück in Italien wandte er sich wieder der Philosophie zu – von dieser nicht befriedigt, befasste er sich mit der Mystik und behauptete bald, die Hoffnung seines Volkes auf den Messias sei mit ihm zur Erfüllung gekommen. Dies veranlasste ihn, nach Spanien zu fahren, um Jünger zu werben, und als er eine Schar beisammen hatte, trat er im ganzen Mittelmeerraum als Messias auf. Er predigte und schrieb, und eines seiner großen Ziele wurde die Vereinigung von Juden und Christen und die Vereinigung dieser beiden mit den Moslems.

1280 bestieg er mit seinen Anhängern ein Schiff nach Rom, um Papst Nikolaus III. zum Judentum zu bekehren – dieser traute seinen Ohren nicht und ließ ihn gefangen nehmen, auf dass er in Suriamo bei Rom dafür auf dem Scheiterhaufen büße. Aber wenige Tage vor Abraham Ben Samuel Abulafias Hinrichtung, bei der der Papst Zeuge sein wollte, verstarb Nikolaus III., und auf wundersame Weise kam der Messias wieder frei.

Doch von nun an verfolgte ihn die Kirche, und sein Weg verlief wieder kreuz und quer durchs Mittelmeergebiet. 1285 ließ er sich auf der Insel Comino nieder, beschäftigte sich dort mit der Kabbala, nicht spekulativ, sondern prophetisch-visionär. Hier entstand sein bekanntes Werk: *Sefer ha-ot*, das *Buch der Symbole*. 1290 trieb ihn die Flucht zurück nach Spanien. Ein Jahr später starb er in Barcelona.

Verbindungen/Diverses → Karte S. 272

Verbindungen Von Ċirkewwa auf Malta und von Mġarr auf Gozo gibt es einen mehr oder weniger regelmäßigen **Fährbetrieb** nach Comino (→ S. 37). Zudem werden von fast allen touristischen Zentren Tagesausflüge nach Comino angeboten.

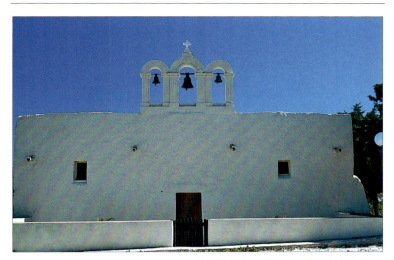

Die Marienkapelle in der Santa Marija Bay

Polizei In der Santa Marija Bay. ✆ 112. Wer es wagt, den diensthabenden Beamten beim Schlafen zu stören, wird nicht gerade freundlich behandelt.

Tauchen Zu den besten Tauchspots rund um Comino gehören die Unterwassergrotten **Comino Caves** (Tiefe 22 m), das **Cominotto-Riff** mit seiner farbenprächtigen Flora und Fauna (bis 46 m Tiefe) und der **Lantern Point**, wo es durch eine 17 m lange Höhle geht.

Selkies gleich neben dem Hotel bietet (i. d. R. mit deutschsprachigen Ausbildern) Tauchkurse jeder Art und auch Nichthotelgästen die Möglichkeit, eine ABC-Ausrüstung zu leihen. ✆ 21345986, www.selkies.eu.

Übernachten **** Comino Hotels & Bungalows, das Hotel in der San Niklaw Bay bietet 95 gepflegte Zimmer mit gefliesten Böden und Furniermöbeln, dazu einen großen Pool und einen kleinen privaten Strand. Die angeschlossene Bungalowanlage (46 Einheiten) befindet sich in der Santa Marija Bay. Ostern bis Ende Okt. DZ mit HP (egal ob Hotelzimmer oder Bungalow) mit Meerblick 140 €, VP-Zuschlag 14 €/Pers. und Tag. Comino, ✆ 21529821, ✉ 21529826, www.cominohotels.com.

Camping In der Santa Marija Bay befindet sich ein offizieller kostenloser Zeltplatz, der als solcher nicht zu erkennen wäre, gäbe es nicht die Mülltonnen und das Schild davor. Geboten werden Feuerstellen, öffentliche Toiletten und nachts Ratten. Dieser an sich nett gelegene Platz hat für Budget-Touristen jedoch den Nachteil, dass sämtlicher Proviant mitgebracht werden muss, da es auf Comino keinen Supermarkt gibt.

Essen & Trinken Es gibt 2 von der Hotelanlage betriebene Restaurants (nicht billig) und Kioske an der Blue Lagoon (mit Blue-Lagoon-Zuschlag!). Bringen Sie besser ein Picknick mit.

🥾 **Wanderung 8: Rund um Comino** → S. 271
Rundwanderung mit Bademöglichkeiten.

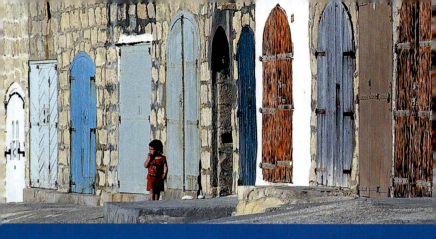

Bootshäuser am Salzwassersee in der Dwejra-Bucht

Insel Gozo

Għawdex (Audesch), wie die Malteser diese Insel auch nennen, ist der ruhige Gegenpol zu Malta. Teilen sich auf Malta ca. 1400 Einwohner einen Quadratkilometer, sind es auf Gozo gut 1000 weniger. So ist es nicht verwunderlich, dass die Insel grüner und ländlicher erscheint, manchmal sogar als die kleine Ausgabe Irlands im Mittelmeer bezeichnet wird.

Auf Gozo hat man gelegentlich den Eindruck, als sei die Zeit stehen geblieben. Friedlich und ruhig geht es zu, die Hektik des quirligen Maltas verebbt bereits auf der Fähre. Das neue Hafenterminal wirkt zwar fortschrittlich, der Rest des Eilands aber vielfach etwas rückständig und altmodisch. In gewisser Hinsicht ist Gozo dies auch. Doch wie lange noch? Gozo stand über Jahrhunderte hinweg im Schatten Maltas, teilte, ob gewollt oder ungewollt, brüderlich die Krisen und Nöte, nicht jedoch den Wohlstand und die politische Macht. Mittlerweile aber kehrt sich das um. Gozos Aufgabe, die Nachbarinsel mit Lebensmitteln zu versorgen, gehört der Vergangenheit an, v. a. seit der EU-Beitritt für billigeres Obst und Gemüse aus Sizilien sorgt. Die Alten bestellen zwar noch immer mit Mühe die kleinen Felder, ihre Söhne und Töchter arbeiten aber bereits in modernen Dienstleistungsberufen. So ist man auf Gozo nun in der glücklichen Lage, sämtliche Annehmlichkeiten, die mit dem wirtschaftlichen Wachstum der Inseln einhergehen, über den Kanal zu schippern, ohne die weniger schönen Begleitumstände in Kauf nehmen zu müssen. Ein Beispiel: Das Gros der Autos wird noch immer auf Malta gekauft und abgeholt, auf Gozo spazieren gefahren und zum Verschrotten zurück nach Malta gebracht. Dadurch konnte sich die Insel einen gemütlich-beschaulichen Charme bewahren – ihren ganz besonderen Reiz.

Insel Gozo

Gozo ist geprägt von schmalen Buchten, flach abschließenden Hügeln, von mit Oleanderhecken gesäumten Straßen und terrassenförmigen Feldern, auf denen u. a. Oliven, Wein und die kleinen Gozo-Bananen angebaut werden. Die vor sich hin dösenden Bauerndörfer kokettieren mit schönen, alten Farmhäusern, oft zu groß geratenen Barockkirchen und engen, verwinkelten Gassen, die den Bauern mit ihren Eseln und Tragkörben Jahrhunderte lang genügten. Hier geht das Leben gemächlich voran. Einzige Ausnahmen sind Marsalforn und Xlendi, die beiden touristischen Zentren der Insel, aber auch sie sind im Vergleich zu den Ferienorten Maltas noch beschaulich.

Geschichte

Gozo liegt Malta zu nahe, als dass es geschichtlich eine wirklich eigene Entwicklung hätte nehmen können. Bemerkenswert ist lediglich, dass Gozo während der Römerzeit ein unabhängiges Municipium mit eigenem Münzrecht und eigenem Inselhäuptling war. Ansonsten ist die Geschichte der Insel überwiegend eine Geschichte des Leids, bedingt durch unzählige Piratenüberfälle, die erst im späten 17. Jh. mit dem Zerfall des Osmanischen Reiches endeten. Schwere Zerstörungen auf Gozo richtete 1693 auch ein starkes Erdbeben an. Fragt man einen Insulaner nach den größten Errungenschaften der letzten hundert Jahre, so werden das neue Fußballstadion mit Flutlicht (2006), das neue Fährterminal (2008) und die Eröffnung der Shopping Mall The Duke (2009) genannt. Bis 2020 will Gozo eine „Öko-Insel" werden, diverse Nachhaltigkeitsprojekte sind dafür nicht nur in Planung, sondern auch schon in der Durchführung: Solar- und Windenergie, Wasseraufbereitung und Mülltrennung werden gefördert, und dem Massentourismus wird eine klare Absage erteilt (www.ecogozo.com).

> ### Hinüber nach Gozo
>
> **Mit der Fähre:** Gozos Tor zur Welt oder nach Malta heißt Mġarr (→ S. 242). Wissenswertes zu den Fährverbindungen zwischen den Inseln → Unterwegs auf den Inseln, S. 36.
>
> **Mit dem Hubschrauber:** Der Heliport von Gozo am Ortsrand von Għanjsielem verfügt über ein kleines Terminal und ein fast ebenso großes Feuerwehrauto, das im Sommer die Blumen am Landeplatz gießt. Zukünftig soll wieder ein Helikopterservice zum Malta International Airport eingerichtet werden, 2012 war der Betrieb jedoch wieder einmal unterbrochen, → S. 37. Nächste Bushaltestelle: Heliport (5 Fußmin. entfernt, alle 45 Min. hält hier Bus Nr. 301 von Mġarr nach Victoria). Taxi nach Victoria ca. 10 €, nach Marsalforn oder Xlendi ca. 18 €.
>
> **Mit dem Wasserflugzeug:** → S. 37
>
> **Durch den Tunnel:** Noch nicht möglich, aber die Planungen dafür laufen.
>
> **Tagestouren:** Auch wenn sich der Charme Gozos kaum auf den ersten flüchtigen Blick offenbart, lassen sich doch die Highlights der Insel an einem Tag abklappern. Dafür empfehlen sich Inselrundfahrten mit dem **Mietwagen** (Verleiher nahe der Fähranlegestelle in Mġarr, → S. 242) oder einem **Taxi**. Letztere stehen ebenfalls am Hafen bereit. Während Einzelfahrten ins Geld gehen, hält sich der Tarif für eine Inselrundfahrt in Grenzen: 3–4 Std. für 1–4 Pers. ca. 40 €; ganztags, ebenfalls für 1–4 Pers., 70 € (nicht im Preis inbegriffen ist das Essen im Restaurant des Schwagers). Zudem werden auf Malta organisierte Touren nach Gozo angeboten (Tagestour inkl. Comino ca. 45 €, Jeepsafari ca. 65 €). Und wie auf Malta sind auch auf Gozo **Hop-on-hop-off-Busse** unterwegs – Doppeldecker, die viel zu groß für die kleine Insel sind, was Touristen, die nicht selbst im Bus sitzen, sondern auf dem Rad oder im Mietwagen, zuweilen ganz schön nerven kann. Mehr dazu → S. 36. Mit dem **öffentlichen Bus** dagegen ist Gozo an einem Tag nur schwerlich zu erkunden; die spärlichen Verbindungen und die Tatsache, dass fast alle Linien vom zentralen Busbahnhof in Victoria starten, würden dazu führen, dass Ihnen dieser am meisten in Erinnerung bleibt.

Victoria   Rabat

Die Hauptstadt der Insel, von den Gozitanern noch immer liebevoll Rabat genannt, liegt im Schatten ihrer mächtigen Zitadelle. Zum Thronjubiläum der englischen Monarchin erhielt sie 1897 ihren neuen Namen. Sie ist das Herz des Eilandes – hier schlägt Gozos Puls.

Die alte Hauptstadt lag innerhalb der Festung. Erst im 17. Jh. entstanden am Fuß der Zitadelle die ersten Häuser. Bedingt durch ihre zentrale Lage expandierte die Stadt rasch und ist heute mit über 6200 Einwohnern das kulturelle und wirtschaftliche Zentrum Gozos, in dem alle Fäden zusammenlaufen. Von hier fahren die Busse zu allen Dörfern der Insel, und von allen Dörfern der Insel kommt man hierher, um einzukaufen, ins Kino zu gehen, Behördengänge zu erledigen, einen Arzt aufzusuchen oder einfach auf einen Tratsch. Insbesondere am Vormittag sprüht die Stadt vor Leben. Dann sind die Geschäfte entlang der Hauptverkehrsader Triq Ir-Repub-

Die Kathedrale in der Zitadelle Victorias

blika geöffnet, und selbst in den verwinkelten Gassen der Altstadt rund um den zentralen Platz, dem It-Tokk, herrscht reges Treiben. Aber schon gegen Mittag kehrt Ruhe ein, und den Rest des Tages wirkt die Stadt verschlafen – beste Zeit, sich die Zitadelle anzusehen.

Information/Verbindungen

Information Gozo Tourist Office, am It-Tokk. Sehr hilfsbereit, deutschsprachiges Infomaterial. Mo–Sa 9–17.30 Uhr, So 9–13 Uhr. ✆ 22915452, tios.mta@visitmalta.com.

Verbindungen Bus: Alle Busse fahren vom zentralen Busbahnhof in Victoria ab, wo auch Fahrpläne aushängen. Zur Fähre nach Mġarr verkehrt von 5.30 bis 23 Uhr alle 45 Min. Bus Nr. 301 über Xewkija und Għajnsielem. Direkt nach Xewkija fährt Bus Nr. 323 alle 2 Std. Von Victoria über Nadur und Qala nach Mġarr fährt zudem alle 60 Min. Bus Nr. 303.

Über Nadur in die Ramla Bay fährt alle 60 Min. Bus Nr. 302. Über die Pferderennbahn nach Nadur und bis kurz vor die San Blas Bay fährt von 6 bis 22 Uhr alle 2 Std. Bus. Nr. 304.

An die Nordküste nach Marsalforn und Obajjar fährt im Sommer alle 45 Min. (im Winter alle 60 Min.) Bus Nr. 310. An die Südküste nach Xlendi fährt im Sommer alle 45 Min. (im Winter alle 60 Min.) Bus Nr. 306.

Einen Rundkurs fährt Bus Nr. 313 alle 60 Min. von Victoria über Santa Luċija und Kerċem zurück nach Victoria. Nach Żebbuġ startet Bus Nr. 309 im 60-Min.-Takt. Ebenfalls alle 60 Min. steuert Bus Nr. 307 Xagħra an.

Über San Lawrenz nach Għarb fährt Bus Nr. 312 alle 60 Min., über San Lawrenz in die Dwejra Bay Nr. 311 alle 60 Min.

Von Victoria unternimmt zudem Bus Nr. 308 alle 60 Min. einen Rundkurs über Ta'Pinu, Għammar und Għasri.

Von Victoria nach Sannat und zurück über Munxar fährt alle 60 Min. Bus Nr. 305.

Taxi: Weiße Taxis stehen nahe dem Busbahnhof parat (Tarife → Verbindungen in den jeweiligen Ortskapiteln). Schwarze Taxis (auf Gozo im Vergleich zu Malta nicht erheblich billiger) können Sie z. B. über Mayjo Car Rentals (✆ 21556678) anfordern.

Insel Gozo

Basis-Infos

Ärztliche Versorgung → S. 46.

Auto- und Zweiradverleih Etwas außerhalb an der Straße nach Mġarr liegen nebeneinander **Mayjo Car Rentals** (℡ 215566 78, www.mayjocarhire.com) und **AEL Car Rentals** (℡ 21566671, www.aelgozo.com). Gegenüber dem Busbahnhof verleiht zudem **Victoria Garage** preiswert Fahrräder und Autos (darunter Neumodelle, aber auch alte Schüsseln), ℡ 21556414, www.victoriagaragegozo.com. Alle Verleiher haben So geschlossen.

Einkaufen Gebrauchte deutschsprachige Bücher bekommt man günstig im Laden der wohltätigen **Inspire Foundation** 12 an der Triq Ir-Repubblika 103. Dazu auch viel Gerümpel. Unregelmäßig geöffnet, Sa hat man am ehesten Glück.

Organika 17, nettes Lädchen an der Pjazza San Ġorġ. Geführt von dem französischen Paar Christophe und Charlotte, das sich für den Bioanbau auf Gozo starkmacht und entsprechende Produkte (bis hin zu Kindernahrung) verkauft. Dazu Fair-Trade-Produkte. ■

Prickly Pear 18, hier verkauft die freundliche Silberschmiedin Rachel Robinson nicht nur ihre eigenen hübschen Produkte, sondern auch originelle Stücke von 11 anderen Designern aus Gozo und Malta. Triq San Ġorġ 96.

Die Shoppingcenter der Stadt sind das **Tiġrija Palazzo** an der Triq Ir-Repubblika gegenüber der Abzweigung nach Marsalforn, das **Arkadia** etwas weiter stadtauswärts Richtung Mġarr (im UG großer Supermarkt, auch So ganztägig geöffnet) und die **Duke Shopping Mall** an der Triq Ir-Repubblika. In Letztgenannter gibt es rund 20 Läden zwischen *Adidas* und *Bata*, dazu ebenfalls einen großen Supermarkt (So nur halber Tag).

Xuereb Fish Shop 20, nahe dem Busbahnhof an der Triq Ġorġ Borġ Olivier. Auch wenn's etwas muffelt – die Ware ist okay. Des Weiteren bekommt man Fisch vormittags am Fischstand am It-Tokk.

»› Mein Tipp: Auf halber Strecke zwischen Victoria und Marsalforn passiert man das Gut Ta'Mena (www.tamena-gozo.com), dessen hochwertige Produkte im hauseige-

E inkaufen
12 Inspire Foundation und Bookworm
17 Organika
18 Prickly Pear
19 Svan Card Gallery
20 Xuereb Fish Shop

N achtleben
4 Ku-Club
16 Club 24

Ü bernachten
3 Downtown Hotel
8 Gozo Village Holidays/Ta' Frenc Real Estate
11 Pension The Gardens
14 Mia Casa

nen Laden verkauft werden: Wein, Olivenöl, bestes Tomatenmark, Marmelade, Pfefferkäse usw. Bei der Ernte kann mitgeholfen, beim Weinkeltern und Olivenölpressen zugesehen werden. «‹

Festa Patronatsfeste in Victoria am dritten So im Juli, am 15. Aug. und um den 8. Dez., in Munxar am 10. Feb. und am letzten So im Mai, in Kerċem um den 11. März, 7. Juli, 2. Sept. und 16. Dez., in Fontana entweder am zweiten oder dritten So im Juni.

Gozo Adventures aus Victoria organisiert Klippenklettern und -springen, Sea Kayaking, Rad- und Wandertouren u. v. m. (→ S. 59).

Victoria   219

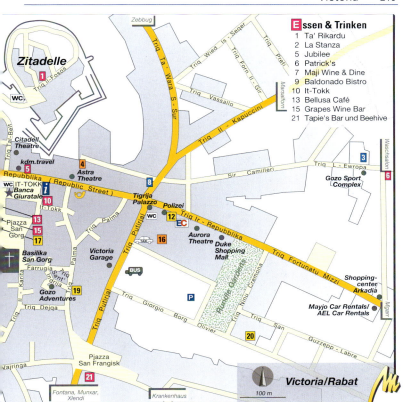

Multimediashow Citadell Theatre, in dem Kino wird die Bildershow *Gozo 360° – Island of Joy* geboten. Den Kommentar dazu gibt's über Kopfhörer. Vorführungen Mo–Sa 10–15 Uhr jede halbe Std. Dauer knapp 25 Min. 4 €. www.gozo360.com.mt.

Öffentliche Toiletten Unter anderem am It-Tokk in der Banca Ġiuratale, neben dem Shoppincenter Tiġrija Palazzo an der Triq Putirjal und am Eingang zur Zitadelle.

Parken Großer Parkplatz z. B. direkt hinter dem Busbahnhof und beim Shoppingcenter Arkadia. Achtung: Falschparken kann teuer werden!

Polizei An der Triq Ir-Repubblika. ✆ 112.

Post Ebenfalls an der Triq Ir-Repubblika.

Pferderennen Neben dem Pferderennen am 15. Aug. auf der Triq Ir-Repubblika (→ Kasten „Die Festa zu Mariä Himmelfahrt", S. 224) finden von Okt. bis März meist im zweiwöchigen Rhythmus auf dem *Ta'Ħamet Race Track* (an der Straße von Victoria nach Nadur) Pferderennen statt, Start des ersten Rennens ist i. d. R. So um 13 Uhr. Auch bei den Dorffestas werden oft Pferderennen geboten.

Reisebüros Flüge mit Air Malta und Fähren nach Italien kann man z. B. bei **kdm. travel** buchen. Triq Ir-Repubblika, ✆ 215612 12, www.kdm.com.mt.

Theater/Oper Victoria besitzt zwei für die Insel viel zu große, erbittert rivalisierende Theaterhäuser an der Triq Ir-Repubblika: das **Astra Theatre** (1500 Plätze) und das **Aurora Theatre** (1600 Plätze). Ersteres gehört zur San-Ġorġ-Gemeinde, Letzteres zur Kathedrale. Ganz klar also, dass niemand, der der einen Gemeinde angehört, einen Fuß in das Opernhaus der anderen Gemeinde setzt … Aufführungen gibt es nur weniger, meist sind es Gastspiele. Zum alljährlich im Okt. stattfindenden Kulturfestival *Mediterranea* jedoch versuchen sich die Häuser mit eigenen Produktionen gegenseitig zu übertrumpfen. Die meiste Zeit des Jahres spielt man in den Häusern aber mehr Billard als Theater – die Billardsalons darin machen es möglich.

Waschsalon B's Laundry, im Osten der Stadt, vom Restaurant Patrick's beschildert. Mo–Fr 9–16 Uhr, Sa 9–12 Uhr. 5 €/kg. Die Wäsche kann man i. d. R. noch am gleichen Tag abholen. Alternative: **Comet Laundry**, in Xewkija an der Verbindungsstraße Victoria – Mġarr. Im Sommer Mo–Fr 8–15 Uhr, Sa nur bis 10.30 Uhr. Ähnliche Preise.

Zeitungen und Zeitschriften Deutschsprachiges halten u. a. der Glückwunschkartenladen **Svan Card Gallery** 19 an der Triq Palma und der Buchladen **Bookworm** 12 an der Triq Ir-Repubblika nahe der Polizei bereit. In Letzterem auch Literatur zu Malta und Gozo sowie ein paar wenige deutsche Bücher.

(Übernachten → Karte S. 218/219

Es gibt bislang nur ein Hotel und zwei Pensionen in Victoria! Wer länger bleiben möchte, was sich wegen der zentralen Lage lohnt, kann auch komplett ausgestattete Häuser und Apartments mieten.

Hotel *** Downtown Hotel 3, eher Stadt- als Urlaubshotel. In wenig romantischer Lage in einem Neubauviertel. Freundliche Zimmer mit gefliesten Böden, buchen Sie jedoch keine *Internal Rooms* (Schachtblick!). Pool und Liegestühle auf dem Dach. DZ mit Landblick und Balkon 82 €. Triq l'Ewropa, ✆ 22108000, ✉ 21566376, www.downtown.com.mt.

Spezialitäten aus Gozo

Pensionen ≫ Mein Tipp: **Mia Casa** 14, sehr charmantes, 2012 eröffnetes Bed & Breakfast in einem herrlich restaurierten Altstadthaus. Nur 3 überaus stilvolle Zimmer mit modernen Bädern. Kleine Terrassen, kleiner Garten. Die freundlichen Betreiber Kevin und Jo kommen aus England. Von Lesern sehr gelobt. 35 €/Pers. Triq Santa Marija 23, ✆ 27300169, www.mia-casa-bed-and-breakfast-gozo.com. ≪

The Gardens 11, 6 schlichte Zimmer mit Etagendusche und Gemeinschaftsküche, mit Herz (altbacken) eingerichtet. Oben zur Dachterrasse (von allen nutzbar) hin zudem ein Apartment und ein Zimmer mit Kochmöglichkeit im Bad (!). Für familiäre Atmosphäre sorgt die freundliche Clementina Vella, die auch Apartments in Victoria (für 2 Pers. ab 50 €) vermietet. 15–20 €/Pers. An der Straße nach Kerċem (Triq Kerċem), auf den Hausnamen achten, ✆ 21553723, ✉ 21554199, www.casalogoholidays.com.

Farmhäuser/Apartments Casa del Barone, das 400 Jahre alte Haus in der Altstadt wird von Victor Sultana von der Victoria Garage gegenüber dem Busbahnhof vermietet. Bis zu 5 Pers. haben Platz. 40 € für

Victoria

2 Pers. Victoria, ℡ 21556414, ✉ 21558067, www.victoriagaragegozo.com.

In Victoria und im nahen Kerċem (keine 10 Min. zu Fuß von Victoria entfernt) vermietet zudem die **Familie Borg** (→ Kasten) Farmhäuser (ab 120 €) und Apartments (ab 50 €). Des Weiteren vermieten **Gozo Village Holidays** (→ Kasten) Farmhouses und das **Lantern Guest House** aus Marsalforn (→ S. 229) Apartments in Victoria. Im angrenzenden Kerċem hat zudem **Anel Farmhouses** (www.gozo.com/anel) und im nahen Munxar **Gozo-Farmhouses** (www.gozo-farmhouses.com) Unterkünfte im Programm.

Farmhouses – Häuser zum Träumen

Auf Gozo gibt es die Möglichkeit, in jahrhundertealten Windmühlen, Bauernhäusern oder gar in den einstigen dazugehörenden Stallungen zu übernachten. Keine Sorge – Sie brauchen nicht im Heu zu schlafen. Die Gebäude wurden mit viel Liebe renoviert, ausgestattet mit modernen sanitären Einrichtungen und einer funktionalen Küche, dazu versprühen alte Wagenräder oder Ähnliches rustikalen Charme unter einem unverputzten Gewölbe. Ein bepflanzter Innenhof oder eine herrliche Terrasse laden zum Lesen und Entspannen ein. Viele Häuser haben auch einen privaten Pool. Von der Straße aus wirken die Gebäude oft unscheinbar, lassen gar nicht erahnen, welch kleines Paradies sich hinter den dicken Mauern verbirgt. Solche Farmhouses bzw. *Razzetts*, wie die Gozitaner sagen, liegen jedoch häufig irgendwo abseits im Inselinnern, und ein fahrbarer Untersatz ist spätestens dann vonnöten, wenn die Literatur zur Neige geht. Neben den hier aufgeführten Adressen finden Sie Farmhouse-Vermieter auch in den jeweiligen Ortskapiteln.

Über die ganze Insel verteilt, vermietet **Gozo Village Holidays/Ta'Frenċ Real Estate** 8 aus Victoria (an der Kreuzung nach Marsalforn, Triq Il-Kapuċċini 11) rund 75 Farmhäuser und Studios, Letztere in Ferienanlagen auf dem Land. Für 4 Pers. 90–150 €/Tag. ℡ 21557255, www.gozovillageholidays.com.

Etliche Bauernhäuser auf der Insel, mit und ohne Pool, vermittelt **Familie Borg** aus Kerċem (Triq Xuxa 14). Für 2–4 Pers. 120–140 €/Tag, bei mehr Pers. 25 €/Pers. u. Tag. ℡ 99427128 (mobil), www.gozo.com/borgfarmhouses.

Unter www.gozo.gov.mt sind nahezu alle auf der Insel gemeldeten Farmhäuser aufgelistet. Für die Suche nach Farmhäusern sind zudem u. a. folgende Seiten hilfreich: www.gozofarmhouses.com (Häuser in verschiedenen Orten) und www.ownersdirekt.co.uk (auch auf Malta). Weitere Anbieter in den einzelnen Ortskapiteln.

Essen & Trinken/Bars/Nachtleben → Karte S. 218/219

Vorweg: Fisch isst man besser in Mġarr, Xlendi oder Marsalforn.

Restaurants Patrick's 6, elegantes Restaurant. Sehr gute Küche, seit Jahren ein Renner auf dem Archipel. Wir empfehlen die in Kognak flambierten Linguine mit Zucchini und Gambas, das Pfeffersteak in Portwein (ein Klassiker) oder Wolfsbarsch in Chardonnay. Hg. 17,50–25 €. Feine Weine, erstklassiges Olivenöl. Kleine Terrasse. Nur Dinner, So Ruhetag, im Winter auch Mo. Triq L'Ewropa, ℡ 21566667.

Maji Wine & Dine 7, eine weitere gute Adresse für *Fine Dining*. Modern eingerichtetes Restaurant, tolle Dachterrasse mit Blick auf Victoria. Innovative internationale Küche zwischen geräucherter Barbarieentenbrust und Lamm mit Koriandersamen. Fischgerichte nach Tagesangebot. Hg. 13,50–19,50 €. Sehr gute Weinauswahl. Nur Dinner, So Ruhetag. Zwischen It-Tokk und Pjazza Savina (1. Stock), ℡ 21550878.

La Stanza 2, gehobenes Ambiente, nette Terrasse mit Zitadellenblick. Maltesisch-internationale Küche: gegrillte Wachteln, Schweinefilet mit Orangensoße oder

Insel Gozo

Ziegenkäseravioli. Hg. 10–21 €. Bis auf So nur Dinner, Mo Ruhetag. Etwas außerhalb von Victoria an der Straße nach Żebbuġ, ℡ 21558047.

»› Mein Tipp: Ta'Rikardu **1**, innerhalb der Zitadelle an der Triq il-Fosos. Restaurant auf 2 Etagen. Serviert werden in erster Linie gozitanische Antipasti: gepfefferter Käse, getrocknete Tomaten, eingelegte Kapern, dazu bestes Olivenöl, einfacher, selbst gekelterter Wein und knuspriges Brot. Außerdem: köstliche, mit Ziegenfrischkäse gefüllte Ravioli, Kaninchenbraten und *Minestra*, die maltesische Gemüsesuppe. Günstig. Beliebt nicht nur bei Touristen. Von Lesern gelobt. Tägl. 9–18 Uhr. ℡ 21555953. **«‹**

Baldonado Bistro 9, eine gemütliche Winteradresse (während der Sommermonate geschl.) mit Backsteinambiente, von Lesern entdeckt und sehr gelobt. Unter deutsch-maltesischer Leitung. Verschiedene Platten, Gerichte mit asiatischen oder nordafrikanischen Einflüssen, aber auch gozitanische Klassiker oder *Pizza Leon* (mit Gorgonzola und Feigen). Hg. 7–18 €. Do–So nur Dinner. Triq L'Assunta 8/9, ℡ 27019270.

Cafés/Bars Jubilee **5**, ein Klassiker mit mehreren Filialen auf Malta. Nostalgisches Inneres (schön für den Winter), Außenstuhlung am Platz. *Pastizzi*, lecker belegte Sandwichs und hausgemachte Ravioli. It-Tokk.

Bellusa Café 13, am It-Tokk. Einfaches, gemütliches Plätzchen und eine unserer Lieblingsadressen, nicht zuletzt wegen des freundlichen Services („Aaalles klaaar? – Okey Dokey!"), des Guten-Morgen-Cappuccinos und der relaxten Atmosphäre. Nebenan verkaufen frühmorgens die Fischer ihren Fang. Snacks und Pizza. Schließt am Spätnachmittag.

It-Tokk 10, wie der etwas einfallslose Name schon verrät, ebenfalls am Hauptplatz. Caférestaurant. Man sitzt im Natursteingemäuer oder auf der schönen Dachterrasse. Wechselnde Ausstellung. Pizza, Pasta und Local Food. Hg. 7–21,50 €.

Grapes Wine Bar 15, hübsche Weinbar auf 2 Etagen an der Pjazza San Ġorġ. Außenbestuhlung am Platz. Vorspeisenplatten und Kaninchengerichte, auch „gozitanisches Frühstück". Lokale und internationale Weine. Einer der wenigen Treffpunkte am Abend.

Tapie's Bar 21, Treffpunkt der älteren Szene an der Pjazza San Franġisk. Gemütliche Straßenbar, um das Leben der Gozitaner zu verfolgen, sehr preiswert. Im Stehcafé **Beehive 20** gleich nebenan bekommt man köstliche *Pastizzi* und sättigende *Timpana*.

Nachtleben An Wochenenden, insbesondere an den Samstagen von Sept. bis Mai, sorgen mehrere Discos für Unterhaltung. Die angesagtesten Adressen waren zuletzt der **Club 24 16** nahe dem Busbahnhof (viel elektronische Musik, aber auch 80s-Partys) und der **Ku-Club 4**, nur unregelmäßig geöffnet, auf der Rückseite des Astra-Theaters (Techno und House). Voll werden die Läden i. d. R. erst ab 23 Uhr, geöffnet ist bis 4 Uhr morgens.

Von Juni bis Okt. spielt sich das Leben im Club La Grotta (→ Xlendi, S. 248) ab, auch in den Bars von Marsalforn ist Fr/Sa einiges los.

Tapie's Bar, ein Treffpunkt in Victoria (Gozo)

Sehenswertes

It-Tokk oder Pjazza Indipendenza, wie der Platz ebenfalls genannt wird, ist das Zentrum des städtischen Lebens von Victoria. Rings um die bronzene *Christusstatue* von Carlo Pisi, einem Denkmal für die Gefallenen des Zweiten Weltkrieges, spielt sich bis zum Nachmittag ein kleiner Touristenmarkt ab. Rund um den Platz findet man kleine Geschäfte (Obst und Gemüse, aber ebenfalls viel Souvenirs) und nette Bars, in denen sich das Treiben bei einem Cappuccino gemütlich verfolgen lässt. Im Westen grenzt die *Banca Ġiuratale* an den Platz. Der halbrunde Barockbau wurde 1733 unter Großmeister Manoel de Vilhena errichtet. Heute dient er als Raum für wechselnde Ausstellungen.

Basilika San Ġorġ (St. George's Basilica): Nur wenige Meter hinter dem It-Tokk, umgeben von pittoresken Altstadtgässchen, liegt die zwischen 1672 und 1678 erbaute Pfarrkirche von Victoria. Die Kuppel wurde bereits 15 Jahre später durch ein Erdbeben schwer beschädigt. 1958 verlieh Papst Pius XII. der Kirche den Rang einer Basilika. Der Bronzebaldachin über dem weißen Marmorhochaltar stammt aus dem Jahr 1967 und ist eine Nachbildung des berühmten Bernini-Baldachins im Petersdom zu Rom. Der Marmor, der den Innenraum verkleidet, stammt aus Italien. Am dritten Sonntag im Juli, wenn St. Georg, der Schutzpatron der Insel gefeiert wird, steht die Basilika im Mittelpunkt der Festlichkeiten. Vor der Kirche, auf der *Pjazza San Ġorġ*, laden wie am It-Tokk Cafés zu einer Pause ein.

Tägl. 4–13 und 13.30–20 Uhr.

Hardrock-Politiker Patrick Grima

Die Geschichte ist zwar schon bald 20 Jahre alt, aber noch immer amüsant. 1994 trat Patrick Grima (geb. 1958), der gozitanische Jon Bon Jovi und damalige Lead-Sänger der inselweit bekannten Hardrock-Combo *Right On,* mit dem Slogan „Musikboxen an jeder Straßenecke" als Kandidat bei den Stadtratswahlen an. Die Abfuhr, die die Victorianer den Kandidaten der beiden großen Parteien erteilten, bescherte Grima einen triumphalen Sieg. Selbst der Verlag des *Guinness Book of Records* wurde auf Grima aufmerksam, weil er angeblich den weltweit höchsten prozentualen Stimmanteil verbuchen konnte, den je ein parteiloser Kandidat bei einer Stadtratswahl erhalten hatte. 1997 endete Grimas politische Karriere, nachdem es ihm nicht gelungen war, sein Wahlversprechen einzulösen. Heute widmet sich Patrick Grima wieder der Musik und profaneren Dingen. Gelegentlich sieht man ihn vor Tapie's Bar beim Mittagsschläfchen.

Fontana: Die einst eigenständige Ortschaft – heute mit Victoria zusammengewachsen – passiert man auf der Straße nach Xlendi. Am Ortsausgang liegt, rechts und links der Straße, das *Knight's Wash House*, ein öffentliches Waschhaus aus dem 17. Jh. Um von den Busgesellschaften zu profitieren, hat sich unmittelbar daneben die *Fontana Cottage Industry* niedergelassen, ein großer Verkaufsraum voll maschinell und per Hand gefertigter Spitzenarbeiten (Mo–Sa 9.30–15.45 Uhr). Die Pfarrkirche aus dem 19. Jh. besitzt beachtenswerte Wandmalereien. Die ebenfalls an der Durchgangsstraße gelegene Weinkellerei *Bacchus* kann nicht besichtigt werden.

Die Zitadelle

Il-Kastell, das Wahrzeichen Victorias, thront auf einer Hügelkuppe über der Stadt. Von den Wallanlagen der Zitadelle genießt man einen herrlichen Rundblick über die Insel. Innen verbergen sich die Kathedrale, mehrere Museen und Souvenirshops.

Man erreicht die Zitadelle über die steil ansteigende Triq Tal-Belt, die von der Banca Ġiuratale bergauf führt. Durch einen breiten Torbogen, der im Zweiten Weltkrieg geschaffen wurde, gelangt man ins Innere. Rechts davon befindet sich der alte Eingang. Die heute zu sehenden Befestigungsmauern wurden im 16. Jh. ausgebaut, nachdem Sinan Pascha, ein türkischer Pirat, 1551 die Festung überfallen und 6000 Bewohner der Insel verschleppt hatte, die er in Tripoli als Sklaven verkaufen ließ. Aus Angst vor neuen Überfällen suchten die Gozitaner mit Hund und Katz bis 1637 die Zitadelle jede Nacht zum Schutz auf. 1693 wurde sie durch ein Erdbeben schwer beschädigt. Heute leben innerhalb der Festungsmauern noch zwei Familien. Zuletzt wurde auf der Zitadelle fleißig restauriert.

Öffnungszeiten Zitadelle, jederzeit zugänglich.

Kathedrale und Kathedralenmuseum, Mo–Sa 9.30–17 Uhr, letzter Einlass 16.30 Uhr; So ist die Kathedrale nur vor und nach den Gottesdiensten geöffnet, das Museum geschl. 3 €, Kinder bis 10 Jahre frei.

Archäologisches Museum, Folkloremuseum, Naturkundemuseum und Altes Gefängnis (Old Prisons), tägl. 9–17 Uhr, letzter Einlass 16.30 Uhr. Ticket für alle 4 Einrichtungen 8 €, erm. 5 €, Kinder 4 €. Der Kauf von Einzeltickets ist nicht möglich. Wer nur 2 Museen sehen will, zahlt 5 bzw. 3 bzw. 2,50 €. www.heritagemalta.org.

Die Festa zu Mariä Himmelfahrt

Die Festa zu Mariä Himmelfahrt ist nicht nur die größte der Insel, sondern auch die älteste; seit 1435 wird sie jedes Jahr zelebriert. Wer das Glück hat, am 15. August in Victoria zu sein, sollte sich die Feierlichkeiten vor der Kathedrale und in der Stadt nicht entgehen lassen. Böllerschüsse, Prozessionen und durch die Straßen ziehende Musikkapellen sind Bestandteil jeder Festa – so ausgiebig wie bei dieser wird jedoch sonst nirgendwo gefeiert. Der Höhepunkt ist das Pferderennen auf der Triq Ir-Repubblika. Der Start findet auf Höhe der Rundle Gardens statt, das Finish des Rennens liegt beim Astra-Theater – ein begeisterndes Spektakel.

Kathedrale (Il-Katidrali ta Għawdex, 1): Sie wurde nach Plänen des maltesischen Architekten Lorenzo Gafà entworfen und zwischen 1697 und 1711 gebaut. 1866

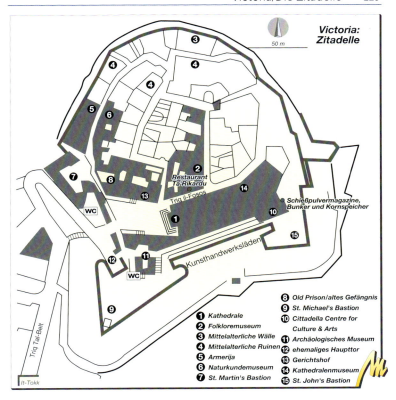

wurde sie zur Bischofskirche erhoben. Zuvor stand an dieser Stelle ein römischer Tempel, der der Göttin Juno geweiht war und nach der Christianisierung als Gotteshaus diente. Ende des 11. Jh. wurde er durch eine kleine Kirche ersetzt, die dem Erdbeben von 1693 zum Opfer fiel.

Die relativ schlichte Barockfassade der Kathedrale steht im Gegensatz zum prunkvollen Innern. Bereits am Eingang beeindrucken die beiden Taufbecken aus Alabaster, der aus einem Steinbruch bei Żebbuġ stammt. Der Boden ist mit reich verzierten Grabsteinen aus Marmor gepflastert. Die Trompe-l'œil-Malerei schuf der Sizilianer Antonio Manuele, da das Geld für die Kuppel ausging. Die große Marienstatue links des Eingangs war ein Geschenk aus Rom und wird jedes Jahr zum Patronatsfest durch die Straßen getragen.

Kathedralenmuseum 14: Über drei Stockwerke verteilen sich die Sammlungen der Kathedrale. Das hört sich allerdings nach mehr an, als es ist. Im Obergeschoss werden ein paar Gemälde gezeigt, darunter ein Porträt von Lord Byron, im Erdgeschoss imponiert in erster Linie die ehemalige Kutsche des Bischofs, und im Untergeschoss sind Silberarbeiten hinter Glasvitrinen ausgestellt, überwiegend Kerzenständer und sakrale Kunstgegenstände.

Folkloremuseum 2: In einem siculo-normannischen Haus aus dem 15. Jh. wurde 1983 das Folkloremuseum eröffnet. Neben Jagdwaffen und passend dazu ausgestopften Vögeln sind v. a. landwirtschaftliche Geräte, Trachten und Kunsthandwerk zu sehen.

Archäologisches Museum (Gozo Museum of Archaeology, 11): Das Erdgeschoss des ehemaligen *Palazzo Bondi* aus dem 17. Jh. widmet sich Gozos prähistorischer Tempelperiode. Es dominieren Funde des Brocktorff-Circles und der Ġgantija-Tempel, darunter Kultgegenstände, von denen man annimmt, dass sie bei Fruchtbarkeitsriten Verwendung fanden, wie z. B. ein mächtiger Steinphallus. Des Weiteren sind Grabsteine aus Gozos mittelalterlicher Zeit zu sehen.

Auch im Obergeschoss widmen sich zwei kleine Räume der prähistorischen Epoche der Tempelbauer und zeigen Kleinfunde, darunter Schmuck, Statuetten, Vasen usw. Die Objekte im Zentralraum des Obergeschosses sind hingegen überwiegend aus phönizisch-punischer und aus römischer Zeit. Schönste Ausstellungsstücke sind dabei Romulus und Remus aus weißem Marmor, die von einer Wölfin gesäugt werden, eine gläserne Urne aus dem 1. oder 2. Jh., der gut erhaltene Marmorkopf eines Knaben und diverse Schmuckarbeiten aus Kupfer und Bronze. Die zahlreichen, einst mit Wein gefüllten Amphoren stammen von einem in der Xlendi-Bucht untergegangenen Schiff.

Naturkundemuseum (Gozo Nature Museum, 6): Etwas wahllos zusammengewürfelt, wird darin fast alles ausgestellt, was man mit dem Begriff Naturkunde in Verbindung bringen kann. Es beherbergt eine Sammlung an Fossilien, Mineralien, Schmetterlingen, Insekten, Plastikfischen, Korallen, Muscheln, präparierten Vögeln, Skeletten u. v. m. Darüber hinaus ist eine maltesische Flagge zu sehen, die die NASA einst mit auf den Mond nahm und danach dem Museum vermachte. Von der *Armerija* 5, der einstigen Rüstkammer gegenüber dem Museum, verwaltet heute *Heritage Malta* das kulturelle Erbe der Insel.

Altes Gefängnis (Old Prisons, 8): Über das Leid der Schuldigen und Unschuldigen, die in den Kerkerzellen der Zitadelle, die vom 16. Jh. bis 1904 genutzt wurden, einsaßen, ist wenig bekannt. Zeugnis davon sind jedoch so manche in die Wände

Victoria: Städtchen im Schatten der Zitadelle

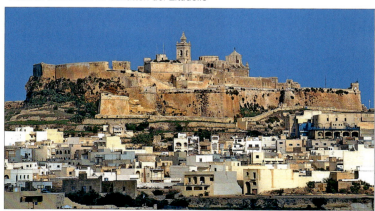

gekratzte Bildnisse, die die Gefangenen in ihrer Verzweiflung oder Langeweile hinterließen. Zu sehen sind u. a. Galeeren, deren Ruderzahlen die der eingesessenen Tage angeben, Hände mit Datum oder Johannistersterne. Früher war das Gefängnis durch eine Treppe mit dem benachbarten Gerichtshof verbunden, so dass die Verurteilten es nicht weit zu ihren Zellen hatten.

Kulturzentrum (Cittadella Centre for Culture & Arts, 10): Hier wird Kunst und Kultur präsentiert; Theateraufführungen gibt es genauso wie wechselnde Ausstellungen lokaler und internationaler Künstler.
Mo–Fr 10–16 Uhr, Sa/So 11–15 Uhr. Kein Eintritt.

Schießpulvermagazine, Bunker und Kornspeicher: In diesen Bereich der Zitadelle gelangt man nach Durchquerung des oben beschriebenen Kultur- und Kunstzentrums. Restauriert und der Öffentlichkeit zugänglich gemacht wurde das Areal von *Wirt Ghawdex*, einem Verein, der sich für den Schutz des archäologischen, kulturellen und landschaftlichen Erbes der Insel starkmacht. Zum kühlen unterirdischen Kornspeicher des Ritterordens aus dem 17. Jh. führt ein schmaler Gang. Die Einrichtung der Schutzräume aus dem Zweiten Weltkrieg wurde originalgetreu rekonstruiert.
Do–So 11–13 Uhr. Wenn der Verein jemanden findet, der aufsperrt, auch an anderen Tagen. Eintritt frei, Spende erwünscht. www.wirtghawdex.org.

Der Nordosten

Die Nordküste Gozos lädt zum Baden ein: Sandstrände findet man in der Ramla Bay, der San Blas Bay und in Dahlet Qorrot. Ansonsten ist die Küste von Salinen und imposanten Felslandschaften geprägt. An ihr liegt allein der Ferienort Marsalforn, Gozos größtes touristisches Zentrum. Alle anderen Orte nordöstlich von Victoria befinden sich weiter im Inselinneren, größtenteils auf Hügelrücken thronend.

Marsalforn

Der Ruf Marsalforns, ein pittoreskes Fischerdorf zu sein, gehört der Vergangenheit an – auch wenn es von Taxifahrern noch immer als „Fishing Village" angepriesen wird. Durch den Bau zahlreicher Apartmenthäuser stieg Marsalforn zum größten Ferienort Gozos auf. Dieser ist nicht unbedingt schön, aber noch immer überschaubar und doch irgendwie nett.

Rund um die weite Bucht sind Hotels und Apartments entstanden, die in den Sommermonaten täglich mehrere Tausend Gäste beherbergen. Laut oder hektisch wie in den touristischen Zentren auf Malta geht es jedoch nie zu. Den Tag verbringen die meisten Urlauber am Meer, und abends spaziert man die kurze Uferpromenade auf und ab.

Den Anfang des Urlaubsbooms in Marsalforn machten die Malteser selbst. Viele Familien aus Malta und sogar dem nahen Victoria haben sich in der Bucht Ferienwohnungen für den Sommer geleistet. Zudem ist der Ort insbesondere bei französischen und deutschen Touristen beliebt. Im Frühjahr und Spätherbst jedoch trifft man in den Cafés und Restaurants kaum eine Seele an, im Winter wirkt das Städtchen verwaist, keine 400 Menschen leben dann noch hier.

Landeinwärts überragt die Statue des Erlösers auf einem konischen Hügel die Marsalforn Bay. Sie ist nicht die erste ihrer Art. Mit der letzten Statue nahm der

Himmel grollend und blitzend Kontakt auf und zerlegte sie in Bruchstücke. Westlich von Marsalforn (hinter Qbajjar) stößt man entlang der Küste auf **Salzpfannen** aus dem 18. Jh., in denen noch heute mehrere hundert Tonnen Meersalz pro Jahr gewonnen werden.

Basis-Infos

Information Hilfsbereit ist **Mayjo Car Rental** nahe dem Hafen, ein selbst ernannter Tourist Service: Zimmervermittlung, Airporttransfer (ca. 65 € für 2 Pers.), Tagesausflüge nach Sizilien, Bootsausfahrten, Businfos und Autoverleih, ✆ 21555650, www.mayjo.com.mt.

> **Hinweis:** Das Gros der Unterkünfte, Restaurants, Autoverleiher etc. hat nur von Anfang April bis Ende Okt. geöffnet.

Verbindungen Bus: Nr. 310 fährt von Mai bis Okt. alle 45 Min. nach **Victoria**, ansonsten alle 60 Min.; Bus Nr. 322 fährt hingegen alle 90 Min. über **Xagħra**, die **Ramla Bay** und **Nadur** nach **Mġarr** (Fähre Malta). Die Busse starten an der Flussmündung gegenüber dem Hotel Electra.

Taxi: Nach Victoria 9 €, nach Mġarr 18 €. Taxis stehen meist nahe der Bushaltestelle parat.

Angelausflüge Halbtagesausflüge per Boot (45 €/Pers.) bietet **Xlendi Pleasure Cruises** an (✆ 21559967, www.xlendicruises.com, am westlichen Ende der Hafenpromenade). Die Angeln werden gestellt.

Ärztliche Versorgung → S. 46.

Auto-/Zweiradverleih → Information.

》》Mein Tipp: **On two wheels**, kleiner Zweiradverleih in der Triq ir-Rabat. Scooter (50 ccm) ab 42 €/Tag, Enduros 47 €, Fahrräder 10 €/Tag. Ab 3 Tagen sehr gute Rabatte. Zuverlässiger Pannenservice auf ganz Gozo – Anruf genügt. ✆ 21561503 o. 99421621 (mobil), www.on2wheelsgozo.com. **《《《**

Bootsausflüge Sämtliche Veranstalter bieten im Hochsommer (oft keine Fahrten mehr in der NS ab Marsalforn) i. d. R. die gleichen Touren an: „Rund um Gozo", „Rund um Comino", zum „Popeye Village" usw. Preis 30–40 €. Xlendi Pleasure Cruises startet für gewöhnlich von Mġarr, bietet aber einen Pick-up-Service dorthin.

Bootsverleih Bei **Xlendi Pleasure Cruises** (s. o.) kostet der Spaß, einen Tag lang Kapitän zu spielen, je nach PS-Zahl des Boots 105 € (25 PS) bis 200 € (90 PS).

Festa Patronatsfest um den 25. Jan.

Polizei An der Uferstraße. ✆ 112.

Die Bucht von Marsalforn

Marsalforn 229

Übernachten
1 Santa Martha Hostel
5 Lantern Guest House
6 Bugeja Apartments
7 Guesthouse Maria Giovanna
9 Guest House Electra
11 Hotel Calypso

Essen & Trinken
2 Otters
3 Il-Kartell
4 Unwine'd und +39/Piùtrentanove
8 Menqa L'Antika
10 La Trattoria

Übernachten

**** **Hotel Calypso** 11, 100 helle und gepflegte Zimmer auf 6 Etagen, zuoberst der Pool – die Bar dort ist auch Nicht-Hotelgästen zugänglich. Viele deutsche Gäste. Ums Eck die gleichnamige Tauchschule (www.calypsodivers.com) mit deutschsprachigen Lehrern. DZ mit Meerblick 121 €. An der Ostseite der Marsalforn-Bucht, ☏ 21562000, ✉ 21562012, www.hotelcalypsogozo.com.

››› Mein Tipp: **Guesthouse Maria Giovanna** 7, eine der schönsten Unterkünfte des Archipels. Die engagierte, hilfsbereite Familie Bugeja vermietet 15 individuell eingerichtete und liebevoll dekorierte Zimmer: Antiquitäten (z. T. romantische Himmelbetten), hübsche Bodenfliesen, schicke Bäder mit Regenduschen, Aircondition. Nur ein Zimmer besitzt keinen Balkon, von manchen Zimmern kann man das Meer sehen. Auf Wunsch „home made cooking" von Mama Maria. Laundryservice, Book Exchange, Pickup von der Fähre. Leckeres Frühstück. DZ 60–90 €. Triq ir-Rabat 41, ☏ 21553630, ✉ 21 551931, www.tamariagozo.com. ‹‹‹

Guest House Electra 9, schlankes, 4-stöckiges Haus. Ordentliche, aber eher schlichte Zimmer mit privaten Bädern. Nach hinten raus trostlos, vorne raus mit Balkon. In zentraler Lage. DZ mit Meerblick 60 €, ohne 52 €. Triq il-Wied, ☏ 21556196, www.electraguesthouse.com.

Lantern Guest House 5, einfache, aber gepflegte und freundliche Zimmer mit TV und Klimaanlage (5 € extra). Vermietung auch von Apartments in Marsalforn und Victoria. Ganzjährig. 30 €/Pers. In der Parallelstraße zur Uferpromenade, ☏ 21556285, www.gozo.com/lantern.

Santa Martha Hostel 1, 5 schlichte, aber nett möblierte Zimmer mit Natursteinwänden, die sich 2 Bäder teilen. Ganzjährig. Freundlich. Am besten im Voraus reservieren, nicht immer ist jemand vor Ort anzutreffen. Von der Uferstraße im Westen der Bucht in die Triq ix-Xtat einbiegen, dann gleich darauf wieder links und beim Jumbo Minimarket wieder links, dann rechter Hand. Mit simplem Frühstück 16 €/Pers.

Triq Qolla, ℡ 21551263 o. 79277022 (mobil), www.santamarthahostel.com.

Apartments Apartments findet man rund um die Bucht von Marsalforn bis hin ins westlich gelegene Nachbardorf Qbajjar in großer Anzahl – selbst in der HS ist immer eines frei. Auch die **Familie Buġeja**, die das Guesthouse Maria Giovanna (s. o.) leitet, vermietet 9 über den Ort verteilte Apartments **6**, darunter großzügige mit herrlichem Meerblick und einfache ohne besondere Aussicht (für 2–4 Pers. 35–60 €/Tag). Des Weiteren werden über Autoverleiher und Tauchbasen Apartments vermittelt.

Essen & Trinken/Bars → Karte S. 229

Restaurants Il-Kartell **3**, unter den Fischlokalen im Westen der Bucht das beliebteste. Herrliche Terrasse, freundliches, geschultes Personal. Zur normalen Karte (Pasta, Fisch, Fleisch) gibt es auch interessante Tagesspecials und als Vorspeise knuspriges Brot mit süßem Gozo-Tomatenmark. Zu empfehlen: Oktopussalat, geräucherter Schwertfisch und *Penne Gozitana* mit Inselwurst. Große Auswahl an Gozoweinen. Aber Achtung: Der Koch hat gute und schlechte Tage. Hg. 12–23 €. Mi Ruhetag. Triq il-Port, ℡ 21556918.

Menqa L'Antika 8, an der Zeile mit den Terrassenlokalen beim Hotel Calypso. 2011 eröffnet und von Lesern hochgelobt. Modernes Ambiente, ein Blümchen auf jedem Tisch. Der Gruß aus der Küche beinhaltet verschiedene Dips, danach kommt gozitanisch-zeitgemäße Küche auf den Tisch: Schnecken in leckerer Soße, Lammfleisch auf hausgemachten Nudeln oder gefüllte Wachteln. Gute vegetarische Gerichte. Professionelle, persönliche Beratung. Hg. 12,50–19,50 €. Mo Ruhetag. ℡ 27300309.

La Trattoria 10, im Osten der Bucht nahe dem Hafen. Gozitanisch-italienische Küche auf höherem Niveau. Karte mit stets wechselnden Tagesgerichten, auch an Vegetarier wird gedacht. Sehr gut das Risotto mit Paprika, Artischocken und Gozokäse oder das *Rabbit Stew*. Aufmerksamer Service. Hg. ab 11 €. Di Ruhetag. ℡ 21556800.

Otters 2, auf der Westseite der Bucht, mit toller Terrasse. Recht trendiges Lokal mit ambitioniertem Personal. Die gehobene Küche wird sehr appetitlich präsentiert: Pasta, frischer Fisch und gute Salate abseits des Mainstream. Hg. 8,50–23 €. Zugang von der Triq Santa Marija, ℡ 21556606.

🌿 **Außerhalb** Ta'Frenċ Restaurant, zwischen Marsalforn und Victoria (von der Straße aus beschildert). Gediegenes First-Class-Restaurant in einem umgebauten Farmhaus mit schöner Terrasse. Chefkoch Mario hat sein Handwerk in der Schweiz und in Frankreich gelernt, deshalb zeigt auch die Küche französische Einflüsse. Viele lokale Produkte (glückliche Hühner aus Marsalforn, Biokräuter aus dem eigenen Garten etc.). Hg. 20–32 €. Hervorragender Service. Di Ruhetag, Jan.–März nur Fr/Sa (Lunch und Dinner) sowie So (nur Lunch) geöffnet. ℡ 21553888. ■

Chez Amand, im Restaurant des Belgiers Amand in Qbajjar wird mediterrane Küche raffiniert mit belgisch-französischer Kochkunst kombiniert. Kleine, aber feine Karte: Gratins, Fisch und Fleisch mit besten Soßen. Fr und Sa wird im Sommer zur *Fresh Lobster Night* gerufen (unbedingt reservieren). Gehobenes Ambiente. Hg. 15–23 €. So nur Lunch, Mi Ruhetag. Triq Santa Marija, ℡ 21561188.

Bars An den Wochenenden finden die nebeneinander liegenden Bars **Unwine'd 4** und **+39/Piùtrentanove 4** auch beim jungen Inselvolk viel Zuspruch. Beide mit netten Terrassen zum Peoplewatching.

Baden/Tauchen

Baden Sandstrände sind rund um Marsalforn Mangelware. Nicht umsonst ragen mehrere **Betonplattformen** in der Bucht ins Meer. Die meisten der kleinen Strände haben für keine 50 Handtücher Platz. Vor allem der **Sandkiesstrand von Marsalforn** ist im Sommer oft restlos überlaufen. Gut baden kann man dennoch rund um Marsalforn, insbesondere für Schnorchler ist dieses Gebiet ideal. Am Besten verlässt man den Ort in westliche oder östliche Richtung und sucht sich einen gemütlichen Platz zwischen Salinen oder auf einem Felsvorsprung.

Marsalforn 231

Abendstimmung in der Bucht von Marsalforn

Allen, die gerne schnorcheln oder sich nach Einsamkeit sehnen, ist der **Wied il-Għasri-Fjord** ca. 2 km westlich von Qbajjar zu empfehlen (→ Wanderung 9, S. 272). Die enge Bucht ist jedoch nichts für Sonnenanbeter, da meist schattig. Ein allzu großes Handtuch sollte auch nicht im Gepäck sein, denn der Kiesstrand ist keine 10 m breit. Achtung: Nach starkem Regen ist das Wasser oft trüb!

Tauchen Die Nordküste Gozos bietet hervorragende Tauchmöglichkeiten mit Höhlen, Grotten, Tunneln und Felsbögen. Getaucht wird überwiegend entlang der steil abfallenden Küste, da das offene Meer zu große Tiefen aufweist. Mit die besten Spots liegen nordwestlich von Marsalforn: die **Billinghurst Cave**, eine große Höhle, die man durch den **Railway-Tunnel** (30 m) erreicht, das fischreiche **Reqqa Reef**, ein dem Reqqa Point vorgelagertes Riff (Tiefe bis zu 60 m), oder das **Double Arch Reef** mit großem Bogenfenster (hier braucht man nicht tiefer als ca. 20 m zu gehen). Auch der **Wied il-Għasri-Fjord** (s. o.) mit seinen bunten Anemonen ist ein guter Spot – ideal für Unterwasserfotografen (mittags kommen!). Zentrum und zugleich Ausgangspunkt für Tauchgänge in diesem Gebiet ist Marsalforn mit mehreren größeren Tauchbasen. Wer nicht im Besitz eines Tauchscheins ist, hat hier die Gelegenheit, sich ausbilden zu lassen (Preise → S. 60). Einen Vorgeschmack auf das, was die Unterwasserwelt hier zu bieten hat, bekommt man schon mit einer einfachen ABC-Ausrüstung, die es überall zu leihen gibt.

Nautic Team, freundliche Basis und zugleich die einzige deutsche Tauchschule vor Ort. Von Lesern hochgelobt. Guter Service. Bietet nahezu sämtliche Kurse und tägl. Bootstauchgänge in kleinen Gruppen von 3–4 Pers. Auch Tauchen für Kinder und Behinderte. Jan./Feb. geschl. Triq il-Obajjar, ✆/✉ 21558507, www.nauticteam.com.

Ebenfalls einen guten Ruf besitzen **Gozo Aqua Sports** (ganzjährig geöffnet, nicht immer mit deutschsprachigen Tauchlehrern besetzt, von Victoria kommend am Ortseingang auf der linken Seite, ✆ 21563037, www.gozoaquasports.com) und das **Atlantis Diving Centre** (in der Saison mit deutschsprachigen Tauchlehrern unter Vertrag, in der Triq Qolla im Westen der Bucht, ✆ 21554685, www.atlantisgozo.com).

Insel Gozo

🚶 **Wanderung 9: Rund um den Leuchtturm** → S. 272
Eine abwechslungsreiche 5-Std.-Tour – aber nichts für den Hochsommer.

Żebbuġ
Sebbudsch

127 m über dem Meer, auf einem malerischen Hügelkamm, liegt die gemütliche, 1800 Einwohner zählende Gemeinde Żebbuġ. Einst war der Ort von Olivenhainen umgeben, der Name – Żebbuġ heißt übersetzt „Olivenbaum" – erinnert noch daran. Heute zählt die Ortschaft zu den wohlhabendsten Dörfern Gozos, nicht zuletzt deshalb, weil viele reiche Malteser ihren Zweitwohnsitz hierher verlegt haben. Außer herrlichen Ausblicken, einer Dorfkirche mit gewaltigen Kirchturmglocken und Säulen im Innern, die mit Onyxmarmor verziert sind, hat der Ort v. a. Frieden auf Erden zu bieten. In dieser himmlischen Ruhe hat sich auch der deutsche Künstler Jörg Böttcher (geb. 1949) niedergelassen. Seinen Bildern – z. T. leicht abstrakt, aber allesamt in den typischen kräftigen Farben Gozos – begegnet man in mehreren Lokalen und Galerien auf Malta und Gozo. Böttchers **Farmhouse Gallery** an der Triq Skapuċċina, Wohnhaus und Atelier zugleich, kann man Sa/So von 11–16 Uhr oder nach Anmeldung (✆ 21561434, www.joergboettcher.com) besuchen. Um die Galerie zu finden, läuft oder fährt man, von Victoria kommend, links an der Kirche am Dorfplatz vorbei, biegt nach ca. 150 m rechts ab in die Triq L-Għazziela und gleich darauf wieder links. Es ist das blumenumrankte Farmhaus ca. 70 m hinter dem *Saliba Store*.

Busverbindungen Von und nach **Victoria** Bus Nr. 309 alle 60 Min.

Festa Patronatsfest von Żebbuġ an dem Sonntag, der dem 20. August am nächsten liegt, von der Nachbargemeinde Għasri stets am ersten Sonntag im Juni.

Übernachten ››› Mein Tipp: Maria's B & B, im nahen, ruhigen Dorf Għasri. Von den Betreibern des Guesthouse Maria Giovanna (→ S. 229) 2012 eröffnetes Bed & Breakfast. 8 großzügige und charmante Zimmer: ausgewählte Möbel, hübsche Bäder. 4 Zimmer hinter den dicken Mauern eines rund 350 Jahre alten Farmhouses, 4 im neueren Annex (diese mit Aircondition). Viel Platz, Gemeinschaftsbalkone und -küche sowie Poolbereich zum Relaxen und Grillen. Waschmaschine. Leckeres Frühstück. Reservierung notwendig, da nicht immer jemand vor Ort ist. DZ 60–90 €. Von Victoria mit Bus Nr. 308 zu erreichen, Haltestelle Fanal. ‹‹‹

Farmhäuser Farmhäuser im nahen Għasri vermietet u. a. Unique Gozo (www.gozo.com/unique). Für weitere Anbieter → Kasten S. 221.

Xagħra
Schara

Am Rand der Ortschaft liegen die berühmten Ġgantija-Tempel – aber auch Xagħra selbst ist einen Besuch wert.

Der 4000 Einwohner zählende Ort, gerade 2 km Luftlinie von Victoria entfernt, bietet mehr als nur die **Ġgantija-Tempel**. Es gibt gute Lokale, ansprechende Unterkünfte und zu Füßen des Ortes den Sandstrand der **Ramla Bay** (→ S. 238). Hinzu kommen über der Erde zwei liebevoll eingerichtete **Museen** und unter der Erde zwei kleine **Tropfsteinhöhlen**, auf die man beim Bau von Zisternen stieß. Am nördlichen Ortsrand liegt eine weitere Höhle, die **Calypso Cave**, die allerdings nicht mehr zugänglich ist.

Das Zentrum der Gemeinde bildet der große Dorfplatz mit mehreren gemütlichen Bars, in denen vormittags Hochbetrieb herrscht. Er wird dominiert von einer der prachtvollsten Basiliken der Insel. Sie entstand erst zu Anfang des 19. Jh. Außen schmückt sie eine Barockfassade, im Innern ist sie mit italienischem Marmor ver-

Xagħra 233

Patronatsfest in Xagħra

kleidet. Die Uhr am rechten Kirchturm zeigt übrigens die richtige Zeit, die linke linkt den Teufel nach alter maltesischer Tradition.

Busverbindungen Von und nach **Victoria** alle 60 Min. mit Bus Nr. 307. Zudem passiert Bus Nr. 322 zwischen **Marsalforn** und **Mġarr**, der auch in der **Ramla Bay** und **Nadur** hält, Xagħra alle 90 Min. **Taxi** nach Victoria ca. 8 €.

Einkaufen Eine gute Auswahl bietet **Abraham's Supermarket** an der Triq Gajdoru auf dem Weg zur Ramla Bay.

Mit gutem Wein (weiß und rot, 100 % eigene Reben) kann man sich bei der **Tal-Massar Winery** an der Straße nach Marsalforn (Hausnr. 23) eindecken. Falls geschlossen, anrufen: ✆ 99863529 (mobil).

Festa Am 8. September.

Reiten Der freundliche **Victor Muscat** offeriert Ponyreiten für Kinder (16 €/Std.) sowie Pferdeausritte (ebenfalls 16 €/Std.). Equipment vorhanden, jedoch nichts für absolute Anfänger. Start von der Triq L-Ispiera 15 nahe dem Dorfplatz. ✆ 21559229, www.vmcarriages.com.

Übernachten **** **Cornucopia Hotel**, leicht in die Jahre gekommenes, aber noch immer komfortables und gut geführtes Hotel, z. T. in einem alten, umgebauten Landhaus. Rustikal eingerichtete Zimmer, die günstigsten um den Pool (2 Poolanlagen), andere mit herrlicher Aussicht, alle mit Balkon oder Terrasse. Restaurant. Zudem Vermietung von Selbstversorger-Bungalows, Villen und eines Farmhouses. EZ ab 65 €, DZ ab 96 €. Am Ortsrand von Xagħra, vom Dorfplatz aus beschildert, ✆ 21556486, ✉ 21552910, www.cornucopiahotel.com.

Poppet's Bed & Breakfast, 3 ordentliche Zimmer mit Bad in einem großzügigen Farmhouse, alle mit Balkon bzw. Terrasse. Pool, schöne Blicke auf die Bucht von Marsalforn. Nur nach Voranmeldung. Ab 35 €/Pers. Xagħra, ✆ 21565274, www.bedandbreakfast-gozo.com.

Farmhäuser Farmhäuser in Xagħra haben u. a. **Gozo Farmhouses** (www.gozo-farmhouses.com), **Bella Vista** (www.bellavistafarmhousesgozo.com), **Abraham's** (www.abrahamgozofarmhouses.com) und **Unique Gozo** (www.gozo.com/unique) im Programm. Für weitere Anbieter → Kasten S. 221.

Essen & Trinken Im **Oleander** am Dorfplatz kredenzt man die fantastische Fischsuppe *Aljotta* (6,50 €), Spaghetti mit Kaninchensoße (9,50 €) oder hausgemachte Ravioli (9,50 €), dazu gibt es wechselnde Tagesgerichte. Lunch und Dinner. Mo Ruhetag. Reservierung empfehlenswert. ✆ 21557230.

Pulitos, etwas abseits. Modernes Lokal mit Terrasse samt herrlichem Blick über die Bucht von Marsalforn. Sympathische kleine Karte mit ein paar *Starters*, ein paar Pastagerichten und ein paar *Mains*. Der Schwerpunkt liegt auf leckeren Grillsteaks (die man bloß nicht „durch" bestellen sollte) mit Soßen nach Wahl. Gut ist aber auch die *Pulitos Paella* mit Safran und Meeresfrüchten. Hg. 8,50–21 €. Triq Marsalforn (Straße nach Marsalforn; am Ortsausgang linker Hand), ✆ 21569359.

Tal' Furnar, Bäckerei und einfaches Restaurant in einer Backstube mit einem alten Steinofen. Leckeres Brot, Pizza aus dem Ofen und traditionelle Küche. Zuweilen auch *Pig Nights*, dann schmort ein Ferkel im Steinofen. Hg. 5–16 €. Außenbestuhlung, dort sitzen mittags auch mal mittelgroße Gruppen. Mi Ruhetag. Gegenüber dem Spielzeugmuseum, Triq Ġnien Xibla 136, ✆ 21556372.

Ta'Kola Windmühlenmuseum: Die 1725 gebaute Windmühle trägt den Namen ihres letzten Besitzers. Noch bis Mitte des 20. Jh. wurde hier Getreide zu Mehl verarbeitet. Die Konkurrenz unter den Mühlenbetreibern auf Gozo war groß, einst verteilten sich insgesamt 14 Mühlen über die Insel. Aus der noch immer funktionstüchtigen Mühle wurde 1992 ein liebevoll eingerichtetes Museum.
Tägl. 9–17 Uhr. Eintritt in Kombination mit den Ġgantija-Tempeln 5 €, erm. 3,50 €, Kinder 2,50 €. Keine Einzeltickets. Vom Dorfplatz beschildert. www.heritagemalta.com.

Pomskizillious Museum of Toys (Spielzeugmuseum): Die kleine, aber hübsche Sammlung von Spielzeug der Uropas und -omas wird vom englischen Ehepaar Edwin und Sue Lowe betrieben. Zu den schönsten Exponaten gehören die Puppenhäuser (das älteste um 1860 entstanden) und eine kleine Druckerpresse mit beweglichen Lettern von 1925.
April u. Nov. Do–Sa 10.30–13 Uhr, Mai u. Okt. Mo–Sa 10.30–13 Uhr, Juni–Sept. Mo–Sa 10.30–13 und 16–18 Uhr, Dez. u. Feb./März nur Sa 10.30–13 Uhr, Jan. geschl. 2,80 €, erm. 1,50 €. Vom Dorfplatz beschildert. www.themuseumoftoys.com.

Tropfsteinhöhlen: Die *Ninu's Cave* ist eine recht kleine Höhle, in die man nicht mehr als einen Blick werfen kann. 1888 wurde sie von Ġużepp Rapa beim Brunnenbau entdeckt. Heute schließt die steinalte Tochter oder der Urenkel die Tür auf. Größer und entsprechend teurer ist *Xerris Grotto* (Scherris-grotto). Sie wurde erst 1923 entdeckt. Zu einem kleinen Rundgang geht es durch einen Brunnenschacht hinab. Hier organisiert die Enkeltochter des Entdeckers die Führungen.
Beide Höhlen sind vom Dorfplatz beschildert und, sofern jemand von den Familien da ist, tägl. tagsüber geöffnet. Für die Ninu's Cave wird eine Spende erwartet, die Xerris Grotto kostet 2,50 € Eintritt.

Calypso Cave: Nördlich der Ortschaft Xagħra liegt die Grotte der Kalypso (→ Kasten), in der die Nymphe Odysseus verführt haben soll. Doch die sagenumwobene Kalypso lebt nicht mehr darin, und auch keine andere Schönheit, die Sie betören könnte. Zudem darf man die 15 m lange Höhle seit einem Felssturz ohnehin nicht mehr betreten, ein Gitter versperrt den Zugang. So bleibt von dort nur noch der herrliche Blick über die Ramla Bay.
Die Aussichtsplattform ist jederzeit zugänglich und kostet keinen Eintritt. Davor ein Souvenirladen und ein fahrbarer Kiosk. Von Xagħra aus ist der Weg zur Höhle beschildert. Zu Fuß ca. 15 Min.

Der Ġgantija-Tempel bekommt in naher Zukunft ein Schutzdach

Ġgantija-Tempel
Dschganti'ja

Neben Ħaġar Qim und Mnajdra die wohl beeindruckendste Tempelgruppe des maltesischen Archipels. Die Ġgantija-Tempel zählen zu den ältesten Bauwerken der Welt und sind rund 1000 Jahre älter als die Pyramiden von Gizeh.

Die Ġgantija-Tempel am Ortsrand von Xagħra, UNESCO-Welterbe seit 1972, wurden bereits 1827 vollständig freigelegt. Die Ausgrabungen leitete der britische Offizier Otto Beyer. Aufgrund der Größe der Tempel – die imposante Außenmauer weist noch heute eine Höhe von bis zu 6 m auf – gab man ihnen den Namen Ġgantija, „die Gigantischen". Die Mauer umschließt zwei Tempel, die stolze 16 m hoch gewesen sein sollen. Die beiden Tempel entstanden trotz gemeinsamer Außenmauer nacheinander, vermutlich zwischen 3600 und 3200 v. Chr. Das *Guinness-Buch der Rekorde* bezeichnete sie lange Zeit als die ersten frei stehenden Konstruktionen der Welt. Doch vor rund 15 Jahren holte der deutsche Archäologe Klaus Schmidt den Rekord in die Türkei, wo er mit der Megalithanlage Göbekli Tepe (Südostanatolien) eine noch ältere Kultstätte zum Vorschein brachte. Die Wände der Ġgantija-Tempel waren ursprünglich mit Lehm und Gips verputzt. Zum Dach hin bildeten Kragsteine den Ansatz eines Gewölbes. Das Dach selbst war, wie bei allen maltesischen Tempeln, aus Holz. Man vermutet, dass in den Tempeln die Erdmutter als größte Gottheit verehrt wurde. Wie lange der Bau der Tempelanlage dauerte, weiß man nicht. Es gibt jedoch Theorien, die davon ausgehen, dass ihre Erschaffung 15.000–20.000 Manntage erforderte. Zu jener Zeit lebten auf Gozo aber schätzungsweise nicht mehr als 500 Menschen, die nicht viel älter als 25 Jahre wurden.

Gozo – welche Insel des Odysseus?

Wenn Gozo in der Antike die sagenhafte Insel Ogygia war, dann war die Ramla Bay die Bucht der Nymphe Kalypso, der Tochter des Titanen Atlas – ein verführerisches Wesen von vollkommener Schönheit.

Odysseus, der König von Ithaka und bekannt durch seine Irrfahrt im Mittelmeer, hatte Schiffbruch erlitten und sieben Tage an eine Bootsplanke geklammert auf offener See zugebracht, bis ihn das Meer an den goldenen Strand unterhalb der Grotte der Nymphe Kalypso spülte. Nach dem griechischen Dichter Homer war die Insel damals mit Erlen, Pappeln und Zypressen bewaldet, das Auge blickte auf blühende Wiesen, und am Eingang der Grotte hingen von einem großen Rebstock Trauben herab. Kalypso pflegte Odysseus, verliebte sich in ihn, gebar ihm ein Kind und bot ihm die Unsterblichkeit an. Sieben Jahre hielt ihr Glück, bis Odysseus begann, sich nach seiner Heimat und nach seiner Frau Penelope zu sehnen. Einsam verbrachte er Nächte am Meer und blickte in die Ferne, sein Schmerz wurde größer, und schließlich hatte Zeus Mitleid mit ihm und sandte Hermes, der Kalypso überredete, Odysseus ziehen zu lassen. Sie besorgte ihm trockenes Holz und half ihm, ein Floß zu bauen, um Ogygia zu verlassen.

Statt der sagenumwobenen Insel Ogygia könnte Gozo aber auch die Insel des Aiolos, des Herrn der Winde, gewesen sein, eine Bezeichnung, der man noch heute begegnet. Odysseus war auf ihr gelandet, nachdem er von Sizilien hatte fliehen können. Aiolos schenkte ihm einen Lederschlauch voller Winde – alle Winde mit Ausnahme des Westwinds, den ließ Aiolos wehen, damit Odysseus nach Hause gen Osten segeln konnte. Odysseus' Gefährten aber vermuteten Gold in dem Schlauch, und kurz vor dem Ziel, während Odysseus schlief, öffneten sie ihn, und ein Sturm blies sie den ganzen Weg wieder zurück.

Steht man auf dem großen Vorhof, dem *Temenos*, so ist der größere und ältere Tempel der südlicher gelegene bzw. der linke. Bei ihm sind die drei hinteren Räume, die ein Dreiblattmuster bilden, größer als die beiden vorderen. Umgekehrt verhält es sich beim kleineren Tempel daneben – eine Besonderheit, die den Tempelkomplex von den meisten Megalithbauten der maltesischen Inseln unterscheidet. Diese Kultstätte besitzt nicht die Grundform eines dreiblättrigen Kleeblatts, sondern wurde von vornherein mit fünf Apsiden weit geräumiger gestaltet. Weitere Infos erhält man von einem kostenlosen, auch deutschsprachigen Ansagegerät.

Hinweis: Noch bis 2013 (maltatypisch kann es auch 2014 werden) sollen die Ġgantija-Tempel ähnlich der Tempelanlage von Ħagar Qim und Mnajdra überdacht werden. Zudem soll ein Informationszentrum eingerichtet werden, das Grabungsfunde und Tempelmodelle zeigt und mit einem Film auf den Besuch einstimmt. Infolge der Arbeiten kann es passieren, dass die Tempelanlage vorübergehend geschlossen ist – erkundigen Sie sich bei der Touristeninformation in Victoria, bevor Sie sich zu den Tempeln aufmachen.

Ġgantija-Tempel

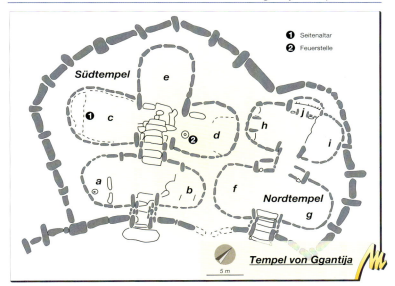

Tempel von Ġgantija

Kleiner Rundgang Die beiden Tempel haben separate Eingänge. Beim Südtempel bildet eine elliptische Steinplatte die Torschwelle. Vom Eingang, der ursprünglich aus drei Steinblöcken bestand, stehen nur noch die vertikalen Steine. In der ersten Apsis (a) zur Linken fallen noch Trankopfer-Löcher und ganz rechts ein Orakelloch auf; die gegenüberliegende Apsis (b) war ein eigener Raum, von einer Mauer abgeschlossen. Der Korridor ist mit Steinplatten gepflastert. In der folgenden Apsis (c) zur Linken sind noch die Seitenaltäre ❶ zu erkennen. Der Raum auf der anderen Seite (d) beherbergt eine Feuerstelle ❷, die Mittelapsis (e) den Hauptaltar.

Der Nordtempel ist ähnlich gebaut, jedoch findet man in den Seitenapsiden (f, g, h, i) kaum den Versuch einer Ausschmückung. Die Mittelapsis (j) ist hier relativ klein und hat eher die Form einer Nische mit Altar.

Brocktorff-Circle: Etwa 300 m südwestlich der Ġgantija-Tempel liegt der prähistorische Brocktorff-Circle. Seine Geschichte ist eigentlich spannender als eine Besichtigung. Auf den außergewöhnlichen Steinkreis (heute nicht mehr existent) wurde Otto Beyer während seiner Erforschung der Ġgantija-Tempel aufmerksam. Er begann auch hier zu graben und entdeckte eine Kultanlage. Zu jener Zeit, 1828, weilte der deutsche Maler Karl Friedrich von Brocktorff auf Gozo und fertigte Aquarelle von verschiedenen Kultstätten an, darunter auch von Beyers Steinkreis. Sie werden heute in der Nationalbibliothek in Valletta aufbewahrt. Nachdem Beyer seine archäologischen Arbeiten abgeschlossen hatte, wurde der Ausgrabungsort von einem Bauern wieder eingeebnet und zu Fruchtland umgewandelt. Aus den großen Monolithen machte er passende Steine für sein Farmhaus. So geriet der Ort in Vergessenheit – über ein Jahrhundert. Es waren Brocktorffs Aquarelle, welche die Wissenschaftler plötzlich fragen ließen, wo das Circle-Motiv der Bilder zu finden sei, und so suchte man erneut. 1965 fand man den Ort schließlich wieder. Man spekuliert, dass die Kultanlage, die der von Stonehenge in England ähnelte, zu astrologischen Zwecken errichtet wurde und der Sonne geweiht war. Es wurden auch Altäre entdeckt und in Höhlen darunter die Knochen von über 1000 Toten.

Öffnungszeiten Ġgantija-Tempel, tägl. 9–17 Uhr, letzter Einlass 16.30 Uhr. Eintritt in Kombination mit dem Windmühlenmuseum (s. o.) 5 €, erm. 3,50 €, Kinder 2,50 €, keine Einzeltickets. **Brocktorff-Circle**, nur nach Voranmeldung bei *Heritage Malta* (22954000, 5 €, erm. 3,50 €). www.heritagemalta.com.

Verbindungen/Anfahrt → Xagħra. Der Weg zur Tempelanlage ist in Xagħra ausgeschildert.

> Wanderung 10: Von Xagħra über die Mistra Rocks nach Nadur → S. 276
> Schwierigste Wanderung im Buch – zum Ende hin mehr Tortur als Tour.

Ramla Bay

Ramla-bey

Der goldbraune, unverbaute Sandstrand, der größte der Insel, lockt im Sommer Scharen sonnen- und badehungriger Touristen an – ohne Zweifel ist er der beliebteste des Eilands. Auch Kinder kann man hier bedenkenlos plantschen lassen, abschnittsweise ist der Einstieg ins Wasser jedoch ziemlich steinig. Bei Seegang ist von einem Bad aufgrund gefährlicher Strömungen abzuraten. In der Mitte des Strandes befindet sich eine weiße Marienstatue, im Westen der Bucht liegt das Fundament einer römischen Villa.

Die Bucht wird draußen im Meer von einer Mauer umschlossen, die bis knapp unter die Wasseroberfläche reicht. Je nach Lichteinfall ist deren Schatten bei ruhiger See von der Calypso Cave (→ S. 234) aus zu erkennen. Sie entstand vor Jahrhunderten zum Schutz vor türkischen Piraten und sollte, einem Riff ähnlich, deren Landung in der Bucht verhindern.

Badespaß in der San Blas Bay

Der Küstenabschnitt in östlicher Richtung nennt sich *Ta'Venuta*. Zwischen imposanten Felsbrocken versteckt, dominieren hier die Nudisten.

Busverbindungen Von und nach **Victoria** (über Nadur) alle 60 Min. Bus Nr. 302. Von und nach **Marsalforn, Xagħra** und **Mġarr** (Fähre Malta) alle 90 Min. Nr. 322.

Anfahrt Von Victoria über Nadur oder Xagħra (ausgeschildert).

Verpflegung/Infrastruktur In den Sommermonaten mehrere Snackbars. Das beste Eis Gozos gibt es bei **Champions Ice Cream**, einem fahrbaren Eisstand. Öffentliche Toiletten vorhanden. Liegestuhl- und Sonnenschirmverleih teure 10 €/Tag.

Nadur

Der Name Nadur kommt aus dem Arabischen und bedeutet Aussichtspunkt. Nicht ohne Grund: 150 m liegt die Ortschaft über dem Meer, und zu Zeiten der Ritter stand hier einer der bedeutendsten Wachtürme der Insel. Das umliegende Gebiet war Großmeister Wignacourts Jagdrevier. Wilderei wurde damals übrigens hart bestraft; drei Jahre Dienst auf einer Galeere standen darauf, wenn man sich nicht freikaufen konnte. Heute beherrscht den höchsten Punkt der Ortschaft die Anhöhe **Ta'Kenuna** mit einer aufgegebenen Telegrafenstation, die einem modernen Provinzflughafentower gleicht. Drum herum wurde ein kleiner Park mit endemischen Pflanzen angelegt.

Das von fruchtbaren Tälern umgebene Nadur ist mit rund 4000 Einwohnern einer der größten Orte der Insel. Das Zentrum wird von der prächtigen Pfarrkirche San Pietru u San Pawl dominiert. Vom Platz davor ist die einzige Sehenswürdigkeit Nadurs ausgeschildert: das **Maritime Museum**. Es ging aus der Kollektion Michael Grimas (geb. 1915) hervor, den mit zwölf Jahren alles zu sammeln begann, was mit der Seefahrt zu tun hat. Über die Jahre kamen so unzählige Schiffsmodelle zusammen, diverse Plankenteile, Fotos aller Gozo-Channel-Fähren, eine alte Taucherausrüstung, bei der ein einziger Schuh ein Gewicht von 5 kg auf die Waage bringt und und und ... (Mo–Sa 9–16.30 Uhr; Eintritt 2,33 €, erm. 1,15 €).

Busverbindungen Von und nach **Victoria** alle 60 Min. Bus Nr. 302 und von 6–22 Uhr alle 120 Min. Nr. 304. In die **Ramla Bay** fährt alle 60 Min. Bus Nr. 302 und alle 90 Min. Nr. 322. Bus Nr. 322 fährt von dort weiter über **Xagħra** nach **Marsalforn**. In entgegengesetzter Richtung fährt dieser Bus nach **Mġarr** (Fähre Malta). Auch Bus Nr. 303 fährt alle 60 Min. nach **Mġarr**, dieser jedoch wählt den Weg über **Qala**.

Festa Am 29. Juni.

Essen & Trinken Maxokk Bakery, urige, kleine Bäckerei mit Steinofen. Lecker belegte *Ftiras* und Pizza zu günstigen Preisen. Zuweilen wacht Hund Rimmi vorm Lädchen. Mo–Sa 10.30–19 Uhr, So 13–18 Uhr. Vom Dorfplatz die Straße links an der Kirche vorbei nehmen. Am Ende der Straße (nach rechts ein Hinweisschild „Harbour") links ab in die Triq San Ġwann. Nach ca. 100 m rechts ab, Hinweisschild.

San Blas Bay (San-blaß-bey): Ruhiger und gemütlicher als in der Ramla Bay geht es in der San Blas Bay zu. Die von Zitrusbäumen und Tamarisken umgebene, schmale Sandbucht zählt zu den schönsten Gozos. Schon die Anfahrt von Nadur ist ein Erlebnis; steil und für normale Pkws unpassierbar führt die Straße hinab. Da die letzte Wegstrecke zu Fuß zurückgelegt werden muss (anstrengend!), ist die kleine Bucht selbst im Hochsommer nicht überlaufen. Es gibt einen Kiosk, der auch Sonnenschirme und Liegestühle verleiht.

Über Nadur zu erreichen (ausgeschildert). **Bus** Nr. 304 fährt von Victoria aus von 6 bis 22 Uhr alle 2 Std. bis zu den letzten Häusern von Nadur (Haltestelle In-Nadur Weraq), ab da muss man laufen, ca. 700 m.

Daħlet Qorrot (Daalet-orrot): Die kleine Bucht liegt am Ende des selbst im Sommer äußerst grünen Tals gleichen Namens. Es ist durchsetzt mit terrassenartig angelegten kleinen Feldern, auf denen Gemüse sprießt und Obstbäume ihre Früchte fallen lassen. Rund um die Bucht parken die Fischerboote in bunt gestrichenen „Garagen", die in den Fels gehauen wurden. Davor befindet sich ein ca. 30 m breiter, grober Sandkiesstrand, der in der Nebensaison zuweilen unter Seegras verschwindet. An manchen Hochsommertagen steht dahinter eine fahrbare Imbissbude.

Von Nadur beschildert. Bei der letzten Weggabelung (hier zeigt ein Hinweisschild mit einer römischen „I" nach rechts) links halten. Wer mit **Bus** Nr. 304 (s. o.) anreist, steigt an der Haltestelle Qorrot aus, von da noch ca. 2 km zu Fuß.

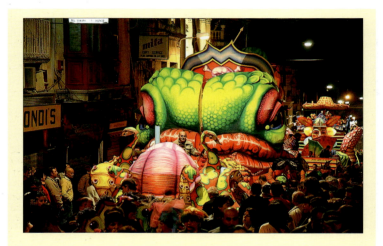

Die Narren von Nadur

Gozo ist bekannt für seine ausgeprägten Karnevalstraditionen. Den Höhepunkt bildet der „Spontane Karneval" von Nadur – fünf anarchistische Nächte mit bis zu 40.000 Zaungästen. Der „Spontane Karneval" ist von keinem Komitee organisiert und geht so: Jeden Abend versammeln sich die Einwohner mit verrückten, oft selbst gefertigten Kostümen und Masken auf den Straßen. Begleitet von viel Bier, Amateurkapellen und Tröten geht es dann v. a. darum, andere zu überraschen und – mit der Maske als Schutz – die buchstäbliche Sau rauszulassen. Die eigene Identität sollte verheimlicht werden, nicht selten ersetzen deswegen Gesten den Smalltalk. Organisiert ist lediglich der Umzug am Sonntagnachmittag, ein kunterbuntes Defilee überdimensionaler Pappmaché-Gebilde auf umgebauten Anhängern, an denen die Nadurer teilweise das ganze Jahr basteln. Ein ähnlich schriller Festzug bewegt sich dann auch durch die Straßen von Victoria. Wer Karneval auf Gozo erleben will, sollte frühzeitig buchen.

Qala und Umgebung

Ala

Die 1800-Einwohner-Gemeinde ganz im Osten der Insel ist ein richtiges kleines Städtchen mit Schule, Polizeistation und Parteibüro. Selbstverständlich gibt es auch eine Kirche, die San-Ġużepp-Pfarrkirche aus dem 19. Jh., mit einem Dorfplatz davor, in dessen netten Kneipen sich sonntags die Männer zum Frühschoppen treffen.

Unterhalb der Ortschaft lädt die **Ħondoq Bay** (Hondoch-bey, ausgeschildert) mit einem kleinen Strand, türkisblauem Meer und einer Imbissbude zum Baden ein. Als Zugabe gibt's einen herrlichen Blick auf Comino und Cominotto, auch fahren von der Bucht kleine Boote nach Comino. Ein optisches Manko ist jedoch die angrenzende aufgegebene Pumpstation und Entsalzungsanlage. Vielleicht gibt es diese aber bis zu Ihrem Besuch schon gar nicht mehr. Denn hier soll gebaut werden: eine Marina, eine Apartmentanlage und ein Hotel – mit der Beschaulichkeit der Ħondoq Bay wäre es dann vorbei.

Eine weitere schöne Badestelle nahebei ist der **Secret Barn Owl Rock Beach** (Wegbeschreibung s. u.), ein idyllischer Salinenstrand mit einem vorgelagerten Felsenselchen, daneben ein Kiesstrand, über den man bequem ins Wasser gelangt. Da man die Bucht nicht direkt mit dem Auto anfahren kann, hat man sie häufig ganz für sich alleine.

Busverbindungen Nr. 303 von **Victoria** nach **Mġarr** hält am Dorfplatz, Haltestelle Il-Qala. Keine Busse zur Ħondoq Bay – Wegstrecke 2 km.

Zum Secret Barn Owl Rock Beach Von Qala folgen Sie der Beschilderung zur Ħondoq Bay. Dabei passiert man das Ave-Maria-Kirchlein von Wardija. 350 m hinter dem Kirchlein, also wenn es schon zur Ħondoq Bay hinabgeht, hält man sich beim ersten Strommasten links. So gelangt man oberhalb eines alten Steinbruchs auf einen geschotterten Parkplatz (hier am besten auch parken). Dahinter geht es auf einem betonierten Sträßlein weiter bergab, bis dieses vor einem Tor endet. Unmittelbar vor dem Tor beginnt linker Hand ein Pfad, der an einem Haus vorbeiführt. Dieser bringt Sie zu einer Bucht mit einem „Ankern-verboten"-Schild. Der Secret Barn Owl Rock Beach liegt keine 100 m weiter östlich.

Festa Am ersten Sonntag im August.

Übernachten David & Jenny's B & B, eine Leserentdeckung nahe dem Zentrum. Nur 2 nette Zimmer mit privaten Bädern. Terrasse mit schöner Aussicht, Radverleih, freundliche Inhaber. Sehr gutes Frühstück. DZ 80 €. Triq il-Wardija 236 (die Straße beginnt am Hauptplatz nahe der roten Telefonzelle; das Haus liegt etwas versteckt nicht unmittelbar an der Straße), ☎ 21550603, www.gogozobandb.com.

Farmhäuser Farmhäuser in Qala vermietet u. a. **Pagella** (www.pagella-farmhouses.com). Für weitere Anbieter → Kasten S. 221.

Essen & Trinken D-Bar, Restaurant und Bar am Dorfplatz. Bekannt für riesige Portionen (eine Herausforderung selbst für Vielfraße!), Hg. 6–19 €. Pizza, Spare Ribs, Pork Chops oder Kaninchen in Weinsoße. Tägl. (außer Mo) Dinner, Lunch nur Sa/So. ☎ 21556242.

Xerri L-Bukkett, an der der Küste zugewandten Straße nach Mġarr, vor Ort ausgeschildert. Hierher kommt man weniger wegen des Essens (austauschbare Speisekarte, Hg. 5–19 €), sondern eher wegen einer der spektakulärsten Restaurantterrassen Gozos. Wahnsinnsblick auf Comino! Schlichtes Ambiente. Triq Żewwieqa, ☎ 21553500.

Salinen nahe Qala

Der Süden

Die Landschaft des Südens ist geprägt von großen Dörfern, deren mächtige Pfarrkirchen schon von Weitem zu sehen sind. Insbesondere der Abschnitt vom Fährhafen Mġarr bis Victoria ist dicht besiedelt. Touristisches Zentrum des Südens ist Xlendi, das an einer schönen, fjordartigen Bucht liegt.

Mġarr   Imdscharr

Mġarr ist der Hafen Gozos – ein ständiges An- und Ablegen der Fähren und ein Schaukeln der Fischerboote am Kai. Darüber erheben sich das Fort Chambray und die Ortschaft Għajnsielem (Ainsihlem).

Mġarr kommt aus dem Arabischen und bedeutet „geschützter Hafen", und mehr als ein solcher ist Mġarr auch nicht. Eine richtige Ortschaft drum herum fehlt, die darüber liegenden Häuser gehören bereits zu Għajnsielem, einem weniger attraktiven Städtchen. Am Hafen findet man fast alle Einrichtungen, die einem Touristen nützlich sein können – Ausnahme: preiswerte Hotels. Hervorzuheben sind dafür die Fischrestaurants.

Das **Fort Chambray** oberhalb des Hafens wurde auf Initiative von Großmeister Vilhena gebaut, die Entwürfe lieferte Chevalier Tigné 1723. Zum Schutz vor einer türkischen Invasion sollte es eine ganze Stadt beherbergen. Fra Jacques de Chambray finanzierte schließlich 1749 den Bau, die geplante Stadt darin wurde jedoch nie vollendet. Als Napoleon Malta 1798 einnahm, ging von dem Fort erbitterter Widerstand aus – fast der einzige auf dem gesamten Archipel. Unter den Briten wurde es als Kaserne genutzt, später als psychiatrische Anstalt. Seit

Wash & Go im Hafen von Mgarr

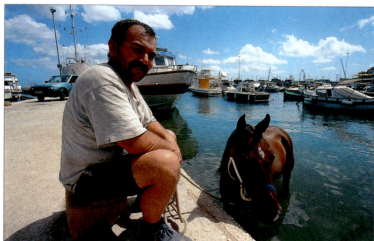

Jahren ist man damit beschäftigt, die Anlage in einen luxuriösen Wohn- und Ferienkomplex umzugestalten. Viele Wohnungen, die Tiefgarage und die tolle Poollandschaft sind schon fertig.

Verbindungen/Diverses

Verbindungen Bus: Nr. 301 alle 45 Min. über **Xewkija** nach **Victoria**, Nr. 303 alle 60 Min. über **Qala** und **Nadur** nach **Victoria**. Nr. 322 alle 90 Min. über **Nadur**, die **Ramla Bay** und **Xagħra** nach **Marsalforn**. Abfahrt neben dem Fährterminal.

Taxi: Nach Victoria ca. 13 €, nach Xagħra 12 €, nach Xlendi 16 €, nach Marsalforn 18 €.

Fähren: → An- und Weiterreise, S. 36

Auto- und Zweiradverleih/Ausflüge **Mġarr** Tourist Service (MTS), vor dem Hafenterminal. Verleiht Autos, Fahrräder und Scooter. Außerdem werden Rundfahrten (15 €/Pers.) angeboten und Unterkünfte vermittelt. So nur halber Tag. ✆ 21553678 o. 790 64532 (mobil), www.gozomgarrtouristservice.com. **Avis** und **Budget** befinden sich auf der unterhalb des Fort Chambray in der vom Hafen bergauf führenden Straße nach Għajnsielem, **Hertz** hat seinen Sitz im Fährterminal.

Baden Rund um Mġarr sind gute Bademöglichkeiten rar. Die nächstgelegene befindet sich unterhalb des Fort Chambray in der Bucht **Ix-Xatt L'Aħmar** beim Mellieħa Point: ein wenig frequentierter Badeplatz mit Minisandstrand und Einstiegshilfen von den Felsen. Davor schaukeln ein paar Luzzus im Meer. Keine Bars. Anfahrt: Von der Durchgangsstraße in Għajnsielem geht es von Mġarr kommend beim Restaurant Rexy links ab. Folgen Sie dann der Beschilderung „Wreck Dives" und halten Sie sich, wenn Sie die Küste erreicht haben, links.

Festa/Veranstaltung Patronatsfest von Għajnsielem am letzten Sonntag im August. Bekannt ist Għajnsielem zudem für seine **Bethleheminszenierung** zur Weihnachtszeit (nicht in allen Jahren!). Ortsansässige verkleiden sich dann und lassen so eine lebendige Krippenlandschaft entstehen – inkl. Maria, Josef und Jesuskindlein, Ochs, Esel, Schafen und sogar einem „Bethlehem Inn", wo man übernachten kann.

Tauchen Zwischen Ix-Xatt L'Aħmar und Mġarr Ix-Xini liegen ein paar gute Tauchplätze, die u. a. wegen ihres Fischreichtums geschätzt werden, allen voran der **Fessej Rock** (ca. 50 m sind es bis zu dessen Grund) und **Il-Kantra** mit einer schönen Höhle (geht nur bis ca. 10 m Tiefe). Bei Ix-Xatt L'Aħmar kann man zudem zu der versenkten Fähre **MV Xlendi** und den versenkten Schiffen **MV Cominoland** (einst gar als Minenleger im Einsatz!) und **MV Karwela** (ehemals eine deutsche Fähre) hinabtauchen (Tiefe zwischen 32 und 42 m).

Übernachten/Essen & Trinken/Nachtleben

Übernachten **** Grand Hotel, komfortables Haus. Über 100 der Sterneanzahl entsprechend ausgestattete Zimmer. Fitnessraum, Sauna, Pool auf dem Dach. Tolle Ausblicke. Ganzjährig. Hoch über dem Hafenbucht. DZ mit Meerblick ab 96 €. ✆ 2156 3840, ✉ 21559744, www.grandhotelmalta.com.

St. Joseph Home Hostel, Jugendherberge in einem ehemaligen Waisenhaus aus dem 18. Jh. Schönes Gebäude, jedoch reichlich bieder-altbackene Ausstattung, Kreuze und Heiligenfiguren satt – kein Partyhostel. Der Betreiber spricht Deutsch. Schlichte, saubere Zimmer mit 1–6 Betten, z. T. mit eigenem Bad. Radverleih. Das große Plus: die schöne Dachterrasse mit Liegestühlen und tollem Meerblick. Zu Fuß von der Fähre mindestens 20 Min. – besser reservieren und abholen lassen. 15,75 €/Pers. In Għajnsielem an der Straße von Mġarr nach Victoria linker Hand, ✆ 21556439, www.stjosephhomstel.com.

Essen & Trinken Sammy's Il-Kċina Tal-Barrakka, gutes Fischlokal unterhalb der Gleneagles Bar (von der Straße nach Għajnsielem nicht zu sehen). Chef Sam schwingt selbst den Kochlöffel und zaubert u. a. Meeresfrüchtesuppe und Oktopus in Rotwein. Schlichtes Ambiente, nette Terrasse, mittlere Preisklasse. Nur Dinner, Mo Ruhetag, Nov.–April geschl. ✆ 21556543.

> **Hinweis für Selbstverpfleger**: Einer der besten **Fischläden** der Insel ist der **Buġeja Fishmarket** in Għajnsielem an der Straße nach Victoria.

»› Mein Tipp: It-Tmun, populärer Familienbetrieb, auf dem Weg zur Marina versteckt hinter den Booten. Wunderbare Küche, unbedingt kosten: die fantastische Bouillabaisse (für 2 Pers.), in der 7 verschiedene Sorten Fisch und Meeresfrüchte schwimmen, *Spaghetti Rizzi* oder zarte Filetsteaks. Hinterher greift man zu Creme Brulée, die nach Aussage eines Lesers „die beste seines Lebens" war. Hg. 13–30 €. Di Ruhetag. ✆ 21566276. ‹‹‹

Nachtleben »› Mein Tipp: Gleneagles Bar, die Bilderbuch-Hafenbar wird seit 300 Jahren von der gleichen Familie geführt. Leckerer Gin Tonic, gute Cocktails und eine nette Terrasse mit Hafenblick. Nur am Abend geöffnet. ‹‹‹

🚶 **Wanderung 11: Von Mġarr nach Xlendi** → S. 277
Küstenwanderung mit fantastischen Ausblicken.

Xewkija
Tscheouki'ja

Eine Ortschaft, deren Silhouette von einer **Kuppelkirche** geprägt wird, die einer Weltstadt würdig wäre. 20 Jahre hat der Bau der Pfarrkirche San Ġwann Battista gedauert; erst 1978 wurde sie eingeweiht. In einer angeschlossenen Kapelle wurden aus der Vorgängerkirche kunstvolle Fragmente des Chors und der Seitenaltäre wieder aufgebaut (zugleich das **Museum of Sculpture**), nachdem man sie zuvor Stein für Stein abgetragen hatte. Die monumentale Kuppel ist 75 m hoch und 4500 t schwer. Mit einem Fahrstuhl kann man aufs Dach zum Fuße der Kuppel schweben und von dort eine wunderbare Aussicht über die Insel genießen. Außer der Kirche, die aus der Nähe betrachtet gar nicht mehr so imposant ist, hat Xewkija wenig zu bieten. Am Rand der Ortschaft haben sich kleine Industriestätten angesiedelt, zudem wird intensiv Viehzucht betrieben.

Öffnungszeiten Kirche, tägl. 5–12 und 15–20 Uhr. Museum und Aufzug, nur Mo-Sa 9.30–12 Uhr (letzter Einlass 11.45 Uhr). Fahrt mit dem Aufzug 2 €.

Busverbindungen Von und nach Victoria fährt Bus Nr. 323 alle 2 Std. Zudem passiert Bus Nr. 301 Xewkija alle 45 Min. auf dem Weg von Victoria nach Mġarr (hält ebenfalls vor der Kirche, Haltestelle Dome).

Einkaufen Magro Food Village, das Lebensmittelunternehmen Magro ist bekannt für die Herstellung gozitanischer Naturprodukte wie Tomatenpaste, Pfefferkäse, Essig und Öl. Im Rahmen einer rund einstündigen Tour kann man die Herstellung der Produkte verfolgen, danach kann eingekauft werden. Die Touren werden Mo–Fr 4-mal tägl. angeboten, Reservierung nötig, ✆ 80075533 o. visits@magro.com.mt. Von der Durchgangsstraße ausgeschildert.

Festa Am 3. oder 4. Sonntag im Juni.

Mġarr Ix-Xini
Imdscharr-itschini

Eine der idyllischsten Buchten Gozos und zugleich ein beliebter Ausflugsort der Gozitaner. An Wochenenden und ruhigen Abenden versammeln sie sich hier mit ihren Familien zum Grillen. Auch zum Baden ist die Bucht bestens geeignet, obwohl ein Sandstrand fehlt. Der Wachturm am Eingang der Bucht wurde 1658 errichtet, um türkische Schiffe und Piraten vor einer Landung abzuschrecken. Ein

Mit dem Bike zu den Klippen von Sannat

Muss ist ein Fischessen in der gemütlichen, griechisch anmutenden *Taverne von Sandra und Noel* (der einzigen vor Ort!) – die paar Tische unter schattenspendenden Bäumen und Sonnenschirmen sind allein schon ein Grund, in die Bucht zu kommen. Serviert werden u. a. frischestes, einfach zubereitetes Meeresgetier und Fisch. Dieser wird lediglich in Salzwasser gewaschen und anschließend gegrillt oder gedünstet – besser schmeckt er auf dem Archipel kaum irgendwo! „Das Lokal kann gar nicht hoch genug gelobt werden", meinen auch Leser. Die Taverne ist von März bis November zur Lunchzeit geöffnet, nur im Juli und August kann man nach Vorreservierung auch romantisch zu Abend essen (✆ mobil 79854007).

Von Xewkija und Sannat ausgeschildert. Keine Busverbindung. Taxi von Victoria 10 €.

Sannat

Gerade mal 2 km südlich von Victoria liegt die Gemeinde Sannat mit ihren 1800 Einwohnern. Das Zentrum des Ortes ist der gemütliche, leicht abfallende Dorfplatz, häufig im Schatten der Kirche Santa Margarita aus dem frühen 18. Jh. Gegenüber der Kirche liegt eine urige Dorfschenke, die *Friend to all Bar*. Lange Zeit galt der Ort als eines der Zentren für Klöppelarbeiten. Bekannt ist Sannat aber auch durch das Ta'Ċenċ-Hotel, dem ersten First-Class-Hotel Gozos, in dessen Gästeliste sich bereits Willy Brandt und Sean Connery eingetragen haben.

Unweit des Hotels findet man Schleifspuren aus prähistorischer Zeit, sog. **Cart-Ruts** (→ S. 174). Am nördlichen Rand der Hochebene liegen **Dolmen**, Megalith-Bauwerke von ziemlich einfacher Struktur. Man geht davon aus, dass sie als Brandgrabstätten dienten, da nie Knochenreste in ihnen gefunden wurden. Beinahe 20 solcher Gräber aus der Bronzezeit entdeckte man bislang auf den maltesischen Inseln; ob in ihnen das einfache Volk beigesetzt wurde oder ob sie nur den Oberhäuptern der Inseln vorbehalten waren, ist unbekannt.

Keine Suche wert sind die Überreste der vermutlich einst hier existierenden Tempelanlage *d'Imramma*. Mehr als einzelne, weit verstreute Megalithen lassen sich nicht identifizieren. Imposant hingegen ist der Blick auf die hiesigen **Klippen** (Wegbeschreibung → Wanderung 11, S. 277).

Busverbindungen Von und nach Victoria alle 60 Min. mit Nr. 305.

Anfahrt Dolmen In Sannat ist die Straße zu den Dolmen ausgeschildert. Nach dem Schild „Attention – You are entering private property" (einfach ignorieren!) müssen Sie auf dem breiten Schotterweg weiterfahren. Rechter Hand erstreckt sich die Ummauerung der Hotelanlage Ta'Ċenċ, linker Hand blickt man auf Xewkija. Ca. 200 m hinter der Ummauerung können Sie parken und linker Hand, kurz bevor das Plateau abfällt, nach den Dolmen Ausschau halten. Wegen ihrer bescheidenen Höhe sind sie von der Straße nur schwer auszumachen. Wer keine Vorstellung davon hat, wie die hiesigen Dolmen aussehen – mit ein wenig Fantasie könnte man sie auch als verwitterte steinerne Tische beschreiben.

Anfahrt Cart-Ruts und Klippen → Anfahrt Dolmen. Parken Sie jedoch ca. 100 m hinter der Ummauerung bei dem Baum. Von dem Baum verläuft ein Weg gen Westen parallel zur Hotelanlage auf die Klippen zu. Wenn dieser zu einer Linkskurve ansetzt, zweigt ein dunklerer Feldweg direkt auf die Klippen ab. Diesem folgen Sie noch ein Stück und wenden sich dann nach rechts – viel Spaß beim Suchen. Für weitere spektakuläre Blicke auf die Klippen → Wanderung 11, S. 277.

Festa Am 4. Sonntag im Juli.

Übernachten ***** Hotel Ta'Ċenċ, fast eine kleine Stadt für sich, hinter hohen Mauern und dennoch mit tollen Ausblicken. Die First-Class-Adresse bietet viel Komfort, dazu 2 Pools und einen eigenen Felsstrandabschnitt an der Bucht Mġarr Ix-Xini. Wunderschöne Gartenanlage, perfekter Service, himmlische Ruhe. Beautyzentrum. Ganzjährig. DZ 190 €. Am Ortsrand von Sannat, ausgeschildert, ✆ 22191000, ✉ 22191500, www.vjborg.com.

Hibiscus Bed & Breakfast, 3 schlichte, aber nette Zimmer mit Bad und eine große Suite in einem Farmhouse – hübsche Innenhöfe, Terrassen, teils schläft man unterm Gewölbe. Die Betreiber sind Künstler und bieten auch Malkurse an. Reservierung nötig. Ab 25 €/Pers. Sannat, ✆ 27016363, www.hibiscusbedandbreakfast.com.

Essen & Trinken Il-Ġirna, gegenüber der Einfahrt zum Ta'Ċenċ, mit schattigem Außenbereich. Internationale Küche – lecker das Filetsteak mit Pilzsoße oder das Schwertfischsteak mit Petersilie und Wein. Hg. 10–21,50 €. Mit Ausnahmen nur Dinner. ✆ 21565100.

Xlendi

Schländi

In einer kleinen, fjordartigen Bucht an der Südküste der Insel liegt Xlendi, für viele Deutsche *die* Ferienadresse auf Gozo. Der malerischen Lage wegen wird der Ort jedoch von Tagesausflüglern förmlich überrannt.

Noch bis vor 20 Jahren war Xlendi ein beschauliches Fischerdorf, aber die Zeiten haben sich geändert, Apartmenthäuser entstanden in großer Zahl. Heute ist Xlendi ein reines Feriendorf – kaum ein Haus, das mit dem Tourismus nichts zu tun hat. Dennoch hat Xlendi seinen Charme bewahren können, und die reizvolle Felsbucht lädt noch immer zum Baden ein. Einzig und allein über die Mittagsstunden, wenn die Tagestouristen aus Malta, in Bussen angekarrt, das Städtchen überfallen, geht es auf dem großen Parkplatz im Ort und an der Uferpromenade zu wie auf einem Rummelplatz. Morgens und abends jedoch hat der Ort noch immer seinen eigenen, besonderen Charme.

Der **Wachturm** am Eingang zur Bucht wurde im 17. Jh. errichtet. Damals wie heute wurde die Bucht zusätzlich von einem Riff geschützt, was den Schwimmern und Schnorchlern Freude bereitet, für viele Schiffe jedoch der Untergang war. Funde aus römischen Galeeren können im Archäologischen Museum in Victoria besichtigt werden. Am nördlichen Rand der Bucht führt eine Treppe mit Geländer zur **Karolina-Höhle**, dem Ort, wo ehemals die Dominikanernonnen ihr Bad nahmen.

Kleiner Ausflugstipp: Von Xlendi zu den Klippen von Sannat

Wandert man vom Wachturm Xlendis in sicherem Abstand zur Küste gen Osten (es existieren zuweilen mehrere Pfade; nehmen Sie stets den breitesten, aber nicht landeinwärts schwenken!), treffen Sie nach ca. 20 Min. auf ein betoniertes Sträßlein, und die Insel Malta kommt ins Blickfeld. An dieser Stelle sollten Sie sich so nahe wie möglich den Klippen nähern – aber nur keine Selbstüberschätzung, gefährlich!!! Die Aussicht auf die Klippen von Sannat ist grandios.

Basis-Infos

Information Keine offizielle Information. Abhilfe schaffen kommerzielle Agenturen wie **Xlendi Tourist Service**, am Ortseingang rechter Hand. Vermittlung von Apartments (für 2 Pers. ab 40 €), Mietwagen und Fahrrädern. ✆ 21560683, www.xlendi.com.

Verbindungen Bus Nr. 306 fährt von Mai bis Okt. alle 45 Min. (ansonsten alle 60 Min.) nach Victoria. **Taxi** nach Victoria ca. 8 €.

Bootsrundfahrten/Angelausflüge
Xlendi Pleasure Cruises (✆ 21559967, www.xlendicruises.com), buchbar am Hafen und über Xlendi Tourist Service (s. o.), bietet Fahrten wie einmal rund um Gozo (ab 25 €) und Comino (ab 20 €) an. Die Schiffe legen i. d. R. von Mġarr ab, Transfer im Preis inbegriffen. Dazu diverse Wassersportangebote vor Ort, Angelausflüge (halber Tag 45 €) und Vermietung von Booten unterschiedlicher Größe und PS-Zahl.

Festa Meist am ersten Wochenende im September.

Öffentliche Toiletten Auf der Südseite des großen Parkplatzes hinter dem Hafen.

Übernachten/Essen & Trinken/Nachtleben

**** St. Patrick's Hotel, unmittelbar an der kurzen Uferpromenade. Unterschiedlich große Zimmer mit Standardmobiliar und Fliesenböden. Die nach vorne mit Buchtblick sind äußerst geräumig und hell, aber rar an der Zahl. Zudem stehen Zimmer mit Parkplatzblick (Valley View) und solche mit Blick auf den Atrium-Innenhof (Internal Courtyard) zur Verfügung. Nicht allen Lesern gefiel's hier: „Enttäuschend, lausiges Frühstück." EZ mit Meerblick 80 €, DZ 122 €. Triq Marina, ✆ 21562951, ✉ 21556598, www.stpatrickshotel.com.

*** San Andrea, ebenfalls in erster Reihe. 28 gut ausgestatte, aber sehr kleine Zimmer mit Klimaanlage, 12 davon mit Balkon und Meerblick. Freundlicher Service. Von Lesern hochgelobt. DZ mit Meerblick 100 €. Xlendi, ✆ 21565555, ✉ 21565400, www.hotelsanandrea.com.

Hotel Xlendi, der Komplex besteht aus 3 Blöcken. Im vorderen Haupthaus werden gepflegte Zimmer, in den älteren Häusern dahinter Apartments vermietet: recht geräumig, in den oberen Etagen mit Meerblick. Dazu Indoor- und Outdoorpool (auf dem Dach) und ein Aufzug, der Sie direkt (ohne Überquerung des Sträßleins) ans Meer bringt. DZ ab 100 €, Apartment ab 80 €. Triq Simon (direkt an der Südseite der Bucht), ✆ 21553719, ✉ 21557452, www.hotelxlendi.com.

San Antonio Guesthouse, saubere, ruhige Unterkunft hoch über der Bucht. Von Lesern hochgelobt. 13 große, helle Zimmer mit Bad und Aircondition. Netter Poolbereich. Besser im Voraus buchen, da vor Ort nicht immer jemand erreichbar ist. DZ mit gutem Frühstück ab 52 €. Triq it-Torri (folgen Sie der Triq Il-Kantra, der Straße, die auf der Südseite der Bucht bergauf führt; nach dem Restaurant Il Terrazzo geht es links ab in die Triq il-Qsajjem, dann die nächste rechts), ✆ 21563555, www.clubgozo.com.mt.

Apartments Apartments (in der HS ab 50–60 € für 2 Pers.) vermieten u. a. die Tauchbasen **St. Andrew's Divers Cove Ltd.** und **Moby Dives** – und zwar nicht nur an ihre Tauchkunden. Des Weiteren **Bronja Holi-**

days (mehrere lichte Apartments für 2–5 Pers. hoch über Xlendi, z. T. in einer Villa, ℡ 21551954, ℡ 21559028, www.cometogozo.com) und **Sea View Flats** (vorne raus mit schönem Buchtblick, ℡ 21560171, www.seaviewflatsgozo.com).

Essen & Trinken Ic-Ċima, am Hang über der Bucht (die Straße nehmen, die auf der Südseite der Bucht bergauf führt). Tolle Dachterrasse und rustikal eingerichteter Innenbereich. Aus der Reihe fallende Pastagerichte, *Seafood Stew* oder mit Grappa flambierte Wachteln gibt es für 13–23 €. Di Ruhetag. ℡ 21558407.

Da Manuel, in der Nähe, nur noch etwas weiter bergauf. Auf maltesische Küche spezialisiert, zu empfehlen: *Rabbit alla Gozitana*. Hg. 8–20 €. Nur Dinner. ℡ 21561022.

》》》 Mein Tipp: **Ta'Karolina**, in erster Reihe, in schöner Lage am nördlichen Buchtende. Von Lesern seit Jahren vielfach gelobt. Der frische Fisch wird in einer Vitrine präsentiert. Dazu Pizza, Pasta, Muscheln und Fleisch. Es lohnt ein Blick auf die Fotografien im Inneren, v. a. auf jene, die die Megasturmflut vom Oktober 1979 dokumentieren, als überall in der Bucht Autos schwammen! Pizza ab 5,50 €, Hg. ab 13 €. ℡ 21559675. 《《《

The Boat House, nur 2 Türen weiter und ebenfalls zu empfehlen. Hübsches Sommerlokal, das z. T. in einem ehemaligen Bootshaus untergebracht ist. Auch bei Locals beliebt. Spezialitäten: Oktopusgerichte, *Trio di Calamari* (auf dreierlei Art zubereitete Calamares) und auf Holzkohle gegrillte Steaks. Hg. 9,50–21 €. ℡ 21569153.

Nachtleben La Grotta, der In-Club der Insel, der sich – wie der Name schon andeutet – z. T. in einer Höhle befindet. Auf halber Strecke zwischen Xlendi und Victoria. Nur im Sommer Fr u. Sa (Haupttag), gelegentlich So. Die Musik geht in Richtung House und Techno, auch international bekannte Namen legen hier auf. Empfehlenswert! www.lagrottaleisure.com.

Der **Club Paradiso** nebenan steht unter gleicher Leitung und ist ganzjährig geöffnet.

Tauchen

In Xlendi haben gleich 3 Tauchschulen ihren Sitz. Nicht ohne Grund – die Xlendi-Höhle (Tiefe 10 m) und das Xlendi-Riff (Tiefe 18 m) liegen direkt vor der Haustür. Mit dem Boot lassen sich auch gute Tauchreviere an der West- und Südküste ansteuern. Im Bereich der Bucht liegen mehrere Wracks römischer Schiffe. Das mal-

Das malerische Xlendi

Moby Dive, 5-Sterne-P.A.D.I.-Tauchschule mit einem internationalen Team an Tauchlehrern. Eigener Indoor-Pool zum Üben. Shop angegliedert. Ganzjährig. Wenn man in den Ort fährt, rechter Hand ausgeschildert. ✆ 21551616, ✆ 21554606, www.mobydivesgozo.com.

St. Andrew's Divers Cove Ltd., besitzt wie Moby Dive einen guten Ruf. Ganzjährig. Die Basis liegt fast direkt an der Bucht neben dem Hotel San Andrea. ✆ 21551301, ✆ 2156 1548, www.gozodive.com.

Utina Diving College, die jüngste und kleinste unter den Dreien. An der Straße zum Hafen. Dez./Jan. geschl. ✆ 21550514, www.utina-diving.com.

 Wanderung 12: Zur Bucht von Dwejra → S. 280
Schöne Wanderung mit stetigen Küstenblicken.

Der Westen

Bis ins 17. Jh. war der Westen Gozos wegen ständiger Piratenüberfälle nahezu unbesiedelt – daher nannte man ihn auch „die Wüste". Heute ist er durchsetzt mit kleinen schmucken Dörfern. Am beeindruckendsten ist für viele aber die Dwejra Bay mit dem nahe gelegenen Azure Window.

Dwejra Bay
Dueyra-bey

Die Bucht von Dwejra, vor der der Fungus Rock, ein mächtiger Felsen in der Brandung, thront, ist eines der Ausflugsziele Gozos. Mehr jedoch als die eigentliche Bucht lockt ein Fenster in einer Felsformation die Besucher an – das Azure Window oder Tieqa Żerqa. Eine weitere Attraktion ist der kleine Salzwassersee, ein seltenes Naturphänomen.

Die halbrunde, von scharfen Felsen umschlossene **Dwejra Bay** (→ Wanderkarte, S. 281) ist v. a. bei Tauchern und Schnorchlern sehr beliebt – an ihrer Nordseite führen Stufen hinab. Auf dem Felsen davor sprießt zwischen Dezember und April ein pilzartiges Gewächs namens *Fungus gaulitanus*, dessen Heilkraft von den Ordensrittern geschätzt wurde. In pulverisierter Form und mit Wein vermischt, half das Kraut gegen Ruhr, Geschwüre und Durchfall, bis die moderne Medizin anderer Meinung war. Dieser **Fungus Rock** genannte Felsen heißt auch *Il Ġebla tal-Ġeneral*. Wie er dazu kam, weiß niemand genau. Zwei Geschichten gibt es dazu: Erstere erzählt, dass es ein General der Ordensgaleeren war, der das Gewächs entdeckte und von dem sich der Name ableitet. Die zweite Variante handelt von einem Wärter, der Il Ġeneral genannt wurde und der über die Sklavenarbeiter im nahe gelegenen Steinbruch wachte, bis er eines Tages von dem Felsen stürzte und ertrank. Der Torri tal-Qawra, der **Wachturm** am Rande der Bucht, 1652 zum Schutz gegen die Türken erbaut, wurde gleichzeitig zur Kontrolle des Felsens genutzt. Heute wird der Turm von *Din L'Art Ħelwa*, einem Verein, der sich Maltas kulturellem Erbe annimmt, verwaltet und ist geöffnet, wenn die Flagge weht. Die Latrinen der einst hier stationierten Wachmannschaften sind übrigens noch erhalten. Man findet sie in den Stein geschlagen auf der Landzunge, die sich direkt nördlich des Felsens ins Meer schiebt.

Das **Azure Window** nördlich der Bucht ist ein unübersehbarer, monumentaler Kalksteinbogen, der auch auf keinem Postkartenständer fehlt. Unterhalb der Kapelle Sant' Anna befindet sich ein grün schimmernder **Salzwassersee** mit einem groben Kiesstrand, ein großes Planschbecken. Durch eine Höhle ist der See mit dem Meer verbunden. Bei ruhiger See starten von hier Fischerboote zu einer Rundfahrt um den Fungus Rock (3,50 €/Pers.). In der Bucht befinden sich auch eine Snackbar (gemütlich am See), auf dem Weg dahin ein Restaurant und eine Verkaufsstelle von *Gozo Glass* (→ San Lawrenz).

Verbindungen Bus: Nr. 311 alle 60 Min. über **San Lawrenz** nach **Victoria**. Taxi nach Victoria 12 €.

Tauchen Rund um die Dwejra Bay (die Tauchgänge gehen hier bis 40 m) gibt es ein paar hervorragende Tauchspots: den **Fungus Rock** mit einer mächtigen Spalte, den nahen **Crocodile Rock** (mit herrlichen Korallen und Schwämmen überzogen), das **Blue Hole**, ein blauer Wahnsinn (aber auch toll bei Nacht), und – weiter nördlich – den **San Dimitri Point** mit spektakulären Felsformationen.

San Lawrenz
San Laurenz

Oberhalb der Dwejra Bay liegt der kleine, verschlafene Ort mit seinem gemütlichen Dorfplatz. San Lawrenz ist die westlichste Gemeinde der maltesischen Inseln. Nur selten wird der Ort von Touristen aufgesucht, die meisten fahren einfach auf dem Weg zur darunter liegenden Bucht hindurch. Bekanntester Einwohner von San Lawrenz war der britische Schriftsteller Nicholas Monsarrat, Autor diverser Unterhaltungsromane, darunter *Der Kaplan von Malta*, der in mehrere Sprachen übersetzt wurde. Vor dem Ort pausieren Busreisende zwangsweise an einer Ansammlung von Souvenirshops, die sich *Ta'Dbieġi Crafts Village* nennt. Mitbringsel en

Postkartenmotiv Azure Window

San Lawrenz 251

Auf dem Weg zur Dimitri-Kapelle (Wanderung 9)

masse findet man z. B. bei *Gozo Glass*. Der Glasbetrieb fertigt von Briefbeschwerern über Mäuse, Katzen und Hunde bis hin zu Vasen in den unterschiedlichsten Farben so ungefähr alles, was guten Geschmack auf die Probe stellt. Interessant ist, dass man den Glasbläsern bei der Arbeit zusehen kann.

Busverbindungen Von und nach Victoria alle 60 Min. mit Nr. 311 und Nr. 312.

Festa Um den 12. August.

Übernachten ***** **Kempinski San Lawrenz Resort & Spa**, Luxusherberge, die sich trotz ihrer Größe noch harmonisch in die Landschaft einfügt. Geboten wird alles, was man von der Kempinski-Kette erwarten kann. Mehrere Pools, dazu Aktivitäten wie Yoga oder Wandern. Berühmt ist das Hotel für seine Ayurveda-Behandlungen. DZ ab 161 €. Triq ir-Rokon, ✆ 22110000, www.kempinski-gozo.com.

Farmhäuser Farmhäuser in San Lawrenz vermietet u. a. Unique Gozo (www.gozo.com/unique). Für weitere Anbieter → Kasten S. 221.

Essen & Trinken Tatitas Restaurant, stilvolles Restaurant im Zentrum mit Bestuhlung direkt am Dorfplatz. Hausgemachte Ravioli, Linguine mit Scampi und Rucola, Wachteln oder Rib-Eye-Steak. Mittlere bis gehobene Preisklasse. Di geschl. ✆ 21566482.

Neolithic Caves: Auf der Nordwestseite des Ghajn-Abdul-Plateaus liegen zwei Naturhöhlen, die schon im Neolithikum, also im 5. Jt. v. Chr., bewohnt waren; Scherbenmaterial aus dieser Zeit lässt das vermuten. Jede der Höhlen bot mindestens einer Großfamilie mit Haustieren Platz. Heute ist der Anblick der Höhlen aber alles andere als spannend. Von dem Plateau genießt man einen traumhaften Rundblick über die Insel.

Anfahrt: Von Victoria kommend, zweigt man am Ortsschild von San Lawrenz kurz hinter dem Crafts Village links ab. Etwa 100 m hinter dem Kempinski San Lawrenz Resort & Spa bei einem Haus mit blauen, vergitterten Fenstern samt Marienstatue parken. Zu Fuß – insgesamt ca. 15 Min. – geht es nun links des Hauses weiter, bis man zum rechts voraus liegenden Plateaurand entlang der Felder ansteigen kann. Die Höhlen liegen direkt unterhalb des Plateaurandes – suchen Sie sie in Richtung der Steinbrüche.

Għarb
Ahrb

Das Dorf mit rund 1200 Einwohnern im Westen Gozos – darunter viele Ausländer, die sich hier einen Sommersitz geleistet haben – ist auf dem Weg von Victoria in die Dwejra Bay einen Abstecher wert. Schmucke alte Gebäude mit schönen Balkonen liegen im Schatten der barocken Kirche an der *Pjazza* im Zentrum. Fast in unmittelbarer Nachbarschaft zur Pfarrkirche befindet sich das *Folkloremuseum*, in dessen annähernd 30 Räumen Kleidungsstücke, Druckerpressen, Mühlsteine, Werkzeuge der Bäcker, Fischer, Zimmerleute und Schmiede, Weinpressen, Kutschen usw. einen Eindruck vom täglichen Leben der Malteser im 18. und 19. Jh. vermitteln. Die größte Ausstellung dieser Art auf der Insel ist der Sammelleidenschaft Silvio Felices zu verdanken, der seit seinem neunten Lebensjahr alles nur Erdenkliche zusammenträgt.

Öffnungszeiten Folkloremuseum, Mo–Sa 10–14 Uhr, So nur bis 12 Uhr. 6 €, erm. 4 €.

Busverbindungen Nr. 312 stündl. von Victoria ins Zentrum von Għarb. Nr. 311 passiert den Ort auf den Weg zur Dwejra Bay.

Festa Am ersten Sonntag im Juli.

Essen Jeffrey's Restaurant, an der Hauptdurchgangsstraße bei der Abzweigung zum Zentrum. Nettes Restaurant mit hübschem Sommergarten. Kleine Karte, zu den Klassikern gehören die Fischsuppe *Aljotta*, Kaninchen in Wein und Knoblauch sowie Pasta mit Gozo-Käse und getrockneten Tomaten. Hg. 8,50–18 €. Stets nur Dinner, im Sommer So Ruhetag, Nov.–März nur Fr/Sa geöffnet. ℡ 21561006.

Das zugehörige gleichnamige **Café** auf der anderen Straßenseite hat ganztags geöffnet und kann hungrige Wanderer mit Sandwichs und sogar richtigen Mahlzeiten versorgen.

Farmhäuser In Għarb vermietet die freundliche **Familie Buġeja** aus Marsalforn (Triq ir-Rabat 41) ein romantisches Bauernhaus mit 6 Schlafzimmern (10–16 Leute können darin unterkommen) und Pool. 350 €/Tag, gute Rabatte in der NS. ℡ 21553630, www.tamariagozo.com o. www.farmhousesgozo.net. Des Weiteren haben u. a.

Sonnenbaden an der Blue Lagoon (Comino)

Għarb 253

Gozo Farmhouses (www.gozo-farmhouses.com) und **Gozo Luxury Farmhouses** (www.gozoluxuryfarmhouses.com) Għarb im Programm. Für weitere Anbieter → Kasten S. 221.

Basilika von Ta'Pinu: Die zum Nationalheiligtum erhobene Wallfahrtskirche ist eine der bedeutendsten Basiliken der maltesischen Inseln – Pilger aus aller Welt sagen hier Dank für Leid oder Unglück, das sie überstanden haben. Bilder der Glücklichen findet man in einem Seitengang der Kirche.

Die Geschichte der Wallfahrtsstätte Ta'Pinu begann am 22. Juni 1833. Damals stand an dem Ort der Basilika eine kleine Kapelle, die von einem frommen Mann, den man Pinu rief, gepflegt wurde. An jenem Tag betrat die Bauersfrau Carmela Grima die Kapelle und vernahm die Stimme der Heiligen Jungfrau. Diesem Ereignis folgten Wunderheilungen, und durch in der Kapelle gesprochene Gebete soll Gozo im Gegensatz zu Malta von der Pest verschont geblieben sein. Spenden ermöglichten daraufhin den Bau der im neuromanischen Stil errichteten Kirche, die 1931 eingesegnet und bereits ein Jahr später von Papst Pius XI. zur Basilika erklärt wurde. Die Originalkapelle aus dem 16. Jh. wurde vollständig in das Bauwerk integriert.

Auf dem der Basilika gegenüberliegenden Hang führt ein Kreuzweg auf ein Plateau mit einem Amphitheater. Nach Meinung von Lesern genießt man von dort einen „nahezu göttlichen" Blick über Gozo.

Öffnungszeiten Mo–Sa 6.45–19 Uhr, So 5.45–12.15 u. 13.30–19 Uhr. Achten Sie auf passende Kleidung – offiziell keine kurzen Hosen und Röcke (meist wird jedoch ein Auge zugedrückt). Tücher zur Bedeckung von Trägertops werden in der Kirche bereitgehalten.

Verbindungen Bus Nr. 308 alle 60 Min. von Victoria, Haltestelle Pinu. Ansonsten ist die Kirche auch in einem gemütlichen Spaziergang von Għarb aus zu erreichen (→ Wanderung 9).

Anfahrt Von Victoria der Beschilderung nach Għarb folgen, kurz vor Ortsbeginn geht es rechts ab (Wegweiser).

Am Wegesrand

Wanderung 1	Von Ħaġar Qim zu den Dingli Cliffs	→ 257
Wanderung 2	Von Rabat durch den einsamen Westen Maltas bis zur Golden Bay	→ 260
Wanderung 3	Von den Buskett Gardens durch das Girgenti-Tal nach Siġġiewi	→ 263
Wanderung 4	Vorbei an den St. Paul's Islands	→ 265
Wanderung 5	Von der St. Paul's Bay in die Golden Bay	→ 266

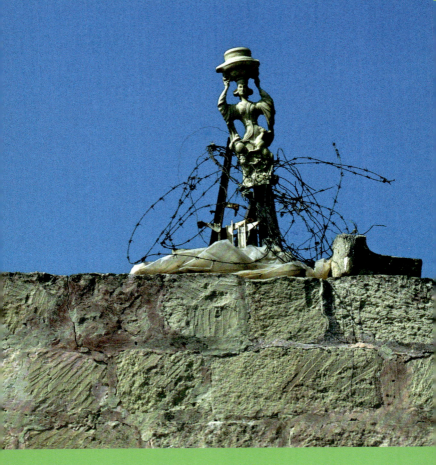

Kleiner Wanderführer

Wanderung 6	Die Dwejra Lines Dueyra Leins	→ 268
Wanderung 7	Von der Mellieħa Bay nach Ċirkewwa	→ 269
Wanderung 8	Rund um Comino	→ 271
Wanderung 9	Rund um den Leuchtturm	→ 272
Wanderung 10	Von Xagħra über die Mistra Rocks nach Nadur	→ 276
Wanderung 11	Von Mġarr nach Xlendi	→ 277
Wanderung 12	Zur Bucht von Dwejra	→ 280

Not for sale?

Kleiner Wanderführer

Die maltesischen Inseln sind kein klassisches Wanderziel, auch sind markierte Wegstrecken rar. Trotzdem gibt es insbesondere im Frühjahr und Herbst, wenn die Felder grün sind und die Wiesen in Blüte stehen, kaum eine nettere Art, die versteckten Schönheiten der Inseln zu entdecken. Im Sommer dagegen wird das Wandern mangels Schatten zur Tortur.

Die in diesem Buch vorgestellten Touren führen meist auf Pfaden oder schmalen Sträßlein durchs raue Gelände; entlang der imposanten Steilküsten wird eine absolute Schwindelfreiheit vorausgesetzt. Pfade, vorbei an Feldern, sind jahreszeitlich unterschiedlich leicht aufzufinden, Pfade über blanken Fels verlaufen häufig im Nichts. Ein guter Orientierungssinn – oder ein Lächeln für ein paar Meter in die falsche Richtung – ist daher bei so mancher Tour vonnöten. Anhand der Wanderbeschreibungen und Routenskizzen (die natürlich keine Wanderkarten ersetzen können) sollten Sie die schwierigen Passagen aber problemlos meistern können. Etwas Ausdauer und Kondition müssen Sie auf jeden Fall mitbringen.

Basisausrüstung Viele Wanderungen beinhalten steinige und steile Passagen, die, wenn es regnet, z. T. äußerst glatt sind. Daher sind knöchelhohe und gut eingelaufene Wanderschuhe mit fester Profilsohle dringend zu empfehlen. Kniestrümpfe oder lange Hose aus festem Stoff vermeiden bei Wegen durch stachliges Gebüsch böse Kratzer. Nicht zu vergessen: Sonnenschutzmittel, Sonnenbrille und Kopfbedeckung. Gehen Sie nie alleine, und wenn doch: Nehmen Sie eine Trillerpfeife für Notsignale mit und teilen Sie Ihre Route der Rezeption mit.

Verpflegung Ausreichend Wasser ist dringend zu empfehlen. Sich unterwegs in den Dörfern mit Proviant einzudecken, ist nicht immer möglich – dort sind die Geschäfte, wenn es welche gibt, meist zwischen 12 und 16 Uhr geschlossen.

Dauer der Wanderungen Die angegebenen Wanderzeiten, die keine Pausen beinhalten, sind natürlich nur Richtwerte, mancher geht eben schneller, mancher langsamer. Bereits nach kurzer Zeit jedoch werden Sie die Angaben in die richtige Relation zu Ihrem Wandertempo setzen können.

Weitere Wanderrouten Auf www.visit malta.com hält die **Malta Tourism Authority** 8 englischsprachige Broschüren mit verschiedenen Wandertouren zum kostenlosen Download bereit. Ein gedruckter Wanderführer soll folgen.

Hunde und Schlangen Beiden begegnet man auf Wanderungen gelegentlich. Harmlos sind die Schlangen – auch die bis zu 150 cm lange Zornnatter, sofern man sie nicht fangen will; sie sucht sofort das Weite und ist außerdem nicht giftig. Furcht einflößender sind hingegen die kläffenden und knurrenden Hunde. Für sie gilt zum Glück meist: große Klappe und nichts dahinter. Ausnahmen gibt es aber auch, Wanderer wurden schon von Hunden gebissen! Hilfreich ist ein *Dog Chaser*, der durch Hochfrequenztöne die Hunde verjagt. Malteser werfen mit Steinen nach aufdringlichen Kötern – meist genügt es daher schon, einfach so zu tun, als hebe man einen Stein auf, und der Hund ergreift die Flucht.

Keep Out, Private Ground, R.T.O. („Reserved to Owner"): Solchen und ähnlichen Hinweisen am Wegesrand begegnet man häufig, und jedes Jahr werden es mehr. Sie sollen in erster Linie Tomaten- oder Melonendiebe, Jäger und illegale Müllentsorger fernhalten. An Wanderer haben die Malteser bei der Anbringung der handgefertigten Schilder i. d. R. nicht gedacht, denn den Maltesern ist Wandern fremd. Hinzu kommt, dass in manchen Gegenden, insbesondere im Nordwesten Maltas, noch so einige Bauern und Jäger an die alten Sitten der Prärie glauben. Dort versucht der eine oder andere, freies Land durch Ummauerung oder Umzäunung und durch das Anbringen von Hinweisschildern zu seinem Eigentum zu machen. Nimmt man all die Verbotsschilder ernst, lässt sich abseits der Straßen kaum mehr eine Wanderung durchführen. Auch bei den im Buch beschriebenen Routen passieren Sie z. T. als Privatstraßen oder -grund gekennzeichnete Abschnitte.

Alle Bauern und Jäger, die wir bei den regelmäßigen Aktualisierungen des Buches auf die Verbotsschilder ansprachen, versicherten uns, dass eine Durchwanderung der markierten Gebiete kein Problem sei (selbstverständlich nicht quer durch die Felder!). Da wir jedoch nicht 100%ig davon ausgehen können, dass auch Ihnen die gleiche Freundlichkeit entgegengebracht wird, übernehmen wir bei eventuellem Ärger natürlich keine Haftung.

Wanderung 1 – Malta: Von Ħaġar Qim zu den Dingli Cliffs

Route: Ħaġar Qim – Mnajdra – Għar Lapsi – Annunciation Chapel – Madalena Chapel – (Dingli). **Dauer**: 3 ½ Std. (ohne Besichtigungen). **Besonderheiten**: Die Wanderung entlang der Südküste von Ħaġar Qim bis zu den Dingli Cliffs zählt zu den schönsten Maltas. Für den ersten Abschnitt bis nach Għar Lapsi sollte man schwindelfrei sein, etwas später muss man je nach Jahreszeit einen kurzen, verwilderten Wegabschnitt umgehen und hierbei ein wenig kraxeln, was jedoch keine größeren Schwierigkeiten bereitet. Bade- und Einkehrmöglichkeit bestehen in Għar Lapsi. **An- und Weiterreise**: Für den Start in Ħaġar Qim und Mnajdra → S. 152. Bei den Dingli Cliffs gibt es eine erste Bushaltestelle (Ħad-Dingli Żuta) nahe den Zisternen am Kap Il-Kullana und eine zweite (Dingli Cliffs) bei der Madalena-Kapelle. Von beiden Haltestellen fährt Bus Nr. 201 stündl. zum Airport bzw. in die andere Richtung über Dingli nach Rabat.

Kleiner Wanderführer

Wegbeschreibung: Vom Parkplatz vor dem archäologischen Park von Ħaġar Qim und Mnajdra folgt man dem Zugangsweg zur Tempelanlage von **Ħaġar Qim**. Kurz vor dem dortigen Ticketkontrollhäuschen hält man sich links und folgt dem zunächst von niedrigen Mauern gesäumten Schotterweg, der um das umzäunte Tempelareal führt. Dahinter geht es auf einem gepflasterten Weg hinab in Richtung Mnajdra-Tempel. Blickt man auf dem Weg dorthin nach Osten, sieht man oberhalb der Küste ein **Denkmal**, das an Sir Walter Congreve (Gouverneur 1924–1927) erinnert, dessen Lieblingsplatz hier war und der zwischen Malta und Filfla auf See bestattet wurde. Zum Denkmal gelangt man auf einem Schotterweg. Vom Denkmal hält man Ausschau nach einem rötlichen Pfad, der sich die Küste entlang gen Nordwesten schlängelt – suchen Sie sich den für Sie bequemsten Weg die Felsen hinunter. Der Pfad führt (mal mehr und mal weniger gut auszumachen) nach **Għar Lapsi** – auch die kleine Häuseransammlung ist bereits vom Congreve-Denkmal aus zu sehen. Achtung: Auf dem Weg entlang der Küste wählt man beim Wied Maghina, dem Ausläufer eines kleinen Tals (gut zu erkennen an dem Einschnitt in der Felswand rechter Hand), den Pfad, der auf einen höher gelegenen Schießstand aus Stein zuhält. So umgeht man eine namenlose Bucht.

Hinter Għar Lapsi folgt man für ca. 1 km der Küstenstraße in Fahrtrichtung vorbei an einer Meerwasserentsalzungsanlage. Unmittelbar vor einem Steinbruch zweigt man nach links auf ein schmales, staubiges Sträßlein ab, an dem Telefonmasten entlangführen. Etwa 80 m weiter gabelt sich das Sträßlein, nun rechts halten, und nachdem man rund 20 m weiter bergauf gegangen ist, erneut rechts abzweigen. Nun folgen Sie stets dem Feldweg, dieser führt anfangs oberhalb des Steinbruchs entlang und schwenkt dann nach links zwischen Feldern bergauf ab.

Ca. 180 m weiter, bei einem Schachteingang, der aus der Ferne aussieht wie ein Toilettenhäuschen ohne Tür, steigt man auf einem Pfad geradeaus weiter bergauf an. Ca. 30 m weiter müssen Sie eine rund 10 m lange Schneise passieren, die je nach

Die Madalena-Kapelle über den Dingli Cliffs

Wanderung 1:
Von Hagar Qim zu den Dingli Cliffs

Jahreszeit mehr oder weniger mit Gestrüpp verwachsen ist. Sollte ein Durchkommen unmöglich sein, steigen Sie links der Schneise den Hügel hinauf und umgehen so die verwilderte Passage. Hinter der Schneise führt ein geflicktes Sträßlein vorbei an Reben weiter geradewegs bergauf. Das Sträßlein mündet in ein quer verlaufendes Sträßlein, links halten und 50 m weiter erneut links halten. Nun folgen Sie stets dem Sträßlein gen Westen. Nach ca. 400 m passieren Sie die **Kappella tal-Lunzjata** (**Annunciation Chapel**, i. d. R. nicht zugänglich) und nur 7 Min. später die **Kappella tal-Karmnu (Our Lady of Mount Carmel)** mit einer markanten roten Kuppel (ebenfalls meist verschlossen). Auf der Rückseite der kleinen Kirche geht das Sträßlein in einen als Sackgasse gekennzeichneten Feldweg über, also rechts halten. Blickt man unterwegs auf die rechter Hand ansteigende Felswand, fällt auf, dass viele Höhlen noch heute genutzt werden.

Kurz vor den **Dingli Cliffs** steigt der Weg am Kap Il-Kullana in Serpentinen an und bietet grandiose Ausblicke auf die Klippen. Oben auf dem Felssporn kann man Zisternen aus der Bronzezeit entdecken. Der Weg mündet in eine schmale, geteerte Straße, die oberhalb der Dingli Cliffs verläuft, links halten (hier auch die erste Bushaltestelle). Nun folgen Sie für längere Zeit der Straße. Das Gebäude mit dem kugeligen Dachaufbau, auf das man vorerst zuhält, ist übrigens eine Radarstation, die zum Malta International Airport gehört. Bei der einsam gelegenen **Kappella Santa Marija Maddalena (Madalena Chapel)** befindet sich die zweite Bushaltestelle (s. o.). Wer mag, kann bis **Dingli** weiterspazieren. Die Pfarrkirche des Ortes mit ihrer silbernen Kuppel beeindruckt schon von Weitem.

Der einsame Westen Maltas lässt sich bestens zu Fuß erkunden

Wanderung 2 – Malta:
Von Rabat durch den einsamen Westen Maltas bis zur Golden Bay

Route: Rabat – Santa Katherina – Misraħ Suffara – Ta' Baldu – Mtaħleb – Baħrija – Kunċizzjoni – Ġnejna Bay – Għajn Tuffieħa Bay – Golden Bay. Dauer: 4–4 ½ Std. – Leser benötigten aber auch schon 6 Std. … **Besonderheiten**: Schöne Wanderung, die sowohl einen Eindruck von Maltas Landesinnerem vermittelt als auch tolle Küstenanblicke bietet. Führen Sie diese Wanderung jedoch wegen Rutschgefahr nicht bei oder nach Regen durch! Snacks und Getränke werden in Baħrija und in den Sommermonaten in der Ġnejna, der Għajn Tuffieħa und der Golden Bay angeboten. In den drei genannten Buchten können Sie auch herrlich baden. **An- und Weiterreise**: → Rabat, S. 157, und Golden Bay, S. 198.

Wegbeschreibung: Ausgangspunkt ist die **Pfarrkirche San Pawl** in Rabat. Zu Beginn folgt man der Beschilderung zu den St. Paul's Catacombs, lässt diese jedoch links liegen und geht immer geradeaus weiter. Dabei gelangt man von der Triq Sant' Agata auf die Triq Ħal Bajjada. An deren Ende überquert man eine breite Straße, hinter der es geradeaus weiter geht. Nach 200 m, bei einer verhältnismäßig großen Kreuzung für das schmale Sträßlein, zeigt ein Wegweiser die Richtung nach **Santa Katherina** an – Ihr Weg. Hinter der Ortschaft mit dem gleichnamigen Kirchlein führt die Straße in Serpentinen in das Tal Wied Liemu hinab und auf der entgegengesetzten Seite wieder bergauf; die Häuser, die man dort sieht, gehören zu dem weit verstreuten Weiler **Misraħ Suffara**.

Am Ende des Weilers passiert man einen Steinmetzbetrieb. Kurz dahinter gelangt man wieder an eine Kreuzung, links geht es zu den Dingli Cliffs, man biegt jedoch rechts ab Richtung Rabat und Mtaħleb (Wegweiser). Der Straße folgt man ca.

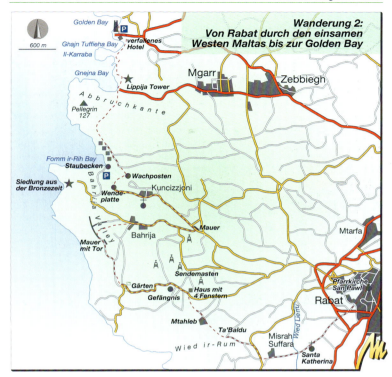

250 m, bis rechter Hand eine Mauer (dahinter eine Senke) endet und ein paar Häuser auftauchen. Hier zweigt links ein schmales, teils betoniertes, teils geteertes Sträßlein ab, das oberhalb des Tals Wied Ir-Rum verläuft und zu dem kleinen Weiler **Ta' Baldu** führt. Dort gelangt man an eine Kreuzung, bei der innerhalb weniger Meter links zwei Wege abgehen und rechts einer. Man nimmt den zweiten nach links. Kurz darauf, vor dem letzten Haus der Siedlung, zweigt rechts ein unbefestigter Feldweg ab. Dieser wird meist auf beiden Seiten von Mauern flankiert – wo der Boden felsig ist, kann man **Cart-Ruts** (→ S. 174) erkennen – und führt zu einer Aussichtsstelle, an der Telefonmasten und eine Straße die Verbindung zu der weit verstreuten Siedlung **Mtaħleb** herstellen. Ein Teil der Häuser liegt unterhalb des Plateaus, auf dem Sie gerade stehen, den hinteren Teil der Behausungen bilden in den Stein geschlagene Höhlen – einen kleinen Abstecher wert. Wollen Sie lieber Cart-Ruts suchen, so schauen Sie sich einfach auf dem Plateau um.

Blickt man von dort nach Nordwest, steht etwas höher gelegen ein einstöckiges Haus mit vier Fenstern an der Seitenwand. Ein Pfad führt zu Beginn entlang des Plateaus und später durch Felder auf das Gebäude zu. Wenige Meter unterhalb des Hauses gelangt man auf eine geteerte Straße, dieser folgt man nun weiter Richtung Nordwest (links halten). Linker Hand sieht man die Kirche Mtaħlebs liegen und rechts Sendemasten. Man passiert die ehemalige Schule der Ortschaft, die heute als

Gefängnis dient, und biegt ca. 200 m danach links auf eine schmale Straße ab. Bei der darauf folgenden Weggabelung nach weiteren ca. 50 m geht es rechts ab. Nun folgt man für längere Zeit dem Sträßlein auf dem kargen Hochplateau. Es wird auf einmal rechts und links von ummauerten Gärten begrenzt und gabelt sich dahinter – links halten; bei der folgenden Serpentine bleibt man auf dem Hochplateau und geht einfach geradeaus weiter.

An einer Anhöhe kommt die Ortschaft Baħrija in Sicht, und eine Straße zweigt nach rechts zu den Sendemasten ab – diese bleibt unbeachtet. Der Weg verläuft weiterhin entlang der Küste und nach einer Weile entlang eines kleinen Grates, zur Linken liegt das Meer, zur Rechten das Baħrija Valley. In der Ferne taucht Gozo auf.

Bei einer Weggabelung, die Sie vor die Entscheidung stellt, auf der dem Meer zugewandten Seite oder auf der Talseite zu gehen, halten Sie sich rechts auf der Talseite. 30 m weiter, hinter einer hohen Ummauerung mit Tor, zweigen Sie auf einen betonierten Weg nach rechts ab. Dieser führt, z. T. als dschungelartiger Hohlweg, durch das fruchtbare Baħrija-Tal. Dabei überquert man auch einen Bach. Der Weg mündet schließlich in ein anfangs steil aufsteigendes Sträßlein. Sind die ersten schweißtreibenden Meter geschafft, gelangen Sie auf dem Sträßlein recht gemütlich in die Ortschaft **Baħrija** – alle kleineren Abzweigungen ignorieren. Am Dorfplatz mit mehreren Bars können Sie sich eine Erfrischung gönnen (sofern geöffnet).

Küstenszenerie bei Baħrija

Danach folgt man vom Dorfplatz der Triq Is-Saif Ta' San Martin, der Hauptzufahrtsstraße nach Baħrija, für rund 1 ½ km (ca. 15 Min.) inselein- bzw. dorfauswärts – ein weniger schöner Abschnitt der Wanderung. Wenn sich 300 m hinter der Bushaltestelle „Bajda" vor Ihnen eine ca. 2 m hohe, fast geradlinig verlaufende Natursteinmauer erstreckt, müssen Sie unmittelbar vor dieser Mauer auf ein kleines Sträßlein nach links abzweigen. Es ist das Sträßlein nach **Kunċizzjoni** (Hinweisschild). Diesem folgt man bis zu seinem Ende, alle Abzweigungen bleiben unbeachtet. Unterwegs passieren Sie das 1731 errichtete Kirchlein des weit verstreuten Weilers. Hier wählt man das direkt rechts *an* der Kirche vorbei führende Sträßlein (nicht rechts *vor* der Kirche abzweigen!).

Bald danach bieten sich herrliche Ausblicke auf die Nordwestküste Maltas und die Südküste Gozos. Ca. 500 m hinter der Kirche schwenkt das Sträßlein nach rechts ab und endet an einer Wendeplatte mit einer Gedenktafel für Carmelo Camilleri in der Ummauerung. Bei der Gedenktafel beginnt ein Pfad, der auf mehr oder weniger gleicher Höhe entlang eines Plateaurands landeinwärts schwenkt und an einem Wachposten – einst Teil der Victoria Lines – endet. Lassen Sie sich unterwegs von dem Hinweisschild „Private no entry" nicht abschrecken. Blickt man vom Wachposten hinab, sieht man ein Staubecken. Für den Abstieg dorthin wählt man den einst befestigten, aber heute verwilderten Weg.

Auf dem Schotterweg (im letzten Abschnitt betoniert) vorbei am Staubecken stößt man auf eine geteerte Straße, links halten. Diese führt an ein paar Häusern am Plateaurand entlang. Unterhalb der Plateaukante liegt die Fomm ir-Riħ Bay (→ S. 179). Nach dem letzten Haus geht die Straße in einen unbefestigten Feldweg über. Achtung: Der nach ein paar Metern linker Hand beginnende betonierte Weg bleibt unbeachtet. Ihr Weg ist der Feldweg, der zuerst landeinwärts verläuft und dann als Pfad nach links (gen Norden) zur Überquerung der Pellegrin-Halbinsel abschwenkt. Er führt bis zur Abbruchkante des Plateaus, wo er sich als schmaler Pfad bis zur Ġnejna Bay fortsetzt.

Am Ende des Strandes der Ġnejna Bay führt ein Pfad entlang der Küste über die Halbinsel Il-Karraba hinweg zur **Għajn Tuffieħa Bay** (teils sehr steil). Von dieser Bucht gelangt man über Treppen zu einem Parkplatz, links halten (linker Hand befindet sich ein aufgegebenes, im Verfall begriffenes Hotel). Am Ende des Parkplatzes beginnt ein breiter Weg, über den man rechts an einem alten Wachturm vorbei zur **Golden Bay** gelangt. Ein steiler Pfad führt schließlich zum Strand hinab.

> **Achtung**: Verzichten Sie bei Nässe wegen Rutschgefahr auf den Abschnitt von der Ġnejna Bay in die Golden Bay. Sofern von der Ġnejna Bay keine Busse fahren (→ S. 197), müssen Sie die 2 km nach Mġarr wandern, um von dort mit dem Bus den Rückweg antreten zu können.

Wanderung 3 – Malta: Von den Buskett Gardens durch das Girgenti-Tal nach Siġġiewi

Route: Buskett Gardens – Clapham Junction – Laferla Cross – Siġġiewi. **Dauer**: Ca. 2 ½ Std. **Besonderheiten**: Die leichte Wanderung ist in vielen Abschnitten mit dem von der *Malta Tourism Authority* spärlich markierten „Girgenti Walk" identisch. Sie verläuft fast ausschließlich auf schmalen Sträßchen – ist also eher als ein längerer Inselspaziergang denn als Wanderung zu verstehen. Der beste Tag für die Wanderung ist der Sonntag, dann herrscht wenig Verkehr und dann ruhen die Arbeiten in den nahen Steinbrüchen. Keine Einkehrmöglichkeiten! **An- und Weiterreise**: → Buskett Gardens (Haltestelle Buskett), S. 173, und Siġġiewi, S. 176.

Wegbeschreibung: Von der Haltestelle Buskett gehen Sie an dem Gebäude mit dem Lanzengitterzaun vorbei bergab, bis Sie ein Hinweisschild sehen, das folgende Richtungen angibt: nach links in die Buskett Gardens, nach rechts ins Zentrum von Dingli und geradeaus zu den Dingli Cliffs, nach Clapham Junction und zur Höhle Għar il-Kbir. Man folgt der Beschilderung „Clapham Junction, Għar il-Kbir" und bei der Straßengabelung 100 m weiter erneut (also links halten). Es geht nun leicht bergauf. Nicht einmal 10 Min. ist man auf dem Sträßlein unterwegs, dann weist bei einem Gatter ein Hinweisschild nach rechts zu den Cart-Ruts der **Clapham Junction**, ein lohnenswerter Abstecher (→ S. 173).

Nach dem Abstecher wandert man auf dem Sträßlein, auf dem man gekommen ist, weiter leicht bergauf, es führt auf eine Anhöhe. Das Palais, das sich linker Hand über den Buskett Gardens erhebt, ist der **Verdala Palace** (→ S. 173). Hat man den höchsten Punkt überwunden, sieht man rechter Hand voraus in der Ferne bereits das Laferla Cross, ein ca. 10 m hohes Kreuz (→ S. 178). Linker Hand hingegen verschwindet der Verdala Palace für eine Weile aus dem Blickfeld. In dem Moment, in dem er wieder ins Blickfeld rückt, liegt links des Sträßleins ein **Steinbruch** aus römischer Zeit. Bald darauf gabelt sich das Sträßlein, rechts halten. Das Sträßlein führt steil bergab und endet an der Verbindungsstraße Siġġiewi – Dingli-Cliffs, ebenfalls rechts halten. Nun wandert man parallel zum grünen Girgenti-Tal. Das efeuumrankte, kleine festungsartige Palais über dem Tal ist der **Inquisitor's Palace**, der einstige Sommerpalast des Inquisitors, in der ersten Hälfte des 17. Jh. erbaut. Heute werden in ihm Staatsgäste aus aller Welt untergebracht. Nachdem man dessen Zufahrt passiert hat, steigt die Straße leicht an und führt auf einen Steinbruch zu. Kurz vor dem Bruch schwenkt die Straße nach links ab, kurz danach steht rechter Hand ein **Marienschrein**. 100 m weiter verlässt man die Straße und zweigt nach links auf ein kleines Sträßlein zum **Laferla Cross** ab (Hinweisschild). Ca. 80 m weiter gabelt sich die Straße, diesmal rechts halten. Kurz darauf blickt man rechter Hand in einen anderen mächtigen Steinbruch. Das Sträßlein schlängelt sich an ummauerten Feldern auf das Kreuz zu, alle kleineren Abzweigungsmöglichkeiten bleiben unbeachtet. Bei der einzigen verwirrenden Straßengabelung unterwegs hilft eine Wandermarkierung weiter (links halten). Ca. 300 m vor dem Kreuz muss man sich vor einem aus unbehauenen Steinen ummauerten **Farmhaus** links halten, für Fahrzeuge ist der Weg verboten. Vom Laferla Cross genießt man eindrucksvolle Blicke über den Osten der Insel: voraus ein Kunterbunt aus Feldern, dann Siġġiewi, dahinter das Häusermeer rund um Valletta und das tiefblaue Meer.

Von der **Verkündigungskapelle** vor dem Kreuz führt ein uralter, teils gepflasterter und von Mauern flankierter Weg zu Tal. Unterwegs passiert man einen Schrein und mehrere weiße Christusstatuen. Bei einem Farmhaus stößt der Weg auf eine Kreuzung – hier zweigt man unmittelbar hinter dem Farmhaus nach rechts ab. An Feldern und weiteren Farmhäusern vorbei gelangt man nach ca. 250 m zu einer größeren Kreuzung, links halten. Ca. 100 m weiter, wenn die Straße nach links abschwenkt, folgt man rechter Hand dem schmalen Sträßlein. Ca. 700 m weiter zweigt man beim Farmhaus Tal-Lewża in den von Mauern gesäumten Weg nach links ab. Es geht vorbei an weiteren kleinen Farmhäusern, Rebstöcken, Gemüsegärten, Obst- und Olivenbäumen. So erreicht man das **Verbindungssträßlein Rabat/ Girgenti – Siġġiewi**. Um ins Zentrum Siġġiewis zu gelangen, halten Sie sich nun rechts. Die Busse fahren dort zu Füßen der alles überblickenden Pfarrkirche ab.

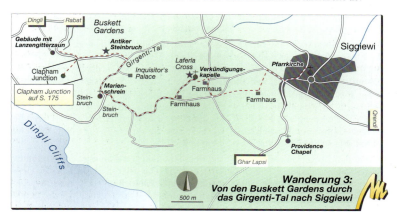

Wanderung 4 – Malta: Vorbei an den St. Paul's Islands

Route: Xemxija – Mistra Bay – Ras il-Miġnuna – vorbei an den St. Paul's Islands – Selmun Palace – Mistra Bay – Xemxija. **Dauer**: Von der Kirche San Ġużepp Ħaddiem beim Kreisverkehr in Xemxija 2 ¼ Std. Falls die Wanderung in Buġibba oder Qawra begonnen wird, muss man, je nachdem wo man startet, noch die Zeit entlang der St. Paul's Bay hinzurechnen. **Besonderheiten**: Leichte Wanderung. Wer auf die Inseln will, kann hinüberschwimmen – Badezeug nicht vergessen. Einkehrmöglichkeit in der Mistra Bay (→ S. 190). Nicht nach Regen laufen – schlammige Passagen! **An- und Weiterreise**: Die dem Ausgangspunkt, der Kirche San Ġużepp Ħaddiem, nächstgelegene Bushaltestelle heißt Ix-Xemxija. Hier halten u. a. Bus Nr. 221 von Buġibba über Mellieħa nach Ċirkewwa (Fähre Gozo), Nr. 222, der im 30-Min.-Takt auf der Strecke Sliema – Ċirkewwa verkehrt, Nr. X1, der im 45-Min.-Takt zwischen Flughafen und Ċirkewwa pendelt, Nr. 37, der alle 60 Min. zwischen Valletta und Mellieħa unterwegs ist, zudem Nr. 41 u. 42 von Valletta nach Ċirkewwa (beide fahren im 30-Min.-Takt).

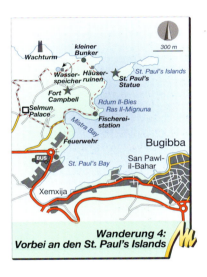

Wanderung 4: Vorbei an den St. Paul's Islands

Wegbeschreibung: Ausgangspunkt ist die **Kirche San Ġużepp Ħaddiem** beim Kreisverkehr am oberen Ortsende von Xemxija. Hier verlässt man die Straße nach Ċirkewwa und zweigt nach rechts in die Zufahrt zum Civil Protection Department ab, der hiesigen **Feuerwehr** (am Ende der Sackgasse steht ein einstöckiges Gebäude mit einem Gründungsstein davor). Rechts von der Ummauerung der Anlage beginnt ein Schotterweg entlang den Klippen, der dann als breiter Pfad direkt bis zur **Mistra Bay** verläuft. Von der Bucht folgt man entlang der Küste der geteerten Straße, die am **Ras il-Miġnuna** an einer kleinen Festung (heute wird das Gebäude vom Fischereiministerium genutzt) mit einem Parkplatz davor endet. Nun wandert man auf einem gut erkennbaren Weg parallel zum Küstenverlauf weiter. Die nach ca. 10 Min. linker Hand auf einem Hügel auftauchenden, leer stehenden Häuser gehören zum aufgegebenen **Fort Campbell**. Man umgeht die Rdum-il-Bies-Bucht und hält sich weiterhin an den Klippen entlang, bis die **St.-Paul's-Inseln** vor einem liegen mit einem aufs Meer blickenden Paulus darauf. Wer sein Badezeug dabei hat, kann von den tiefer liegenden Salinen hinüberschwimmen und ihm von Angesicht zu Angesicht gegenüberstehen.

Ein Pfad, der sich später zum Feldweg verbreitert, führt nun weiter entlang dem Küstenverlauf (landeinwärts führende Abzweigungen ignorieren). Bei ein paar Häuserruinen orientiert man sich auf einen voraus und höher gelegenen kleinen **Bunker** zu, der an seinem halbrunden Dach zu erkennen ist. Hinter diesem blickt man wieder auf **Salinen** hinab. Nun folgt man dem landeinwärts steil bergauf führenden Grat, der gelegentlich auch als Moto-Cross-Strecke herhalten muss. Noch unterhalb der Ummauerung des Forts Campbell gelangt man auf eine kleine Straße mit Schlaglöchern, die man wieder hinabgeht – also rechts halten. Keine 100 m weiter ging einst der Teer aus.

Der Weg verläuft nun auf einem Pfad an zwei **Wasserspeichern** vorbei. Schon ca. 4 Min. hinter den Wasserspeichern zweigt er nach rechts ab – es gibt keine andere Möglichkeit – und weist in der Ferne auf eine Einzimmerruine und den Sockel eines ehemaligen Wachturms zu. Etwa 150 m vor der **Turmruine** erreicht der Pfad eine befestigte, schmale Straße, der man landeinwärts folgt (also links halten). An Feldern vorbei führt sie in großen Serpentinen bergauf bis zum **Selmun Palace** (→ S. 205). Unmittelbar hinter dem Palast zweigt links eine Straße ab, die zu dem verlassenen Fort Campbell führt. Von dieser geht es nach ca. 150 m in einer Linkskurve an einem Telefonmast samt Straßenlampe rechts ab, kurz danach wieder links. Fast geradlinig und in einem Abschnitt verwildert führt nun ein Weg zwischen Mauern zur Zufahrtsstraße zur **Mistra Bay**. Von der Mistra Bay gelangt man über den gleichen Weg, den man gekommen ist, wieder zurück nach Xemxija.

Wanderung 5 – Malta: Von der St. Paul's Bay in die Golden Bay

Route: Xemxija – Bajda Ridge – Il-Majjistral – Golden Bay. **Dauer**: 3 Std. **Besonderheiten**: Einfacher Weg und – für die maltesischen Inseln ungewöhnlich – z. T. schattig. Einkehrmöglichkeiten bestehen am Ende der Wanderung in der Golden Bay. **An- und Weiterreise**: Für den Ausgangspunkt der Wanderung steigt man an der Bushaltestelle Ix-Xemxija Roti aus, die nur eine Station von der Bushaltestelle Ix-Xemxija entfernt liegt und von den gleichen Bussen passiert wird (→ Wanderung 4). Für Busverbindungen von der Golden Bay → S. 198.

Wegbeschreibung: Von Süden (oder San Pawl il-Baħar) kommend, zweigt man am tiefsten Punkt der Bucht bzw. am Ortsanfang von Xemxija, unmittelbar hinter dem **Parkplatz mit Kiosk**, in die ins Inselinnere führende Straße Triq Il-Pwales ab. Diese führt am Eingang des „Is-Simar nature reserve" vorbei und endet nach ca. 250 m an einer schmaleren, quer verlaufenden Straße. Hier hält man sich rechts und wandert geradeaus den Hügel hinauf. Nach ca. 150 m wird aus dem steilen, betonierten Weg ein Schotterweg. Unterwegs bietet sich eine schöne Aussicht auf das fruchtbare und intensiv bewirtschaftete Pwales Valley.

Auf dem **Bajda Ridge**, einem mit Aleppokiefern bewaldeten Kamm, mündet der Schotterweg bei einem gemauerten, ca. 1,80 m hohen, quadratischen **Staubecken** mit Rohraufsatz in einen Waldweg. Hier hält man sich links gen Westen und bleibt nun immer auf dem Hauptweg.

Hinter einer grünen **Schranke**, die mit der Zahl 3 gekennzeichnet ist, erreicht man eine geteerte Straße. Man überquert diese, hält sich links und nach ca. 15 m wieder rechts. Nun setzt man seinen Weg, vorbei an der Schranke mit der Ziffer 4, auf dem bewaldeten Bajda Ridge fort. Alle Abzweigungen bleiben unbeachtet. Über dem Tal rechter Hand sieht man die Häuser von Mellieha. Am Ende des Wegs, den ein **Telefonmast** markiert, hält man sich rechts, die Anhöhe hinab. Beim nächsten Telefonmast biegt man nach links auf ein dürftig betoniertes Sträßlein ab. Auf diesem geht

Wanderung 5: Von der St. Paul's Bay in die Golden Bay

es nun für ca. 7 Min. geradeaus weiter. Nachdem der Weg einen Knick nach rechts gemacht hat, gelangt man an die Kehre einer geteerten Straße. Hier setzt man den Weg geradeaus weiter fort.

Kurz darauf verläuft parallel zur Straße ein **Aquädukt**, jedoch mit einer Abwasserleitung. Auf Höhe des zweiten Aquäduktbogens zweigt links ein Schotterweg von der Straße ab. Diesem folgt man bis zu seinem Ende und geht dann einfach geradeaus weiter – ein Pfad führt rechts an einem kleinen Häuschen vorbei, das samt Feld von einer gleichförmigen Mauer umgeben ist. Am Ende der Mauer erreicht man einen anderen Feldweg, der fast geradlinig bis zum Horizont führt. Dort steht ein **Bunker** aus dem Zweiten Weltkrieg, weiter dahinter, nahe den Klippen, ein einsam stehendes Häuschen mit Terrasse. Die Bucht zu Füßen der Klippen soll übrigens die einzige Maltas sein, in der immer wieder Haie gesichtet werden. Vor dem Häuschen hält man sich links. Nun folgt man dem Schotterweg, der parallel zum Klippenrand verläuft. Schon bald geht es auf einem klar zu erkennenden Pfad weiter. Dieser stößt wieder auf einen Schotterweg, der die Landzunge Ras il-Waḥx entgegen dem Uhrzeigersinn umrundet. Vom höchsten Punkt der Landzunge sehen Sie schon das Radisson Blu Resort Hotel über der Golden Bay, eine Anlage aus drei ellipsenförmigen Gebäuden. Parallel zur Abbruchkante der Klippen verläuft der Weg auf die Hotelanlage zu. Vom Klippenrand blickt man auf die zerbrochene Küstenlandschaft, die Teil des **Natur- und Geschichtsparks Il-Majjistral** (→ Kasten) ist. Wenn Sie sich der Hotelanlage nähern, steuern Sie auf das rechte Eck der Anlage zu. Dort beginnt ein Pfad entlang der rückseitigen Mauer der Hotelanlage, der Sie zum Parkplatz oberhalb der Golden Bay bringt.

Natur- und Geschichtspark Il-Majjistral: Der knapp 7 km² kleine Natur- und Geschichtspark (www.majjistral.org) zieht sich von der Anchor Bay entlang der Küste gen Süden bis zur Golden Bay und ist nach dem hier oft vorherrschenden Nordwestwind benannt. Auf dem felsigen Gelände, das man bei Wanderung 5 durchläuft, stehen ein paar Gebäude, die einst militärischen Zwecken dienten, dazu kann man hier Cart-Ruts entdecken. Wer Glück hat, sieht auch ein paar Vögel und Reptilien – allzu viel sollte man aber nicht erwarten. Markierungen gibt es keine, lediglich eine Infotafel beim Eingang zum Radisson Blue Resort Hotel in der Golden Bay.

Wanderung 6 – Malta: Die Dwejra Lines

Dueyra Leins

Route: Rundwanderung entlang der Dwejra Lines (→ S. 197). **Dauer:** Etwa 1 ½ Std. ab dem Ausgangspunkt, der Binġemma-Kapelle (→ S. 197). **Besonderheiten:** Kurze, nette und sehr einfache Wanderung mit schönen Ausblicken. **An- und Weiterreise:** Die Binġemma-Kapelle ist von dem Kreisverkehr zwischen Zebbiegħ und Mġarr ausgeschildert, vom Kreisverkehr noch ca. 2 km. Wer die Kapelle nicht mit dem eigenen Auto ansteuern kann, muss diese 2 km noch zusätzlich gehen (hin und zurück also 4 km), die Straße ist wenig befahren und führt durch die gleichnamige Siedlung. Den Kreisverkehr (nächste Haltestelle Fisher) passieren von Valletta die Busse Nr. 38 u. 44 (Nr. 38 fährt alle 60 Min., Nr. 44 im Sommer alle 30 Min., im Winter alle 60 Min.), von Sliema und San Ġiljan Nr. 225 (alle 30 Min., im Winter alle 60 Min.) und von Ċirkewwa und Mellieħa Nr. 101 o. 102 (Mai–Okt. alle 60 Min.).

Wegbeschreibung: Etwa 100 m oberhalb der **Binġemma-Kapelle** zweigt links der Straße ein Pfad ab, der über eine Art Befestigungsdamm zur anderen Hangseite führt. (Ganz nebenbei: Oberhalb der Abzweigung, ca. 10 m links der Straße, sind **Cart-Ruts** zu finden.) Auf der anderen Hangseite gelangt man an den alten Befestigungsmauern vorbei zum äußersten Rand der **Dwejra Lines**. Dort folgt man dem Pfad, der oberhalb des Befestigungsgrabens verläuft und herrliche Ausblicke über den Nordwesten der Insel bietet. Nach 25–30 Min. auf diesem Pfad verhindern Bäume und ein Häuschen mit Flachdach das Weiterkommen parallel zum Befestigungsgraben. Hier hält man sich rechts und geht vorübergehend auf dem unterhalb der Dwejra Lines verlaufenden Weg weiter, bis man kurz nach dem Häuschen wieder zum höher gelegenen Pfad linker Hand zurückkehren kann. Keine 5 Min. später, am Ende des geradlinig verlaufenden Befestigungsgrabens, steht ein verfallener **Wachposten**; unmittelbar davor hält man sich rechts und gelangt wieder zu dem Weg hinter den Dwejra Lines, der hier zum Sträßlein wird, eine 180°-Kurve macht und den Rückweg einläutet.

Startpunkt der Wanderung

Man folgt nun für längere Zeit dieser Straße und genießt die Aussicht auf das Tal linker Hand, in dem die **Chadwick Lakes** liegen, ein künstliches Wasserreservoir. Die Ortschaft darüber ist **Mtarfa**, sie versperrt die Sicht auf Mdina und Rabat.

Am Ende einer ewigen Mauer rechter Hand nimmt man das erste befestigte Sträßlein nach rechts, an dem entlang auch eine Telefonleitung verläuft. Die

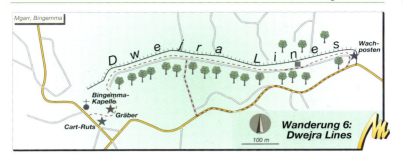

schmale Straße führt zu dem unmittelbar hinter den Dwejra Lines verlaufenden Weg. Nun kann man entweder auf diesem im Schatten zurück zur Kapelle gehen, oder man nimmt den Pfad entlang des Befestigungsgrabens.

Wanderung 7 – Malta: Von der Mellieħa Bay nach Ċirkewwa

Route: Mellieħa Bay – Torri ta' Sant'Agata – Ras Il-Qammieħ – Paradise Bay – Ċirkewwa. **Dauer:** 2 ½–4 Std. **Besonderheiten:** Die Wanderung sollte nicht die erste sein, die Sie auf Malta unternehmen. Denn für den letzten Wegabschnitt bis zur Paradise Bay bedarf es schon einer gewissen Malta-Routine, um den richtigen Pfad zu finden. Ansonsten könnte die Freude an dieser wirklich schönen Wanderung in ein Ärgern über Weg oder Autor umschlagen. Für die Öffnungszeiten des St. Agatha's Tower → S. 208. Einkehrmöglichkeit in der Paradise Bay. **An- und Weiterreise:** Jeder Bus nach Ċirkewwa (→ z. B. Mellieħa/Busverbindungen, S. 200) passiert die Mellieħa Bay (Haltestelle Il-Mellieħa Riserva aussteigen), wo die Wanderung beginnt. Für die Rückfahrt → Ċirkewwa/Busverbindungen, S. 207.

Wegbeschreibung: Um von der Mellieħa Bay den Torri ta' Sant'Agata (St. Agatha's Tower, → S. 207) zu erreichen, überquert man am nördlichen Ende des Strandes die Straße nach Ċirkewwa (Fähre Gozo). Dort orientiert man sich auf eine höher gelegene **Telefonzelle** zu; die grünen Ferienhäuser der Malteser lässt man links liegen. Rechts der Telefonzelle nimmt man den Weg durch das dunkelgrüne **Tor** (zwischen einer niederen Ummauerung) bergauf. Etwa 100 m weiter führt ein Schotter- bzw. Treppenweg zu einem höher gelegenen, kleineren **Gebäudekomplex** (Ruinen einer ehemaligen Hotelanlage) in beige-brauner Farbe.

Dort stößt der Weg auf eine schmale Straße (links halten), die Sie, am roten **St. Agatha's Tower** vorbei, zu ein paar leer stehenden, verfallenen Gebäuden am **Kap Ras Il-Qammieħ** bringt. Unterwegs genießen Sie einen herrlichen Ausblick auf Comino und Cominotto und die dazwischen gelegene Blue Lagoon, den Hintergrund dominiert Gozo. Auf der anderen Seite ist die Nordwestküste Maltas zu sehen.

Bei den verfallenen Häusern am Kap hält man rechts auf den Klippenrand zu, als Orientierung dient das Westende Gozos. Achtung: Gehen Sie nicht zu weit zum Kap vor, Klippen, die abzubrechen drohen, haben tiefe Spalten in den Boden gerissen! Entlang des Klippenrandes führt nun ein auf dem steinigen Untergrund schwer auszumachender Pfad nach Nordost (orientieren Sie sich in Richtung der halbrunden Paradise-Bay-Hotelanlage nahe dem Fährhafen Ċirkewwa). Am Ende der Klippen stoßen Sie auf einen quer verlaufenden, bergab führenden und mit großen Steinen übersäten, jedoch gut zu erkennenden **Feldweg**. Hier links halten, es geht steil hinab. Man gelangt an das Ende eines einst geteerten Sträßleins, dem man nun für ca. 20 m nach rechts folgt, bis ein Schotterweg zu einem würfelförmigen Häuschen nach links abzweigt. An diesem vorbei geht man auf den nächsten Klippenrand zu und folgt diesem wieder auf die Hotelanlage zu. Nach wenigen Metern gelangt man an eine in die Klippen gehauene Schneise mit Treppe. Rund 20 m weiter nordwestlich ist eine zweite Treppe die Klippen hinab angelegt, sie ist durch einen **Torbogen** markiert. Sie müssen die Treppe in der Schneise nehmen! Dahinter beginnt ein etwas abenteuerlicher Pfad bis in die Paradise Bay. Findet man den Hauptpfad (anfangs Richtung Meer halten), ist der Weg relativ einfach zu meistern. Schwierigere Stellen lassen sich i. d. R. mit großen Schritten problemlos überwinden, eine wirkliche Kletterei ist nicht vonnöten. Der Hauptpfad verläuft kreuz und quer, mal näher, mal weiter weg vom Meer, an mächtigen Felsblöcken und uralten, kleinen Gärten vorbei. Vor allem Jäger nutzen diesen Pfad, von dem gemeinerweise immer wieder kleinere Trampelpfade abzweigen, die sich dann als Sackgasse herausstellen. Sollten Sie vom Hauptpfad abkommen, verzweifeln Sie nicht, drehen Sie einfach um und versuchen Sie einen anderen Weg. Wer schon ein Gespür für maltesische Pfade hat, erreicht die **Paradise Bay** in weniger als 30 Min., wem es daran fehlt, braucht länger als 90 Min. Um auf den Hauptweg zu stoßen, sollte man sich bei den ersten kleinen Gabelungen rechts halten.

In der Paradise Bay steigt man die Treppen am gleichnamigen Lido hinauf, hält sich oben links und folgt vom dortigen Parkplatz der Zufahrtsstraße von Ċirkewwa. Am Paradise Bay Hotel vorbei erreicht man die Fähranlegestelle **Ċirkewwa**, von wo alle abfahrenden Busse die Mellieħa Bay passieren.

Wanderung 7: Von der Mellieħa Bay nach Cirkewwa

Wanderung 8 – Comino: Rund um Comino

Route: San Niklaw Bay – Blue Lagoon – Comino Tower – Redoute – Santa Marija Bay – San Niklaw Bay. In die Rundwanderung kann man auch in der Blue Lagoon einsteigen. **Dauer**: 2 Std. ohne Badeaufenthalte. **Besonderheiten**: Sehr einfache Wanderung mit herrlichen Bademöglichkeiten. Einkehrmöglichkeit → Comino/Essen & Trinken, S. 213. **An- und Weiterreise**: → Comino, S. 212.

Wegbeschreibung: Ausgangspunkt der Wanderung ist das **Comino-Hotel** in der San Niklaw Bay. Hier folgt man dem Wegweiser zur Blue Lagoon und hält sich an der Weggabelung vor einer **Garage** mit blauem Tor im 90-Grad-Winkel rechts. Der Weg führt daraufhin am traumhaft türkis schimmernden Wasser der **Blue Lagoon** vorbei – wer hier keine Lust verspürt, hineinzuspringen, hat einen Aufenthalt am Meer nicht verdient.

Hinter dem kleinen Sandstrand geht es an der Küste entlang weiter, dem Comino Tower entgegen. Mehrere Pfade stehen zur Auswahl; je näher an den Klippen man sich hält, desto imposanter ist der Blick auf das darunter liegende Farbenspiel des Meeres und auf die in den Buchten ankernden Segelyachten.

Sollte der **Torri Comino** (**Comino Tower**; auch: Torri ta' Santa Marija bzw. St. Mary's Tower) geöffnet sein (Spende erwünscht), genießt man von dessen Dach eine herrliche Aussicht auf Malta, Gozo und einen Teil der Blue Lagoon.

Der weitere Weg verläuft nun in südöstlicher Richtung, also rechts am

Wandern auf Comino

alten **Quarantänehospital** vorbei entlang der Küste. Bei der Weggabelung, an der es rechts in die **Bucht Wied Ternu** geht, wandert man geradeaus weiter und erreicht nach einer Weile die unterhalb der ehemaligen Schweinefarm gelegene **Redoute**.

Über ein Abwasserrohr führt nun ein Pfad zu den Klippen der Ostküste. An diesen Klippen entlang geht es leicht bergauf, vorbei an einer tiefen Spalte, hinter der ein Stück der Insel abzubrechen droht. Ca. 100 m hinter dem Spalt bzw. oberhalb des Spaltes stößt man auf einen größeren **Steinhaufen**, der keine 10 m vom Klippenrand entfernt liegt.

Dahinter geht es entlang der Ostküste weiterhin leicht schräg bergauf, bis man auf der Hügelkuppe auf einen Feldweg stößt, der den weiteren Wegverlauf in relativ großem Abstand parallel zur Küste markiert. Den **Hubschrauberlandeplatz** der Insel lässt man links liegen. Es geht zunächst weiter auf dem Feldweg entlang der Ostküste. Nach einer Weile schlängelt sich der Feldweg in das grüne, mit Olivenhainen und kleinen Feldern durchsetzte Tal der Santa Marija Bay. Dabei hat man zeitweilig den Eindruck, als wandere man wieder dem Comino Tower entgegen. Wenn man auf das Zufahrtssträßlein zur ehemaligen Schweinefarm trifft, hält man sich rechts. Die Linksabzweigung kurz darauf, bei einem einsam stehenden Häuschen, bleibt unbeachtet. Das Gleiche gilt für alle weiteren Abzweigungen im Tal.

Von der **Santa Marija Bay** orientiert man sich gen Südwesten und nimmt den Weg, der an der weißen **Marienkapelle** vorbeiführt. Übrigens finden in dieser noch immer recht regelmäßig Messen statt. Hält man sich bei der nächsten Abzweigung (mit einem Hinweisschild zum Comino Tower) rechts, gelangt man zurück zum Ausgangspunkt der Wanderung, der San Niklaw Bay.

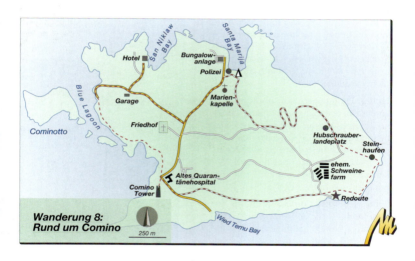

Wanderung 9 – Gozo:
Rund um den Leuchtturm

Route: Marsalforn – Qbajjar – Wied il-Għasri – Wied il-Mielaħ – San Dimitri – Għarb – Ta'Pinu – Għammar – Fanal ta'Ġordan – Obajjar – Marsalforn. Dauer: Etwa 5 Std. **Besonderheiten**: Wegen der Länge der Wanderung und des Mangels an Schatten sollte man im Hochsommer von dieser Wanderung absehen. In Għarb gibt es die Möglichkeit, Getränke zu kaufen und einen Snack zu essen. **An- und Weiterreise**: → Marsalforn, S. 228.

Wegbeschreibung: Von **Marsalforn** muss man zuerst das kurze Stück entlang der Küste ins Nachbardorf **Qbajjar** zurücklegen. Hinter der kleinen Ortschaft geht es

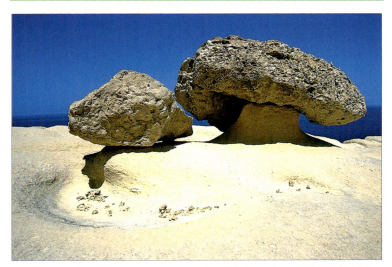
Bizarre Kalksteinformationen beim Hekka Point

entlang der Küste weiter. Es ist dabei egal, ob Sie die kleine Straße nehmen oder direkt am Meer vorbei an unzähligen Salzpfannen wandern. Dabei passiert man den **Reqqa Point**, ein beliebter Tauchplatz, der ohne Taucher vor Ort kaum als solcher ausgemacht werden kann.

> Zwischen Qbajjar und dem Reqqa Point kommt man jener Stelle vorbei, an der *Nicky Farrugia* am 28. Juli 1985 erstmals wieder Land betrat, nachdem er in der Rekordzeit von 30 Std. und 17 Min. von Sizilien nach Gozo geschwommen war. Eine kleine Tafel an der niedrigen Straßenmauer erinnert daran.

Falls Sie sich für die Straße entschieden haben, müssen Sie ca. 500 m nach dem Reqqa Point rechts abbiegen – nicht ganz einfach, wenn man nicht weiß, wo der Reqqa Point liegt. Daher achten Sie auf folgende Stelle: Nachdem die Straße inseleinwärts geschwenkt ist, sehen Sie nach einer Linkskurve in der Ferne auf einmal die Kuppel der Kirche von Għasri geradewegs voraus. Und keine 100 m vor Ihnen stehen zwei kleine, fensterarme Häuschen. Zwischen der Linkskurve und dem ersten Häuschen zweigt rechter Hand ein Weg ab (fast 180°), der sich nach ca. 50 m wieder gabelt, hier links halten.

Rechter Hand sehen Sie bald die **Wied il-Għasri-Mündung**, ein Fjord in Miniaturausgabe. Dort, wo der Feldweg endet, beginnen Stufen hinab in die Bucht – ideal für eine Badepause. Ihr Weg führt jedoch auf einem Pfad entlang des Fjordes inseleinwärts weiter. Der Fjord wird zu einem ausgetrockneten Flussbett und lässt sich nach ca. 300 m überqueren. Auf der anderen Seite des Flussbettes wandert man wieder am Fjord entlang zurück Richtung Meer. Der Weg schwenkt schließlich nach links ab, führt über die Kuppe des hiesigen Kaps und verläuft schließlich parallel zur Küste – alle Abzweigungen bleiben unbeachtet. Wer nicht absolut schwindelfrei ist, sollte von nun an einen Abstecher zu den Klippen meiden. Man erreicht die Flussmündung **Wied il-Mielaħ** mit einem Fenster in der Felsformation. Da der Fluss so gut wie nie einen Tropfen Wasser zu Tal trägt, hat man ersatzweise die Kanalisation hierher verlegt, auf deren Treppen man in die stinkende Schlucht hinabsteigen kann. Die Straße, die von hier inseleinwärts führt, lässt man links liegen und orientiert sich zunächst an jener Straße, die weiter dem Küstenverlauf folgt. Aber schon bei der ersten Gabelung hinter der Wied-il-Mielaħ-Mündung zweigt man links ab, ebenfalls bei der folgenden (wer bis zum **Ħekka Point**

vorstoßen möchte, wandert einfach noch ca. 500 m weiter entlang der Küste. Der Ħekka Point ist als solcher zwar nicht direkt auszumachen, in dessen Nähe findet man jedoch ein paar bizarre Kalksteinformationen, → Foto S. 273).

Keine 5 Min. später sieht man in der Ferne das Dächlein der Kapelle San Dimitri (→ Foto S. 251) und linker Hand die große **Wallfahrtskirche Ta'Pinu**. Der Weg gabelt sich nun häufig zwischen den Feldern; wählen Sie stets den, der eher in Richtung der San-Dimitri-Kapelle zeigt. Es gibt nur eine schwierige Stelle, dabei trifft Ihr Feldweg auf einen quer verlaufenden Weg. Nach links führt der Weg bergab an einer Fireworks Factory vorbei, hier müssen Sie sich rechts bergauf halten. Die letzten Meter zur Kapelle sind ein Abstecher, für den Sie von einer größeren Feldwegkreuzung mit Markierungspfosten des *Wied il-Mielaħ Għarb Country Walks* nach links bergauf steigen. Die Kapelle (meist nur durch ein Gittertor einsehbar) liegt idyllisch auf einem von Feldern umgebenen Hügel. Ihr Vorplatz bietet sich für ein Picknick oder eine Verschnaufpause an.

Von dem kleinen Platz vor der Kapelle ist am gegenüberliegenden Hang rechts voraus ein Weg auszumachen, der auf eine Anhöhe zuläuft – Ihr Weg ins Dorf **Birbuba**, dessen Häuser bzw. deren oberste Stockwerke sich bereits ausmachen lassen. Um den Einstieg in den Weg zu finden, hält man sich – zurück bei der Kreuzung mit den Markierungspfosten – links. Hinter der Anhöhe verbirgt sich nochmals eine kleine Senke, bei der dortigen Weggabelung hält man sich rechts. Hat man die ersten Häuser Birbubas erreicht, wandert man einfach immer geradeaus weiter, bis man in den Knick einer Straße stößt und linker Hand auf der gegenüberliegenden Anhöhe die große **Pfarrkirche von Għarb** ins Auge fällt (Birbuba und Għarb sind fast zusammengewachsen). Hier hält man sich links und folgt der Straße, die – erst bergab, dann

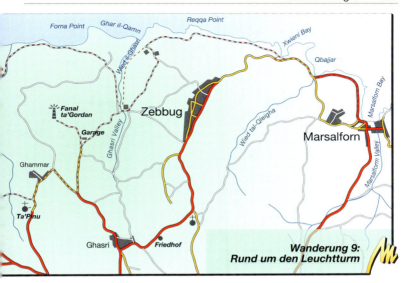

bergauf – mehr oder weniger direkt zur Pfarrkirche von Għarb führt. Die Pfarrkirche von Għarb ist – sofern geöffnet – einen kurzen Besuch wert, auch können Sie das nahe Folkloremuseum besichtigen (→ Għarb, S. 252).

Vom Dorfplatz geht es weiter auf der Triq Frenċ Ta' L-Għarb, jener Straße, die rechts der Pfarrkirche beginnt, bis ein Wegweiser nach rechts zur Wallfahrtskirche Ta'Pinu (→ S. 253) zeigt – Ihr nächstes Ziel.

Nach der Besichtigung von **Ta'Pinu** wandert man stets entlang der leicht bergab führenden, schwach frequentierten Straße in die Ortschaft **Għammar**, wo die Straße eine lange Rechtskurve beschreibt, bis es schließlich, kurz hinter der Bushaltestelle Il-Fanal, links ab zum Leuchtturm geht (Hinweisschild „Fanal ta' Ġordan").

Nach ca. 600 m, an einer Garage mit einem grünen Tor, von dem die Farbe abblättert, gabelt sich die Straße. Wer will, kann nun einen Abstecher zum **Leuchtturm** unternehmen (links halten). Den mühsamen Aufstieg (etwa 600 m) belohnen herrliche Ausblicke, besichtigen kann man den Leuchtturm jedoch nicht.

Um die Wanderung fortzusetzen, hält man sich bei der Gabelung rechts und folgt dem Weg entlang dem **Wied il-Għasri**. Bald darauf, direkt hinter und unterhalb von ein paar Häusern, hält man sich erneut rechts. Nachdem es schließlich steil bergab gegangen ist, stößt der Weg auf eine von einer Telefonleitung gesäumte, quer verlaufende Schotterstraße, rechts abbiegen. Bei der kurz darauf folgenden Weggabelung links halten und ca. 80 m weiter hinter dem nächsten Haus links abbiegen. Nun folgen Sie der Straße stets in Richtung Küste, die Abzweigung nach Żebbuġ bleibt unbeachtet, und weiter bis nach Qbajjar.

Wanderung 10 – Gozo:
Von Xagħra über die Mistra Rocks nach Nadur

Route: Xagħra – Calypso Cave – Ramla Bay – San Blas Bay – Mistra Rocks – Nadur. **Dauer**: Mindestens 4 ½ Std. **Besonderheiten**: Ohne Zweifel ist dies eine der abenteuerlichsten Wanderrouten der maltesischen Inseln und die schwierigste Wanderung im Buch. Schon der Weg von Xagħra bis zur San Blas Bay kann durch eventuelle Hangrutsche oder Verwilderungen Ärger bereiten. Doch dieser Weg ist i. d. R. durchaus machbar. Und wer die Passage durch die Mistra Rocks nicht gehen möchte, kann von der San Blas Bay direkt nach Nadur wandern. Der Abschnitt durch den großen Irrgarten der Mistra Rocks ist zwar grandios, aber extrem schwierig. Es gibt Pfade, die im Nichts enden. Es gibt aber auch Pfade, die nur den Eindruck erwecken, im Nichts zu enden. Kleinere Klettereien sind zwangsläufig, allzu waghalsige jedoch nicht nötig – immerhin transportierten die Bauern auf den Pfaden früher ihre Ernte ab. Lange Hosen, festes Schuhwerk, Trittsicherheit, gutes Gleichgewichtsgefühl zum Balancieren über die Felsblöcke und pfadfinderisches Geschick sind Grundvoraussetzung. Planen Sie zur Sicherheit für die Durchquerung der Mistra Rocks mindesten 2–3 Std. ein. Gehen Sie auf keinen Fall alleine und nicht nach Regen. Unternehmen Sie diese Wanderung nicht mit Kindern. Passen Sie auf, dass Sie nicht von der Nacht überrascht werden. Einkehrmöglichkeiten bestehen in den Sommermonaten in der Ramla und San Blas Bay sowie in Nadur. **An- und Weiterreise**: → Xagħra, S. 233. Die letzten Busse von Nadur zurück zum Ausgangspunkt der Wanderung fahren von exakt 16.29 Uhr an im 90 Min.-Takt bis exakt 22.29 Uhr (Stand 2012). Für die Weiterfahrt nach Mġarr, Marsalforn oder Victoria → Nadur, S. 239.

> **Achtung!** Wer nicht absolut schwindelfrei ist, sollte von der Durchquerung der Mistra Rocks absehen und von der San Blas Bay dem Zufahrtssträßlein hinauf nach Nadur folgen!

Wegbeschreibung: Von der Pfarrkirche in **Xagħra** folgt man zunächst der Beschilderung Marsalforn/Ramla Bay, dann der zur **Calypso Cave** (→ S. 234). Vorbei an der Höhle, am Ende der betonierten Straße, zweigt vor dem letzten Haus rechts ein Pfad zur **Ramla Bay** ab. Nach der Überquerung des Sandstrandes führt Ihr Weg parallel zum Meer bis zur **San Blas Bay**. Dabei kann man direkt am Meer entlang gehen – ein Vorgeschmack auf die Mistra Rocks – oder etwas oberhalb des Küstenverlaufs, vorbei an Bananenstauden und Obstbäumen. Schwere Regenfälle führen hier immer wieder zu kleinen Hangrutschen und lassen den Weg abbrechen. Egal für welchen Weg Sie sich also entscheiden, ein Spaziergang wird es nicht.

Von der San Blas Bay führt ein Pfad entlang der felsigen Küste direkt in die **Mistra Rocks**, ein Labyrinth aus gigantischen Steinbrocken, engen Felsspalten, teils meterhohen, jahrhundertealten Mauern, dahinter vergessene Gärten und noch immer bewirtschaftete, kleine Felder, die z. T. über uralte, in den Stein geschlagene Kanäle mit Wasser versorgt werden. Dazwischen wuchert wilder Wein und dornenartiges Gestrüpp. Hinein geht's leicht – nur auf der anderen Seite wieder herauszukommen, kann für ungeübte Maltapioniere zu einer ziemlichen Strapaze werden. Für die Durchquerung (knapp 1 km) sind Sie auf sich alleine gestellt. Schauen Sie immer wieder zurück, und merken Sie sich besondere Felsformationen, falls Sie um-

kehren möchten. Sie wären nicht der erste Leser, der das tut! Gehen Sie kein Risiko ein! Nur keine Selbstüberschätzung!

Hinter den Mistra Rocks tauchen wieder vermehrt bewirtschaftete, terrassenförmig angelegte Felder auf, zwischen denen kleine Pfade verlaufen. Halten Sie nun auf das südöstliche Ende der Felswand zu, von der die Mistra Rocks abgebrochen sind. An deren Fuße beginnt die Straße nach **Nadur**. Am Dorfplatz finden Sie Bars und Läden.

Wanderung 11 – Gozo: Von Mġarr nach Xlendi

Route: Mġarr – Tafel Cliffs – Mellieħa Point – Mġarr Ix-Xini – Ta'Ċenċ – Sannat – Klippen von Sannat – Xlendi. **Dauer**: 4–4 ½ Std. **Besonderheiten**: Küstenwanderung mit fantastischen Ausblicken. Baden kann man unterwegs in den Buchten Ix-Xatt L'Aħmar und Mġarr Ix-Xini. In Letzterer kann man im Sommer auch gemütlich einkehren. Unternehmen Sie die Wanderung nicht bei oder nach Regen! Entlang der Klippen von Sannat ist absolute Schwindelfreiheit erforderlich – gefährlich aber ist der Weg nicht. **An- und Weiterreise**: → Mġarr, S. 243, und Xlendi, S. 247.

Wegbeschreibung: Ausgangspunkt der Wanderung ist der Hafen von **Mġarr**. Hier zweigt man, von Għajnsielem (also bergab) kommend, unmittelbar hinter der Häuserzeile mit der Polizei, dem Pizza Marina Pub und dem Restaurant Seaview rechts ab. Die Straße führt zu einem Parkplatz vor dem Gebäude der *Gozo Channel Company*. Am Ende des betonierten Parkplatzes steigt man bei dem Schild „Keep Clear" rechter Hand den betonierten Weg bergauf. Rund 80 m weiter zweigt von diesem linker Hand ein ausgetrampelter Küstenpfad ab, der direkt zu den **Tafel Cliffs**, durch Erosion abgewaschene, unbewachsene Steilwände, führt. Bei ruhiger

See setzt man am Fuß der Tafel Cliffs unmittelbar am Meer den Weg fort und gelangt so in die Bucht **Ix-Xatt L'Aħmar**, in der ein paar Bootshäuser stehen. Bei rauer See nimmt man einen der Trampelpfade, die hinauf zum Eckturm des **Forts Chambray** führen – die Anstrengung wird belohnt mit einer herrlichen Aussicht – und steigt von dort in die Bucht Ix-Xatt L'Aħmar wieder hinab.

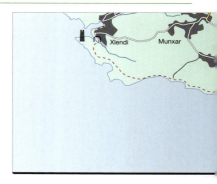

Hinter der Bucht wandert man stets weiter entlang der Küste; anfangs wird der betonierte Weg von **Salzpfannen** zur Linken und Feigenkakteen zur Rechten gesäumt. Der Weg endet bei einem Parkplatz mit Tischen für Taucher. Danach wandert man auf einem Feldweg parallel zur Küste weiter, der schließlich in einen Pfad übergeht. Kurz vor der kleinen Landzunge Ras il-Ħobż fällt die Küste linker Hand steil in Klippen ab. Auf Höhe der Landzunge **Ras il-Ħobż** stößt der Pfad auf einen quer verlaufenden, betonierten Weg. Hier hält man sich links bergab und wandert dann nahe dem Meer entlang der Küste auf den voraus liegenden **Mġarr-Ix-Xini-Turm**, einen alten Festungsturm, zu. Von dem Turm verläuft ein klar zu erkennender Pfad in die Bucht Mġarr Ix-Xini. Für die letzten Meter hinab in die Bucht müssen Sie auf Höhe der Häuser in der Bucht nach in den Stein gehauenen Stufen Ausschau halten.

Von der Bucht folgt man für ca. 50 m der Zufahrtsstraße bis zur ersten Kehre. Am Ende des kleinen **Parkplatzes** steigt man die Stufen hinauf, die zu einem Pfad entlang der Bucht führen. Hier folgt man anfangs dem Pfad. Wenn dieser aber abfällt, sucht man sich einen Weg über die Felsen ca. 20–40 m unterhalb der großen Mauer zur Rechten. So stößt man kurz darauf unterhalb eines **Rundbaus**, nahe der Felsstrandbar des Hotels Ta'Ċenċ, auf eine schmale geteerte Straße, die am Tal **Wied Sabbar** entlang landeinwärts führt. Auf dieser gelangen Sie zu einer T-Kreuzung, links halten. Ca. 150 m weiter, wenn die Straße zu einer 180°-Kehre ansetzt, verlässt man diese und folgt nun dem Feldweg weiter gen Westen. Über eine alte, z. T. eingestürzte **Steinbrücke** gelangt man auf die gegenüberliegende Hangseite. Dort folgt man wieder dem breitesten Pfad, alle Abzweigungen bleiben unbeachtet. Der Weg führt weiter in westliche Richtung und bietet schon bald wieder Ausblicke auf die Küste. Wenn der Weg auf Höhe eines namenlosen Kaps auf dessen Spitze zu abschwenkt (übrigens ein schöner Aussichtspunkt auf die Klippen der Südküste) und sich gabelt, müssen Sie den rechten Weg nehmen, der sich nach rund 30 m in einen bergauf führenden Pfad (Länge ca. 80 m) verwandelt. Der Pfad führt zu dem etwas höher gelegenen Feldweg nach Sannat, links halten. Nun folgen Sie immer diesem Weg, der weite Bögen beschreibt, bis Sie wieder das bereits erwähnte Tal Wied Sabbar erreichen, über das nun erneut eine Brücke führt. Vor der Brücke verlassen Sie den Weg und halten sich links. Die ersten Häuser, die Sie sehen, gehören zur **Hotelanlage Ta'Ċenċ**. Wenn sich

Küstenwanderung 11 279

Wanderung 11: Von Mgarr nach Xlendi

der Weg davor gabelt, halten Sie rechts auf die nördliche Ummauerung der Anlage zu. Ca 100 m vor dem Hotel trifft der Weg auf eine breite, staubige Schotterstraße. Auf dem kargen Steinplateau rechter Hand (gen Xewkija) können Sie **Dolmen** suchen gehen, Brandgrabstätten aus der Vorgeschichte Maltas (→ Anfahrt Dolmen, S. 246).

Um die Wanderung fortzusetzen, geht es weiter nach **Sannat**. Dafür folgen Sie dem Weg, der rechts an der Hotelanlage vorbeiführt. Dieser geht am Ortsbeginn in eine geteerte Straße über. Bei der kurz darauf folgenden Straßenkreuzung mit einem Hinweisschild zur Hotelanlage Ta'Ċenċ und zum Restaurant Il-Ġirna folgen Sie der Straße nach links. 150 m weiter, am Eingang zum Ta'Ċenċ-Hotel, müssen Sie sich rechts halten, unmittelbar hinter dem Restaurant Il-Ġirna ebenfalls, keine 30 m weiter aber die erste mögliche Linksabzweigung nehmen. So folgen Sie nun der Triq Dun Luqa, die nach wenigen Metern in einen von Mauern gesäumten Schotterweg übergeht. An der Stelle, wo dieser bei der Gärtnerei Flower Zone auf eine geteerte Straße trifft, links abbiegen. Wieder rund 150 m weiter, wenn sich die Straße bei einem Picknickplatz zu einem großen, unbefestigten Platz verbreitert, wählen Sie den Feldweg, der nach rechts voraus aufs Meer weist. Dieser schlängelt sich bis kurz vor die **Klippen** und trifft dort auf einen Pfad, der in sicherem Abstand entlang der Klippen verläuft. Nun folgen Sie stets dem Pfad, der mal breiter, mal schmaler ist, die Klippen entlang gen Westen. Nach 30–40 Min. geht der Pfad in einen Feldweg über, der schon kurz darauf auf ein Sträßlein trifft, links halten. Auch im Folgenden – hier waren z. Z. d. letzten Begehung Bauarbeiten im Gange – wählen Sie stets die Wegmöglichkeit, die die Klippen entlang verläuft. Drehen Sie sich öfters um, der Blick auf die Klippen ist grandios. Wenn das Sträßlein endet, sehen Sie voraus schon den **Wachturm von Xlendi** und rechts davon die oberen Stockwerke mehrerer Häuser aus der Bucht ragen. Nun wählen Sie einen der vielen Pfade auf den Wachturm zu. Ca. 200 m vor dem Wachturm müssen Sie sich inseleinwärts orientieren und nach einem Brücklein Ausschau halten, über das Sie nach Xlendi gelangen.

Wanderung 12 – Gozo:
Zur Bucht von Dwejra

Route: Xlendi – Ras Il Wardija – Dwejra Bay. **Dauer**: Etwa 2 Std. **Besonderheiten**: Leichte Wanderung, jedoch sollte man schwindelfrei sein. Einkehrmöglichkeiten in der Dwejra Bay. **An- und Weiterreise**: → Xlendi, S. 247, und Dwejra Bay, S. 250.

Wegbeschreibung: In der Bucht von **Xlendi** geht es auf der rechten Seite die schmale Treppe empor. Beim höchsten Punkt zweigt rechts ein in den Stein geschlagener, teils zugewachsener Weg ab, der auf eine Felswand zuführt. Am Ende des Weges, unmittelbar vor der Felswand, sind linker Hand in den Stein geschlagene **Stufen** zu erkennen (aufpassen!). Über diese steigt man steil bergauf. Nach den Stufen markieren kleine Steinpyramiden den weiteren Wegverlauf, in manchen Jahren fehlen diese jedoch. Dann ist der Weg nur schwer (abschnittsweise auch gar nicht) auszumachen. In diesem Fall müssen Sie immer schräg bergauf in nordwestliche Richtung und auf das offene Meer zuhalten. Zu Ihrer Rechten verläuft immer wieder eine niedere **Mauer** aus unbehauenem Stein. Mal führt der Pfad ganz nah an der Mauer entlang, mal etwas weiter weg.

Am Ende der Mauer, nahe den Klippen, wandert man für rund 100 m parallel zum Klippenrand weiter. Wenn Sie rechter Hand oberhalb zwei gemauerte **Schießstände** sehen, verlassen Sie den Pfad entlang der Küste und folgen jenem Pfad inseleinwärts, der an den Schießständen vorbei bergauf führt. Ca. 10 m oberhalb des zweiten Schießstandes mündet der Pfad in einen Feldweg, rechts halten. Keine 2 Min. später mündet der Feldweg wiederum in das bergauf verlaufende, betonierte Wegstück eines anderen Feldweges, links halten. Nun bleibt man stets auf diesem inseleinwärts verlaufenden Feldweg (alle Abzweigungen ignorieren!). Der Feldweg endet schließlich an einer schmalen, asphaltierten Stra-

Am Salzwassersee von Gozo

Wanderung 12 281

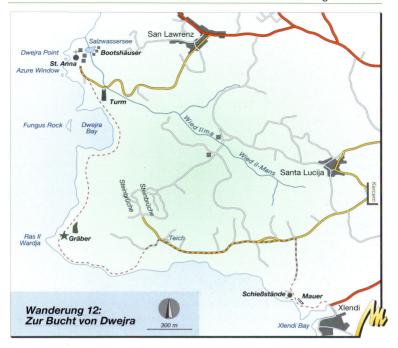

**Wanderung 12:
Zur Bucht von Dwejra**

300 m

ße, wieder links halten. Nun folgt man für ca. 1,5 km der parallel zur Küste verlaufenden Straße, bis rechter Hand ein ummauerter **Teich** liegt (Ausschau halten). Hier zweigt man nach links auf den betonierten Feldweg mit einem Grabstein an der Seite ab. Der betonierte Feldweg schwenkt nach ca. 250 m rechts ab; Sie wandern jedoch für rund 50 m geradeaus auf dem Schotterweg weiter und nehmen dann den Pfad, der zu den Klippen führt und dort oberhalb von diesen verläuft. Halten Sie einen sicheren Abstand zu den **Klippen**! Nach rund 15 Min. auf dem Pfad haben Sie das Kap **Ras Il Wardija** erreicht, die Westküste Gozos kommt in Sicht. Halten Sie hier – etwas höher gelegen – nach einer Art künstlicher Höhle mit Nischen Ausschau. Es handelt sich dabei um ein in den Felsen gehauenes **punisches Heiligtum**. Achtung: davor eine Zisterne oder ein unterirdischer Kultraum. Nach einer Pause an diesem schönen Ort wandert man rechts des Heiligtums parallel zu einer Mauer weiter bergauf, auf einen großen, scheinbar von einer Mauer umringten Felsen zu. Halten Sie nach einem schmalen Durchgang in der Mauer Ausschau, so können Sie bequem links des Felsens weiterwandern. Hinter dem Felsen tun sich mehrere Wegmöglichkeiten auf. Nehmen Sie jenen Weg, der auf das Azure Window (→ S. 250) in der Ferne weist und wieder zu einem Pfad wird, der in sicherem Abstand entlang der Klippen verläuft. Vor der halbrunden **Dweira Bay** schwenkt der Pfad inseleinwärts und führt im Rücken der Bucht bergab. Auf einem alten Feldweg erreichen Sie schließlich den **Wachturm** über der Bucht.

Abruzzen • Ägypten • Algarve • Allgäu • Allgäuer Alpen • Altmühltal & Fränk. Seenland • Amsterdam • Andalusien • Andalusien • Apulien • Athen & Attika • Australien – der Osten • Azoren • Bali & Lombok • Baltische Länder • Bamberg • Barcelona • Bayerischer Wald • Bayerischer Wald • Berlin • Berlin & Umgebung • Bodensee • Bretagne • Brüssel • Budapest • Bulgarien – Schwarzmeerküste • Chalkidiki • Chiemgau • Cilento • Cornwall & Devon • Dresden • Dublin • Comer See • Costa Brava • Costa de la Luz • Côte d'Azur • Cuba • Dolomiten – Südtirol Ost • Dominikanische Republik • Ecuador • Eifel • Elba • Elsass • Elsass • England • Fehmarn • Franken • Fränkische Schweiz • Fränkische Schweiz • Friaul-Julisch Venetien • Gardasee • Gardasee • Genferseeregion • Golf von Neapel • Gomera • Gomera • Gran Canaria • Graubünden • Griechenland • Griechische Inseln • Hamburg • Harz • Haute-Provence • Havanna • Ibiza • Irland • Island • Istanbul • Istrien • Italien • Italienische Adriaküste • Kalabrien & Basilikata • Kanada – Atlantische Provinzen • Kanada – der Westen • Karpathos • Kärnten • Katalonien • Kefalonia & Ithaka • Köln • Kopenhagen • Korfu • Korsika • Korsika Fernwanderwege • Korsika • Kos • Krakau • Kreta • Kreta • Kroatische Inseln & Küstenstädte • Kykladen • Lago Maggiore • La Palma • La Palma • Languedoc-Roussillon • Lanzarote • Lesbos • Ligurien – Italienische Riviera, Genua, Cinque Terre • Ligurien & Cinque Terre • Liparische Inseln • Lissabon & Umgebung • Lissabon • London • Lübeck • Madeira • Madeira • Madrid • Mainfranken • Mainz • Mallorca • Mallorca • Malta, Gozo, Comino • Marken • Mecklenburgische Seenplatte • Mecklenburg-Vorpommern • Menorca • Midi-Pyrénées • Mittel- und Süddalmatien • Mittelitalien • Montenegro • Moskau • München • Münchner Ausflugsberge • Naxos • Neuseeland • New York • Niederlande • Niltal • Norddalmatien • Norderney • Nord- u. Mittelgriechenland • Nordkroatien – Zagreb & Kvarner Bucht • Nördliche Sporaden – Skiathos, Skopelos, Alonnisos, Skyros • Nordportugal • Nordspanien • Normandie • Norwegen • Nürnberg, Fürth, Erlangen • Oberbayerische Seen • Oberitalien • Oberitalienische Seen • Odenwald • Ostfriesland & Ostfriesische Inseln • Ostseeküste – Mecklenburg-Vorpommern • Ostseeküste – von Lübeck bis Kiel • Östliche Allgäuer Alpen • Paris • Peloponnes • Pfalz • Pfälzer Wald • Piemont & Aostatal • Piemont • Polnische Ostseeküste • Portugal • Prag • Provence & Côte d'Azur • Provence • Rhodos • Rom & Latium • Rom • Rügen, Stralsund, Hiddensee • Rumänien • Rund um Meran • Sächsische Schweiz • Salzburg & Salzkammergut • Samos • Santorini • Sardinien • Sardinien • Schleswig-Holstein – Nordseeküste • Schottland • Schwarzwald Mitte/Nord • Schwarzwald Süd • Schwäbische Alb • Shanghai • Sinai & Rotes Meer • Sizilien • Sizilien • Slowakei • Slowenien • Spanien • Span. Jakobsweg • St. Petersburg • Südböhmen • Südengland • Südfrankreich • Südmarokko • Südnorwegen • Südschwarzwald • Südschweden • Südtirol • Südtoscana • Südwestfrankreich • Sylt • Teneriffa • Teneriffa • Thassos & Samothraki • Toscana • Toscana • Tschechien • Tunesien • Türkei • Türkei – Lykische Küste • Türkei – Mittelmeerküste • Türkei – Südägäis • Türkische Riviera – Kappadokien • Umbrien • Usedom • Venedig • Venetien • Wachau, Wald- u. Weinviertel • Westböhmen & Bäderdreieck • Wales • Warschau • Westliche Allgäuer Alpen und Kleinwalsertal • Westungarn, Budapest, Pécs, Plattensee • Wien • Zakynthos • Zentrale Allgäuer Alpen • Zypern

Reisehandbuch   MM-City   MM-Wandern

- ABRUZZEN
- ALENTEJO
- ALGARVE
- ANDALUSIEN
- APULIEN
- DODEKANES
- IONISCHE INSELN
- KRETA
- LISSABON & UMGEBUNG
- MARKEN
- SARDINIEN
- SIZILIEN
- TENERIFFA
- TOSKANA

CASA FERIA
Land- und Ferienhäuser

Nette Unterkünfte bei netten Leuten

CASA FERIA
die Ferienhausvermittlung
von Michael Müller

Im Programm sind ausschließlich persönlich ausgewählte Unterkünfte abseits der großen Touristenzentren.

Ideale Standorte für Wanderungen, Strandausflüge und Kulturtrips.

Einfach www.casa-feria.de anwählen, Unterkunft auswählen, Unterkunft buchen.

Casa Feria wünscht
Schöne Ferien

www.casa-feria.de

Register

Abela, George 20
Abulafia, Abraham Ben Samuel 212
Addolorata-Friedhof (Paola, Malta) 118
Airlines 31
Alphabet 19
Anchor Bay (Malta) 206
Angeln 57
Annunciation Chapel (Malta) 257
Anreise 31
- mit dem Auto 33
- mit dem Flugzeug 31
- mit der Bahn 33

Apartments 41
Apotheken 46
Araber 25
Aragonesen 26
Arbeitslosenquote 21
Archäologisches Museum (Gozo) 226
Archäologisches Museum (Valletta, Malta) 87
Argotti Garden (Floriana, Malta) 96
Armier Bay (Malta) 208
Ärztliche Versorgung 46
Auberge d'Angleterre et de Bavière (Valletta, Malta) 87
Auberge d'Aragon (Valletta, Malta) 86
Auberge d'Italie (Valletta, Malta) 86
Auberge de Castille, Leon e Portugal (Valletta, Malta) 86
Auberge de Provence (Valletta, Malta) 87
Auberges 86
Ausgrabungsstätten 55
Autoverleih 34
Aviation Museum (Ta'Qali, Malta) 193
Azure Window (Gozo) 249

Baden 47
Baħar iċ-Ċagħaq (Malta) 190
Baħrija (Malta) 260
Bajda Ridge (Malta) 266
Bajja San Tumas (Malta) 138
Ball, Alexander 28
Balluta Bay (Malta) 98
Balzan (Malta) 115
Behinderte 48
Benediktinerinnenkloster (Mdina, Malta) 166
Bevölkerung 19
Bier 45
Bighi (Malta) 134
Bildung 22
Binġemma-Kapelle (Malta) 197, 268
BirdLife Malta 53
Birdpark Malta (Malta) 182
Birgu (Malta) 126
Birkirkara (Malta) 115
Birżebbuġa (Malta) 146
Blue Grotto (Malta) 150
Blue Lagoon (Comino) 210
Bootsflüchtlinge 30
Borġ in-Nadur (Malta) 147
Bormla (Malta) 134
Böttcher, Jörg 232
Braġioli 44
Brocktorff-Circle (Gozo) 237
Bronzezeit 24
Buġibba (Malta) 180
Burmarrad (Malta) 190
Buskett Gardens (Malta) 172
Bustickets 35
Busverbindungen 35

Calypso Cave (Gozo) 234
Camping 42
Caravaggio 82
Carmelite Priory Museum (Mdina, Malta) 168
Carniera des Kapuzinerklosters (Floriana, Malta) 97
Cart-Ruts 174, 245
Casa Bernard (Rabat, Malta) 160
Casa Rocca Piccola (Valletta, Malta) 95
Casino 99, 185
Cassar, Gerolamo 68, 78, 83
Central Bus Terminus (Valletta) 69
Chadwick Lakes (Malta) 268
Ċirkewwa (Malta) 206
City Gate Project (Valletta, Malta) 94
Clapham Junction (Malta) 172, 173
Comino 210
Comino Tower (Comino) 271
Cominotto (Comino) 210
Cospicua (Malta) 134
Cottonera = Three Cities (Malta) 120, 122, 123
Cottonera Lines (Cospicua, Malta) 125

Daħlet ix-Xilep (Malta) 209
Daħlet Qorrot (Gozo) 240
Delimara-Fort (Malta) 144
Delimara-Halbinsel (Malta) 142, 144
Deutsch-maltesischer Zirkel 70
Dgħajsa (Wassertaxi) 38
Dingli (Malta) 179
Dingli Cliffs (Malta) 179, 257
Diplomatische Vertretungen 48
Dockyard Creek (Malta) 125
Dokumente 57
Dolmen 245
Domvs Romana (Rabat, Malta) 160
Drogen 55
Dwejra Bay (Gozo) 249, 280
Dwejra Lines (Malta) 197, 268

Einkaufen 48
Eisenzeit 25
Elektrizität 61
Elysium Visitor Centre (Malta) 198
Englische Kolonialherrschaft 28
Ermäßigungen 52, 56
Essen 42
EU-Förderung 22

Fähren nach Malta 33
Fahrrad 58
Fahrrad, Ersatzteile 59
Fährverbindungen (Malta – Gozo) 36
Falconry Centre (Malta) 176
Farmhouse Gallery (Gozo) 232
Farmhouses (Farmhäuser) 221

Register

Fauna 23
Feiertage 49
Festa 49
Filfla, Insel (Malta) 155
Fisch 44
FKK 48
Fläche 18
Fliegu (Comino) 210
Flora 23
Floriana (Malta) 94, 95
Flughafen 32
Folkloremuseum (Gozo) 226
Fomm ir-Riħ Bay (Malta) 179, 263
Fontana (Gozo) 224
Fort Chambray (Gozo) 242
Fort Ricasoli (Malta) 135
Fort Rinella (Malta) 135
Fort St. Angelo (Vittoriosa, Malta) 131
Fort St. Elmo (Valletta, Malta) 91
Fort Tigné (Sliema) 106
Frauen 52
Freeclimbing 57
Freeport (Malta) 146
Fremdenverkehrsämter 52, 53
French Creek (Malta) 125
Frühstück 42
Ftira 43
Fungus Rock (Gozo) 249
Fußball 57

Gaia Foundation 198
Geld 52
Geografie 18
Geschichte 24
Gesundheit 46
Getränke 45
Ġgantija-Tempel (Gozo) 235, 236
Għadira (Malta) 199
Għadira Nature Reserve (Malta) 205
Għajn Tuffieħa Bay (Malta) 198
Għajnsielem (Gozo) 242
Għanja 63
Għar Dalam (Malta) 147
Għar Hasan (Malta) 147
Għar il-Kbir (Malta) 172, 173
Għar Lapsi (Malta) 178
Għarb (Gozo) 252
Għawdex (Gozo) 214
Girgenti (Malta) 264
Globigerinenkalkstein 154

Ġnejna Bay (Malta) 196
Golden Bay (Malta) 198
Golf 57
Gonzi, Lawrence 20
Gottesdienste 70
Gozo 214
Gozo, Tagesausflüge 216
Grand Harbour (Malta) 66
Great Fault (Malta) 180
Grima, Patrick 223
Große Belagerung 26
Großmeisterpalast (Valletta, Malta) 83
Grotta Ta' San Pawl (Rabat, Malta) 161
Guest Houses 41
Gżira (Malta) 106

Ħaġar Qim (Malta) 151
Ħal Far (Malta) 147, 148
Ħal Saflieni (Hypogäum, Malta) 121
Ħal Tarxien, Tempelanlage (Malta) 119
Ħal-Millieri-Kapelle (Żurrieq, Malta) 149
Ħamrun (Malta) 114
Haustiere 52
Hauteville, Roger von 26
Helikopter (Malta – Gozo) 37
Heliport (Gozo) 216
Hochzeitsvillen 183
Hompesch, Ferdinand von 85
Ħondoq Bay (Gozo) 241
Hop-on-hop-off-Busse 36
Hostels 41
Hotels 40
Hunde 257
Ħobż biż-Żejt 43
Hypogäum (Malta) 121

Il-Knisja ta' San Pawl (Rabat, Malta) 161
Il-Majjistral (Natur- und Geschichtspark, Malta) 267
Il-Maqluba (Malta) 149
Il-Qala-Bucht (Malta) 144
Impfungen 47
Information 52
Inner Harbour (Malta) 66
Inquisitor's Palace (Malta) 264
Internet 54

Is-Simar Nature Reserve (Malta) 205
Ix-Xatt L'Aħmar (Gozo) 243

Jesuit Church (Valletta, Malta) 83
Johanniterorden 27, 79
Jungsteinzeit 24

Kalkara (Malta) 134
Kalkara Creek (Malta) 126
Kalypso, Nymphe 234
Kapelle Our Lady of Mount Carmel (Malta) 259
Kapelle Sant' Agata (Mdina, Malta) 166
Kappella Santa Marija Maddalena (Malta) 259
Kappella tal-Karmnu (Malta) 259
Kappella tal-Lunzjata (Malta) 259
Karl V. 26, 27
Karm, Dun 171
Karmeliterkirche (Mdina, Malta) 168
Karmeliterkirche (Valletta, Malta) 82
Karneval 240
Karozzin 38
Karwoche 50
Kathedrale San Pawl (Mdina, Malta) 169

Kathedralenmuseum
| Gozo 225
| Mdina, Malta 170
| Valletta, Malta 81

Kinder 15
Kinnie 45

Kirche der hl. Katharina (Valletta, Malta) 83
Kirche Madonna ta' Liesse (Valletta, Malta) 82
Kirche San Pawl Nawfragu (Valletta, Malta) 81
Kirche San Publiju (Floriana, Malta) 96
Kirche Santa Katerina (Valletta, Malta) 83, 86
Kirche Tal-Ġiżwiti (Valletta, Malta) 83
Kirche Tal-Karmelitani (Valletta, Malta) 82
Kirche Tal-Vitorja (Valletta, Malta) 83

Kirchenmuseum (Vittoriosa, Malta) 130
Kiten 60
Klima 54
Knisja ta' San Katald (Rabat, Malta) 161
Ko-Kathedrale San Ġwann (Valletta, Malta) 78
Kon-Katidral ta' San Ġwann (Valletta, Malta) 69
Krankenhäuser 46
Kriegsmuseum (Valletta, Malta) 91
Kriminalität 55
Kunċizzjoni (Malta) 260
Kupferzeit 24

La Valette 68
Laferla Cross (Malta) 178, 263
Lampuki 45
Laparelli, Francesco 68
Lascaris War Rooms (Valletta, Malta) 73
Lido 47
Lija (Malta 115
Limestone Heritage (Malta) 176
L-Isla (Malta) 125
Literatur 52
Little Armier Bay (Malta) 208
Lower Barracca Garden (Valletta, Malta) 93
Luzzus (Fischerboote) 145

Madalena Chapel (Malta) 257
Maglio Garden (Floriana, Malta) 96
Maitland, Thomas 28
Malta 66
Malta International Airport 32
Malta National Aquarium (Malta) 182
Malti (Sprache) 19
Manoel Island (Malta) 113
Manoel-Theater (Valletta, Malta) 87
Marfa Ridge (Malta) 206, 207
Margherita Lines (Cospicua, Malta) 125
Margherita Lines (Malta) 134
Marinemuseum (Vittoriosa, Malta) 131

Marsa (Malta) 118
Marsalforn (Gozo) 227
Marsamxett Harbour (Malta) 66
Marsaskala (Malta) 138
Marsaxlokk (Malta) 141
Mdina (Malta) 163
Medien 55
Mediterranean Conference Center (Valletta, Malta) 95
Mediterranean Film Studios (Malta) 135
Meerestemperaturen 47
Mellieħa (Malta) 198
Mellieħa Bay (Malta) 199
Mellieħa Point (Gozo) 243
Mellieħa Shelters (Malta) 204
Meridiana Wine Estate (Ta'Qali, Malta) 194
Mġarr (Gozo) 242
Mġarr (Malta) 194, 195
Mġarr Ix-Xini (Gozo) 244
Mġarr Shelters (Malta) 195
Mġiebaħ Bay (Malta) 203
Mietwagen 35
Migranten 30
Mintoff, Dominic 29
Mistra Bay (Malta) 190
Mistra Rocks (Gozo) 238, 276
Mnajdra (Malta) 151
Mnarja 51
Mnarja, Fest 173
Mosta (Malta) 192
Mqabba (Malta) 149
Msida (Malta) 113
Mtaħleb (Malta) 260
Mtarfa (Malta) 169
Museen 54, 55
Museum Malta at War (Vittoriosa, Malta) 133
Musik 63

Nadur (Gozo) 239
Nani, Musikerfamilie 171
Napoleon 26
Nationalbibliothek (Valletta, Malta) 89
Nationalfeiertag 51
Nationalmuseum der Schönen Künste (Valletta, Malta) 90
Naturkundemuseum (Gozo) 226
Naturkundemuseum (Mdina, Malta) 166
Naxxar (Malta) 191

Nelson, Admiral 28
Neolithic Caves (Gozo) 251
Ninu's Cave (Gozo) 234
Normannen 26
Notre Dame de Liesse (Valletta, Malta) 82
Notrufnummern 62

Odysseus 236
Öffnungszeiten 43
Öffnungszeiten, Geschäfte 48
Old Prisons (Gozo) 226
Ölfunde 30
Our Lady of Victories (Valletta, Malta) 83
Outer Harbour (Malta) 66

Paċeville (Malta) 98
Palast des Inquisitors (Vittoriosa, Malta) 130
Palazzo Falson (Mdina, Malta) 168
Palazzo Parisio (Naxxar, Malta) 191
Palazzo Vilhena (Mdina, Malta) 166
Paola (Malta) 118
Paradise Bay (Malta) 208
Park Nazzjonali Tas-Salini (Malta) 182
Parken 35
Pastizzi 43
Paulus, Apostel 182
Paulusgrotte (Rabat, Malta) 161
Pensionen 41
Peter's Pool (Malta) 139, 144
Pferderennen 58
Phönizier 25
Piano, Renzo 94
Playmobil Fun Park (Birżebbuġa, Malta) 148
Politik 20
Polizei 56
Popeye Village (Malta) 206
Porto 56
Positionsdaten 18
Post 56
Preti, Mattia 90
Pretty Bay (Birżebbuġa, Malta) 146
Prioratsmuseum (Mdina, Malta) 168
Prokathedrale San Pawl (Valletta, Malta) 81
Punisches Reich 25

Register

Qala (Gozo) 241
Qawra (Malta) 180
Qormi (Malta) 118
Qrendi (Malta) 149

Rabat (Gozo) 216
Rabat (Malta) 156
Radfahren 58
Ramla Bay (Gozo) 238
Ramla Bay (Malta) 207
Ras Il Wardija (Gozo) 281
Red Tower (Malta) 207
Reisepapiere 57
Reiten 59
Religion 19
Richard Löwenherz 27
Rinella Bay (Malta) 134
Roman Baths (Malta) 196
Roman Villa
 (Rabat, Malta) 160
Römer 25
Royal Opera House
 (Valletta, Malta) 94
Rundfahrten 38
Rundflüge 39
Rundfunk 55

Sacra Infermeria (Valletta, Malta) 95
Sacred Island (Valletta, Malta) 73
Salina Bay (Malta) 182
San Anton Palace (Malta) 115
San Blas Bay (Gozo) 239
San Ġiljan 98
San Lawrenz (Gozo) 250
San Pawl il-Baħar (Malta) 180
San Pawl Milqi (Malta) 190
San-Dimitri-Kapelle (Gozo) 274
San-Ġużepp-Oratorium (Vittoriosa, Malta) 130
San-Katald-Kirche (Rabat-Malta) 161
San-Lawrenz-Kirche (Vittoriosa, Malta) 130
Sannat (Gozo) 245
Santa Marija Bay (Comino) 211
Santa Marija ta' Bir Miftuħ (Malta) 149
Santa Marija Tower (Comino) 271
Santa Venera (Malta) 114
Schlangen 257
Schwule und Lesben 57
Sciortino, Antonio 175
Segeln 59
Selmun Palace (Malta) 205
Selmunett (Malta) 183
Senglea (Malta) 124, 125
Sette Giugno 28
Siġġiewi (Malta) 176
Sir Walter Congreve 258
Skorba-Tempel (Malta) 196
Sliema (Malta) 105
Sliema Creek (Malta) 106
Smart City (Malta) 137
Souvenirs 48
Spielberg, Steven 135
Spielzeugmuseum (Gozo) 234
Spinola Bay (Malta) 98
Spirituosen 45
Splash & Fun Park (Malta) 191
Sport 57
Sprache 19
Sprachschulen 61
St. Agatha Catacombs (Rabat, Malta) 162
St. Agatha's Tower (Malta) 207
St. Cataldus Church (Rabat, Malta) 161
St. Catherine's Church (Valletta, Malta) 83
St. George's Bay (Birżebbuġa, Malta) 146
St. James Cavalier (Valletta, Malta) 94
St. John's Cavalier (Valletta, Malta) 94
St. John's Co-Cathedral (Valletta, Malta) 78
St. Julian's (Malta) 98, 99
St. Paul's Bay (Malta) 180
St. Paul's Catacombs (Rabat, Malta) 161
St. Paul's Cathedral (Mdina, Malta) 169
St. Paul's Church (Rabat, Malta) 161
St. Paul's Grotto (Rabat, Malta) 161
St. Paul's Pro-Cathedral (Valletta, Malta) 81
St. Paul's Shipwreck (Valletta, Malta) 81
St. Paul's-Inseln (Malta) 183
St. Thomas Bay (Malta) 138
St.-Agatha-Kapelle (Mdina, Malta) 166
St.-Cataldus-Kirche (Rabat, Malta) 161
St.-Joseph's-Oratorium (Vittoriosa, Malta) 130
St.-Paul's-Kirche (Rabat, Malta) 161
Staufer 26
Steckdosen 61
Strait Street (Valletta, Malta) 88
Straßennamen 39
Suleiman I. 27

Ta Silġ (Malta) 145
Ta'Ħaġrat (Malta) 195
Ta'Kola Windmühlenmuseum (Gozo) 234
Ta'Pinu, Basilika (Gozo) 253
Ta'Qali (Malta) 193
Ta'Xbiex (Malta) 113
Tafel Cliffs (Gozo) 277
Tagesausflüge, Sizilien 39
Tankstellen 35
Tarxien (Malta) 118
Tauchen 60
Taxi 37
Tennis 59
The Great Siege 26
The Great Siege of Malta (Valletta, Malta) 73
The Knights Hospitallers (Valletta, Malta) 95
The Malta Experience (Valletta, Malta) 73
Three Villages (Malta) 115
Timpana 44
Torri l-Ahmar (Malta) 207
Torri ta' San Tumas (Marsaskala, Malta) 138
Torri ta' Sant'Agata (Malta) 207
Tourismus 22
Toy Museum (Valletta, Malta) 95
Trampen 38
Trinkgeld 52
Tritonenbrunnen (Valletta) 69

Übernachten 40
Umweltprobleme 22
Unabhängigkeit 29
Unfall 35
Università 26
Unterwassersafari 39
Upper Barracca Garden (Valletta, Malta) 92

Valletta (Malta) 67
Valletta Waterfront (Valletta, Malta) 97

Veranstaltungskalender 50
Verdala Palace (Malta) 172, 263
Verkehrsvorschriften 34
Victoria (Gozo) 216
Vittoriosa (Malta) 126
Vogeljagd 53
Vogelschutzgebiete 205

Wachturm San Lucian (Malta) 142
Wanderführer 256
Wardija (Malta) 183
Wasser 45
Wasserflugzeuge 37
Wasserski 59
Wein 45
Wellness 62

White Tower Bay (Malta) 209
Wied il-Għasri (Gozo) 231, 272
Wied iż-Żurrieq (Malta) 150
Wignacourt Aquädukt (Santa Venera, Malta) 114
Wignacourt Museum (Rabat, Malta) 161
Wildcampen 42
Windsurfen 60
Wirtschaft 21

Xagħra (Gozo) 232
Xara Palace (Mdina, Malta) 172
Xemxija (Malta) 180
Xerris Grotto (Gozo) 234
Xewkija (Gozo) 244

Xgħajra (Malta) 137
Xlendi (Gozo) 246

Żabbar (Malta) 136
Żabbar Sanctuary Museum (Żabbar, Malta) 137
Zammit, Themistocles 121, 195
Zebbiegħ (Malta) 195
Żebbuġ (Gozo) 232
Żebbug (Malta) 175
Zeit 62
Zeitungen 55
Żejtun (Malta) 141
Zitadelle (Victoria, Gozo) 224
Zollbestimmungen 62
Żurrieq (Malta) 148
Zweiter Weltkrieg 28

Die in diesem Reisebuch enthaltenen Informationen wurden vom Autor Michael Bussmann nach bestem Wissen erstellt und von ihm und dem Verlag mit größtmöglicher Sorgfalt überprüft. Dennoch sind, wie wir im Sinne des Produkthaftungsrechts betonen müssen, inhaltliche Fehler nicht mit letzter Gewissheit auszuschließen. Daher erfolgen die Angaben ohne jegliche Verpflichtung oder Garantie des Autors Michael Bussmann bzw. des Verlags. Autor Michael Bussmann und Verlag übernehmen keinerlei Verantwortung bzw. Haftung für mögliche Unstimmigkeiten. Wir bitten um Verständnis und sind jederzeit für Anregungen und Verbesserungsvorschläge dankbar.

ISBN 978-3-89953-797-0

© Copyright Michael Müller Verlag GmbH, Erlangen 2013. Alle Rechte vorbehalten. Alle Angaben ohne Gewähr. Druck: Stürz GmbH, Würzburg.

Aktuelle Infos zu unseren Titeln, Hintergrundgeschichten zu unseren Reisezielen sowie brandneue Tipps erhalten Sie in unserem regelmäßig erscheinenden Newsletter, den Sie im Internet unter **www.michael-mueller-verlag.de** kostenlos abonnieren können.

Fotonachweis

Alle Fotos Michael Bussmann außer: Gabriele Tröger: S. 42, 93, 186, 260 | Heike Wurthmann: S. 49, 62, 86, 163, 228, 250 | Malta Tourist Authority 24, 60, 82, 167, 235 | transit/hirth 240